生态教育之
综合课程创造力

张玉姝／主编

图书在版编目(CIP)数据

生态教育之综合课程创造力 / 张玉姝主编. —上海：立信会计出版社，2022.4
ISBN 978-7-5429-7070-1

Ⅰ.①生… Ⅱ.①张… Ⅲ.①生态环境—环境教育—教学研究—高中 Ⅳ.①G633.982

中国版本图书馆 CIP 数据核字(2022)第 125789 号

责任编辑　彭　琳

生态教育之综合课程创造力
SHENGTAI JIAOYU ZHI ZONGHE KECHENG CHUANGZAOLI

出版发行	立信会计出版社			
地　　址	上海市中山西路 2230 号	邮政编码	200235	
电　　话	(021)64411389	传　　真	(021)64411325	
网　　址	www.lixinaph.com	电子邮箱	lixinaph2019@126.com	
网上书店	http://lixin.jd.com		http://lxkjcbs.tmall.com	
经　　销	各地新华书店			
印　　刷	江苏凤凰数码印务有限公司			
开　　本	787 毫米×1092 毫米	1/16		
印　　张	20.5	插　　页	4	
字　　数	501 千字			
版　　次	2022 年 4 月第 1 版			
印　　次	2022 年 4 月第 1 次			
书　　号	ISBN 978-7-5429-7070-1/G			
定　　价	75.00 元			

如有印订差错，请与本社联系调换

编委名单

主　编：张玉姝
副主编：李　杰　于文金
编　委：奚俊贤　韩　英　胡亚华　陈　婷　黄　群
　　　　姚美华　陆美菁　刘忠霞　俞文瑞　宫　雪
　　　　张　芸　高　静　尤　兰　徐双勤　朱秀莲
　　　　金　杰　孙颖佳　张葛依　马晓萦　鲁　敏
　　　　汪　启

上海立信会计金融学院在附属学校举办中国钱币文化专题展

上海立信会计金融学院在附属学校举办法治主题书画作品展

浦东新区教育局与上海立信会计金融学院附属学校合作办学联席会议

浦东新区教育局与上海立信会计金融学院合作办学会议

上海立信会计金融学院附属学校高行校区

上海立信会计金融学院附属学校证大校区

上海立信会计金融学院附属学校东陆校区

上海立信会计金融学院附属学校更名揭牌仪式

序
PREFACE

上海立信会计金融学院附属学校在"崇善、尚和、求新"精神的引领下,构建以仁爱为核心思想的生态校园的办学理念,历经十余年的沉淀、积累、发展,经受了实践的检验,突破了学校发展的"高原现象"。

"十二五""十三五"期间,学校所承担的浦东新区两轮教育科学研究重点课题——"构建以仁爱为核心思想的生态校园建设""生态教育理念指导下的学校课程建设实践研究",体现了学校承前启后、继往开来的信心和勇气,体现了学校落实立德树人根本任务的使命担当,体现了学校培养支撑终身发展与适应时代要求的关键能力的育才理念。这两轮课题研究在办学理念、教育学生教学研究、谋求学生终身发展等诸多方面收获颇丰。第一轮的课题研究生成了生态课堂、生态校园两大标准,优化了干群、家校、师生关系,形成了"人心思齐"的和谐局面,学校工作上了新台阶。第二轮的课题研究聚焦课程,应对新中考改革,实现了内涵发展的新突破,学校发展进入了快车道。

上海立信会计金融学院附属学校办学理念的先进性表现在:在关系上,关爱生命、和谐合作;在方法上,尊重规律、讲求科学;在评价上,系统思考、自我修复;在愿景上,追求卓越、持续发展。上海立信会计金融学院附属学校办学理念的独特性,展现了将生态学思想、理念、原理、原则与方法融入现代教育的生态学过程,表现在以有效的教育行动影响学生,以有效的学习活动使学生潜能得到有效开发。

进入"十四五",为落实浦东教育大会精神,推进《浦东教育现代化2035》,推进浦东新区"教育综合改革创新示范区"建设,浦东新区教育局与上海立信会计金融学院制定了《上海立信会计金融学院附属学校特色发展行动计划(2020—2022年)》,提出"推动立信附属学校特色发展,探索中小学教育与大学教育联动机制,促进高等教育与中小学教育的有效衔接,将其建设成为浦东教育综合改革实验的样本"的建设目标,确立"区校联动、共建共享"的工作定位,提出"特色立校、激发活力"的工作理念、"搭建平台、项目牵引"的工作策略,以及"质量稳步提升、办学富有特色、人民满意的优质学校"的发展目标。聚焦金融综合课程建设,培育学生创造力,成为上海立信会计金融学院附属学校的历史选择。

新起点,新征程。学校所承担的浦东新区新一轮教育科学研究重点课题为"指向创造力培育的义务教育阶段金融特色课程体系建构与实践",这是学校办学理念的迭代发展。创造力培育是学校办学理念的新的重要内涵,在创造课程、转变教与学的方式过程中,它既能提升教师教育教学能力,也能提升学生综合素质,使学校在新的发展阶段成为金融特色学校。

努力"打造金融课程,推进五育并举",培育学生的创造力,已成为每一位教师的价值追求和行动自觉。本书彰显了学校的办学理念,以研究规律来提升教育教学质量,每一篇文章都体现了学校和教师对促进学生终身发展的拳拳初心。

解 超

2022 年 3 月

目录
CONTENTS

生态之旅——《生态教育理念下的学校课程建设实践研究》研究报告(节选) ··· 张玉姝/001

利用综合课程培育学生创造力的思考与实践 ············ 张玉姝/007

打造金融课程,培育生态校园——《上海立信会计金融学院附属学校特色
　发展行动计划(2020—2022年)》实施阶段总结 ············ 张玉姝/011

融社会资源,创特色课程,建构综合课程实践共同体——"生涯教育理念下义务
　教育阶段学校金融课程建设实践研究"项目推进报告 ············ 李 杰/015

理念引领,课程推进,提升办学品质——上海立信会计金融学院附属学校发展
　性督导自评报告 ············ 韩 英/020

跨校课题研究中建立合作共赢的实践方法探究——以"基于本土传统题材的
　版画课程的开发与实践"课题为例 ············ 陈 安/025

基于传统题材挖掘古镇资源的初中版画课程的设计与实施——以《故乡的桥》
　版画单元课程为例 ············ 陈 安/029

关注学生内心,打造美感课堂 ············ 马晓萦/036

基于中小衔接的语文校本练习编写实践研究 ············ 鲁 敏/039

涵养师德,立根树魂 ············ 李 杰/043

尊重个体差异,让生命更加精彩 ············ 李 杰/045

发挥学科优势,培养学生自信心 ············ 李 杰/047

"三新"共筑校园德育评价新体系 ············ 韩 英/049

德育,走在"玩"的路上 ············ 宫 雪/054

"三爱"激发活力,"融创"赋能劳育 ············ 宫 雪/057

遵循德育活动原则　让校园"德"意盎然 ············ 尤 兰/060

用讲故事代替说教,让我们的教育更有效 ············ 冯明智/062

初三化学教学中,梳理金融元素,培育学生创造力素养的实践 ············ 于文金/064

长周期"生态作业"融入探究性课堂的实践探索 ············ 陈佳瑶/067

浅谈模型法在初中化学教学中的应用 ············ 徐双勤/070

基于物理学科核心素养视域下的初中物理教学思考与实践——以《密度》的
　　教学设计为例 ······ 翁嘉旋/075
以物理实验为桨,行思维能力之舟 ······ 徐晨斐/079
初中物理探究性实验案例反思 ······ 黄佳颖/081
巧用图表,助力初中数学的教与学 ······ 徐凤鸣/083
新课标下丰富数学课堂内涵的实践——以"用字母表示数"为例 ······ 杜凤琴/089
基于思维导图的单元教学设计——以相似三角形为例 ······ 刘忠霞/093
如何设计数学复习课——以"因式分解的复习"为例 ······ 门　越/099
浅谈如何在初中数学教学中渗透德育 ······ 门　越/103
新课标理念下初中数学变式训练初探 ······ 马　宁/105
自主、合作、探索的小学数学教学方式探析 ······ 王云燕/108
初中数学订正有效性浅析 ······ 沈　璞/113
"分数的初步认识"课例研究中的困与思——从一道错误率居高不下的前后
　　测题谈起 ······ 赵萌萌/117
践行课例研究,做专业的儿童研究者 ······ 赵萌萌/122
引导学生提出问题的探索与实践 ······ 张泽平/126
巧读现代诗,提升阅读力——以四年级下册现代诗单元为例 ······ 陆美菁/130
科学小品文亦须"合情""得体" ······ 汪　启/133
品读教材文本背后的"人",落实多维解读 ······ 汪　启/136
探究小学语文教学中如何培养学生的阅读创造力 ······ 张葛依/138
"学为中心"的小学语文略读课文教学策略 ······ 孙颖佳/141
指导学生写出有思想、有文采的文字 ······ 文振华/145
文以载道,以德育人 ······ 葛圣妮/149
基于学情,品语析人 ······ 康佳音/151
"双减"背景下随班就读生小学语文教学的探究 ······ 王嘉唯/154
拉伸文本,在弹性中体味文学之美——以《破阵子》为例,浅谈对文本解读的
　　探究与思考 ······ 胡诗菲/157
插图在初中低年级小说阅读教学中的支架作用——"目中有人,以文育人"
　　理念下的小说阅读教学实践探究 ······ 龙　吟/160
浅议"双减"之下小学语文综合性作业的设计与实施——以一年级上学期语文
　　学习准备期为例 ······ 梁晓鸽/163
《皇帝的新装》:骗子巧设的语言陷阱 ······ 陈艳容/167
浅谈低年级语文综合素质的培养 ······ 盛欣怡/170
浅析初中语文主问题设置与教学实例 ······ 张书圆/172

生态教育理念指导下的学校课程的实践建设——部编版语文教材与原上海版教材的区别与思考	徐佳颖/175
浅谈散文教学中助读资料的引用——以《背影》为例	蒋霜艳/177
生态教育理念下的小学语文课堂优化	王晶晶/180
"双减"背景下有关初中语文作业设计的探索与研究	陈 婷/182
初中英语听说课堂表现性评价及评价量规的设计	俞文瑞/185
同课异构,基于不同学情的教学设计——以初中牛津英语"pollution fighters"为例	郑双娜/190
从理解性阅读教学向有效性阅读教学的转变——"The grasshopper and the ant"教学案例	张培红/193
促进学习评价在初中英语听说课堂中的应用——以初中牛津英语"U4 Health Problems"为例	俞 凤/195
新中考改革的生态思考与实践——中学英语听说课堂教学现状分析及改进策略	刘 洁/200
探索分层教学设计,完善初中英语教育	刘 洁/203
课堂教学评价在低年级英语教学中的实践案例——以"U3 In the restaurant"为例	金 昕/205
小学低年级英语课堂中游戏活动的思考与探究	金 昕/208
提高学习评价在小学英语听说能力培养中的作用——以"5B Module 3 U1 Signs"为例	何妮蓉/212
课堂中的评价运用案例——以牛津英语"7B About the seasons (2nd period)"一课为例	王佳卉/217
小学道德与法治学科高年级段有效性教学研究	杨晓敏/220
初中道德与法治教学中提高学生分析与综合能力的实践探究	肖 洁/226
小学道德与法治学科实施分层教学实践与研究	瞿一燕/233
聚焦单元问题链,探寻有效教学路径——以初中投掷单元教学为例	张 芸/239
兴趣是最大的动力——八年级武术:少年连环拳(1)教学案例	潘晔芸/242
《我秀静物》黑白木刻版画单元教学设计	黄宇丹/244
两分钟预备铃热身,助力美术高效课堂	时 怡 俞剑秋/250
感音画之交融 悟荧屏之形象——电影教育育人价值研究	高 静/253
预备年级口风琴"考点"式小组合作教学实践研究	高 静/256
旗袍纸版画大单元	贾柯荟/261
生态课堂构架下之合唱教学在基础音乐学科教学中的实践与探讨	徐 静/264
传承经典国粹 积淀民族文化内涵——生态教育理念下的音乐教学案例	陈 越/268

初中地理课堂教学加强生态文明教育的策略 ………………………………… 尹小雪/270
浅谈初中历史教学中问题意识的培养 …………………………………………… 李　莉/273
心理课如何谈学习——用教育戏剧把教室还给孩子 …………………………… 陈　旭/276
深度开发图书馆功能　尽情营造书香校园——浅谈图书馆在书香校园建设中的
　　作用 ……………………………………………………………………………… 黄美莲/279
做一名有"仁爱"之心的智慧型教师 …………………………………………… 胡莉萍/282
感悟生态课堂——让学生成为科学课堂的主人 ………………………………… 张韵霄/284
过程性评价，提高学生探究的习惯和有效性 …………………………………… 王云燕/286
叩开心灵的门 ……………………………………………………………………… 葛圣妮/289
保持一颗发现美的慧心 …………………………………………………………… 文振华/291
后疫情时代　依托互联网＋教育　教育转型之思考 …………………………… 赵德芬/293
静待花开——综合素质评价所带来的进步 ……………………………………… 张娅梨/296
立足岗位实际，育人方法初探索 ………………………………………………… 谢嘉阳/298
初当班主任的杂谈 ………………………………………………………………… 徐晨斐/300
见习教师职业生活随笔——育人初体验 ………………………………………… 杨嘉俊/302
抓住闪光的瞬间 …………………………………………………………………… 孙悦青/304
心想事成——记"请党放心，强国有我"主题中队会是怎样炼成的 ………… 张　霞/306
立信少年，诚信为先 ……………………………………………………………… 张　霞/308
让孩子感觉"被需要" …………………………………………………………… 张　霞/310
爱是克服困难的法宝 ……………………………………………………………… 鲁　敏/312
加强中考试题研究，提高初三化学复习效果——以"四通八达的氧化铜"
　　为例 ……………………………………………………………………………… 谢嘉阳/314

生态之旅

——《生态教育理念下的学校课程建设实践研究》研究报告(节选)

上海立信会计金融学院附属学校　张玉妹

上海立信会计金融学院附属学校(后文简称:立信附属学校)的"生态教育理念下的学校课程建设实践研究"是A201701的区级重点课题,是三年来引领立信附属学校全面发展的龙头课题。它基于问题推进研究,以期达到预期目标,还在研究过程中产生了一些新成果。

一、课题源于需求——研究基础

(一) 继承发展

2016年结题的上海市浦东新区区级重点课题"构建以仁爱为核心思想的生态校园建设"研究成果《仁爱与生态交融》获二等奖,同时学校获浦东新区第八届"教育科研先进集体"称号。在研究过程中,我校的教育教学质量明显提升,仁爱、生态成为校园的关键词,生态教育理念基本形成。

这一理念的形成彰显了教师的教育理想,回应了社会的理性需求,其植根于学校的办学土壤,饱含师生的热切期盼。

(二) 精准把脉

2017年,学校对教师、学生、家长分别发放了无记名调查问卷。教师对学校办学理念和育人目标认同的占调查人数的100%;学生和家长对学校整体满意程度较高,分别占调查问卷的86.27%和87.57%。这表明"构建以仁爱为核心思想的生态校园"的办学理念已深入人心,全校师生珍惜来之不易的"人心思齐"局面,教师们对自己的专业发展有强烈要求。在家长对学校或老师的建议中,高频出现的关键词依次是老师、学生、学校,家长希望学校提高教师的教学水平,满足学生发展的需求。

(三) 前瞻思考

面对"新中考、新质量、新要求",无论是基于新优质组长学校或强校工程支援校的社会责任,还是基于学校自身发展的内在需求,都要求我们在正确理念指导下,聚焦课程建设,努力构建学校的课程体系,积极探索国家规定课程优化实施策略。"生态教育理念下的学校课程建设实践研究"应运而生。

二、课题引领发展——研究过程

(一) 树愿景——凝心聚力

学校从教研组、年级组、教科室、工会等不同层面开展了"学校精神"的讨论,全体教师在网上论坛、教学论坛、德育论坛阐述、辩论及每一次活动中,意识有了提升。"构建以仁爱为核心思想的生态校园"的办学理念更加深入人心,"自信、善良、负责"的育人目标得到落实,形成"崇善、尚和、求新"的学校精神。在干部队伍建设上,学校强调形成梯队、激发活力,实行"十二字"管理方针——分层管理、部门负责、条块结合、立体调控。

"人心齐,泰山移",师德考核方案、新四年发展规划(2019—2023年)、学校特色发展行动计划(2020—2022年)相继出台。绩效工资增资方案、骨干教师评审办法、学校义务献血办法、教职工疗休养工作方案均获全票通过。学校的向心力和凝聚力成为教职工心无旁骛提升教育质量的坚实后盾。学校2017年、2019年两次获区绩效考核优秀一等奖。

(二)讲生态——方法科学

生态教育泛指人类为了实现可持续发展和创建社会文明的需要,将生态学思想、理念、原理、原则与方法融入现代教育的生态学过程。生态教育既是理念,也是方法。

(1)在关系上,关爱生命、和谐合作。生态教育以尊重生命为核心,以遵循自然规律和教育教学规律为原则,以学生将来能够很好适应社会、立足社会为长期目标,力求充分关注学生当下的感受、思想、情绪和行为,构建默契、和谐的师生、生生、师师、家校关系。

(2)在方法上,尊重规律、讲求科学。生态教育以课堂教学和各类活动为载体,根据不同阶段学生身心发展和认知特点,运用有效的教育教学手段,围绕认知能力、创新能力、合作能力、职业能力来培养学生关键性能力。

(3)在评价上,系统思考、自我修复。生态教育以自我修复为目的进行自我评价,以促进发展为目的进行互相评价,以科学理论为依据进行多元性评价,以明确方向为目的进行发展性评价,通过评价来进行系统思考、自我修复。

(4)在愿景上,追求卓越、持续发展。"人"是学校的主体,教师是教育活动的主体,学生是学习的主人,是一个个具有思想、意识、情感、欲望、需求以及各种能力的活生生的个体。学校关注师生整体素质的共同发展,在师生关系和谐的前提下,开展最优教育教学活动,促进师生的可持续发展。

(三)强基础——教师发展

学校党政工齐抓共管,党支部教育引领,行政规范管理,工会文化推进。学校对教师师德明确提出"不触底线、达到中线、追求上线"的分层要求。

2018年我校被评为教师专业发展学校,学校对教师的系统培训基于问题,注重实效。在制订四年规划的基础上,学校成立教师专业发展委员会,同时指导教师制订个人发展四年规划。

2020年,在新冠肺炎疫情中,面对混合式教学模式,学校邀请信息技术方面的专业人员指导,采用在线集中辅导与个别指导相结合,短时间内极大提升了教师信息技术的运用能力,使全体教师都能熟练地运用信息技术开展线上授课。后期,全校采用混合式教学模式开展教学的教师达到了60%,教学的空间和时间都得到了扩展和延伸,教师与学生个性化的对话频率大大提高。

2020年3月,面对新学期、新形势,我校及时在线上召开了全校大会,鼓励全体教师面临教育变革应在提升教学水平的同时,和学生作好沟通。教师们利用信息技术开展在线辅导,悉心关怀学生。"三爱"(爱己、爱校、爱生)尽显,切实做到"停课不停学"。

学校鼓励教师将科研融入教研,让教师登高望远,掌握教育规律,理解教育艺术,学会观察学生的活动,聆听学生的心声。学校鼓励所有教师参加国家心理咨询师培训并考证。学习心理学是一个自助然后助人的过程,是当今教育工作者的明智选择。学校现已有十多位教师拿到国家二级心理咨询师的证书。

作为区见习教师规范化培训基地学校,教师专委会对相应学段学科的培训目标、内容、进度制定了规范,使学科培训课程化;还举办了系列的培训讲座,学校为每位职初教师建立发展资料袋,每学年完成师德、育德、教学、专业发展四个板块的小结,列举一年中取得的成绩,制订下一年的发展目标。职初教师资料袋不仅能跟踪与监督职初教师的发展,也是教研组、备课组的"达标创优"评选的内容——每一位新教师"只要有志向,就会有事业;只要有本事,就会有舞台"。

学校加强对学科带头人、骨干教师、青年新秀的考核,强调其基本职责,鼓励他们结合自身所长,在教研组、年级组、学生层面引领辐射,在实现自身价值的同时,带动学校发展。体现了教师培养的选择性、自主性、发展性。

(四)抓核心——生态课堂

所有教育改革从课堂开始,在课堂见效。学校生态教育展示的18节课从不同侧面体现了优化实施国家规定课程的探索过程。

狠抓教学"五环节",教学管理上强调"三个一":每天一问(愉悦否?)、每周一思(反思日志)、每月一比(教学评比),注重过程。关注"三个两":课前两分钟、课中两要素(与所有学生有眼神交流、与所有学生有思维碰撞)、课后两句话(评educ交心、家校沟通),强调用心。

经过骨干探索、青年先试、全员参与,深化生态课堂核心要素的研究与落实:(1)提问激发思维碰撞;(2)师生关系民主平等;(3)课堂气氛自然和谐;(4)学习方式自主合作;(5)课堂评价全面、多元;(6)教学内容选择重组;(7)作业设计体现生态;(8)教学效益得到优化。

中小联动课题研讨明晰了中小学教学的特点,教育教学方式、方法变化及衔接要点,形成了小升初的有效衔接机制。

生态作业根据教学进度,从作业与教学目标的一致性、结构的合理性、内容的科学性、作业量的适切性等方面进行研究,规范要求,设计符合学情,有分层、可选择、满足学生个性发展的生态作业,且付印成册。如今,学校建立了不断完善的生态作业的循环修订机制;在八要素的基础上,形成了"跨学科听课品课表""随堂听课评鉴表""生态课堂评价表"。

(五)融资源——特色课程

校本课程特色化是学校的研究重点之一。我校全部学生参加艺术校本课程"版画"和体育校本课程"啦啦操"的学习,在此基础上选择一门有兴趣的校本课程学习。学有余力的同学可再选一门校本进阶社团课程的学习,形成"2+1+X"的校本课程学习模式。啦啦操、艺术体操是我们的体教结合项目,多次获全国、市、区一等奖。2018年的上海市运动会中,我校贡献了三金二银。此外,我校在航模等科技项目的国家级比赛中也多次夺冠,并被选拔参加国际比赛。

在融资源方面,学校也取得了骄人战绩:2019年3月6日,浦东新区教育局与上海立信会计金融学院签约;2019年9月9日更名揭牌;为推动立信附属学校特色发展,2020年9月17日,浦东新区教育局领导、上海立信会计金融学院领导齐聚附属学校共同制定了《上海立信会计金融学院附属学校特色发展行动计划(2020—2022年)》。我校还是"基于区域特色的学校综合课程创造力研究和实践"的首批项目学校,重点打造"金融课程"。2020年6月19日,"基于区域特色的学校综合课程创造力研究和实践"项目推进交流会在我校举行。三馆、三书、多基地建成,小学播下金融的种子,中学培育金融的苗子。未来三年,我们将探索中小学教育与大学教育联动机制,促进高等教育与中小学教育的有效衔接,借八方之力,融社会资源,创特色课程,努力建设成为浦东教育综合改革实验的成功样本,为区域发展做出自己的贡献。

(六) 塑灵魂——生态德育

在多年的德育实践中,我校探索出一套完整清晰的"三爱"(爱己、爱人、爱国)德育体系:"爱己"是起点,是对生命的尊重,是自信的基石;"爱人"是桥梁,是对灵动、清净、良善的自我本心的守护与向往,是善良的体现;"爱国"是理想,是对孩子们传承人类文明、报效祖国的殷殷期盼,是负责的形象。"三爱"教育直指我们的育人目标:自信、善良、负责。

(1) 构建德育管理网络。学校将德育工作纳入学校工作的总体规划,成立德育领导小组,构建德育管理网络,健全各项德育管理机制,研究德育工作方法,保证了学校德育目标的实现。坚持"人人都是德育工作者"的思想,学校抓好班主任队伍建设,做好培训;推行全员导师制,做到老师全参与、学生全覆盖。

(2) 营造德育文化氛围。学校在"生态校园"创建中注重德育文化建设,不断推进学生综合素养的积淀。走进校园,浓郁的人文气息扑面而来:宣传栏里、墙面上、走廊里、花坛里、教室内,各种元素潜移默化地帮助学生沉淀了人文素养。

(3) 夯实行规教育措施。学校注重加强行为规范,通过国旗下讲话、校班会、十分钟队会、红领巾广播等形式,始终如一地坚持对学生进行训练和教育。学校及时表扬典型人物与好人好事,评选美德少年,以榜样力量鞭策其他学生弘扬良好的风尚;基于每位学生行为规范表现的差异性与可塑性,注重通过多种评价策略,在激发学生主体意识的同时,增强工作的实效性。

(4) 关注学生心理健康。我校在三年级、预备年级学生中积极开设心理健康教育课,并将其列入课表;积极鼓励教师参加国家级心理咨询师培训。每年心理健康教育活动月中,通过内容丰富、形式多样、针对性强、参与面广的活动,如心理测评、心理讲座、心灵绘画展评、心理活动主题班会、念亲恩亲子实践、校园心理剧和心理咨询,宣传普及心理健康知识,营造良好的心理健康教育氛围,提升学生对自身、对他人心理健康的关注。

(5) 完善实践课程体系。学校结合各年级学生的年龄特点、认知规律和教育规律,注重知行合一,引导学生通过参与实践,自觉遵循道德规范,增长知识;注重统筹兼顾,推动社会实践资源整合和课内外衔接,将"雏鹰争章"和"雏鹰假日小队"有效融合。既增加社会实践的趣味性,又融合社会考察、公益劳动、职业体验、安全实训四个板块的内容,实践课程将贯穿于整个初中学段。我校独有的"大学一日"体验活动深受学生喜爱。

(6) 取得家庭教育支持。学校一直致力于家庭教育的实践性研究,努力营造积极合作的文化氛围。经过长期持之以恒的研究探索,立信附属学校已基本形成了鲜明的家校工作特色:做实家委会建设,增强家校共育的实效。

此外,我校还努力践行德育活动系列化、德育教育课程化、全员导师常态化。

(七) 润物无声——环境课程

环境课程内容包括学校内教师之间、学生之间、师生之间的关系,也包括课程计划中未明确规定的、非正式和无意识的学校学习经验。

教育不是孤立的教育。校门前的青瓦白墙设计古色古香,凸显意蕴丰富的中国传统文化;"构建以仁爱为核心思想的生态校园"15个红色大字鲜明醒目、激励人心;校园内墙面、楼梯的创意与布置体现了学校的文化氛围。内墙设置了"工会活动掠影""我们的教研组风采""我们走向世界""学生童趣的作品"等版面,色彩亮丽,图文并茂。三个校区全部成为上海市花园单位,拓展课成果之一"校园植物知多少"汇聚了师生的努力,每一株草、每棵树都体现了正能量,师生身处其中,心情愉悦,精神面貌健康向上。

环境建设渗透着学校的文化内涵,彰显着学校的办学思路与办学特点。几年来,学校围绕着"构建以仁爱为核心思想的生态校园"的办学目标,以学校的发展为着眼点,以课程建设为着力点,以培养学生高层次的思维能力为出发点,打通学科知识与能力培养的链接,为师生的发展铺路搭桥。环境建设旨在陶冶情操,启迪心智,开阔胸襟,润物无声。

三、经验与反思

三年来,我校按照讨论—归纳—思考—实践—反思—实践的研究模式开展研究,取得了一些成果:

(一)成果

我校取得的成果如下:

教育专著《生态教育的思考和实践》于2019年8月正式出版;

制订《上海立信会计金融学院附属学校德育活动大纲》;

制订《上海立信会计金融学院附属学校德育活动内容指南》;

制订《上海立信会计金融学院附属学校课程规划》;

制订《上海立信会计金融学院附属学校课程实施方案》;

制订《上海立信会计金融学院附属学校初中学生综合素质评价方案》;

制订《上海立信会计金融学院附属学校(中学部)课程评价标准》;

制订《上海立信会计金融学院附属学校(小学部)课程评价标准》;

制订《上海立信会计金融学院附属学校教师职业道德规范》;

制订《上海立信会计金融学院附属学校生态校园标准》;

制订《上海立信会计金融学院附属学校章程》;

制订《上海立信会计金融学院附属学校四年发展规划》;

制订《上海立信会计金融学院附属学校师德考核方案》;

制订《上海立信会计金融学院附属学校特色发展行动计划(2020—2022年)》。

此外,我校还取得了如下成绩:

2017年,绩效考核获得优秀一等等次;

2018年,获评上海市行为规范示范校、浦东新区教师专业发展学校,初中"强校工程"支援校;

2019年,学校更名为上海立信会计金融学院附属学校,学校绩效考核再获优秀一等等次;

2020年,获评上海市依法治校示范校、上海市安全文明校园。

(二)反思

(1)生态教育与教育生态。生态教育离不开教育生态,在百年未有之大变局下,教育不能独善其身,如何在家长学校、家庭教育中融合生态教育理念,营造良好的教育生态,还须

"深耕"。

(2) 复杂生源与混合教学。个性化和针对性一定是生态教育的题中之义。面对大规模、多学段、生源复杂的现状,混合式教学如何助力生态教育,要技术支撑,要机制创新,还须"细作"。

生态之旅,我们还将继续"深耕细作"。

利用综合课程培育学生创造力的思考与实践

上海立信会计金融学院附属学校　张玉妹

上海立信会计金融学院附属学校是浦东新区公办九年一贯制学校,现有证大、东陆、高行三个校区,两个学段共69个教学班、2 600多名学生、187名在编在岗教师。

学校所承担的三轮区级重点课题从理念文化到聚焦课程到特色引领,是生态教育理念的迭代发展。课题形成了"生态教育"理念,打造了"崇善、尚和、求新"的学校精神,确立了"自信、善良、负责"的育人目标。

2019年3月6日,浦东新区教育局与上海立信会计金融学院就我校合作办学签署了合作共建协议,学校更名为上海立信会计金融学院附属学校。2020年9月17日,浦东新区教育局与上海立信会计金融学院制定了《上海立信会计金融学院附属学校特色发展行动计划(2020—2022年)》,提出"推动立信附属学校特色发展,探索中小学教育与大学教育联动机制,促进高等教育与中小学教育的有效衔接,将其建设成为浦东教育综合改革实验的样本"的建设目标。聚焦金融综合课程建设,培育学生创造力,成了立信附属学校的历史选择。

在两个一百年的交汇点上,浦东已处于全国改革开放的前沿。学校毗邻陆家嘴金融中心、上海自由贸易试验区,因此学生应了解金融和生活密不可分的关系,为投身国家建设作准备。新起点,新征程,学校将努力"打造金融课程,推进五育并举",培育学生的创造力。

以下从三个方面阐述我们的思考与探索。

一、加强学习研讨,研究创造力培育

国家规定课程实施中描述的三个板块、十五项素养是形成创造力的重要因素,是构建金融特色课程体系、培育学生创造力的关键。

关于创造力的说法由来已久,众说纷纭。比较有代表性的解释是:创造力是根据一定目的,动用一切已知信息,产生出某种新颖、独特、有社会或个人价值的产品的智力品质。创造力有三个焦点领域:认知特征、人格品质、个体经历。创造力可归纳为四个维度:产生观点、深入考查观点、开放并勇于探索观点、自我理解与控制。创造力的核心是创造性思维能力,这种能力产生多样化和创新的想法。美国教育心理学教授詹姆斯·考夫曼和罗纳德·贝格托创建了创造力4C模型,将创造力分为迷你创造力(mini-C)、日常创造力(little-C)、专业创造力(pro-C)和杰出创造力(big-C)。其中,前两者也被称为"小创造力",比如将剩饭做成美食,或在工作中进行复杂的行程安排,设计一次有创意的活动。所有这些都是为他们未来生活作准备的,也都是可以通过日常教学实践去培养的。我们还需要继续研究学生已经具备了哪些素养,达到了什么程度,如何提升学生可接受的、需要的创造力。

教育要不断进步,成绩要不断刷新,时代要不断前行。总结生态教育是立信附属学校继续前行的基础。立信附属学校的生态教育具有明显的先进性:在关系上,关爱生命、和谐合作;在方法上,尊重规律、讲求科学;在评价上,系统思考、自我修复;在愿景上,追求卓越、持续发展。立信附属学校的生态教育具有自身的独特性:将生态学思想、理念、原理、原则与方法融入现代教育,以有效的教育行动影响学生,以有效的学习活动使学生潜能得到有效开发。

义务教育阶段金融综合课程建设是一个新的课题,它必须适应学生的成长规律,与学生现有的知识能力基础相匹配,采取孩子感兴趣的方式,借助项目化学习形式,跨学科、跨学段、跨领域整合,以实现"小学播下金融的种子,初中培育金融的苗子"的目标。未来还将实现对区域的辐射,课程内容将体现时代性、专业性和育人价值,让学生充分认识自己、了解自己、接纳自己,赋予学生诚信意识、责任意识、规则意识和风险意识。

课程注重学生思考问题的过程和角度,引导学生善思乐思,提升学生创造性解决问题的能力;呼应新中考改革和评价方式改革,助力浦东新区教育落实五育并举和为浦东新区教育综合改革提供实验样本。

二、建构金融综合课程体系,融入创造力培育

2020年年底,我校成为"上海市基于区域特色的综合课程创造力研究与实践"十五所实验学校之一;2021年,我校成为浦东新区项目化学习实验学校,我校的区级重点课题"指向创造力培育的义务教育阶段金融特色课程体系建构与实践"获批。在政策上,我校可以引进金融专业的教师,在资源上,我们可以邀请多方专家进行培训,加之有前两轮区重点课题研究的基础,使我们有底气、有需求、有能力构建金融综合课程体系,创建金融特色学校,进一步激发办学活力。金融综合课程是培养学生创造力的重要路径,多学科、跨学科的努力,是培养创新型人才的关键。

(一)构建金融综合课程研究共同体

在上海市"基于区域特色的综合课程创造力研究与实践"项目专家的支持下,在《上海立信会计金融学院附属学校特色发展行动计划(2020—2022年)》的保障下,我校与上海立信会计金融学院、银行、保险公司合作,开始了金融、保险、银行三个体验馆和多个学生社会实践基地等硬件的建设,为金融特色课程的学习提供了物质保证。

在上海立信会计金融学院常驻附属学校老师的协助下,立信附属学校与东昌中学等联盟学校合作,平时互相听课,随时交流,形成常态化工作体制。

依托上海立信会计金融学院,立信附属学校建立了课程实施核心团队,成立了跨学科、学段的金融特色课程教研组,参加市、区、校不同层面的培训,学习金融常识,研究金融综合课程教学方式,参观考察华西证券投资者教育基地等,促进了教师的发展。

学校骨干教师梯队合理,学校对教师分层培训,所有教研组都是区优秀教研组。目前,学校有一个上海市研究课题、两个上海市青年教师研究课题;一个区级课题、四个区级项目;一个学校教育内涵项目。2020年,学校发展性教育督导认为:学校重视顶层设计,生态教育理念对成员的教育行为的影响日益深化;学校创造出了良好的教育生态,生态课堂建设取得积极成效;学生综合素养培育质量不断提升,办学质量不断提高。这些成就了金融综合课程研究共同体的坚实基础。

(二)建构金融综合课程体系

在前两轮的区级重点课题研究中,我校已形成了生态课堂八要素:(1)提问激发思维

碰撞;(2)师生关系民主平等;(3)课堂气氛自然和谐;(4)学习方式自主合作;(5)课堂评价全面多元;(6)教学内容选择重组;(7)作业设计体现生态;(8)教学效益得到优化。这些研究为我校教育教学质量稳步提升奠定了基础。为进一步发展,学校需要自我加压,将国家规定课程和校本课程有机融合,创造学校的金融特色课程体系,提高学生专业素养,形成办学特色。

关于创造力培育,我们在研究的基础上作了如下探索:国家规定课程实施要求分为总体和特色两个方面。总体要求是落实"双减",提高课堂教学效率,提升学生的创造力。各教研组在教育教学中,探索基于课程标准的教与学方式的转变,开展三个主题的探究:"探究与想象"(包含好奇和质疑、探索和调查、挑战既有认知、允许不确定性、不惧困难、敢与众不同);"合作与担当"(包含分享成果、给出并接受反馈、与他人合作);"坚毅与申辩"(包含批判性反思、逐渐养成技能、不断精进和提升、尝试各种可能性、建立关联、使用直觉)。这种普适性的教与学的转变是对"生态课堂八要素"的发展,是发挥课堂主阵地、培育学生创造力的有效探索。

国家规定课程实施要求是:基于学生发展需要,打破学科壁垒,实现跨学科融合,梳理金融知识点,形成金融知识网,探索基于课程标准的金融特色课程实施方法。以学生当下能够接受的方式,将金融课程融入德育,使学生了解金融与自己的关系、与国家发展的关系,从而提高学生的金融素养,为其将来能够很好地适应社会、服务社会奠定基础。

我校的校本课程建设实现了两个"100%+1+X"的校本实施特色,即所有的同学学习"版画""啦啦操",同时再选择一门有兴趣的校本课程学习;学有余力的同学可再选一门校本进阶社团课程学习,形成"2+1+X"的校本课程学习模式。在此基础上,所有同学都参加金融特色课程的学习,形成校本课程三个"100%+1+X"的校本课程学习模式。

在实施校本课程的过程中,金融特色课程框架建立。"金融"是特殊的领域,要具备诚信意识和法制精神,所以我们确立金融特色课程的主体框架是"一体两翼"。"一体"是指"给孩子的财商教育课"(小学、初中各有读本,已公开出版发行),旨在培育"商"素养。"两翼"是指诚信教育("诚"素养)和法治教育("法"素养),形成独具特色的"种子和苗子"的校本金融综合课程。我校目前已形成以"一体、两翼、三馆、多基地"为主线的校本金融综合课程体系,(见表1),根据学生的年龄特点,在不同年级制定了相应的课程计划。校本金融课程体系如表1所示。

表1 校本金融课程体系

年级	课程名称	课程类别	内容
1—3	走进金融体验馆	探究型	学校三校区的证券、银行、保险体验馆
4—5	财商课程	拓展型	财富和银行
6	一日金融人	探究型	立信会计金融学院综合实践
7	财商课程	拓展型	商机与商业运行
8	采访金融人士	探究型	采访知识、实地采访、采访稿撰写、交流评价
9	身边的货币	探究型	货币的种类、发展史

三、转变教与学的方式,指向创造力培育

在人们已经熟悉了"教师讲、学生练"定式的背景下,需要建立金融综合课程的评价和发展机制,推进教与学方式的转变。应开展开设金融特色课程前后教师、学生、家长变化情况的对比研究,评价金融特色课程内容和实施方式对提升学生创造力的贡献。

(一) 评价机制保障

对学生的学习强化过程评价注重增值性评价,鼓励学生产生多样化想法,创新想法,评价与改进想法,旨在由趣味性到实用性、再到体验性,形成提升学生金融素养的教师课程实施案例集和学生发展作品案例集。金融特色课程不主张一项任务只有一种正确方法,一个问题只有一个正确答案;而是以真实生活问题为切口,向学生提供体验式学习、项目化学习、游戏化学习、混合式学习等多元学习体验,让学习和解决问题变得有趣起来,从而在这一过程中激发和培养学生的创造性思维。

根据不同学段学生的年龄特点,学校建立中、小学金融综合课程体系图谱,使学校金融特色课程体系建构规范化,同时分别制定《上海立信会计金融学院附属学校初中学生综合素质评价方案》《上海立信会计金融学院附属学校金融综合课程方案(中、小学)》《上海立信会计金融学院附属学校金融综合课程内容(中、小学)》《上海立信会计金融学院附属学校金融综合课程评价指南(中、小学)》。

(二) 开展项目化学习

引导学生在学习中自主探索、合作探索,开展探究学习、科学实验、社会考察、创新竞赛等活动,指导学生在真实情景中持续探究,尝试创造性地解决问题。注重学生思考问题的过程和角度,促进学生活用知识,解决真实性、趣味性、挑战性、开放性的问题,激发和培养学生的创造性思维,培养学生形成正确的价值观,强化责任担当。

在课堂教学实践中,我们也得到了专家的指导,使我们的教学更好地符合学情,创造性地开展综合课程建构,进一步培养学生的创造性素养,更好地评价教与学的过程。例如我校以培养学生创造力为目标、以兴趣为驱动,成立了学生社团;促进师生交流,学赛结合、以赛促学,开展投教作品大赛;开展"认识基金""初识保险""百辨金融诈骗""我身边的投资故事"等活动,营造金融特色课程的共同语境。为此,教师们录制了微课,一方面,通过这种方式,可提升教师的教学技能、创新能力,另一方面,微课也能在联盟校层面推广,发挥辐射作用。

新课程转变教与学的方式和过程,既能提升教师教育教学能力,也能提升学生综合素质,从而促使学校在新的发展阶段成为金融特色学校。

义务教育阶段金融综合课程建设是课程改革的尝试,是项目化学习的探索,也是学生创造力培育的载体之一。立信附属学校在各级专家的指导下,在各界行家的支持下,在各校盟友的智慧碰撞中奋力前行,旨在培育和保护学生的创造力,为浦东成为社会主义现代化建设引领区提供教育改革的实验样本。

打造金融课程,培育生态校园

——《上海立信会计金融学院附属学校特色发展行动计划(2020—2022年)》实施阶段总结

上海立信会计金融学院附属学校 张玉姝

一、学校课程建设的总体情况

(一) 课程目标

学校课程建设紧紧围绕"自信、善良、负责"的培养目标,培养学生的认知能力、合作能力、职业能力和创新能力。

(二) 课程框架

课程框架如图1所示。

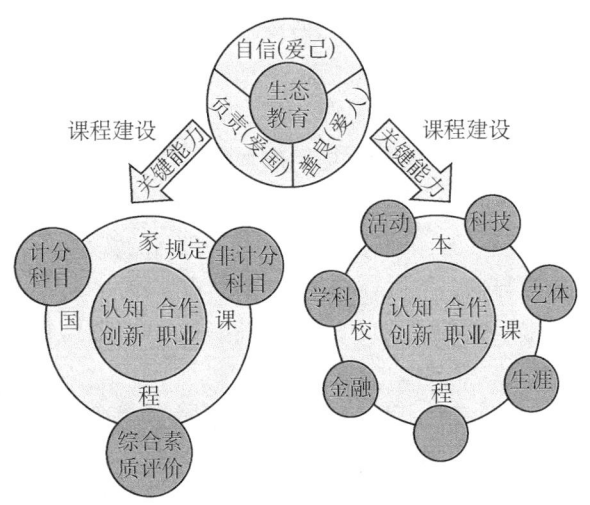

图1 课程框架饼状图

(三) 课程实施

(1) 健全组织机构,形成课程领导合力。学校的课程领导小组由校长担任组长,由分管副校长、教导主任、科研主任、外聘专家等担任组员。作为第一负责人的校长与领导小组共同设计和开发学校课程,监管课程实施中的各项具体工作。

(2) 完善制度建设,落实校本课程管理。教师负责申报课程、制定课程方案、实施课程、成果展示。领导小组负责审核课程方案、进行课程评价。教导处负责过程管理、课程考核。

(四) 课程内容

学校在多年的课程建设实践中,形成了一批符合学校实际情况、满足学生个性发展需要的特色课程,如"版画""体操""航模""生活中的化学"等。我校全部学生均参加艺术校本课程"版画"、体育校本课程"啦啦操"的学习,学有余力的同学可再选一门校本课程的学习,形成两个"100%+1+X"的校本课程学习模式。目前小学有35门校本课程,中学有33门校本课程。学校多次承办市、区课程展示活动,积累了丰富的课程资源,学生与教师多次获奖。

学校有着多年"生涯教育"的实践经验。生涯课程在德育、课堂教学等不同领域得到分层落实。在各科课堂教学和德育活动中,教师尽可能地为学生提供体验、思考的机会,让他们在学习知识、形成各种能力的同时,充分展示特长。

我校具有多年开设"金融与理财"课程的实践经验。它是我校"生涯教育"的一部分。"金融与理财"课程着眼于学生将来能够适应社会、服务社会,以生动活泼的形式激发学生探究金融的初步知识、金融系统运作、金融与自己的关系、金融与国家发展的关系等。

二、支持课程建设的资源配套

(一) 实验室和学习空间

我校三个校区拥有功能齐全的功能教室:高行校区拥有人工智能教室,东陆校区拥有新数学创意教室,证大校区拥有科技探究实验室、版画教室、心理教室。其中,创意化学实验室更是建设了"动手实验区""教学准备区""陈列展示区""演示活动区"四大教与学的活动空间。这些学习区域可以极大满足学生对探究活动和拓展学习的需求。

(二) 学校师资

多年的校本课程建设形成了一支相对稳定的教师队伍。版画课程由区学科带头人和校骨干教师教授,体操课程由区骨干教师和骨干校教师教授,而航模老师在市、区都有一定的影响——这些老师在校本课程的开发与建设中形成了自己的特色。

我校是区本课程"金融与理财"的试点学校。老师在多年的"金融与理财"课程教学中积累了丰富的教学经验,注重学生金融意识的培养,其撰写的课例"善用信用卡"荣获浦东新区"金融与理财"教学课例评比二等奖。

我校有十多位老师获得国家级心理咨询师证书,占全校教师总数的8.1%;有16位教师接受过"英国生涯课程"的培训,占全校教师总数的12.9%。这些均为开展生涯教育理念下的学校金融课程建设提供了师资保障。

(三) 社会资源

2019年3月6日,浦东新区教育局与上海立信会计金融学院就"上海市高桥—东陆学校"合作办学事宜举行签约仪式,学校随即更名为"上海立信会计金融学院附属学校"。这意味着我校在校园文化、课程开发、师资培训、学生活动等方面将拥有更为丰富的资源。高校金融专业的专家人才将充实我校的专家资源库;此外,我们还可分享高校的金融资源和实践基地等资源。

我校与区实验性示范性高中华东师范大学附属东昌中学具备良好的合作关系,可以共享东昌中学的金融教室等资源。

三、进一步拓展的思考与设想

(一) 普及理念

浦东是上海改革开放的前沿,陆家嘴金融中心、金桥出口加工工业园区、外高桥保税区、上海自由贸易试验区等金融商贸中心全都坐落于此。金融课程教学可以让学生了解金融对生活、对世界经济的影响,激发学生的自豪感,增强其责任感,此外,还可培养学生的全球视野和国际化思维方式,为其将来立足社会、投身国家建设作准备。

(二) 开发课程

在开发课程方面,可从以下几方面开展工作:

(1) 建设金融教室,为课程的实施提供环境支持。

(2) 在各年级进行"基于需求"的前期调研,使金融课程内容的确定更为科学、合理。

(3) 制定金融课程专项计划。组建金融课程备课组,制定金融课程专项计划,根据计划逐步完善课程的开发与实施。

(4) 编制金融课程。根据各年级学生的年龄特点,结合学科渗透、通识课程、社会实践,设计好金融教学的内容,设置好学校的金融课程。

(三) 优选师资

在优选师资方面,可从以下几方面着手:

(1) 作为立信会计金融学院附属学校,我校将共享立信会计金融学院的教师资源。

(2) 今后将逐年分步引进金融专业的人才,充实学校的师资队伍。

(3) 开展校本培训,充分利用国内外各种金融资源,将"请进来"与"走出去"相结合,开展各类培训,努力提高本校教师的金融教学水平。

(四) 项目实施

(1) 纳入新一轮学校发展规划。金融课程的建设将作为未来学校课程建设的重要内容,纳入学校新一轮的发展规划。

(2) 纳入学校课程建设规划。金融课程的建设将纳入学校课程建设规划,确保项目有序运行、规范管理。

(3) 纳入新中考《初中生综合素质评价》。根据上海市新中考改革素质评价对"品德发展与公民素养"的要求,开展以"金融教育"为主题的社会考察、职业体验、探究体验活动,如立信会计金融学院一日考察、东昌中学参观体验等。

(五) 保障机制

(1) 协议保障。浦东新区教育局与上海立信会计金融学院签订了合作共建的协议,明确了双方的权利和义务,协议将从政策层面对我校开展金融课程建设给予支持和保障。

(2) 资金保障。浦东新区教育局与上海立信会计金融学院将提供一定的资金支持,保障我校开展金融课程的建设。

(3) 制度保障。将金融课程的开发与实施纳入学校绩效考核,充分调动广大教师的积极性。

(六) 辐射引领

(1) 总结义务教育阶段金融课程开发与实施的规律。从义务教育阶段学生的年龄特点、浦东的大环境等方面着手,总结金融课程开发与实施的规律。

（2）为同类学校金融课程开发与实施提供样本。将课程研究开发的得失、课程样本等资料进行系统梳理，与兄弟学校共享。

（3）为同类学校提供教师培训经验。师资力量是课程开发和实施的关键，可将各个阶段的思考、尝试、做法进行总结分享。

融社会资源，创特色课程，建构综合课程实践共同体

——"生涯教育理念下义务教育阶段学校金融课程建设实践研究"项目推进报告

上海立信会计金融学院附属学校　李　杰

一、项目背景

立信附属学校是浦东新区公办九年一贯制学校，现有证大、东陆、高行三个校区和两个学段。学校在以"仁爱"为核心思想的生态教育理念的引领下，围绕"自信、善良、负责"的育人目标，依托与大学合作办学的优势，凸显金融特色，确立了小学"播下金融的种子"、初中"培育金融的苗子"的金融课程培育目标。学校着眼于学生未来的发展，以培养学生的认知能力、创新能力、职业能力、合作能力等综合素养为导向，聚焦综合性和创造性，通过跨学科、跨学段、跨领域等方式，积极构建并实施结构完整的学校课程体系，培养师生的创造性思维，努力把学校办成质量稳步提升、富有特色的优质学校。

作为"上海市基于区域特色的学校综合课程创造力研究和实践"首批项目学校，学校在项目推进过程中得到了浦东新区教育局、浦东新区项目组、立信会计金融学院、融创联盟等各方面的支持。

2020年9月17日，浦东新区教育局与上海立信会计金融学院联合办学联席会议在我校举行，签订了《上海立信会计金融学院附属学校特色发展三年行动计划（2020—2022年）》。相关领导表示浦东新区教育局将全力支持立信附属学校的发展，组织人事处、义务教育处、德育处对计划中相关项目、相关工作进行了对接，提出了具体的指导意见。

2020年12月28日和2021年5月18日，上海立信会计金融学院校长杨力、党委书记解超等领导先后莅临我校开展调研，推进合作办学协议等各项内容的落实。

2021年，立信附属学校成为融创联盟的一员，这又为项目的实施提供了新的资源和平台。

在各方面的大力支持下，学校积极推进"生涯教育理念下义务教育阶段学校金融课程建设实践研究"项目研究。

二、项目推进

（一）全面规划，分步有序实施

教育局、项目组、立信会计金融学院非常关心学校的发展和项目的推进，先后制定了《上海市浦东新区教育局与上海立信会计金融学院关于合作共建上海立信会计金融学院附属学

校的协议》《上海立信会计金融学院附属学校特色发展行动计划（2020—2022年）》《基于区域特色的学校综合课程创造力研究和实践》项目推进计划，以及《生涯教育理念下义务教育阶段学校金融课程建设实践研究》年度实施计划和《"产学研"战略合作协议》。这些战略规划和年度计划的制定，从整体和细节上为项目的推进提供了保障。学校依据这些协议和规划，大胆预设，小心求证，分步落实，有序推进。

（二）构建体系，打造特色课程

为了使项目推进主题优化，路径明晰，学校的青少年金融综合素养培育体系以培养学生综合素质为导向，围绕"一课程三平台"课程目标，确定了"一书、二育、三馆、多基地"这条主线：

"一书"——学生读本，包括中小学财商教育读本。

"二育"——诚信教育及法制教育。

"三馆"——三个金融主题馆：证券主题馆（证大校区）、银行主题馆（东陆校区）、保险主题馆（高行校区）。

多基地：校外实地体验基地。

依托与大学合作办学的优势，我校梳理了国家规定课程中的金融知识点，对照主线，聚焦综合性、创造性，构建了跨学科、跨学段、跨领域的九年一贯金融综合课程体系，包括跨语文、道法、历史等多个学科，跨中小学两个学段，三类五门金融特色课程，形成了较完整的课程方案。上海立信会计金融学院附属学校金融特色课程体系如表1所示。

表1　上海立信会计金融学院附属学校金融特色课程体系

年级	课程名称	课程类别	内容
1—3	走进金融体验馆	探究型	学校三校区的证券、银行、保险体验馆
4—5	财商课程	拓展型	财富和银行
6	一日金融人	探究型	立信会计金融学院综合实践
7	财商课程	拓展型	商机与商业运行
8	采访金融人士	探究型	采访知识学习、采访稿撰写、实地采访、交流评价
9	身边的货币	探究型	货币的种类、发展史

融创联盟学校也积极为我校金融课程的开发提供支持。我校在分享联盟资源、构建九年一贯的课程体系、打造特色课程的同时，也参加了融创联盟十二年全学段金融课程体系的共建，形成了课程方案，制定了评价量规，并通过网上慕课、合作探究等形式开展了课程实践。在课程共建的过程中，我们收获了志同道合的伙伴，收获了融创联盟集体的智慧。融创联盟学校全学段金融课程如表2所示。

表2　融创联盟学校全学段金融课程

序号	课程名称	课程安排
1	采访金融人士	高中：（东昌）9—10月
		初中：（立信附属学校）9—10月

(续表)

序号	课程名称	课程安排
1	采访金融人士	(澧溪中学)
		小学:(高桥镇小学)
2	走进金融博物馆	高中:(东昌)7—8月
		初中:(立信附属学校)11—12月 (澧溪中学)
		小学:(高桥镇小学)
3	身边的货币	高中:(东昌)7—8月
		初中:(立信附属学校)7—8月 (澧溪中学)
		小学:(高桥镇小学)
4	一日金融人	高中:(东昌)3—6月
		初中:(立信附属学校)5—6月 (澧溪中学)
		小学:(高桥镇小学)

(三) 组建团队,有效实施金融课程

1. 培育特色师资队伍

(1) 成立金融特色教研组。要培养学生的金融素养,学校教师必须先行一步。为此,学校召开专门会议,商议组建了跨学科、跨学段、跨领域的金融特色课程教研组。为了一门课程成立跨学科、跨学段的特色教研组在立信附属学校尚属首次。立信会计金融学院的李文老师作为金融特色课程建设的指导老师,负责课程培训、专题研讨,帮助老师们更新教育理念,进一步提高教师开发和实施金融特色课程的能力,全面开展附属学校金融特色课程的建设工作。

(2) 形成备课研讨机制。除了利用寒暑假组织教师参加区里的项目培训外,学校还开展了特色教研组层面的培训,普及金融方面的基本常识,更新观念;通读财商读本内容,通过线上、线下两种方式集体备课,撰写教学设计,并形成了两周一次的集体备课机制。李文老师在立信附属学校期间,开展备课、听课、评课工作,与其他老师随时交流,形成常态化的研讨机制。

(3) 组织校外参观考察。在师资培训方面,既要"请进来",还要努力"走出去"。学校组织教师前往华西证券投资者教育基地参观考察,积极参加融创联盟组织的各项活动,进一步拓宽育人视野,提升金融课程的实施能力。

2. 稳步推进课程实施

(1) 修订金融课程方案。学校为打造金融特色课程,初步制订了课程方案,项目的推进以及课堂教学实践的深入引发了很多新的思考,如如何设计综合课程、如何创造性地开展教学、如何培养学生的创造性、如何优化评价方式,等等。我们边实践边反思,在"设计—实施—修正—实施"的循环中不断加深教师对科目的理解,使他们不断完善课程方案,完善科目建设。

(2) 纳入学校课程计划。学校在多年的课程建设实践中,形成了一批符合学校实际情况、满足学生个性发展需要的特色课程,如"版画""啦啦操"等。我校全部学生参加艺术校本课程"版画"、体育校本课程"啦啦操"的学习,学有余力的同学可再选一门校本课程的学习,形成两个"100%+1+X"的校本课程学习模式。这学期开始,中小学财商教育课也被纳入学校课程计划,进入四、五、七年级课表,正式实施、规范管理,保证每个附属学校学生都进行过财商课程零起点、普及性的学习,形成三个"100%+1+X"的校本课程学习模式。

(3) 打磨特色课堂教学。经过特色教研组老师们的集体备课、分工合作,立信附属学校已经录制了5节财商教育微课,在"浦东德育"公众号平台发布。一方面通过这种方式提升教师的教学技能和创新能力,打造精品课堂,对学生创造力的培养、创新意识的提升及兴趣走向和职业规划产生积极影响;另一方面也发挥辐射作用,与兄弟学校共享。

3. 构建金融课程支撑体系

(1) 形成课程实践共同体。附属学校与立信会计金融学院各单位、部门全面共建,共同推进学校内涵的发展。其中,法学院组织专业力量,积极参与附属学校依法治校和法制宣传教育工作。人文艺术学院以附属学校为教育实习基地,选派优秀汉语言文学专业学生开展教育实践;开设文学、艺术讲座,参与附属学校的课外拓展活动;开展学科项目与教学管理方面的合作研究。马克思主义学院与附属学校积极探索大中小德育一体化建设工作,联合开展集体备课活动。

(2) 成立学生金融社团。对标大学"未来金融家俱乐部",以培养学生创造力为目标,以兴趣为驱动,以社团为组织形式,成立"小小金融家俱乐部"学生社团。如果说必修的财商教育拓展课是金融知识零起点的普及性低阶学习,那么"小小金融家俱乐部"学生社团则是为了满足对金融有兴趣、有基础的学生的需要,所开展的进阶甚至是高阶的指导性学习,旨在提升学生金融素养和创造力,实现创造力的迁移。

(3) 营造师生共同语境。开展投教作品大赛。大中小同平台、分组比赛、学赛结合、以赛促学。金融专业教师制定选题指南,并作全程指导,中小学生以团队形式参与项目,并鼓励家长共同参与。

加大宣传力度。开展"金融知识宣传月"活动,承办"泉海拾珍——中国钱币文化"专题展,邀请大学教授开展金融知识讲座。通过这些活动形成金融特色课程的共同语境,让更多的老师、学生走近金融、了解金融,重新认识金融与生活的关系。

金融课程支撑体系建设聚焦诚信品质塑造、金融素养培育、实践能力提升、未来职业启航,形成了一个教师为领航员、金融行业从业学生家长等为导航员、中小学生为小水手的格局,为项目的推进提供了保障。

三、努力方向

(一) 师资队伍培养

由理念到实践,从单一课程到体系化课程,从以教师开发课程为主到以学生实践为主的转变需要一个很长的过程,更需要充足的师资力量。为了深入推进项目实施,有效实施金融课程,打造一支有研究能力、创造能力,能推动学校金融特色持续发展的专业的师资队伍,学校将逐步引进特色教师,并在金融特色教研组培训的基础上,针对全体教师开展金融知识培训,开拓他们的视野,提升他们的金融素养。

(二) 加快"三馆"内涵建设

(1) 购置设备设施。目前学校正在与中信保诚人寿保险有限公司寻求合作,加强高行校区银行体验馆的建设。

(2) 完善书籍书库。逐步购置适合青少年阅读的金融素养书籍,以拓展他们的知识面。

(3) 适时适度开放。在体验馆内涵建设比较成熟的时候,其将作为实践基地正式挂牌,有计划地适时适度对外开放。应将体验馆与生涯教育、新中考政策对接,满足周边学校金融教育与学生实践活动的需要。

(三) 整合校外资源

1. 拓展校外实践基地

学校目前已经和上海立信会计金融学院、农商银行合作,建立体验基地,给学生提供体验式学习、项目化学习、游戏化学习、混合式学习等多元学习体验,培养学生的创造性思维。

2. 开发家长层面资源

家长是不可忽视的重要教育力量,应借助家长资源,充分调动家长的积极性,形成家校社合力,给学生提供更多体验学习的平台。

希望在"国际金融中心"的引力、高校金融专业的助力、金融行业共建的协力、学生生涯规划的动力下,通过与大学深度合作,依托融创联盟,借助社会行业资源,共建共享,建构综合课程的实践共同体,推进五育并举,实现学校金融课程小学"播下金融的种子"、初中"培育金融的苗子"的培育目标,孕育未来的金融人才。希望以项目实施为契机,以金融素养培养为抓手,激发师生的创造性实践,在特色立校的道路上同心同向同行,共同促进学校内涵的发展。

理念引领，课程推进，提升办学品质

——上海立信会计金融学院附属学校发展性督导自评报告

上海立信会计金融学院附属学校 韩 英

一、学校概况

（一）历史沿革

1995年9月，位于浦东新区浦兴街道的东陆中学、东陆小学正式建校。2000年9月，中小学合并，成为一所九年一贯制学校，命名为东陆学校。2001年11月，学校更名为高桥—东陆学校。2013年8月，学校开办高行校区。2015年9月，学校成为上海市进才教育集团会员单位。2016年学校成为第一教育署新优质集群发展领衔学校。2017年学校成为浦兴学区化办学成员学校。2019年9月9日学校再次更名，现名为上海立信会计金融学院附属学校。

（二）办学规模

学校现拥有证大、东陆、高行三个校区，教师队伍整体年龄结构、职称、骨干分布均匀，梯队合理。

（三）上一轮督导建议的改进情况

学校坚持研究、实践并重，在区级重点课题"构建以'仁爱'为核心思想的生态校园"的引领下，各条线工作中"生态化"特征逐渐清晰。2016年9月，学校获得浦东新区教育科研成果二等奖。为使上下齐心的研究成果能够在实践中得到发展，2017年9月，学校申报了"生态教育理念下的学校课程建设实践研究"课题，可喜的是此课题也获批区级重点课题。新课题是对之前研究的继承和发展，把"生态教育"理念融入课程建设过程，将"生态"教育思想化为32个字——关爱生命、和谐合作；尊重规律、讲求科学；系统思考、自我修复；追求卓越、持续发展。课题从关系、方法、评价、愿景四个方面厘清了学习生态教育工作的特征。2020年10月14日，课题召开了全区层面的结题报告会，获得相关专家的肯定和称赞。

（四）理念与目标

学校的办学理念为：在学校精神"崇善、尚和、求新"的引领下，构建以仁爱为核心思想的生态校园。

学校发展目标为：推动与大学的教育联动、资源融通、文化交流，将学校建设成为质量稳步提升、办学富有特色、人民满意的优质学校。

教师发展目标为：倡导教师自尊自爱，身心和谐；关爱学生，师生和谐；立足学校，共同成长。

学生培养目标为：自信、善良、负责。

(五) 成绩与荣誉

生态校园凝心聚力,近五年成绩喜人、荣誉不断:2016 年,学校成为浦东新区未成年人思想道德建设工作示范校,再次获得上海市安全文明校园(绿色学校)称号;2017 年,学校成为浦兴学区理事单位,获评义务教育绩效考核优秀一等奖;2018 年,学校获评上海市中小学行为规范示范校、上海市"贯彻体育工作条例"先进单位、浦东新区教师专业发展学校;2019 年,学校获得"上海市依法治校示范校"称号,再次获评义务教育绩效考核优秀一等奖;2020 年,学校荣获"浦东新区家庭教育示范校"称号。

二、自评过程与结论

学校自评结论为:在认真回顾总结、广泛听取意见、辩证分析反思的基础上,学校进行了严谨客观的自我评估。五年来,学校在生源不断增加、师资不断引进、规模不断扩大的情况下,精准识变、积极应变、主动求变。在明确发展目标、适时调整管理策略、凝聚师生力量的同时,学校借助各方资源,以区级重点课题为引领,研究、实践同步走,实现生态管理持续发展、龙头课题引领发展、生态研训主动发展。

四大板块的工作可以用以下词汇概括:

学校管理——"依法治校、凝心聚力、和谐发展"。

课程建设——"生态引领、直面改革、聚焦课程"。

德育工作——"三爱引领、四化为基、全员育人"。

教师发展——"骨干引领、分层推进、整体提升"。

三、主要成绩与经验

(一) 生态引领,追求高效,实现和谐向上发展

1. 文化引领,做好顶层设计

完成两轮四年规划的制定。《打造金融课程,培育生态校园——上海立信会计金融学院附属学校 2019—2023 四年发展规划》还配套了《上海立信会计金融学院附属学校特色发展行动计划(2020—2022 年)》,2021 年 9 月 17 日,教育局主要领导、立信班子领导齐聚立信附属学校,专题讨论通过了《上海立信会计金融学院附属学校特色发展行动计划(2020—2022 年)》,为学校的未来指明方向。

2. 依法办学,做到民主高效

学校按照"依法办学、民主治校、科学决策"的目标要求,以创建上海市依法治校示范校为契机,坚持以规划设计科学化、管理制度规范化、管理过程民主化、落实教育全员化、管理手段人性化、后勤服务保障化为目标,构建较为完整的生态校园管理文化。学校特别强调民主管理,注重合作公开,体现平等自主。在校务管理中,形成了校务会、支委会集体商议决策,中层干部执行落实,教师建议监督的民主管理体制;每年修订管理制度,完善管理,体现学校依法自主办学理念;坚持以创造丰富的优质资源来发展学校,以塑造健全人格来发展学生,以提升文化素养来发展教师,"学校、学生、教师"三位一体的发展构架有效地促进了学校的可持续发展。

3. 梯队建设,充实管理血脉

近几年来,我校注重干部梯队建设,加强后备干部培养,输送 1 名教师参加新区教育系

统后备干部培训班、2名教师聘任中层正职、6名教师担任中层副职,挑选3名青年教师担任团队干部。年级组和教研组成为学校管理的一体两翼,各司其职,形成合力,不断提高管理效能。

4. 优质发展,实现示范辐射

作为新优质集群发展领衔学校,学校多次组织专家指导、校长论坛、跨界交流、阶段展示等活动,为兄弟学校的发展搭建平台。作为浦东新区初中"强校工程"支持校,学校对上海市绿川学校进行了帮带共建,每一学期都开展教学支援和工作交流。学校还是上海市进才教育集团成员校、浦兴学区成员单位。

(二)直面中考,强化校本,确保质量稳步提升

1. 校本研发,深化课程建设

学校通过区级重点课题"生态教育理念下的学校课程建设实践研究"带领学校教师统观学校课程的全局,重新审视和建构九年一贯制课程建设的各个方面;从课程规划到课程实施再到课程评价,在实践中一步步打磨,从而优化了我校的课程体系,提升了学校教师的课程观念。中小学两学段的课程规划、课程方案、课程评价都已更新。

在国家规定课程校本化实施过程中,学校秉承"整体规划、循序渐进、凸显特色"原则,合理运用国家规定课程中所蕴含的教育素材,加强课程学科知识的再组合,重视学科内知识和不同学科间知识的相互渗透;注重态度、方法、精神的综合培养,形成了多项具有学校特色的校本课程,如管乐、体操、版画、航模等。目前,学校正在上海立信会计金融学院的帮助下开发金融特色课程,课程中的三校区金融体验馆已经建成,小学财商教育读本已完成编写,中学财商教育读本也正在编写中。2020年9月17日,浦东新区教育局、上海立信会计金融学院领导齐聚学校共商"特色发展三年行动计划",这让我们坚信学校将具备充足的发展潜力,向着更好的方向发展。

2. 深入研究,确保改革实效

我校是中考改革中新区5所种子学校之一。为确保改革实效,我校制定了针对教师的政策学习制度及教学质量监控措施,还开设了激发智慧火花的教学论坛,进行了"美感课堂"项目研究。此外,学校制定了《立信附属学校初中学生综合素质评价实施办法》《立信附属学校初中学业水平考试实施办法》等方案,力求为中考改革的校本化实施做好整体设计,为学生的终身发展夯实基础。

3. 严格管理,实现质量提升

过去五年中,学校多次开展教学展示活动,不论是市级版画教学展示,还是区级特色课程展示活动,都得到了小学、初中教育指导中心及教发院学科教研员的高度评价。

近三年来,学校的中考质量实现稳步提升,均分、优秀率、合格率均创新高,而且这是在中考学生数量和青年教师数量不断增加的情况下取得的成绩,是学校积极应变、优化管理、和谐发展的结果。

4. 多元评价,促进学生发展

生态评价让越来越多的孩子获得了成功的体验,促进学生安全、健康、快乐地成长。2017学年,学校引进"晓科技校园智能评价系统",将学生的日常性评价与阶段性评价相融合,提高评价的有效性、及时性,减轻学生学习负担,进一步提高了教师的工作效率。

小学精心设计了低年级和中高年级的期末综合评价内容。低年级学生在轻松愉快的游

戏中,展现了自我,锻炼了能力,提高了素养;中高年级的期末综合评价采用等第制分项评价,客观地展现了学生的学习情况。2017 年 4 月和 2019 年 12 月,学校就"基于课程标准的教学与评价"工作分别接受了新区教研室和小学教育指导中心的调研,得到了有关领导和专家的肯定。

(三)"三爱"引领,立德树人,提升学生综合素养

1. 构建课程,完善育人体系

在多年的德育实践中,学校探索出一套完整清晰的"三爱"德育体系,由"爱己、爱人、爱国"三个层级构成,其所包含的 10 个板块、124 个三级指标为学生提供了更为清晰明确的行为指引。

学校现已初步构建出一个整体性的九年一贯制校本化德育课程体系——《立信附属学校德育课程大纲》,编写了《学校德育课程内容指南》,为实现"自信、善良、负责"的育人目标,培养"三爱"立信少年儿童打下了初步的、扎实的基础。

2. "四化"为基,坚实育德基础

所谓"四化",一是主题化的德育实践给予学生情感体验,二是自主化的行规教育关注学生知行合一,三是系列化的实践课程引领学生健康成长,四是模块化的家、校、社联动达成协调育人。

3. 强化队伍,关爱每位学生

在强化队伍、关爱每位学生方面,有两点值得一提:一是探索大中小学思政课一体化建设并进行集体备课,加强学科德育探索。大学一日体验活动成为立信附属学校学生特有的福利。二是学校鼓励中青年教师参加国家二级心理咨询师的学习和考核,已有 10 名教师通过考核,获得相应证书。全员导师制已开始全面运行。

五年来,学校德育成果丰硕,先后获得上海市行为规范示范校、上海市安全文明校园、上海市中小学心理健康教育达标校、上海市少先队红旗大队、浦东新区文明单位等荣誉称号,学生在国家级、市级、区级层面获奖达几百人次。

(四)求实创新,分层递进,促进教师专业发展

一流的师资队伍是一所学校得以成为一流学校的保障。

2016 年 9 月至 2020 年 6 月,学校教师人数从 124 人增加到 166 人,教师平均年龄从 47 岁降到 37.57 岁,中高职称的教师比例从 61% 降到 43.98%。基于教师队伍迅速青年化的现象,学校对教师专业发展实施了分层推进的举措,还建立了职初教师、见习教师培训及带教,实习教师带教的发展与培训机制。

在推进"校本研修"的进程中,学校坚持"教研训一体化",有序、有效地开展分层次、主题化和课程化的研修活动。

"主动读书、更新理论"读书笔记的评选、表彰活动,教学与德育论坛的开展,随堂及跨学科听课交流等,为教师搭建了展现自我、碰撞思维、借鉴经验的平台;促进了青年教师的全方位成长,更为促进教师自主发展打下了基础。

学校建立了完善的教师激励选拔机制,对校级骨干及青年新秀进行三年一次的甄选工作,作为区骨干、青年新秀的储备人才。

2019 年学校修改区校骨干考核条例,考核方案由基本职责和校级贡献两大块组成:在强调履践基本职责的基础上,校级贡献提供菜单式的选项,鼓励三类教师扬长避短,就自己的特长在教研组、年级组、学生层面进行引领辐射,从而实现自己的价值,带动学校发展。

几年来,老中青互动互助,共同成长。青年教师脱颖而出,取得了可喜的成绩,为学校的快速发展提供了坚强保障,"崇善、尚和、求新"的学校精神得以传承与升华。

四、存在问题与对策

问题1:

如何完善生态教育理念指导下的校园评价体系,保障学校可持续发展?

原因分析:

(1) 面对"新中考、新质量、新要求",作为新优质组长学校和强校工程支援校,我们要在实践上努力构建校园评价体系,让广大教师都能拥有新观念、新标准、新方法,以应对教改。

(2) 新一轮的四年规划已在执行中,学校也进入了一个新的发展阶段。为达成新目标,更需要新的校园评价体系作保障。

对策:

(1) 新四年规划中对完善校园评价体系已经有了思考,明确此项工作是研究学校发展保障的着力点。

(2) 在新一轮区级课题申报的思考中,学校将如何完善生态教育理念指导下的校园评价体系建设作为迭代发展需求。新课题会继续使用研究的方式,探索出一套更为完整的学校生态评价体系。

(3) 在教研室、教导处引领的课程评价、课堂评价、教师评价、学生评价等方面,更为关注评价指标的发展性、科研性,并在实践中不断调整、不断完善。

问题2:

在学校规模不断扩大、生源情况越来越复杂的情况下,如何将家长这支有生力量凝聚起来,继续推进资源共享,更为有效地提升教育合力,以促进学生的健康成长?

原因分析:

近年来,生源的迅速扩增使得学校生源情况更为复杂,特殊生以及特殊家庭的比例也随之提高,对学校教育和教学工作产生了一些影响。鉴于家长之间的学历、学识等差距日渐明显,如何进一步发挥部分家长在家庭教育中的优势,挖掘有利资源,更好地激发出家校合作的潜力,让协同育人工作成为学校发展的有力保障,成为目前学校需要深入思考的问题之一。

对策:

(1) 学校方面,以德育处领衔,各条线参与开展以"优秀家长学校"为主要内容的家庭教育项目化研究。

(2) 用好家委会,借力家委会,丰富家长在学校的活动,促进老师和家长共同学习和成长,搭建更多的家校交流平台。

(3) 加强社区联动,借助社区的力量,把家、校、社紧紧联系在一起。

跨校课题研究中建立合作共赢的实践方法探究

——以"基于本土传统题材的版画课程的开发与实践"课题为例

上海立信会计金融学院附属学校　陈　安

教育领域日新月异的变化,对教师专业发展不断提出了新要求、新机遇和新挑战。新时代的教师应该积极主动适应新的教学理念,探索教育教学的新思路、新途径。2019年11月,《教育部关于加强和改进新时代基础教育教研工作的意见》发布,其明确指出:"创新教研工作方式要根据不同学科、不同学段、不同教师的实际情况,因地制宜采用区域教研、综合教研、主题教研以及教学展示、现场指导、项目研究等多种方式,提升教研工作的针对性、有效性和吸引力、创造力"。本文尝试分享、呈现以市级课题为动力带动跨校课题研究的做法,进一步推进有关美术类跨校课题的研究和探索。

以市级课题开展校际合作共赢的研究活动为例,其应面对的问题有:如何在课题组开发与研究课程中合理引导组员共同关注课题中的共性与个性问题;如何积极开展多样化、个性化、特色化的艺术创新;如何开展"教"与"学"的项目改进研究;如何明确各校研究任务,合理安排课题的实践探究,建立新型的校际合作共同体,进一步提升跨校区的课题研究、理论实践能力,最后达到合作共赢。

一、把握课题核心概念,组织新型的专业合作共同体

专业合作共同体的建立可以合理整合人力资源,根据各校研究项目求同存异地开展活动,发挥成员的教学特长,丰富校际美术专项化学习形式。在当今课程改革中,弘扬传统民族艺术文化、提升学生核心素养发展是两个相辅相成的部分。教育部《全国学校艺术教育发展规划2001—2010年》规定:"艺术教师应充分利用和开发本地区、本民族的文化艺术资源"。"本土传统题材"主要是指具有中国传统文化特色、地域特色(上海本土特色)的古镇景象、古建筑、图案、剪纸等传统题材资源,应以此作为教学切入点,开展一系列与民族题材相关的版画教学活动。从"本土传统题材"来说,其所涉及的知识面广、艺术题材范围大,单靠一个学校、一两个美术老师去完成本土题材研究,力量无疑是很单薄的。应邀请有类似经验、研究过中国传统文化的外校美术老师一起研究,将课题的核心概念与教学特点较好地结合起来。因受到"版画课程"中"版画"这一画种的局限性,在外校挑选组员时,只有组员具备熟练的版画创作技艺,才能更好地引导学生探究身边的传统民间艺术,体验艺术中的地域风情、历史文化,并结合版画材料、形式、内容的创新尝试,激发学生的创意思维和创意表达。因具备这两个条件的老师凤毛麟角,最后,在一系列的沟通和交流中,本课题在幼儿园、小学、初中、高中四个学段的7个学校中分别挑选了9位老师,形成校际合作、共同成长的合作共同体,这也为课题在合作研究成功后,结合各区本土文化与传统美育,促进更多老师加入

民族传统艺术的美育教学研究与推广奠定了基础。

二、确认课题研究目标，提升合作共同体内涵发展

课题研究目标达成需要校际合作。由于各阶段学生年龄特征不同，再加上版画是特殊画种，涉及纸版画、木版画、综合版画等各种肌理技法，故为了提高研究目标达成度，我们在合作共建的美好愿景下细化了课题研究目标。

（一）挖掘传统题材，丰富课程资源，提升美育内涵

挖掘民族传统题材美育价值，探寻审美人文内涵。我们通过考察探究、审美发现、形式创新、成果分享等教学整合设计，形成具有民族传统艺术特色的版画课程并推动校园文化艺术特色的创建。在课程资源上的挖掘上尊重各校特色，尊重学生年龄、个性、所在校园的文化特色等。挖掘学校传统文化题材的各种资源，将其逐步运用到对版画课程的开发中。以我校开发的"家乡的桥"课程为例，课程利用浦东新区新场古镇的丰富资源，以"家乡的桥"为主题引出系列化学习，让学生在感受身边古镇景色及古镇文化的过程中，唤起对家乡的热爱之情和对家乡的美好表达。为丰富学生艺术学习的体验，着眼于"家乡情怀"的内涵挖掘，在"家乡的桥"学习主题中融入家乡古镇的诗画情境、桥的故事等情境化学习内容，营造"情景交融"的学习氛围，引发学生"有感情"的创意表达。在多种版画教学情境中，各校都在围绕本土题材，开发本地区、本民族的文化艺术资源，合作共同体的成员学校也相继开发出"青花瓷韵""海派旗袍"等课程，让学生深度体验本土文化的景观之美、文化之美和艺术创造之美，提升美育内涵。

（二）以美育内涵促进学生对民族文化理解，提升学生核心素养

我们开展多样学习活动设计，促进学生对身边传统、民间艺术的考察探究，提升学生对民族传统艺术的内涵领悟和文化理解，结合木刻或其他版画以及现代技术的各种表现形式，激发学生的创意思维，促进学生核心素养的发展。

为了提升共同体对课题的共识度，学校实施了小课程项目的开展模式，通过系列课程的设计与实践操作，效果明显。合作共同体中，某学校的王老师开出了"景观园林"课程设计及实践。"景观园林"课程以园林漏窗为切入点，利用上海园林的丰富资源引出单元系列化学习，让学生在对身边园林景色、园林文化的体验中，营造"情景交融"的学习氛围，引发学生"有感情"的创意表达；在多种综合学习情境中，促使学生深度体验家乡园林的景观之美、文化之美和艺术创造之美。其通过写生、刻制、创作、KT板版画等艺术表现形式达到学生对文化的认同以及对家乡情怀的情感培养，具有较强的可操作性。实践表明，各校在开发源于生活、源于家乡、源于中华传统题材的艺术学习内容时收获颇丰；而在艺术创意表现方面，合作校组员在"挖掘传统题材"的教学引导、学习活动设计、艺术表达、活动评价中凸显出自己的教学特点，无疑会在学生的心灵中烙下更深刻的印痕，增强学生对民族文化的认同感和自豪感，提升学生的美术核心素养。

（三）拓宽创新途径，促进创新能力，丰富学习经历

通过审美发现、材料创新、教学形式和方法创新的教学整合设计，运用现代多媒体的视角关注美的表达，可激发学生产生"有感情"的创意。采用学生易于接受的壁画、灶画、砖雕、剪纸、雕刻等典型中国元素，在信息多元的时代大胆尝试，甄选传统文化内容，促使学生深度体验传统艺术的景观之美、文化之美和艺术创造之美，从而凸显课题的美育价值，传承中华

传统文化。《上海市初中美术学科教学基本要求(实验本)》要求学生在探索体验中学会绘画软件的使用方法,感受电脑绘画的效率和魅力。以某学校黄老师开出的"屏刻版画·家乡的粉墙黛瓦"课程设计及实践为例:为促进学生了解版画的特点及版画创作的方法,在两个课时中,黄老师通过以学生自主探究为主、以教师引导为辅的方式摸索出 Sketchbook 软件工具的使用方法,使学生初步了解运用哪些工具能够模拟刻刀"刀痕"的效果。教师选择使用 SEEWO 配套教学设备,运用 Sketchbook 软件进行仿版画效果的创作练习。信息技术的整合既提高了课堂效能,也促进了学生的创新能力以及信息技术应用能力的提升。

三、创意课题研究内容,建立新型合作共同体的实践探究点

(一)学校教学现状的探究

1. 教学实践研究现状

主持人在合作中充当总舵手的角色,主要通过梳理教材、研究教学模式以及融合教学实践展开分析,分析内容主要包括其产生的成效是什么,它的不足之处在哪里。这些可为各校参与课题研究积累相关的科学文献研究基础,提高校际课题的科学性、学术性与针对性。

2. 学校实施现状分析

学校实施状况主要从教师及学生两个方面进行调查,内容主要包括对课题研究题材的基本认识、各类创作的技能、实施途径和方法、成效评估。

(二)资源整合与学习主题包开发的探究

1. 合理利用资源整合

在课题题材的资源整合中,校际合作共同体成员针对收集的资源开展线上线下等资源开发,对所开发的资源等进行学习主题、学习单元的整合。

2. 主题包开发

主题包开发主要包括课题研究主题式释读、文化内涵探究、创意形式融合与创新等多环节的设计研究,形成能够贯穿课内外的各种学习体验。

(三)艺术表现的创新培养探究

1. 技法学法的创新

在美术教学中,引导学生体验艺术语言和地域风格,开展传统艺术表现形式与现代艺术表现的融合创新。

2. 创作情感的引导创新

在学生创作的过程中,教师着力激发学生对家乡的认同感,让学生深入体会本土民俗风情、地域特色、文化象征与精神内涵。

(四)"教"与"学"的改进探究

1. 激发学生主动学习

在单元化的学习主题中,融合探究学习、项目化学习方式,在课程建构中融合学生自主考察—探究—创造—交流的学习路径,通过目标引导、任务驱动,促进学生获得主动探究、合作交流与创造分享等多种学习体验。

2. 创建"云"教学空间

在现有技术条件下,学校建立通过网络"云"方式进行现代教学的新模式,创建"云"教学空间、作品"云"展示平台、课题团队课程资源的"云"共享空间。

此外，学校整合各校际资源，推进校本课程化体验，打破学科界限，尝试学科跨校联合展示方式，促进传统展示方式与新媒体表现形式融合，从而达到跨校、跨艺术类型的学习与展示模式的变革与提升。课题中期阶段合作开发了9个子课题实践项目及5节区、校级公开课，开展了多次小型展示以及云端教研活动，展示了多堂微课，发表了5篇不同层面的论文。这些成果开创了教育教学的新思路，提升了教师自身的专业能力，构建了指向专业发展的学习新形式，为后期美术教师课题研究队伍建设提供了强有力的实践基础。

参考文献

[1] 尹少淳.美术核心素养大家谈[M].长沙:湖南美术出版社,2018.

[2] 胡菲.中学民间美术教学新探[M].上海:上海书店出版社,2014.

[3] 习近平在北京主持召开文艺工作座谈会并发表重要讲话[EB/OL]. http://culture.people.com.cn/n/2014/1015/c22219-25842812.html,2014-10-15.

[4] 上海市教委教研室.课程改革的风向标[M].上海:上海科技出版社2018.

基于传统题材挖掘古镇资源的初中版画课程的设计与实施

——以《故乡的桥》版画单元课程为例

上海立信会计金融学院附属学校　陈　安

本文利用上海浦东新场古镇的丰富资源,以《故乡的桥》为单元主题,设计系列单元课程。为丰富学生艺术学习的体验,着眼于"家乡情怀"的内涵挖掘,在《故乡的桥》单元主题中融入了家乡古镇的诗画情境、桥的故事等情境化学习内容,营造"情景交融"的学习氛围,引发学生"有感情"地创意表达,在多种综合学习情境中,促使学生深度体验家乡古镇的景观之美、文化之美和艺术创造之美。实践表明,源于生活、源于家乡、源于中华传统的本土题材是艺术学习取之不尽的内容,而在艺术创意表现中,对"家乡情怀"的唤起、表达,无疑会在学生的心灵中烙下更深刻的印痕,由此更易增强学生文化传承的意识。

一、古镇资源与家乡文化教育再发掘

在当今课程改革中,弘扬传统民族艺术文化、提升学生核心素养是相辅相成的主旋律。教育部《全国学校艺术教育发展规划(2001—2010年)》中规定:"艺术教师应充分利用和开发本地区、本民族的文化艺术资源"。《中小学美术课程标准》中也提出:"教师应创造性地使用美术教科书,根据学生、学校和当地的特点对教学内容进行选择、改变和再创造,灵活利用当地自然和文化资源,积极开发校本课程,增强美术教学与当地自然和文化特色的联系"。2001年教育部《基础教育课程改革纲要(试行)》指出,要"改变课程管理过于集中的状况,实行国家、地方、学校三级课程管理,增强课程对地方、学校及学生的适应性"。这些文件均鼓励各地学校和教师积极开发具有地方特色的单元课程,使课程内容更加多元化、个性化,更加贴近学生的生活。

新场古镇是上海市浦东新区一座拥有千年历史的文化古镇,有着深厚的文化底蕴,被命名为中国第四批"中国历史文化名镇"。小桥、流水、人家、长街、茶楼、老店、小庙与古寺共同构成了一幅江南水乡图,成为一种特有的文化景观。我校作为浦东新区的一所九年一贯制学校,在艺术教学中充分利用新场古镇这个教学资源,从艺术课程的角度和综合学习的角度对古镇资源进行深入挖掘,增强艺术学习内涵。

二、《故乡的桥》版画单元课程的整体架构

挖掘传统题材,丰富古镇课程资源,提升美育内涵。通过考察探究、审美发现、形式创新、成果分享等教学整合设计,可形成具有民族传统艺术特色的版画学习课程,并推动校园

文化艺术特色的创建。在"故乡的桥"版画单元教学的整体课程架构中,围绕"考、赏、创、抒"这四个环节探究家乡生活,考察民俗故事;发现家乡美景,感受文化古韵;在创作中以情入景,表现家乡之美;在审美意境中传达文化,抒发故乡之情。充分挖掘本土"桥"文化题材和传统木版画的艺术表现形式,丰富学生的艺术实践经历,提升学生的创新实践能力。课程鼓励学生汲取木版画传统的艺术表现手法、表现形式并加以创新,充分激发学生的创意思维,提升学生的艺术创意表达能力,增强学生对中国传统"桥"文化的兴趣,提升学生对本土文化的关注度,从而让学生形成独特的审美鉴别能力。《故乡的桥》单元课程的整体课程架构如图1所示。

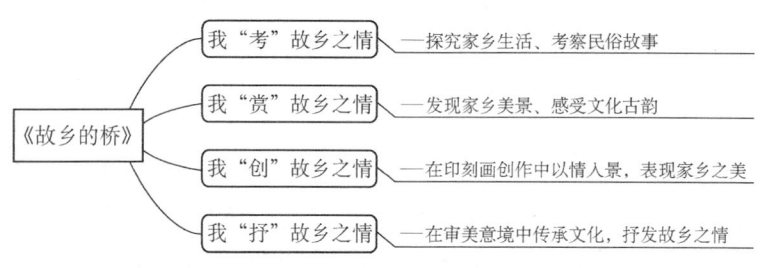

图1 《故乡的桥》单元课程的整体课程架构

三、《故乡的桥》版画单元课程的教学策略

(一) 整合教学资源——以家乡之"景"引出家乡之"情"

1. 教学主题设计

"无桥不成路,无桥不成村"。古镇的"桥"与生活息息相关,给每个孩子的童年生活带来无限情趣。桥的景、桥的故事、桥的诗情画意让很多名家笔下的诗词歌赋熠熠生辉。古镇小河多、小桥多,桥头、桥面、桥边、桥洞的造型独具一格。在艺术课程资源的开发上从"桥"的造型、情怀角度去审美,更有利于丰富艺术教学内容,充分挖掘地方艺术资源,凸显地域特色。《故乡的桥》版画主题的教学设计也就浮出了水面。

2. 情境教学、综合学习体验教学设计思路的创设

(1) 发现古镇之美——"月是故乡明,人是故乡亲"。每个人都有一个心灵的港湾,那就是"故乡",她永远是一幅珍贵的水墨丹青画。许巍在其歌典《故乡》中写道:"总是在梦里看到自己走在归乡路上,你站在夕阳下面容颜娇艳,那是你衣裙漫飞,那是你温柔如水……"如何让学生基于绘画的角度,从心灵深处去感悟故乡是本案教学设计的关键。古镇中的桥、水、游走的鸭群、小船摇轳辘的桨声、水声、小巷的叫卖声……一切都是那么值得回味,因此,可在教学设计中引入诗画情境教学、综合学习体验来作为这次研究的切入点,创建"情境交融"的学习氛围。

(2) 引入诗画情境。鲁迅的《故乡》写道:"母亲和宏儿都睡着了。我躺着,听船底潺潺的水声,知道我在走我的路";马致远的《天净沙·秋思》写道:"枯藤老树昏鸦,小桥流水人家……";卞之琳在《断章》中写道:"你站在桥上看风景,看风景人在楼上看你……"。七年级学生从不同层次领悟了名人笔下的家乡情怀,但让他们在绘画中感受故乡的机会较少。结合学生习得体验,我们在教学单元的设计中加入了一系列的情境化学习、合作探究学习、版画特色主题创意的技法技巧。

(3) 引入综合学习体验。系列学习1:"我'考'故乡的桥"。让学生从"认识桥"开始,通过实地考察,欣赏不同角度的古桥建筑,实地感知古桥的意境之美,近距离地了解不同古桥的风格特征和文化历史内涵。系列学习2:"我'赏'故乡的桥"。回到课堂进一步通过欣赏、讨论、分析等方法,引导学生向大师学习,运用大胆取舍、黑白分明的版画创作方式,从"桥"的造型中提炼出黑、白、灰的元素,引导学生运用创意思维,进行二度创作。系列学习3:"我'创'故乡的桥"。尝试用版画的刀法表现二度创作的古桥,教学活动围绕对版画刀法与点、线、面的合理调整,加深学生对版画空间感的体验与感知。系列学习4:"我'抒'故乡的桥"。采用版画色彩以及拓印技巧,提升学生对空间感的表达水平,用版画语言抒发出古桥之美。

通过欣赏、讨论、分析等方法引导学生向大师学习,感悟桥的精神内涵和艺术价值,让学生更关注生活,更热爱传统文化。

(二) 创设综合活动,丰富学习体验

1. 我"考"故乡的桥

为了进一步让学生了解家乡古镇的优秀文化,激发学生对家乡情怀的创作热情,从增加"学习获得"的角度加强对学生的培养,积极组织学生开展"寻找古镇文化足迹"版画寻源考察活动。同学们走出课堂,积极参与考察文化底蕴深厚的新场古镇。在出发前,老师通过学习单的指引,让学生查找相关知识,着重对小桥、流水、人家、长街、连廊、老店等进行学习与感受。到达古镇后,学生着重了解古镇的石刻文化、古桥特点、民俗文化,进一步感受家乡古镇,以作为课堂学习知识点的补充。在古镇这个大课堂中,学生们找到了属于他们的独特观察视角及表达方式,养成了通过拍照和记录对所见所闻进行归类整理的习惯。通过这次活动,老师也发现学生对古桥的研究颇为积极。于是,在接下来的课堂研究中,教师就围绕"桥"进行了版画创作的引导。

2. 我"赏"故乡的桥

回顾、分析考察中看到的主要景物,引导学生增强对古桥建筑的概念、种类和用途的认知,欣赏古桥建筑的不同风格特征和文化历史内涵。通过学习版画中黑、白、灰的处理方法,欣赏、讨论、分析版画大师珂勒惠支的黑、白、灰的表现手法,学生们理解了绘画中景物的概括与取舍并将其运用到自己的作品表现中。学生们逐步根据版画的语言去认识木刻版画中黑、白、灰与点、线、面的关系,从而学会用木刻版画的语言表现自己心中的"桥"。作业反馈效果明显:每个学生的二度创作都有了自己的绘画个性,通过版画技法中密集与稀疏的处理,粗细、虚实、疏密的变化,将家乡熟悉的对象变得更有创意。

3. 我"创"故乡的桥

版画是从传统的版画中脱胎而来的新兴画种。通过前一阶段的"创"版画课堂研究,学生们懂得了线、面的疏密安排,景物的选择得当。运用版画特有的阴阳刻技法以及传统的木刻刀法,学生不仅可以根据景物中的线条领悟家乡桥的性格魅力,也可以根据自己的想法去组织版画语言,在版画领域里体验到真正的乐趣。

4. 我"抒"故乡的桥

版画拓印是作者实现想法的重要步骤。拓印容易失败。为了让学生更好地体验版画创作带来的挫折与成功,学校专门开设了拓印课。拓印学习分单色拓印、多色拓印、套色拓印等,学生在活动中可以及时反思刻版阶段老师反复提醒的、不易理解的问题,体验到成功做一幅版画的乐趣,也体会到版画和家乡古镇的魅力。通过《夕阳西下》《你看你看》《江南庭院》等作品的呈现,学生一层层揭开了版画的神秘面纱。这是我校艺术活动中闪亮的一笔,也对学校民族文化核心素养活动的开展起到了推动作用。

(三)浸润文学艺术,激发"有情感"的创作表达

浸润艺术实践要在课内阅读和课外实践中综合运用:在课内,带学生走进古诗文经典;在课外,带学生去广阔的古镇中感受古桥的艺术风格,体会诗与画的均衡、和谐、秩序、统一、变化等。

1. 结合古诗文的情景设计创作

在课堂中,结合古诗文进行情景欣赏;在课外,让学生找到自己喜欢的诗句,回想考察时情景深刻的画面,结合版画进行二度创作。例如:柴志昊同学参考马致远"枯藤老树昏鸦,小桥流水人家"的情境创作的《夕阳西下》中,桥和夕阳光影配合,两岸夕阳的氛围、群鸭的倒影等构筑的意境让人惊叹。黄奕丹同学参考卞之琳《断章》"站在桥上看风景,看风景人在楼上看你"的情景创作了《你看你看》,仿佛是心灵的相望。还有一些同学在感受情景的同时,创作也有了明显提高。优美的文学意境有效提升了学生自主创意的积极性,提高了他们的艺术素养及整体素质。

2. 结合家乡故事的情境设计创作

"小城故事多,充满喜和乐",古镇也一样。充满诗情画意的小镇中也有浪漫感人的故事,那是一种精神,也是一种古镇文化。如千秋桥原名仗义桥,是浦东古镇中保存最完好的石拱桥之一,单从名字就可以感受到其中有很多与忠义有关的感人故事;三世二品坊、浦东土布馆、张叶弄、奚家厅……都实实在在地透着古镇的气息。王子怡同学喜欢奚家厅宅院的那份休闲,听家族的故事时她感受到古人的闲庭信步;她创作出的作品《江南庭院》独具一格,幽静绵长。夏商周同学的《忆江南》中庭院、桥与水结合巧妙,节奏平和,端庄雅致,体现了大家宅院的好风景。

(四)细化课程评价,促进学生"有创意"的过程体验

可依据《上海市中小学美术课程标准(征求意见稿)》中的"教学内容与要求",对学生在本案的学习质量进行评价,评价可从学习过程和单元结果等多维度开展。兴趣与学习习惯是学习过程中的主要评价内容,侧重点是让学生乐于参与美术学习活动,积极探索材料和工具的创新使用,乐于分享美术成果和心得的内容。其重点考查学生创意实践及创作探究等方面的能力,从而对学生的学习过程进行系统化的过程性评价。以《故乡的桥》的评价体系为例,其课程评价细分为课外探究性评价、版画创作评价、版画"表现"评价、版画"拓印"评价、版画创作单元综合评价,每个列表评价点都结合阶段要求有不同的达标目的,多维体现课程教学的过程体验质量。《故乡的桥》评价体系如表1所示。

表1 《故乡的桥》评价体系列表

课外探究性评价表——我"考"故乡的桥				
班级	姓名	学号		评分
评价点	难度提出	碰到问题	良好(举例)	优(举例)
是否有效完成老师布置的学习单内容				

(续表)

课外探究性评价表——我"考"故乡的桥				
从考察学习单中找到自己独特的绘画观察点				
找到古镇"桥"的绘画元素				
我(学生)的初步创作想法				
我(学生)在考察中的观察与感想：				

版画创作评价表——我"赏"故乡的桥				
班级	姓名	学号		评分
评价点	你的最初想法	遇到难度	你的思考	改进方法
创作立意有文化内涵				
表现方法有创意				
点、线、面的创作表达				
作品内容形式新颖				
我(学生)在创作中的问题及突破点(立意、表现方法)：				

版画"表现"评价表——我"创"故乡的桥				
评价点	创作中的思考	碰到的技术难点	解决的途径与方法	效果及改进
版画技巧创作题材(古镇)				
刀法特点及组织				
画面的构图形式				
黑白构成				
作品有立意、有特点、有个性				
我(学生)在创作中版画技法的认识与提高(版画技巧、解决办法等)：				

版画"拓印"评价表——我"抒"故乡的桥				
评价点	拓印效果	操作难度	解决办法	内容体现
制版拓印方式(单色、套色)				
拓印肌理				
创意大胆、独特				
整体创作富有节奏,画面效果				
我(学生)在创作中对拓印的认知(对版、拓印等):				

版画创作"故乡的桥"单元课程综合评定				
评价点	合格	良	优	特别说明(加分)
学生外出考察学习单的完成				
学生创作作品立意独特、有内涵				
画面创作布局大胆、刀味独特,有个性				
整体创作画面效果完整				
我(学生)的最后创作达成感想				
综合总评分(教师):　考:　　赏:　　创:　　抒:　　总评:				

四、"故乡的桥"版画单元课程的实施成效

新的课程内容提出了"关注学生的学习兴趣和学习经历,密切课程内容与学生现实生活的联系,使课程内容更加富有生活气息"的要求。其最大特点是以"故乡的桥"为切入点,通过版画的艺术表现形式以及多种教学途径提升学生对家乡文化的认同感,有较强的可操作性,具体表现为以下几方面:

(1)在教学活动中充分体现家乡古镇传统艺术的魅力。将线的艺术、木刻的艺术引入课堂学习,学生在个性创作中感受到了古镇古老而有魅力的"桥"文化的精髓,提升审美能力。

(2)开展丰富多彩的艺术拓展活动。课堂的几个环节逐步解决了版画创意中的关键问题,也提高了学生学习版画艺术的积极性。

(3)有针对性地践行学生思维开发理念。让学生在生活中体验美、发现美、创造美,在活动中体验家乡的艺术情怀,学生合作分享及自主策划等方面能力得到全面提升。

源于生活、源于家乡、源于中华传统的题材是艺术学习取之不尽的内容,对"家乡情怀"的唤起、表达无疑会在学生的心中烙下更深刻的印痕。"故乡的桥"设计实施融合民族传统特色的版画课程,为学生的课堂学习和美术拓展学习提供了丰富的版画创作灵感,增进了学生对家乡学习资源的探究。学生在主动探究传统艺术的过程中,增强了对本土文化的关注。在各种流行文化和快餐文化大行其道的当下,我们应促进学生形成独立的反思能力和审美鉴别能力,在校园中创建学习传统优秀文化的教育氛围,充分体现"构建版画艺术生态教学体系,传承民族艺术文化"的整体美育氛围。

参考文献

[1] 尹少淳.美术核心素养大家谈[M].长沙:湖南美术出版社,2018.
[2] 余文森.核心素养导向的课堂教学[M].上海:上海教育出版社,2017.
[3] 高尔,博尔格.教育研究方法[M].6版.北京:北京大学出版社,2016.
[4] 李绵璐.有形与无形:民间文化艺术论集[M].武汉:湖北美术出版社,2003.
[5] 习近平在北京主持召开文艺工作座谈会并发表重要讲话[EB/OL]. http://culture.people.com.cn/n/2014/1015/c22219-25842812.html,2014-10-15.
[6] 上海市教委教研室.课程改革的风向标[M].上海:上海科技出版社,2018.

关注学生内心，打造美感课堂

上海立信会计金融学院附属学校　马晓萦

《语文课程标准》明确："语文课程是一门学习语言文字运用的综合性、实践性课程。义务教育阶段的语文课程，应使学生初步学会运用祖国语言文字进行交流沟通，吸收古今中外优秀文化，提高思想文化修养，促进自身精神成长。工具性与人文性的统一，是语文课程的基本特点。"

语文课程的核心是促进学生的发展。因此，教师要学习从学生的角度思考和解决问题。学生的学习活动受心理活动控制。学生心理发展是一个动态的过程，需要教师持续的关爱和引导。教师要在教学实践中遵循学生心理发展规律、合理满足学生心理需要，进而去积极探索、创造属于自己的教育教学方法，逐渐将"以学生为本"的理念内化于心，外化于行。

2020年9月开始，我校开展"关注学生心理状态，打造美感语文课堂"项目研究。此项目以研究和顺应学生心理发展规律为前提，以统编语文教材为载体，以语文课堂为主阵地，以学生在学习过程中获得美感体验为原则，以激发学生学习兴趣、关注学生学习效率、提升学生语文素养为目标，让学生在学习语文的过程中获得心理成长。

语文课怎样吸引学生？怎样让课堂成为师生共同成长的能量场，打造美感课堂？笔者作了一些尝试。

一、创设情境，促进理解

让学生在语文课堂上动起来是语文教师的重要职责。教师不能满足于知识传授，而是要创造情境，将学生置于情境之中，产生执行任务的愿望，在探究中促进知识的理解和运用，实现对整体意义的获取。

课堂的主要任务，不是完成教师自己预设的教学目标，而应关注学生的学习过程，随时对预设作出调整。作为教师，我们要在课堂上创建有意义、多样化的情境，让学生在自主建构知识的同时，促进新思维结构的诞生。

如学习《我爱这土地》这首诗，课堂上，笔者组织学生多次朗读，形式多样，有集体读、个别读等。第一遍读，要求读准字音；第二遍读，要求认真聆听录音、揣摩重音；第三遍读，要求注意重音和节奏；第四遍读，要求读出对土地深沉的爱和对侵略者切齿的恨。每一次朗读都有不同的要求，这些要求构成一道阶梯，引导学生渐渐走近作者，感受作者对祖国深沉的爱、对侵略者刻骨的恨。学生的朗读从一开始的平平淡淡到最后的声情并茂。在朗读的过程中，学生感受到作者对祖国大地深沉的爱、对侵略者的愤恨，还有对胜利的渴望。学生的爱国之心在反复诵读中被激发了。

笔者的学生大多出生于2007年左右，这首诗的创作时间对他们来说年代久远。对于抗日战争，他们的认识大多停留在一个抽象的概念，很少有感性的、从心而发的体会。课堂上笔者借助多媒体设备投影抗战时期的照片，当看到南京大屠杀的照片时，学生的民族自尊心被激发了,心中升腾起对侵略者的愤怒。这一环节唤醒了学生的民族责任感,激发了学生的民族自信心,让学生明确要为了中华民族的伟大复兴而奋斗。联系时代背景,学生明白了这些句子形象地表现出祖国大地正遭受苦难,中国人民正满怀悲愤地进行不屈不挠的斗争。人民的心中不仅有对饱受创伤的祖国大地的悲伤,更有对侵略者的愤恨,还有对胜利的渴望。第二段"为什么我的眼里常含泪水?因为我对这土地爱得深沉……"作者采用自问自答的形式表达了对祖国大地深入骨髓的爱。

学生在教师的引导下进入情境,就较容易调动自己的情感体验,投入对文本的理解和感悟,在潜移默化中领悟字里行间蕴藏的情感。教学中,我们遵循学生认知的基本规律,由浅入深,设计好一系列问题,促进学生对文本主旨进行探究和思考。备课时,我经常问自己:学生会理解到什么程度,怎样的问题才能带领学生向前迈进。在学校外聘专家马丽老师的指导下,我重在观察学生课堂上的及时反馈。课堂上,我注重与学生的互动,学生专注的眼神和会心的微笑,都让我成就感满满。

二、品味语言,滋养灵魂

文字是会说话的。课堂上咬文嚼字能提升学生对语言的敏感性,激发学生对祖国语言文字的深厚感情。"汉语是中华民族的根。一个民族的语言积淀着一个民族的韧性、民族的精神、乃至民族的思维方式。"老师要善于引领学生品味语言,读出文字背后的深层含义,让学生感受那些伟大灵魂传递的磅礴能量,以此来滋养学生的灵魂,促进学生的精神成长。

学习陆游的《游山西村》。读到"山重水复疑无路,柳暗花明又一村"一句,学生理解字面意思似乎很容易。但做老师的应该明白,这句诗还有更深层的含义。"疑无路"到底有没有路?"山重水复"联想到什么?"柳暗花明"又可以指什么?学生由此展开了讨论。联系诗人生平经历,大家发现这句诗可以指历经艰辛不放弃,坚持下去,最终会有所收获。再联想到郑板桥的那首《竹石》:"咬定青山不放松,立根原在破岩中。千磨万击还坚劲,任尔东西南北风。"全班齐声背诵这两首诗,学生们亮晶晶的眼眸中满是自信和坚定:遇上困难没什么可怕,坚持下去,一定会有转机!隐藏在字里行间的文化密码被我们捕捉到了。设想一下,多年以后,当学生遇到困难、看似无路可走的时候,如果脑海中能浮现出这些诗句,能想到语文课上的激烈讨论、声情并茂的朗诵,他们应该会从中获得前行的力量,鼓足勇气坚持下去吧!

在咬文嚼字的过程中,学生情不自禁地被感动、被震撼。在体悟到文字之美的同时,学生对人生和学习有了新的思考,灵魂得到滋养。

三、精选作业,减负增效

作业是巩固课堂学习成果的一种方法,是课堂学习的延伸和补充。课后作业既要注重量的控制,又要注重知识点的落实和能力的提升。因此,老师要根据学习目标精心设计作业,力求作业少而精,以达到提升学生语言素养和思维能力的目的。

兴趣是最好的老师。作业设计也应关注学生的个性化需求。老师可以根据学生需求设计形式多样的语文作业,吸引学生投入课后学习。如学习《岳阳楼记》,可以布置为课文绘制插图的作业:根据课文的描述,画出"淫雨霏霏""春和景明"两幅图。学生在绘制插图的过程中,需要仔细研读原文词句,揣摩画面细节。插图可以在班级中展示,其他学生可以对画面发表评论。不知不觉中,学生还完成了课文的背诵。又如,学习短篇小说《我的叔叔于勒》,

老师可以尝试让学生排演课本剧。学生可自由组合,从改编剧本、确定导演演员到排练公演,学生对小说主题的理解得到了深化,团队合作能力也得到了锻炼。

　　语文的学习不仅仅局限于课堂;老师可以不断拓宽语文学习的渠道,寻求现代技术与学科的整合。比如,学习名著阅读,可以设定几个话题,让学生任选一个话题发表感想并制作课件,开展交流,也可以设立一个辩题,开展辩论。暑假或寒假可以让学生通过走访特色街道和展馆来熟悉自己生活的城市,拍摄一个小视频,开学后进行交流。看似简单的几分钟视频,学生在制作过程中碰到不少困难,有技术上的,也有思路架构上的。遇到困难时,学生主动寻求帮助,综合素质也得到提升。

　　以上种种作业受到了学生的欢迎,形式多样的作业极大地吸引了学生的兴趣,同时也让语文这门学科充满了魅力。

　　于漪老师说:"我们要让学生热爱语文,在习得语文能力的同时,孜孜不倦地把蕴藏的文化基因植入自己的血脉,促进灵魂发育,精神成长。"关注学生内心,打造美感课堂,提升人文素养,这将是语文教师一生的使命。

基于中小衔接的语文校本练习编写实践研究

上海立信会计金融学院附属学校 鲁 敏

在减负提质的政策大背景下,为了进一步减轻学生课后作业负担,许多学校在校本作业的编制上作出了自己的探索。笔者所在的学校是上海典型的九年一贯制学校,为了帮助学生更好地在中小衔接进行顺利过渡,本人在上海地区义务教育(五·四)学制中小衔接语文校本练习的研制上进行了一些自己的思考和初探。

一、研究背景

近两年,上海市新中考进行了全面改革,这次政策补充全方位体现出"教育公平",一定程度上实现了均衡教育资源、扶持公办的目标。因此,我校小学部90%以上的生源直升中学部,研制中小衔接语文校本练习有了实际意义。

在中考改革的大背景下,统编教材也在中小学全面推行。为了更好地研究中小衔接的共性与差异性,笔者的研究目标定位在五年级下册与六年级上册的相关教材内容。

二、编写使用对象

课题负责人所在的九年一贯制学校临近浦东金桥开发区,属于人口导入区,学校生源结构较为复杂。随着招生范围的不断扩大,生源层次还将产生越来越大的差异性,学生的两极分化也将会不断加快。

这套中小衔接语文校本练习册的使用对象为本校五、六两个年级的学生,这两个年级在九年义务教育中虽同属第三学段,但在上海因为学制的缘故,中小学教材编写体系不同,两个年级在教学内容上呈现出较大差异;同时因为学校所处地理位置特殊,一个年级的学生在学业水平上存在较大差异。同一研究群体经历跨时一年的实践,接受同一学业水平的考核,将会呈现怎样的实践效果,这是本文密切关注的内容。

三、编写教材特点

(一)五年级教材特点

五年级下册教科书安排了8个单元,其中6个单元由人文主题和语文要素构成,人文主题分别是"童年往事""走进古典名著""责任""思维的火花""世界各地""风趣幽默"。有两个单元比较特殊:第八单元"难忘小学生活"是一个综合性学习单元;第四单元"具体地表现一个人的特点"是一个习作单元,是围绕习作能力的培养编排的。

在阅读部分,精读课文着眼于提高学生的阅读理解能力,促进语言积累和运用,启迪思维,培养语文实践能力;略读课文则是迁移运用从精读课文中学到的方法;文言文和古诗词诵读的目的是拓宽学生视野,增加学生与经典诗词接触的机会,让学生更多地感受中华优秀传统文化的熏陶。专门的习作单元是以培养习作能力为核心编排的单元。每个单元的习作精选话题内容,着力培养学生的表达能力。有时老师在课后灵活安排"小练笔",促进读写结合,由读促写。本册教科书安排了四次口语交际,交际话题各有侧重,旨在通过一系列目标达成,使学生遵守交际规则,勇于交际,乐于交际。6个学习园地引导学生围绕每个单元的内容进行复习巩固、拓展运用。延续之前的编排体例,教师用"快乐读书吧"带动学生课外阅读,使课外阅读课程化。综合性单元自成体系,以活动贯穿始终,以任务驱动的方式带动整个单元的学习。教科书后附有识字表、写字表、词语表。

(二)六年级教材特点

六年级上册教科书力图构建语文的综合实践体系,贯彻工具性与人文性相统一的精神,全面提升学生的语文素养。每册6个单元,每个单元包含阅读和写作两大板块,不同单元穿插安排口语交际、综合性学习、名著导读、课外古诗词诵读等栏目。

在阅读部分,六年级以培养学生的语文能力为主,关注具有普遍意义的阅读方法和阅读策略;写作部分,六年级为了体现与小学的衔接过渡,一般以写作任务为抓手,由教师适当给予技巧点拨,培养学生的写作兴趣。在综合性学习方面,六年级上册安排两次综合性学习,使学生有充分的活动时间,每次活动也有侧重,分为传统文化、语文生活、综合实践三个方面。在口语交际方面,六年级为了与小学语文较好地衔接,主要将口语融合在综合性学习中,培养学生的口语交际能力。根据课标的要求,六年级上册安排阅读一部名著,旨在培养学生阅读整本书的兴趣和能力,另外还有两次课外古诗词诵读,每次4首,均为经典名篇,以提升学生的传统文化素养。六年级教材还利用"补白"安排一些必要的知识短文,供学生课外阅读参考。

最后,"读读写写"中的字、词都是参照课程标准,用专门设计的软件筛选出来的,均要求学生掌握。

通过分析,我们可以总结出两册教科书的一些相似点:

(1)重视基础字词的掌握。五年级下在教科书后附有统一的识字表、写字表、词语表,要求学生掌握;六年级则在每课之后安排读写,要求学生掌握。

(2)较一致的阅读安排。阅读都分为精读和略读,其中精读主要指导学生掌握阅读方法和阅读策略,略读则是将本单元学到的阅读方法和阅读策略进行迁移运用。

(3)有梯度的写作训练。每次写作任务都有一定的训练目标,以写作任务为抓手,激发学生的写作兴趣。

(4)名著阅读。五年级下册的一个单元为"走进古典名著";六年级上册则安排了一部名著的阅读,从片段阅读再到整体阅读,变的是篇幅,不变的是对名著的重视。

(5)有衔接的口语交际。五年级下教科书安排四次口语交际,侧重于提升学生的表达能力;六年级上册则为了与小学语文衔接,将口语交际融合在综合性学习中,同样旨在培养学生的交际能力。

(6)适度灵活的综合性学习。五年级下册的综合性活动学习自成单元;六年级上册则安排两次综合性学习,这样学生既有充分的时间学习,也能以专题的形式展开丰富的活动。

综上所述,较多的相似点和关联,也为中小衔接语文校本练习开发研究提供了便利条件。

四、编写基本理念

(一) 奠定学生当前学业基础,唤醒学生中小衔接意识

课程标准中明确提出:学校要有强烈的资源意识,认真分析本地和本校的特点,充分利用已有的资源,积极开发潜在的资源。五六年级的学生同属于义务教育学段第三学段,这意味着他们在学业能力和认知能力层面是基本一致的。但是在上海,这两个年级的教学内容势必存在差异,因此,我们设计的校本练习题既要重视学生的学业能力和知识储备,同样也要意识到这两个年级的相通之处,一方面让学生巩固正在进行的学业,另一方面应在练习训练的过程中通过关注学生的学习经历来唤醒他们的中小衔接意识。

(二) 重视学生一贯阅读训练,夯实学生中小衔接储备

阅读训练一直以来都是语文教学的重点和难点。这两个年级侧重点有所区别:五年级更注重关注学生的有序阅读和表达,而六年级更注重通过梳理文章的思路来读出文章的情感;在语言学习上,五年级以语言积累与运用为主,而六年级则以理解与运用为主。因此,我们在编写练习册的过程中除了要关注两个年级学生的阅读面和阅读量外,更要去关注学生在学习过程中如何实现最终的思维模式转变。

(三) 注重学生个性化思维训练,拓宽学生中小衔接眼界

《义务课程标准》中提道:"学生生理、心理以及语言能力的发展具有阶段性特征,不同内容的学习也有各自的规律,应该根据不同学段学生的特点和不同的教学内容,采取合适的教学策略。"此外,该文件还提到"培养学生自主学习的意识和习惯""应尊重学生的个体差异,鼓励学生选择适合自己的学习方式""重视启发式、讨论式教学,启迪学生智慧"等。课标中多次提到关注学生的"个性",不难看出课程标准对学生个性化的关注。五六年级的学生正处于儿童向少年过渡的关键时期,因此,我们的校本练习题在设计的过程中可以适度关注学生喜闻乐见的素材,激发学生学习的积极主动性,引导学生进行个性化的阅读,拓宽学生的眼界。

五、编写目标

(一) 编写总目标

本套中小衔接语文校本练习册在上海地区使用的部编义务教育教科书(五・四)学制版本的基础上,结合笔者所在九年一贯制学校的特点及五六年级学生特点,贯彻落实《义务教育语文课程标准》(2011年版)进行整体设计,将语文学习与学生的认知能力、阅读能力以及兴趣相结合,让学生在练习实践的过程中逐渐适应从小学到初中的过渡。

因此,在充分考虑学情的情况下,如何花最少的时间和精力,帮助学生高效地适应从小学到初中的过渡,是编制练习册的核心任务。

(二) 编写具体目标

叶圣陶老先生认为,"咱们提倡勤读多练,出练习题确是一项十分重要的工作"。首先,他在编写《国文百八课》中提到,编写练习题"宜通一册之诸课而为安排"。其次,练习题的设计要"同旨异形",达到练习的功用不是一次练习、一道习题就能完成的,必须反复练习,语文的听、说、读、写能力培养更是如此。因此,在我们这套校本练习中,练习题的设置主要采用螺旋上升式方法,从学生基础与学习水平出发,让学生在练习中由一般认知到了解,再到深

入掌握,从而最终实现中小顺利衔接。

　　第一,中小衔接的校本练习目前还属于起始阶段,笔者的编写能力还处于并不成熟的阶段;第二,目前统编教材配套的练习册已经能够满足各个年级学生每篇课文的课前预习、课堂学习、课后巩固的基本要求;第三,上海市正在将研究目光聚焦在单元教学设计。《初中语文单元教学设计指南》一书中提到了研究单元教学设计的三个意义:一是为"基于课程标准"的教学与评价提供技术路径;二是为教学内容的结构化研究提供抓手;三是为国家规定课程校本化实施经验的持续积累提供载体。温儒敏教授在《"统编本"语文教材的七个创新点》中写道,"统编本"语文教材结构上发生的明显变化,是采用"双线组织单元结构",按照"内容主题"(如"修身正己""至爱亲情""人生之舟"等)组织单元,课文大致都能体现相关的主题,形成一条贯穿全套教材的、显性的线索,但又不像以前的教材那样给予明确的单元主题命名;同时,又有另一条线索,即将"语文素养"的各种基本"因素",包括基本的语文知识、必需的语文能力、适当的学习策略和学习习惯,以及写作、口语训练等,分成若干个知识或能力训练的"点",由浅入深、由易及难,分布并体现在各个单元的课文导引或习题设计之中。每个单元都有单元导语,对本单元主题略加提示,主要指出本单元的学习要点,这是统编教材的创新之处,也给了我们一个很好的开发校本练习册的契机。因此,在这样的教育大背景之下,本套中小衔接语文校本练习册的编写计划以单元为形式进行编排。

　　聚焦"双减",打造适合学情的中小衔接语文校本练习册,打造适合学校特色的中小衔接练习,始于学生,更是为了学生的成长;立足学校,更是为了学校的发展。

涵养师德，立根树魂

上海立信会计金融学院附属学校　李　杰

《教师法》明确规定：教师应当不断提高思想政治觉悟和教育教学业务水平。

《关于加强和改进新时代师德师风建设的意见》把师德、师风作为评价教师队伍素质的第一标准。

《新时代中小学教师职业行为十项准则》里第一项准则是"坚定政治方向"。

习近平总书记也多次谈到教师的师德、师风建设："教师对学生的影响，离不开老师的学识和能力，更离不开老师为人处世、于国于民、于公于私所持的价值观""一个老师如果在是非、曲直、善恶、义利、得失等方面老出问题，怎么能担起立德树人的责任？"

百年大计，教育为本。为了引导和帮助学生把握好人生方向，特别是引导和帮助青少年学生扣好人生的第一颗扣子，新时代下要求教师不断涵养师德，立根树魂。

一、锤炼政治品格，校准思想之标

我们都经历过学生时代。十几年、几十年之后，学生也许淡忘了课本知识，但教师当时的一个观点、一种行为，可能还会令学生记忆犹新，甚至会影响学生一生。这就要求培养未来接班人的教师必须认识到政治素质是职业素质的核心要素，严肃认真地将自身的政治修养与职业特点、教书育人的使命紧密地结合起来。正如《"会教书""教好书"还不够——做好老师的学问》一文中所讲，教师不是政治上的"自由人"，而是一个"政治人"身份。

当今世界形势复杂多变，各种风险挑战前所未有。越是环境复杂，我们就越要有政治眼光、政治敏锐性和鉴别力，善于在政治上划清是非曲直、善恶美丑。我们要经常提醒自己，作为一名教师，要不断锤炼政治品格，以积极的心态对待立德树人的光荣使命，正确处理好国家、集体利益和个人利益之间的关系，在大是大非面前头脑清醒、旗帜鲜明、立场坚定，当政治上的明白人。

但是，锤炼政治品格不是一朝一夕之事，需要不断地学习、思考。尤其是作为上海教育综合改革创新示范区、正努力打造社会主义现代化建设引领区的浦东新区的教师，我们更要主动学党史、学文件、学先进，把握党和国家发展的大趋势，见贤思齐，筑牢信仰之基，补足精神之钙，校准思想之标。

二、践行职业规范，调整行为之舵

教育部颁发的《新时代中小学教师职业行为十项准则》是教师严格自我约束、规范职业行为、加强自我修养的基本遵循。这十项准则并不能涵盖教师职业行为的所有方面，只是针对主要问题和突出问题进行了规范。我们会发现每一条准则的内容既包含正面倡导，也有负面禁止和底线要求。我们既要增强底线思维，又要有追求卓越的意识。

今年学校开展了师德标兵评选活动，在教师、学生、家长三个层面进行了学习、宣传、评选。评选的意义并不在于评选本身,而是让老师们思考什么样的标准才是立信附属学校老师的标准,什么样的形象才是立信附属学校老师的形象。对学生而言,师德标兵评选活动是一次爱校爱师的教育活动,也希望通过这个活动让更多的家长更了解学校,意识到老师的辛苦,形成更大的家校合力。因此,师德标兵评选的过程是自我反思的过程,是形成合力的过程。我们重在过程、贵在行动、旨在提升,希望老师们心有所畏、言有所戒、行有所止,讲规范,恪守廉洁从教,不断超越自己,追求卓越,树立立信附属学校老师特有的更高层次的形象,以实际行动践行教师职责,让学校的口碑愈来愈好,品牌越擦越亮!

三、强化责任担当,绷紧作风之弦

政治品格、政治意识和政治能力不是抽象的,而是融入日常言行、教育教学工作的各个环节,想做、敢做、做好,并且成为一种习惯、一种自觉,这样教师的素养才能真正得以提高。

(一)敬畏规则

不论是政策、法规,还是意见、方案,都是我们把握方向、守住底线的依据。只有对规则发自内心地敬畏,才能在遇到实际问题时,尤其是个人利益与集体利益冲突时、传统观念与新规碰撞时,依法从教,守住底线;对标对己,理智思考;客观判断,顾全大局;正确执行,做政治过硬的表率。

(二)主动求变

面对新政策、新知识、新技术、新需求,唯有具备忧患意识,率先更新教育教学理念,主动求变,才能拓展作为教师的专业空间。应与新中考政策相结合,与"双减"政策相结合,主动研究课程标准、教材、作业和教育心理学,让每节课都能成为开放的课堂、高质量的课堂,做精进业务的表率。

(三)做好引领

聚焦身边人、身边事,提升自己,服务他人,做好引领。

夸美纽斯说:"教师的职务是用自己的榜样教育学生。"

德国教育家第斯多惠说:"教师本人是学校里最重要的师表,是最直观最有教益的模范,是学生活生生的榜样。"

"师者,人之模范也。"教师的一言一行和一举一动都具有教育因素,都在影响着学生。在实际工作中,教师应牢记职责,发挥示范作用,润物虽无声,但可深远。

随着学校规模的逐渐扩大,职初教师的比例逐年增加(目前已近教师总数的三分之一),帮助新教师尽快成长成为关乎学校发展的一项重要工作。每位老教师,尤其是导师,要主动走进年轻教师,关心他们政治思想方面的成长和专业素养的提升,与他们沟通思想,解决他们的困难。

"大事难事看担当,逆境顺境看胸襟",教师应与学校的新任务和新项目相结合,提升个人的责任感和使命感,主动尝试,大胆创新,以担当带动担当,以作为促进作为,作勇于担当的表率。

好老师不是天生的,而是在实际工作中成长起来的。我们应从促进学生健康成长的目标出发,从教师的使命出发,从学校发展的大局出发,明师道、育师德、树师表、铸师魂!

尊重个体差异,让生命更加精彩

上海立信会计金融学院附属学校 李 杰

"以人为本"这句话大家耳熟能详,但如何才是真正的以人为本?我想,尊重学生的个体差异是前提。因为每个学生都有自己的性格特点,都有自己的兴趣爱好,都有自己的优势和不足。我们希望每个学生都能进步,但是我们不能忽视了学生的知识基础、智力基础、家庭氛围等各方面的差异。

一、寻找共鸣,走进心灵

在每个孩子心中最隐秘的一角,都有一根独特的琴弦,拨动它就会发出特有的音响。要使孩子的心同我们讲的话发生共鸣,我们自身就需要同孩子的心弦对准音调。

小A初二的时候转到我所教的班级。他不爱读书,不遵守纪律,不合群,质疑一切,口头语就是"这是有问题的",总是挑别人的错,从不反思自己,更别说改正了。再加上中途转学到一个新环境,缺乏归属感和缺少朋友的现实,让他更加敏感。于是小A越发心烦气躁,乱敲桌子扭断笔,不分时间场合和老师争辩,甚至夺门而出。他的到来无疑影响了班级的教育教学。更严重的是,同学和家长都在观察老师如何解决他带来的一系列问题,有的同学甚至开始模仿他。作为一名任课教师,我尝试着用我精彩的课堂吸引他,可是课堂上他虽能听讲,课下的表现却一如从前。我静下心来仔细观察,终于找到了他的一个兴趣点:他正在读《藏地密码》小说。我当时没读过这部作品,看他说得起劲,就跑到了书店,大致浏览内容之后立马买了这套书(十本),每天坚持看半小时。我又从网上下载了配套音频,在上下班路上收听。很快,我便追上了他的阅读进度。之后,我每天找出点儿时间和他交流阅读感受。我还在阅读课上设置"精彩时刻",让他将精彩的语段在班中与同学分享,这既让他有了展示的机会,又在班中掀起了一阵读书的热潮。在学期结束前的阅读成果汇报中,同学们在他的带动下都写了人物赏析习作,交流了心目中的英雄形象。而他的性情也在不知不觉中发生着变化,收获了自信,找到了好朋友。我们之间也更加信任,不时更换着交流的话题,他也终于打开话匣子,开始和我谈论其他事情:学习上的、原来学校里的、家里的。我们的约定就是有话好好说,有事好商量。渐渐地,他的作业能交了,课上也发言了,越来越遵守纪律了,脸上的笑容也更多了。小A的转变给了我启示:想走进学生的心灵,可以从寻找学生的兴趣点入手。

用心灵赢得心灵。这不只是教育的条件,更是教育本身。当我们自然而然地走进学生的心灵,而他们也乐于主动地向我们敞开心扉时,我们的教育之舟便已经驶入了成功的港湾。

二、因材施教,提高信心

教育家吕型伟先生有句至理名言:对教师而言,搞教育就意味着不能放弃每一个孩子。

教师的智慧不应该体现在"择生"上,而应该是有教无类、因材施教。

小B是一个善良的女孩子,可在读书方面实在让人大伤脑筋。一首诗别人用十分钟就背好了,她要用两三个小时才能记住,且很快就会忘记。课上思维跟不上,笔记来不及记,作业错得离谱,所谓的订正无非是抄别人的正确答案而已。至于分数,她考几分、四十几分是常有的事。老师不可能要求她和别人的学习进度一样,但是家长希望她经历一个完整的初中学习过程。根据她的实际情况,对照中考题型,我开始逐题分析她的得分概率。在征求她本人和家长的同意后,我挑选了基础性的重点内容为她设计复习计划和作业,再加上及时鼓励,果然,她恢复了自信,开始主动学习,主动寻求大家的帮助。既然她对语文学习有了兴趣,我决定在作文方面再作些尝试,而尝试的起点就是"讲故事"。她有空就会和我聊她家里的故事、小学的故事、她最擅长的抖空竹的故事等。说者也许无意,但我这个听者是有心的,在她讲述的零碎的故事中,我选择了几个素材,指导她具体地描述,分享自己的感受。在中考中,她的语文破天荒地得到了125分,这是一个让她自己和大家都很惊喜的分数。而让我惊喜的不仅仅是她的分数,更是她因此获得的自信。

我知道,将来她终将忘记我,忘记中考的成绩,但在她的心灵深处会心存一些温暖:曾经有人相信她,尽力帮助过她,她自己也曾经努力过、成功过。这份信任、激励也许会改变她的一生!

三、耐心守候,静待花开

事实上每个人都会犯错,甚至是重复犯同一个错误。因此,对于学生,我不会奢求他们一下子达到一个很高的标准。当他们屡次答错问题时,我不会简单地说"不对";当他们屡次做错题的时候,我不会流露出"你为什么又错了"的态度;当他们影响了集体荣誉时,我不会旁敲侧击地指责"都是因为你,才影响了班级的荣誉"。不论是小A还是小B,他们都是经过数次反复才取得进步的。有时候不是他们不想上进,不是他们不理解老师的苦衷,而是已经养成的坏习惯让他们经常处于矛盾中。对此,我们以宽容的心态,鼓励他们主动分析,确认错误在哪里,在不断反复中,他们最终作出了正确的选择。哪怕犯错的周期延长了,哪怕犯错的程度减轻了,都代表他们进步了。这需要老师的爱心,更需要耐心。

每个生命个体都有独特的个性,教师要多一份尊重、理解、激励、宽容,让每一个学生都沐浴在教育的阳光下,绽放生命的异彩!

发挥学科优势，培养学生自信心

上海立信会计金融学院附属学校 李 杰

自信心是对自己是否有潜力完成某件事的心理认同程度，是获得成功的决定性前提。卢安·约翰逊说："当学生认为可能获得成功的时候，他们就会去尝试。"培养学生听、说、读、写能力，发挥语文学科工具性、人文性、开放性、探究性等兼具的优势，是我一直关注的一个话题。

一、多元化评价，释放潜能

回想自己的教学生涯，在学生犯错时，我有时会觉得忍无可忍。疾言厉色之后，学生看似虚心接受，可是他们并未真正明白问题的严重性，甚至是带着情绪回到教室并将情绪带到家里。有时学生考试成绩不理想，我会动之以情晓之以理，可是绕来绕去还是分数、分数，却没有透过分数反思自己的教学，思考学生的心理，没有想过怎样让学生大胆地尝试并相信自己有能力提升自己、证明自己。

加德纳的多元智能理论让我清醒地意识到，要充分、客观地正视学生在个性和智力潜能上的差别，不以分取人，把目光投向学生多元化的个性发展，解放学生的心智。平日里我们经常会表扬各方面表现出色的同学，那些成绩不理想、纪律不好的同学得到肯定的机会要少很多。其实每个孩子都会有自己的特点和值得肯定的地方。

有这样一则寓言：一个农夫发现了一棵大树，他用笔直的树干盖了一座小屋，觉得树根和树枝毫无用处，就将它们统统扔到了野外。而一位雕塑家无意中发现了这些树根，如获至宝，小心翼翼地把它们带回家精心雕刻，制成了精美绝伦的根雕艺术品。这则短小的寓言引人深思：厌弃它、瞧不起它，它也许只能是一件废物；喜爱它、发掘它，它也许就是一件艺术珍品。相仿的年龄、一样的老师、一样的课堂，但孩子们的个性却千差万别，这就需要我们不断地去挖掘他们的潜能，从不同的角度给予他们肯定。

基于此，在语文阶段性评价中，我根据学生在语文学习中体现出来的特点设立了诸多表彰项目，比如课堂发言之星、书写小标兵、朗读小达人、记忆小能手、坐姿小模范、语文志愿者等，争取让每个孩子都有得到表扬的机会。评价的主体不仅仅是老师，还有家长志愿者和学生推荐的代表，大家共同参与，可激发学生再次被肯定的欲望和继续努力的热情。

二、纵向比较，找到自信

中国有句老话：人比人，气死人。攀比心理人皆有之。但是，比什么、如何比，实在是一门很大的学问，是人生的一大智慧。横向比有它的好处，一比就能比出优劣，一个群体谁好谁差一目了然。殊不知这种比较可能会促进一部分富有进取心的学生的"学比帮"，但对长期落在后面的学生就会带来很大的负面效应，很可能让他们愈发自卑。

让学生自己跟自己比，现在和过去比，有进步就表扬他们；有鼓励、赞扬就可能增添他们的自信；有了自信，日积月累，他们就有希望慢慢蜕变成长。因此，在横向比较的同时，老师还要引导同学学会纵向比较,悦纳自己,相信自己。

曾经,小唐课上总是默默地发呆,课下也总是当一个听众,能用点头、摇头表达情绪就绝不发声,不得不讲话的时候,声音也几乎小得听不清。有段时间,我留意到小唐在附近找同学聊天。我先和其他同学聊他们喜欢看的电视节目、喜欢听的歌曲、喜欢吃的东西、哪里好玩等,其间不时地问问小唐。结局让人满意:小唐终于也加入了这个聊天阵营,说起自己感兴趣的内容。虽然不及其他人那样神采飞扬,但是他也面带笑容,一副轻松的样子。我顺势表扬他的声音好听,很清澈、很干净。

后来每节课上我都会挑一点简单的问题问他,只要他肯开口讲话,我都会鼓励他,并引导其他学生认真倾听,欣赏他好听的声音。

再后来,我们课间经常进行交流,并约定让他课上主动举手发言,争取一次比一次声音响亮。当然,每次他都会获得我的表扬,有几次同学们还主动地为他的进步鼓掌,以示激励!

最让人震惊的还是一次"经典朗诵"比赛。活动要求是可一人参赛,可多人组合,内容自选。本以为小唐不会参加,可没想到小唐是一人"参战",并和其他同学一样忙得不亦乐乎。他还经常在课间跑到走廊深处(他们自己命名的朗诵角)练习,拉着我和同学去听他朗诵,给他指导。

比赛时,透过手机屏幕,我看见小唐身体挺得笔直,头略微扬起,目视前方:"《望岳》,唐,杜甫",响亮而又有力的声音传到每个人的耳际。不能说他的朗诵有多好,但是当他朗诵结束后,同学们还是给了他非常热烈的掌声,为他的转变,为他的自信,勇敢喝彩!在评奖的时候,10个学生评委都同意给他"最具勇气奖"。我本来是想把奖状张贴在班级的荣誉角,可是小唐偷偷地和我说:"老师,我能把奖状带回家吗?让妈妈也高兴高兴。"

我说不出当时的心情有多复杂。很少有学生想成为备受关注的"捣蛋鬼",也很少有学生真的不想学习。我想,他们甚至比别人更需要展示的机会,更渴望成功的体验,更期待别人的肯定和喝彩。也许他们再努力也追赶不上别人前进的步伐,但是当他们在横向比较中失去信心时,我们要正确引导他们,让他们在纵向发展的轨道上相信自己也有机会成功,努力追求更大的进步!

三、学科活动,搭建平台

对于教师而言,我们除了要提升专业知识外,还要认真思考如何抓住学生的注意力,而非单纯地依靠制度和规定限制他们的行为。为此,我借助语文教材里的经典文章开展学科活动,为学生提供成长的平台。至于活动主题,则采取将学生的金点子和教材内容相结合的方式进行,如"当时我就震惊了""我最喜爱的小动物"等主题与教材、与生活密切相连又不失趣味性,学生们有话说,有兴趣说。再比如话剧教学中,我们会看话剧,演话剧。大段的台词没有难倒学生,复杂的人际关系没有难倒学生,细腻的心理活动也没有难倒学生。他们或娓娓道来,或刁钻古怪,或正义凛然,沉浸其中并乐在其中。"寻找春天"系列化作文教学、"生活中的语文"探究活动更是让学生将语文学习与生活体验相结合,激发了他们学习语文的热情和信心。

亚斯贝尔斯说过:"教育是一棵树摇动另一棵树,一朵云推动另一朵云,一个灵魂唤醒另一个灵魂。"成功的体验、肯定和赞美就像阳光,温暖着学生的心灵,而自信也在不知不觉中被唤醒、被强化。我相信,更多的进步和成功会在不远的前方等待着自信而又努力的他们!

"三新"共筑校园德育评价新体系

上海立信会计金融学院附属学校 韩 英

党的十九届五中全会强调,要全面贯彻党的教育方针,落实立德树人根本任务,培养担当民族复兴大任的时代新人。育人的根本目的在于立德,需要将立德树人作为检验学校一切工作的根本标准,德育教育则是实现立德树人的关键课程。现阶段学校更重视德育教育课程,从制定全方位、立体化的德育教育目标入手,不断创新德育教育内容与方法。然而,虽然德育教育取得了显著成效,但仍存在诸多不足。对此,需要对照《深化新时代教育评价改革总体方案》,重点改革学生德育评价,善于利用数字网络技术、德育评价积分银行、新时代德育评价指标等方式,切实落实立德树人的根本任务,开辟德育教育新局面。本文针对上海立信会计金融学院附属学校(以下简称本校)新时代德育教育的实际情况,提出契合本校的新小学德育的"三要素",并谈一谈如何促进德育教育的几点经验。

一、什么是新时代德育教育"三要素"

新时代德育教育"三要素"是指新驱动、新积分、新指标。

(一) 新驱动

当前,数字技术被应用于诸多领域,对传统业态产生了较大影响。德育评价也应引入现代网络数字技术,构建"互联网+教育"德育智慧评价管理系统,将值日安排、流动红旗评价、学生评价等纳入管理系统,这不仅有助于提升德育评价效率,也便于学生随时查阅德育评分,及时发现自身存在的不足,尽快纠正不当行为,提高德育整体水平。目前,一些学校都已围绕德育评价搭建网络管理平台,时刻记录学生德育状况,并将德育评价进行量化处理。

(二) 新积分

当前,全国各地都已经开始重视德育教育与德育评价,但取得的效果比较有限,并没有充分调动学生参与的积极性,其主要原因就是德育评价的激励机制不健全,导致学生参与德育活动的积极性不高。对此,学校德育工作应紧跟时代发展,健全机制,采取对学生具有吸引力的方式,充分调动学生的参与兴趣。

(三) 新指标

为更好地贯彻落实党中央精神,落实立德树人的根本任务,需要重新选取德育教育评价指标,做到德育评价指标科学化、合理化、全面化、现代化,切实督促学生提升德育水平,成为担当民族复兴大任的时代新人。新时期德育指标主要分为5个一级指标、25个二级指标,全面覆盖德育教育各个方面。以一级指标为例,应将德育教育规划目标、德育教育基础制度、德育教育核心内容、德育教育方式方法、德育教育显著成果纳入新指标体系,作为全面评价德育教育工作的依据。

二、新时代学校德育建设需要哪些助力

（一）搭建数字德育管理平台

为贯彻落实《深化新时代教育评价改革总体方案》要求,积极开展德育管理工作,本校利用现代化网络技术,搭建数字德育管理平台。本校数字德育管理平台如图1所示。

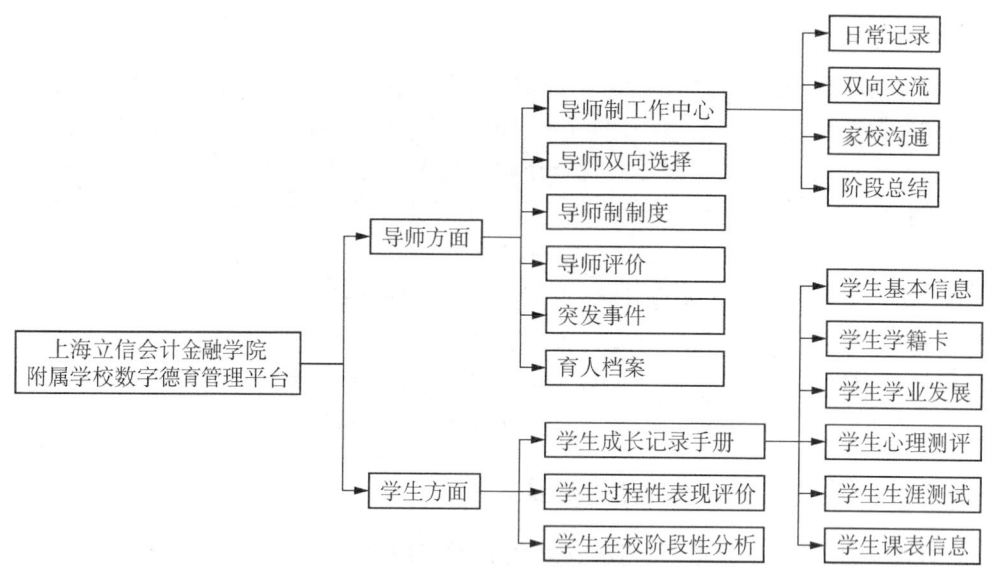

图1　上海立信会计金融学院附属学校数字德育管理平台

相比传统德育教育而言,数字德育拥有更加丰富的资源,不仅可为学生提供更丰富的德育课程,也可为教师开展德育课程提供案例素材。学校数字德育管理平台现拥有较多德育资源,如优秀德育教育案例、优秀主题班会资源等,可供教师随时检索和查询素材,结合班级实际情况开展德育教育工作。同时,数字德育管理平台极大提升了德育管理的质量与效率,支持教师对不同学生的德育情况进行日常记录,形成学生德育档案。此外,学生通过数字德育管理平台,可以随时查询德育评价结果,及时了解自己存在的不足,以便更好地改善。现代网络技术已经成为德育教育的新驱动力,数字德育管理平台大大提高了德育教育质量,并为德育管理提供了便利。

（二）创设德育银行积分制度

为激发学生德育学习兴趣,提升学生德育教育积极性,学校依据《小学生守则》《小学生日常行为规范》,结合"金融"主题,推出德育评价积分银行,创设德育银行积分制度,通过正负积分及时评价学生表现,提升德育评价的趣味性、竞争性。德育银行积分制度以学生自评、互评为基础,以公平、公正、鼓励为原则,从思想品德、行为规范、主题活动等多个角度对学生德育状况进行评价,对德育表现优秀的学生给予积分奖励。本校德育积分制度如图2所示。

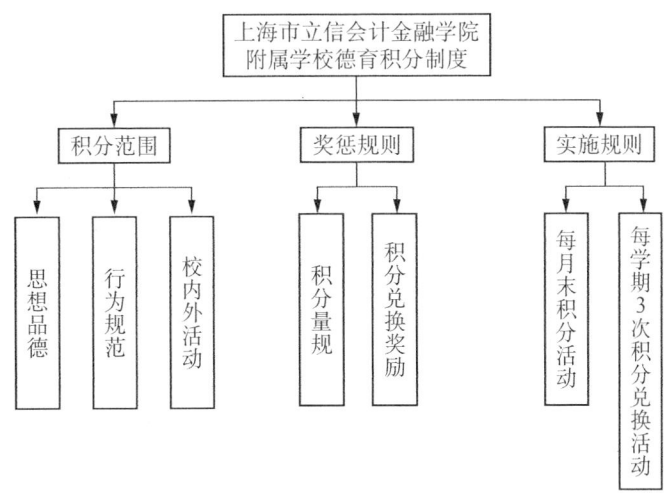

图 2　上海立信会计金融学院附属学校德育积分制度

以思想品德与行为规范评价为例,对表现优秀者给予 3 分奖励,对表现良好者给予 2 分奖励,对表现一般者给予 1 分奖励。加油则意味着学生表现不佳,扣 1 分。本校德育银行积分制度如表 1 所示。

表 1　上海立信会计金融学院附属学校德育银行积分制度

积分内容		评价标准			
		优秀 (3分)	良好 (2分)	一般 (1分)	加油 (−1分)
思想品德 方面	1. 核心价值观				
	2. 爱党爱国爱人民				
	3. 孝亲尊师善待人				
	4. 诚实守信有担当				
	5. 勤劳笃行乐奉献				
行为规范 方面	1. 按时到校				
	2. 礼貌待人				
	3. 好学多问肯钻研				
	4. 自强自律健身心				
	5. 勤俭节约护家园				

通过上述指标,以月为单位,对学生德育现状进行评价管理,并给予相应的积分。当学生积分累积到一定程度时,可以兑换奖励,比如广播点歌消耗 50 积分、担当光荣升旗手消耗 200 积分、获得立信徽章消耗 20 积分等。学生可以根据自己的意愿,通过消耗积分兑换奖励,以极大程度地刺激学生获取积分的兴趣。德育银行积分制度将极大程度地激发学生的积极性,提高学生自我德育管理的能力。

(三) 落实全面综合评价指标

《深化新时代教育评价改革总体方案》明确提出,要根据学生阶段性身心特点,科学设计各类德育教育目标,要涵盖学生思想品德、心理素质、行为习惯等各个方面,对学生进行综合德育评价。本校积极响应国家号召,制定全面综合评价指标,新指标覆盖面更广、评价依据更为细致。以思想品德评价指标为例,新指标将学生对社会主义核心价值观的熟悉度、爱国爱党爱人民、孝亲尊师善待人、诚实守信敢担当、勤劳笃行乐奉献作为二级指标,并针对每个二级指标评分标准予以说明,既为德育评分提供依据,也为学生提高德育分数指明方向。全面综合评价指标将对德育教育发展方向起到更全面、更细致的引导作用,为教师评价、学生自我提升提供参考。

三、新时代校德育教育应如何实施与应用

(一) 推出数字德育管理平台功能

目前,本校数字德育管理平台正在运营测试中,平台功能主要包括导师制工作中心、导师双向选择、导师制制度、导师评价、突发事件、育人档案等版块,并支持教师对学生德育情况进行日常记录、阶段总结等,已经满足了德育管理的基本要求。但是,本校数字德育管理平台还需要不断学习先进的平台建设与管理经验,陆续推出更为丰富的德育管理功能。比如在家长沟通方面,教师不仅要在平台中设置家长沟通栏目,更要利用现代网络技术优势,允许家长通过手机参与德育主题班会,以直播形式向家长展现学校的德育教育水平。此外,应支持家长通过手机 App 随时查看班级情况,形成家长与教师之间的及时交流,从而共同提升学生德育水平。

(二) 增设德育银行积分实物奖励

目前,本校德育银行积分制度调动了学生德育学习的积极性,帮助学生从被动接受德育教育向主动学习德育规范转变。在德育积分的促动下,学生学习德育知识、遵守德育行为规范的积极性得到提升,美中不足的就是德育积分奖励种类单一,需要增设德育银行积分实物奖励。本校需要在现有奖励基础上,增加更多实物奖励,比如积分兑换书籍、积分兑换文具、积分兑换生活用品等,通过实物奖励,让学生在使用实物的过程中,持续意识到遵守德育规范的好处,从而更加遵守学校德育规范。除了增设积分实物奖励之外,学校也应适当调整积分兑换比例,让更多学生以更少积分兑换奖励,通过遵守德育规范获得奖励。

(三) 持续增加德育评价指标

根据《深化新时代教育评价改革总体方案》的要求,本校将德育指标划分为思想品德、心理素质、行为习惯等三个主要维度。这些维度虽然能够整体反映出学生的德育现状,但并不能保证全面体现学生德育水平,应持续增加德育评价指标,如法纪观念、学习态度、文化素养、安全卫生等,形成更加全面的德育评价指标体系。本校德育评价指标体系如表2所示。

表2 上海立信会计金融学院附属学校德育评价指标体系

一级指标	二级指标
思想品德	社会主义核心价值观熟悉度、爱国爱党爱人民、孝亲尊师善待人、诚实守信敢担当、勤劳笃行乐奉献
心理素质	心理知识水平、责任感、包容性、计划性、应变力

(续表)

一级指标	二级指标
行为习惯	按时到校、明礼守法讲美德、好学多问肯钻研、自强自律健身心、勤俭节约护家园
法纪观念	遵守法律法规、遵守学校规章制度、维护公共秩序、正确履行权利义务、不作弊不剽窃
学习态度	学习态度端正、勤奋严谨求实、不旷课不迟到不早退、实现自身价值、认真完成作业
集体观念	关心集体、积极参与集体活动、集体荣誉感、乐于助人、团队合作精神
文化素养	继承传统文化、民族自豪感、文化自信心、创新创造能力、学习红色文化
安全卫生	保持安全卫生环境、安全风险防范意识、自我保护意识、劳动教育活动、维护校园环境卫生

本校通过增加德育评价指标，对学生进行更全面、更细致、更精准的德育评价，从而真实客观地反映学生的德育水平，并提供优化学生德育水平的合理建议。

四、结束语

本校积极响应党中央号召，不断尝试德育教育新方案，利用数字德育管理平台、德育银行积分制度、德育评价新指标等，提升学校德育教育水平。在现有德育教育基础上，应继续丰富德育管理平台功能，增加德育积分实物奖励，扩展德育评价指标，持续完善学校德育教育体系，在德育教育领域成为全国楷模，培育更多优秀人才。

参考文献

[1] 习近平.全面贯彻党的教育方针 推进落实立德树人根本任务[N].人民日报，2021-3-17(1).
[2] 兰惠霞.巧用德育积分，促进德育养成:浅谈小学班级管理中德育养成的方法[J].新课程(上)，2019(10):270.

德育,走在"玩"的路上

上海立信会计金融学院附属学校　宫　雪

一、指导思想——爱"玩"

2014年,教育部研制印发《关于全面深化课程改革落实立德树人根本任务的意见》,提出"教育部将组织研究提出各学段学生发展核心素养体系,明确学生应具备的适应终身发展和社会发展需要的必备品格和关键能力"。中国学生发展核心素养,以科学性、时代性和民族性为基本原则,以培养"全面发展的人"为核心,分为文化基础、自主发展、社会参与三个方面。学生发展核心素养,主要指学生应具备的、能够适应终身发展和社会发展需要的必备品格和关键能力。

自主性是人作为主体的根本属性。活动作为德育教育最有效的载体,既是学生最喜爱的形式,也充分起到了寓教于乐的作用。在心理学领域,艺术治疗是提供非语言表达与沟通机会的心理治疗方式,是一种自我发现和自我实现的过程。艺术治疗包括绘画、游戏、活动、戏剧、音乐、舞蹈等形式,是一种富有成效和极具特色的心理辅导方式,其融入积极心理学的原理和技巧,可达到宣泄、释压和领悟的效果。

二、实施过程——会"玩"

(一)生涯教育引领系列化

遵循生长规律和年龄特点,将生涯教育融入德育的常规工作,制定生涯教育主题及阶段性目标。分年级生涯教育安排如表1所示。

表1　分年级生涯教育安排表

年级	生涯教育主题	阶段性目标
六	新生入学培训	参训者:挑战自我、约束自我、团结协作 小辅导员:体验教官、辅导员、后勤等工作,学会时间统筹,激发潜能
七	主题教育课展示	通过参与活动使学生能够更清晰地认识自我,有较好的人际交往和沟通能力
八	"中华韵 民族情"宋词吟诵比赛	鼓励学生展示自我,促进学生培养健康心态
九	"Hi me,Bye me"主题演讲比赛	通过回顾自己的成长历程,总结成功与失败,树立正确的价值观,培养自信、善良、负责的品质

(续表)

年级	生涯教育主题	阶段性目标
全校	心理健康月 体育节 科技节 艺术节 社会实践名校行	倡导学生通过手语操、心理剧、航模、舞台表演、走进名校等形式,悦纳自我、发现自己的智能强项

(二) 生涯教育引领校本化

作为上海市红旗大队,我校的红领巾小社团发展可圈可点。"凤飞雪舞"艺术体操社团作为浦东新区艺术体操训练基地,先后组队参加市运会、全运会,成绩斐然;"飞Young"航模社团辅导员多次获评上海市优秀指导教师,航模社团代表上海市参加全国比赛并获一等奖;"舞动奇迹"体操社团蝉联上海市啦啦操比赛冠军……大有科技节、体育节、艺术节的全员普及,小有拓展课、社团课的提高,孩子们的热情参与、辅导员们的悉心教导,汇成校本课程,使学生在探索中体验,在体验中成长,愈发自信、阳光。

(三) 生涯教育串联家校社

"雪龙号伴我跨两极"系列活动。自 2007 年起,我校加强与极地研究所的联系,多次邀请南极科考队员到校与学生进行零距离交流,并组织部分学生前去探望队员家属,并与队员通过视频、书信等方式交流。学生们多次在欢送仪式和欢迎仪式中为代表佩戴红领巾,多年来从未间断。学校以科技节为依托,普及科学知识,通过电子小报、手工制作、科幻画、纸飞机比赛等形式,培养学生的兴趣,挖掘学生的潜力,从中选拔有特长的学生加入航模社团,参加市区级比赛,营造了"学科学、爱科学、玩转科学"的良好氛围。

"探索未来的我"系列活动。随着学区化和集团化不断推进,我校作为新优质学校,在不断提升自身水平的同时也进一步加强与兄弟学校的交流合作。在高东中学举办的生涯教育体验活动和东昌中学的金融体验活动中,都可以看到立信学子活跃的身影。

"爱的初体验"家长学校系列活动。第一次为人父母的家长往往因为爱的方式不当及和孩子沟通不畅,造成了孩子逆反、厌学。家庭教育是孩子们习得技能的最佳途径,"爱的初体验"系列活动充分发挥家委会作用,通过亲子体验、读书社、专家报告、分享会等形式为家长答疑解惑,为孩子减压减负,营造温馨家庭氛围。

三、初见成效——能"玩"

(一) 生涯教育引领促班风

"值日班长"制度自 2008 年起开始推行,倡导小干部轮流当,帮助学生养成良好的生活和学习习惯,让他们学会自主管理、自主学习。

冯老师作为资深班主任,十分注重学生的养成教育,结合"值日班长"制度形成了自己独特的管理模式。她教会每个学生学会尊重值日班长的工作。正所谓:"要想得到别人的尊重,首先学会尊重别人。"在值日班长作报告的时候,冯老师不允许任何同学做别的事:学会倾听是学会尊重他人的第一步。其次,冯老师对于班级出现的问题及时解决,对即将会出现的问题做到未雨绸缪。冯老师会多用一些小故事或者自己学生时代的经历来告诉学生们该如何应对可能出现的难题。

此外，冯老师还在班级推行学生操行量化考评评比，完善值日班长制度。同学们自己讨论制定出了班规和操行量化考评细则，即就每月德、智、体、美、劳和活动等方面的表现给出一个量化的分数，以此选出表现突出的10位同学并授予"小标兵"称号。同学们也可以通过分数反省自己的不足之处，从而促进自我成长和班级良性发展。

（二）生涯教育研究聚家长

进一步完善家委会，健全相关组织机构。每月至少有2名以上校级家委会成员到校参与学校各类管理，学校也在每次反馈中及时加以改进。学校以家委会为主体，起草《家、校、社深度合作促进学校优质发展实施方案》，积极探索家、校、社深度合作。此外，区级课题《探索基于学校金融特色的实践课程建设与家庭教育的有效融合》也在有条不紊地推进。

四、小结与思考——好玩

多元智能理论由美国哈佛大学教育研究院心理发展学家霍华德·加德纳（Howard Gardner）于1983年提出。加德纳认为过去对智力的定义过于狭窄，未能正确反映一个人的真实能力。他认为，人的智力应该是一个量度、一个解题能力指标。我们每个人都拥有8种主要智能：语言智能、逻辑-数理智能、空间智能、运动智能、音乐智能、人际交往智能、内省智能、自然观察智能。

根据加德纳的理论，我校德育工作围绕：爱"玩"（玩出创新智慧）、会"玩"（玩出健康体魄）、能"玩"（玩出坚强意志）、好"玩"（玩转精彩人生）的理念，对全校学生进行了多元智能测试，并借助形式多样的活动进一步挖掘学生潜力，使学生在认识自我、了解自我、悦纳自我的基础上，找到自己的强项，并以此获得成功，最终成为自信、善良、负责的社会人。

在"玩"的路上，我们将继续为孩子们探索更多通往成功的路！

"三爱"激发活力,"融创"赋能劳育

上海立信会计金融学院附属学校　宫　雪

一、教育背景

上海立信会计金融学院附属学校是浦东新区公办九年一贯制学校,1995年9月建校,现有证大、东陆、高行三个校区,占地面积66 600平方米。学校积极践行构建以仁爱为核心思想的生态校园的办学理念,在"崇善、尚和、求新"学校精神的引领下,着力发展内涵,努力培育优秀的学校文化,提高学校的核心竞争力。学校突出育人的核心地位,秉承"立品、笃学、拓新"的校训,确立了"责任明、基础实、特长显"的9字育人目标。在多年的办学实践中,学校致力于构建有特色的、有助于学生快乐成长的学校课程体系,为学生提供了品德形成、认知与身心健康发展的学习平台。学校以丰富多彩的校园文化熏陶人,以切实可行的行为规范引导人,以生动活泼的群体活动教育人,开展了丰富多彩的教育活动,在浓厚、多彩、朝气蓬勃、富有个性的校园文化熏陶下,全面提升学生的思想素质。

学校先后被评为全国科技体育传统学校、上海市安全文明校园、上海市少先队红旗大队、上海市心理辅导实验校、上海市教育信息化先进集体、上海市花园单位、上海市语言文字规范化示范校、上海市中小学行为规范示范校、上海市《贯彻体育工作条例》先进单位、上海市依法治校示范校、浦东新区文明单位、浦东新区见习教师规范化培训基地学校、浦东新区素质教育实验校、浦东新区"两纲"教育示范基地学校、浦东新区十佳优秀家长学校、浦东新区心理健康教育示范校、浦东新区家庭教育示范校、浦东新区学校体育工作先进单位、浦东新区体教结合项目学校、浦东新区艺术教育特色学校、浦东新区绿色学校、浦东新区学生体质健康促进协会理事单位、浦东新区教师专业发展学校。

当今,上海正在迈向国际金融中心,学生渴望对财富观、劳动、社会价值有更深刻的认识,促进自己德、智、体、美、劳的全面发展,为未来的职业选择奠定基础,向具有国际化视野和家国情怀的金融人才标准靠近。当下社会对金融行业的认识存在误区,以为从事金融行业就是要赚钱,看不到金融行业对人的发展、对社会的稳定和进步所起到的重要作用。浦东新区是上海改革开放的前沿,陆家嘴金融中心、金桥出口加工工业园区、外高桥保税区、上海自由贸易试验区等均坐落于此。让学生了解金融对生活、对世界经济的影响,激发学生的自豪感和责任感,努力培养学生的全球视野和国际化思维方式,为将来立足社会、投身国家建设作准备,是学校义不容辞的责任。

学校以习近平新时代中国特色社会主义思想为指导,全面贯彻全国和上海市教育大会精神,扎实推进浦东新区教育大会和《浦东教育现代化2035》确定的目标,以党的教育方针为根本方向,以培养德、智、体、美、劳全面发展的社会主义建设者和接班人为根本任务。《中共中央国务院关于全面加强新时代大中小学劳动教育的意见》中指出:劳动教育是中国特色社会主义教育制度的重要内容,直接决定社会主义建设者和接班人的劳动精神面貌、劳动价值取向和劳动技能水平。

二、"三爱"理念

"五育"并举本身不是一个新话题，却是新时代的新任务。如何更好地落实"五育"并举，更好地推进教育教学管理的改革，是新时代赋予我们的新使命。在多年的德育实践中，学校探索出了一套完整清晰的"三爱"德育体系，由"爱己、爱人、爱国"三个层级构成。

德育处在梳理"三爱"教育的同时，注意思考未来发展，完善三全育人体系，现初步构建出一个整体性的九年一贯制校本化德育课程体系——《立信附属学校德育课程大纲》，并落实细化成《学校德育课程内容指南》（涵盖主题教育课、主题教育活动月、仪式教育三大板块）。《学校德育课程内容指南》贯穿于学校教育的全过程，渗透在智育、体育、美育和劳动教育之中，体现了德行教育活动内涵的科学性。该指南促进教师广泛参与德行教育，为学生提供更加优质、丰富的学习体验，搭建更广、更大的发展平台，从而为实现"自信、善良、负责"的育人目标，培养出"三爱"立信少年打下初步的、扎实的基础。

三、"融创"目标

一是对金融运作和意义有初步的感知和认识，熟悉基本的金融知识与工具，知道金融活动与自己的生活息息相关，与社会环境（国内、国际形势）密切相关。开展与国内外青少年金融教育学校的交流互动，吸收校外先进经验，不断提升教育的时效性、有效性。

二是推进金融类学术社团的建设，聘请专业教师指导学生开展探究实践活动和宣传活动，使学生明白金融市场与政治、实体经济、精神文明之间的关系，从而形成正确的金钱观：会赚钱，即用自己的劳动获取报酬；会花钱，即合理规划开支。

三是依托"大中小思政一体化建设"制度，组织专业力量编纂适合中小学生认知特点和行为习惯的诚信教育读本，推动"融创"意识入脑入心。

四是依托校史馆、博物馆、金融体验馆等开展各类互动体验活动，以景感人、以情化人，使学生了解金融人才的必备条件，正确认识金钱、劳动与社会价值的关系。

四、实施过程

结合《初中学生综合素质评价办法》相关要求，德育处制定《上海立信会计金融学院附属学校初中学生社会实践课程安排》，设计《上海立信会计金融学院附属学校社会实践活动记录卡》，做到计划在前、预案配套、过程详实、总结收尾，将社会考察、公益劳动、职业体验、安全实训共计285课时融入4个学年、8个学期，使学生在学习中实践，在实践中成长。

学校以"人人有岗位、人人明职责、人人都参与"为原则，通过每周1课时的"全员护绿"落实劳动教育。虽然学生在劳动中能实现"劳育"的育人目标，但是学生的"劳育实践"技能却存在差异，于是在实施过程中班主任采用"劳动互助合作小组"的形式，培养学生的合作意识。同时，由轮流担任的值日班长负责安排、协调班级同学的劳动岗位，提供学生"个性化成长"的契机。学校在劳育实践中实行值日组长和值日班长自荐和民主推荐选拔机制，尊重和满足学生的个性化发展需要。劳动过程不仅增进了同学间的交流，也通过规范学生言行举止提升了他们的素养。

学校2020德育论坛中，有位班主任感触颇深地说道："一次偶然的机会，我听到上海市劳动模范、特级教师王雅琴引用了老舍先生在散文《养花》中的一句话来阐释劳动教育：'不劳动，连棵花也养不活，这难道不是真理吗？'"就此，这位班主任开始格外关注教室的布置，明确班级中绿色植物的养护责任，形成循环值班养护的机制，这不仅是有效的劳动实践教育，也是责任教育，更是一种有效的生命教育。与生命接触的劳育实践可激发学生的学科探究兴趣，让他们主动探究养护这类绿色植物的知识和方法。新的劳动实践不仅唤醒、培养、提升了学生的实践能力，也增强了他们的责任意识。劳动中既蕴含了人与人之间相互协作的合作关系，也蕴含了人与自然万事万物的和谐共生关系。

深入开展社会主义核心价值体系教育。以"行、习、赏、唱、礼"为主要途径，将金融与劳育的思想性、知识性、人文性、教育性、发展性融于教学过程，坚持"天天有检查、周周有反馈、月月有进步"，引导立信少年从自己做起、从身边做起、从一点一滴做起，践行道德规范，提高道德素质，树立良好的风尚。"晒晒家里的老钱币""找找家里的老物件""画画浦东未来样"等活动，让学生深刻感受旧与新的碰撞与融合，认识到辛勤劳动、追求创新给生活带来的积极变化。疫情防控居家学习期间，"学做家务事 学烧家常菜"蔚然成风，孩子们既掌握了生活技能，又增进了与父母的关系。教师以金融实践活动为主线，充分依托大学金融教育资源，通过"采访金融人""生活中的金融""未来金融家""大学一日体验"等活动，带学生揭开金融的神秘面纱，开阔学生的视野，激发学生的学习兴趣。学校借助家委会资源，发挥九年一贯制优势，组织小学高年级和中学部的学生跟随从事金融职业的家长开展半日体验活动。教师充分挖掘学校证券、银行、保险三大金融体验馆的教育功能性，借助金融数据端、机器人介绍，让学生了解股票、基金等方面的知识，对金融产业链形成初步认识，并在个股展示区模拟炒股，学会分析和预判。

爱心义卖活动作为学校的常规活动，深受广大师生喜爱。对于如何在劳育中融入学校金融特色，学校大队部积极尝试：增设学生劳技及科创作品专柜，既有助于红领巾小社团展示、纳新，也通过出售作品形成"劳动—生产价值—财务自由—消费"的良性循环，让学生体验劳动致富的快乐；引导学生用好自己的压岁钱，培养学生的基本劳动能力，形成良好劳动习惯；结合每周的节粮光盘行动和垃圾分类检查，开展"雏鹰集赞"活动，牢固树立劳动最光荣、劳动最崇高、劳动最伟大、劳动最美丽的观念；雏鹰争章活动作为少先队的一项品牌活动，计划增设一枚特色章——"金融章"，开发设计一套校园钱币和一本储币本，由孩子们融合学科知识来制定评价机制和内容，鼓励队员们在争章、考章中不断积累金融知识、提升金融素养。

五、教育愿景

"百年征程波澜壮阔，百年初心历久弥坚。"2021年是中国共产党成立100周年，也是"十四五"开局之年，必将在中国历史上写就浓墨重彩的一笔。"人无精神则不立，国无精神则不强"，脱贫攻坚取得举世瞩目的成就，是中国人民的伟大光荣，是中国共产党的伟大光荣，是中华民族的伟大光荣！

在全面建设社会主义现代化国家、向第二个百年奋斗目标进军的征程中，"00后""10后"既是见证者和参与者，也是奋斗的生力军。立信附属学校将在打造金融教育特色的基础上，大力弘扬脱贫攻坚精神，进一步探索"融创"与劳育的有机结合，培养学生成为知风险、讲诚信、懂规则、勇敢面对各种挑战、积极用劳动创造美好生活的立信少年！

遵循德育活动原则　让校园"德"意盎然

上海立信会计金融学院附属学校　尤　兰

德育活动是学校实施素质教育的重要组成部分,也是开展德育工作的有效途径之一,对学生的成长起着积极的推动作用。《中小学德育工作指南》(以下简称《指南》)中对德育活动开展这样写道:"要精心设计、组织开展主题明确、内容丰富、形式多样、吸引力强的教育活动,以鲜明正确的价值导向引导学生,以积极向上的力量激励学生,促进学生形成良好的思想品德和行为习惯。"根据《指南》中的实施途径和要求,德育工作应始终坚持"活动育人"方针,将德育活动贯穿于整个育德过程。那么,如何有效地开展德育活动,让校园"德"意盎然?下面结合植树节活动案例进行简要阐述。

一、以趣培德,乐淘淘——趣味性原则

做一张环保小报,带一盆花进班级,写一句环保标语,画一幅宣传画……虽然这些植树节活动内容也是丰富多彩的,但是缺乏了新意,也少了一些趣味性。为了使活动内容能让人眼前一亮,也为了使同学们觉得有趣味,一次"与众不同"的植树节活动诞生了,所有活动内容都是和同学们的"初遇":第一次亲自动手种花;第一次成立养护小队;第一次成为养护员;第一次写班级博客;第一次展示劳动成果……在为期近三个月的活动中,同学们始终兴致盎然,他们不仅仅收获了鲜花,更收获了成长。

这是一个求新求异的时代,如果只是简单地宣传教育或是一成不变地照搬往年的活动,难免显得敷衍了事,给学生一种"走过场"的感觉。德育活动不求新、不求异,长此以往,一定会失去活力,缺乏魅力,学校的德育工作成效也一定会逐年滑坡。因此,趣味性是德育活动必须坚持的首要原则。

二、体验实践,齐动手——实践性原则

宋朝诗人陆游在《冬夜读书示子聿》中写道:"纸上得来终觉浅,绝知此事要躬行。"由此可见,任何说教式的德育活动都流于表面,学生在活动中的收获感受是"被给予灌输的",但在实践过程中的收获感受却是真正的"实践出真知",是"自主习得的"。

这次植树节活动自始至终没有说教的痕迹,而是给学生充分搭建了体验与实践的平台。活动中为每个班级的同学下发花种、花盆和花泥,倡议大家一起动手种花。在和煦的春风里,在明媚的阳光下,同学们干劲十足,种下花种,种下希望。种完花种后,各班同学们成立了绿色养护小队,进行合理分工:浇水、施肥、晒阳、修剪等,认真制定养护计划,精心照料每一颗花种。每逢月底,同学们通过班级博客晒一晒花种的生长图片;比一比谁的花种发芽了,长高了,开花了;写一写养护过程中的喜忧、得失,相互分享养护心得,交流养护经验……在同学们的精心照料下,一颗颗花种破土而出,冒出了绿芽,长出了新叶,抽枝长个儿,最后开出了美丽的花儿。同学们把一盆盆美丽的花朵搬到学校大厅里展示,他们欣赏着自己和

他人的劳动成果,脸上绽放出灿烂的笑容!

三、教育为先,人为本——教育性原则

《指南》强调,我们要坚持"育人为本、德育为先"。活动育人是德育工作实施的途径之一。因此,每一项德育活动都应该依托《指南》,立足德育总体目标和学段目标,积极开展理想信念教育、社会主义核心价值观教育、中华优秀传统文化教育、生态文明教育、心理健康教育,培养学生的道德情操。

这次植树节活动围绕生态文明教育展开,旨在通过种绿、护绿活动,帮助学生了解植物生长规律,增强学生的环保意识。这次植树节活动的成果是喜人的,一盆盆花朵成了班级里靓丽的风景线。同学们在活动中不仅体验到了种花养花的快乐,更深刻感受到了养花护绿的不易。每一个花骨朵的背后,都离不开同学们的精心照料。看着花苗一天天长大,也看着花苗不幸"夭折",爱绿护绿的生态环保意识也已悄然在同学们的心中生根发芽。

一切德育活动的开展必须以培养人为活动宗旨,确保每一次德育活动都能浸润学生的心灵,促进学生全面发展。

四、广泛参与,共成长——广泛性原则

每位学生都是一个鲜活的生命个体,闪耀着独特的光芒。学生们是我们的教育对象,也是德育活动的参与者。"不让一个学生掉队"的教育口号向每一位德育工作者提出了挑战和要求,因此,虽然一至五年级的学生存在年龄上的差异和能力上的高低,但是,德育活动组织者或策划者一定要用心设计活动的内容与形式,力争让更多的学生有兴趣、有能力参与活动。只有当广大学生都向前迈进了,德育活动才能真正收到成效。

这次植树节系列活动中,"种花—养护—晒成果—展成果"是四个主要的活动环节,每一项活动内容都面向每位学生,只要他们愿意,都可以参与。

五、家校合力,助成长——联动性原则

家校共育,形成合力,这是提高学生思想道德教育水平的有效途径,在学生的成长过程中,家长不应该缺席。学生良好思想品德的培养需要家校共育。在德育活动中,应适当借助家长力量,积极发挥家长对学生的引导作用,家校合力联动,有效提升德育活动的实效性,助力学生健康成长。

由于一二年级的学生年龄偏小,能力水平较弱,通过"班级博客"晒成果对他们而言存在很大难度,因此,家长助力团纷纷成立,不仅为一二年级的学生提供了信息技术上的支持,也为"班级博客"的建设提供了有力保障。有了家长的助力,一二年级的学生在晒成果活动环节中的表现便完全不逊于中高年级同学了。

德润心灵,无声成长。只要立足《指南》,遵循以上几条德育活动原则,设计"与众不同"的德育活动,育德就会事半功倍。让我们仰望星空,展望未来,在丰富多彩的德育活动中使校园"德"意盎然,为学生的成长奠定坚实的思想基础,帮助学生扣好人生第一粒扣子!

用讲故事代替说教,让我们的教育更有效

上海立信会计金融学院附属学校　冯明智

当我还是学生时,我最喜欢的就是杜甫的《春夜喜雨》中的这几句:"好雨知时节,当春乃发生,随风潜入夜,润物细无声。"从教20年,在教育岗位上从磕磕碰碰到现在的坚定、自信,我对这几句诗也有了更深刻的理解。那就是:说教式的教育方式,远没有春风化雨、润物无声的教育方式来得有效和深远。

有时一则小故事就可能是一场春雨,滋润孩子们的心田。

我在《让孩子学会做事的102个成长故事》一书中曾看过一则有意义的故事。

有个男孩脾气很坏,于是他的父亲就给了他一袋钉子,并且告诉他,每当他发脾气的时候,就钉一根钉子在后院的围篱上。

第一天,这个男孩钉下了37根钉子。慢慢地,他每天钉下的数量减少了。他发现控制自己的脾气要比钉下那些钉子来得容易些。终于有一天,这个男孩再也不会失去耐性,乱发脾气。父亲告诉他,从现在开始,每当他能控制自己的脾气时,就拔出一根钉子。

一天天过去了。最后男孩告诉父亲,他终于把所有钉子都拔出来了。

父亲握着他的手来到后院说:"你做得很好,我的好孩子。但是你可以看看那些围篱上的洞,这些洞让围篱将永远不能恢复如初。你生气时说的话将像这些钉子一样留下疤痕。"

2016年,我又一次担任预备年级的班主任。我把以学生德育教育为先的观念融入班级教育。我积极贯彻学校德育处在预备年级推行的值日班长制度,充分利用早间20分钟进行班级事务的通报和处理,以培养学生的自理能力。

开学伊始,范同学和他的同桌益同学因为一些鸡毛蒜皮的事就大动干戈,相互责骂甚至影响了正常上课。我了解事情经过之后,并没有把他俩带离课堂,而是问了一句:"这事比上课还重要吗?"学生回答:"否"。我又继续上课了。临下课时,我又随口问了两人一句:"你们认为我有必要把这件事向全班同学通报,并将你俩的座位调开吗?"两人当时都没回答。

先作冷处理。

第二天值日班长总结完工作之后,也提到了此事,但我并没有就此批评这两位同学,而是对他们讲了上面的小男孩钉钉子的小故事。在故事的讲述中我发现,男孩子开始拿出纸来擦桌上的三八线,两人的面部表情都没有刚开始那么紧张和生硬了。随后,他俩向我承认了错误,收回了要求换同桌的要求。

之后,我用放学前十分钟间隙,对此事作了一个简单的回顾,并对他俩知错就改的品质给予了肯定。最后我留了一个"如何和同学相处"的德育作业,并将其定为下周的班会课主题。班会开得非常成功,孩子们分享了很多和同学及朋友的交往故事,都流露出对真挚友谊的渴望。我请孩子们谈谈希望和怎样的人交朋友,孩子们踊跃地发表了自己的意见。善良、友爱、大度、乐于助人是其间出现频率最高的词语。接着我告诉他们,进入初中后,他们会碰到新的同学,交到新的朋友,他们希望朋友是怎样的人,就得自己先努力成为这样的人。

2020年,我又新接了预备8班,这个班级的学生和以往我带的班的学生不同:各个层次的学生都有。由于学生层次相差较大,因此他们在相处过程中难免会出现一些矛盾。比如,有些成绩很好的同学看不起成绩差的同学,甚至会恶语相向。针对这种情况,我给孩子们讲了《蚂蚁和大象》的故事。

有一天,蚂蚁在河边觅食,不小心被风刮入了河中,生命危在旦夕。这时,大象路过,扬起鼻子把一片叶子送到蚂蚁的身边,蚂蚁借助这片叶子,安全地回到岸边。得救后的蚂蚁非常感激大象,它说:"尊贵的大象,我一定记住您的恩德,有机会一定报答您!"大象是森林之王,对小小的蚂蚁不屑一顾。他听了蚂蚁的话后,说:"你一只小小的蚂蚁,怎么能帮得上我的忙呢?这也太可笑了吧。"说完,大象头也不回地走了。又过了几天,猎人到森林打猎,猎枪已瞄准了大象,当猎人正要扣动扳机的那一瞬间,蚂蚁爬上了猎人的脖子,狠狠地咬了猎人一口,猎人吃痛,一惊,"蹦"的一枪,方向就偏了,大象逃过一劫。后来大象非常惭愧地对蚂蚁说,"谢谢你救了我……"从此以后,小蚂蚁跟大象互帮互助,成了好朋友。

听完了故事,孩子们似乎有所感悟。我就接着说:"大象就像我们学习能力强、成绩好的同学,而小蚂蚁呢,就像我们由于各种原因,学习能力弱、成绩暂时处于劣势的同学,但是大家既然都是一个班的同学,就像蚂蚁和大象一样,都有存在的必要性。蚂蚁尽管微小,但也有它的过人之处,大象巨大,但也有它的弱点。大家要相互尊重、取长补短、和平相处。"后来我在班级成立了学习小组,每个小组都由好、中、差三个学习能力层次的学生构成。我请成绩不太好、个子又比较高大的孩子帮助个子矮的同学擦黑板,多分担一部分劳动。在学习方面,我采取组内结对的方式,请能力强的孩子做学科小导师。此后这个班级的氛围比之前好了很多,一些鸡毛蒜皮的事情不再发生。这种一帮一的互助小组让同学们也取得了很大的进步。渐渐地,整个班级的氛围变得融洽起来。孩子们在与人相处方面进步很大,一旦碰到类似的问题,孩子们自己就会说:"啊,你忘掉蚂蚁和大象的故事了吗?"

我觉得,用孩子能理解的方式讲道理,才是最有效的教育途径。所以在班级的班会上,或值日报告的总结后,我总是会即兴讲些小故事:有些是我从书上看来的,有些是我们生活中发生的,还有些是我自己做学生时的经历。孩子们饶有兴趣地听我讲,原本严肃古板的班会课变得不那么枯燥、令人讨厌了。有时我还请孩子们分享他们看过的书、听过的故事、发生在身边的事。与此同时,我也利用班级微信和家长们及时沟通,和他们分享孩子们在学校的学习和生活情况,并共同探讨孩子们的教育问题。孩子们的目光变得友善了,语气变得温和了,处事变得慢慢有分寸了。这可喜的变化让我的班级管理工作变得顺手起来,班级也慢慢走上正轨。

在孩子们的教育道路中,教育和批评是必不可少的。如何让他们能够心平气和地接受教育和批评,就要看教师是否能善用智慧。有时一则耐人寻味的小故事,或许就是一个有效的突破口。

初三化学教学中，梳理金融元素，培育学生创造力素养的实践

上海立信会计金融学院附属学校　于文金

一、背景

《浦东教育现代化2035》明确将开展基于区域特色的学校综合课程创造力的研究与实践作为战略任务之一。2018年11月，浦东新区成为上海市"基于区域特色的学校综合课程创造力研究和实践"项目试点区，已初步构建了具有区域特色的"创教育"综合课程体系，形成"融创""航创""科创""文创"四大课程板块，上海立信会计金融学院附属学校是"融创"实验校之一。创教育，就是要创造课程，培育学生的创造力。创造力素养可概括为十五项：好奇和质疑、探索和调查、挑战既有认知、允许不确定性、不惧困难、敢与众不同、分享成果、给出并接受反馈、恰当与他人合作、批判性反思、逐渐养成技能、不断精进和提升、尝试各种可能性、建立关联、使用直觉。这些都是日常教学中需要经常培育、不断增强的素养。

上海正在迈向国际金融中心，浦东新区是上海改革开放的前沿，陆家嘴金融中心、金桥出口加工工业园区、外高桥保税区、上海自由贸易试验区等金融商贸中心全都坐落于此。让学生了解金融对自己生活的影响、对世界经济的影响，激发学生的自豪感，增强责任感，努力培养学生全球视野和国际化思维方式，可为他们将来立足社会、投身国家建设作准备。

二、梳理金融元素

由于金融领域的特殊性，培育学生的"商业素养"，必须有诚信素养和法制素养作保障。培养商业素养是落实立德树人的根本任务，也是提升学生综合素质、增强创造力的有效途径。

"商业素养"不是为了培养富豪，而是要在生产生活中厉行节约、降低成本，去做有意义的事情，如将剩饭做成一顿美食、在工作中进行复杂的行程安排、设计一次有创意的活动。所有这些都是创造力的一部分，是为学生未来生活作准备，也可以通过日常教学实践去培养。"商业素养"即"君子爱财，取之有道"，在诚信和法制的轨道上用自己的劳动换取报酬，以良好的金融素养抵抗金钱的诱惑。培养商业素养短期可增强学生的风险意识，在家庭中帮助老人防诈骗；中期可提高学生的诚信意识，增强他们的就业能力和幸福感；长期可提高学生的责任意识。

（一）关心社会

在学习"人类赖以生存的空气"时，学生们知道了二氧化碳等温室气体的过量排放会导致气候变暖，二氧化硫等气体会导致酸雨，这些环境问题关系到人类的生存。将化学基本原理与商业素养有机结合，是培养学生创造能力的切入点之一。"绿色化学"也叫"环境友好化

学",是指生产和生活中尽可能不向环境中排放有害或废弃物质,利用化学原理从源头上减少和消除工业生产对环境的污染。其理想的生产方式是:反应物的原子全部转化为期望的最终产物。在化学教学活动过程中,学生要理解和运用化学的基本原理,即"原子是化学变化中的最小微粒,化学变化的实质是原子重新组合"。"绿色化学"有利于提高学生学习化学的兴趣,帮助他们准确地理解基础知识,学会解决问题的方法;也有利于培养学生了解社会、关心社会的良好品质,为学生逐步形成科学发展的思想奠定基础。

(二) 变废为宝

随着化学知识的不断丰富,学生们懂得了工业生产中的废气、废水、废渣的任意排放,会造成大气、水体的污染;懂得了塑料制品的随意丢弃会造成白色污染等。为了让同学们理解这些问题,教师提前一周给学生布置任务,如查看家庭中的废弃物有哪些、这些废弃物是如何处理的、怎样处理更合理等,让同学们分享处理成果。课堂上组织学生就生活中身边的垃圾处理展开讨论辨析,认识到废旧电器中的重金属虽然有毒,但也是工业生产的原料,应回收利用;一节普通的废电池可污染 600 立方米的水,但拆解回收金属锌可用于在实验室制取氢气,与硫酸铜反应可获得较高价值的铜,而碳棒可用于电解水实验。

(三) 垃圾分类

组织学生关注生活中的化学知识。针对部分学生浪费餐巾纸的情况,建议减少使用餐巾纸,让学生自觉提高环保意识。学生们也提出:废纸、塑料卖掉可用于再生产;剩菜剩饭、果皮分类放入垃圾箱中可用于制造有机肥料。调查显示,通过上面的讨论活动,学生们会养成科学分放垃圾的习惯。

(四) 科学应用

怎样认识并合理使用化学物质?学习碳酸氢铵的化学性质的时候,列出 $NH_4HCO_3 =\!=\!= NH_3 + H_2O + CO_2\uparrow$,教师可提出问题:生产中如何使用这种肥料?讨论后同学们总结出:根据它受热易分解的化学性质,应在傍晚使用,避免气温高时分解造成污染和损失肥效。这一问题的设计不仅使学生了解了不合理地使用农药和化肥会对环境造成破坏,同时对物质的化学性质有了进一步的理解。

三、丰富的学习体验

(一) 项目化学习

在处理家庭生活垃圾的过程中,教师采用了项目化学习的方式:学习目的是综合利用,降低治理成本;学习过程是查阅资料,尝试解决方案;时间长度是 2 周;项目成果是生活垃圾分类。在这个过程中,一项任务会有多种方法去完成,一个问题会有多个答案。项目化学习以真实生活问题为切口,让学习和解决问题变得有趣起来,从而激发和培养学生的创造性思维。

学生一般远离工业生产,对生产中如何合理使用资源了解甚少,对绿色化学的理解仅限于纸面,往往以为只有化合反应才是绿色化学。以牙膏中的摩擦剂碳酸钙的生产为例,可给学生一段时间完成:①在由石灰石到碳酸钙的过程中,利用化学方法消除杂质。②煅烧石灰石生成生石灰和二氧化碳。③解决环保问题,并降低成本。学生充分理解,工业生产中将煅烧石灰石得到的生石灰与水反应生成熟石灰,再与得到的二氧化碳反应生成碳酸钙,二氧化碳得到了循环利用,没有废弃物,这就是绿色化学。它使每个原子得到充分利用,从源头上消除了污染,解决了教学中的重点和难点问题。

(二) 体验式学习

在学习能源战略部分的内容时,学生可以了解到我国能源的总消耗量每年增长约5%。石油对外依存度高,俄欧输油管道建设的一波三折,说明能源安全问题越来越突出;同时我国的能源利用率不高,从而使能源问题更加突出。为了人类的共同福祉,我国提出在2060年实现"碳中和"。对此,我们采用了体验式学习方式,同学们也提出了一些开源节流的合理建议:在阳光明媚的天气里,应及时把灯关掉以节约能源,同时防止日光灯发出的紫外线伤害身体;若在天气晴好时,可以骑自行车上下班,既锻炼了身体,又节能减排;同学们根据燃烧的条件,提出在燃料燃烧时,应增加氧气的量,可以使燃烧更充分,又降低对环境的污染。同学们还提出了开发氢能源汽车、在东海上建立风力发电站、在屋顶安装太阳能热水器、在杭州湾建立潮汐能发电站等有益的建议。

实验是化学的基础。实验时严格控制药品的使用量,能节约资源,减少对环境的污染。教师在教学活动中要引导学生身体力行,还要积极设计精细化实验。如碳还原氧化铜的实验中,按照教材的装置,使用的药品较多,加热时间长,这些都会造成较高的实验成本,向空气中排放较多的二氧化碳。因此,我要求学生改进实验设计,用W形管代替试管,其好处是药品使用量少,加热时间很短。这个实验的改进使同学们切身体验到,只要认真思考,就会降低实验成本。在学生设计实验时,教师要引导学生比较不同方案的优点和不足之处,比如制取硫酸铜的实验,有的学生设计成铜和浓硫酸反应,还有的学生设计成铜先和氧气反应,再和稀硫酸反应。教师让同学从环保、节约两个角度对两者进行比较,最后得出结论:后者明显优于前者。

(三) 混合式学习

我们在化学实验操作学习中,运用了混合式学习的方式。将智能模拟操作系统拷贝在班级的多媒体设备上,学生可随时进行游戏化的操作学习。课上可分组学习:一名学生操作,另一名学生监考。随后再进行问题化学习,把实验中的问题拍摄成视频发给学生观看,让他们找出不足。此外,我们还鼓励学生到实验室进行竞赛。在2021年的上海市升学考试中,同学们的化学实验操作考试取得了优异成绩。

让学生在真实情景中进行多元学习体验,持续探究,尝试创造性地解决问题,是培育学生创造力的有效方法。

长周期"生态作业"融入探究性课堂的实践探索

上海立信会计金融学院附属学校　陈佳瑶

课堂教学模式的转变与作业设计的创新一直是教育改革热点下至关重要的两大方向。以教师讲授为主的传统课堂和以书面练习为主的传统作业设计,囿于书本知识,限于听讲和书写的形式,大大禁锢了学生的思维,也可能使学生逐渐失去学习兴趣。

长周期作业和探究性课堂作为两种教学方向上的新尝试,使教学从书本过渡到真实世界。丰富多样的学习内容能让学生产生主动学习探究的欲望,从而改变目前被动的学习状态。

长周期作业是指建立在大跨度时间基础上,让学生经历一段自我探索学习的时间来完成一项主题任务的作业形式。相较于传统作业设计,长周期作业凸显了作业的思维价值,为学生提供了更为多元化、个性化的学习方式。学生从主题任务出发,可以发散思维,依据自己对问题的理解选择感兴趣的学习内容深入探究。探究性学习是一种以真实情境问题为导向,通过质疑、发现问题、提出假设、调查研究、分析研讨等过程,最终归纳总结,提出解决问题的方案并进行表达交流的学习活动。

科学是一门综合性课程,科学探究是课程学习的核心。学科强调在实践中引导学生建立正确的科学观念,形成解决问题的科学思维,逐步提升自主学习和合作学习的能力,同时也能够对身处的自然与社会产生好奇心与责任意识。在以往的科学课堂中,教师更多基于课本的实验内容组织学生实验或进行演示实验。实验效果虽清晰直观,与知识点相匹配一致,但缺乏一定的灵活性和多样性。学生在实际探究实验中,往往会产生许多课堂知识以外的奇思妙想,却由于课堂时间和教学内容的限制而没有被重视。这些奇思妙想,恰恰是学生真正能产生兴趣,形成学习内驱力并寻找问题答案的关键。

基于学校"生态教育"理念,如何能将课堂主体交还给学生,丰富教学内容,让学生主动参与科学探究活动并有所感悟,是一名科学教师需要长期不断思考的问题。下面以科学六年级上册第二章"生物的世界"的教学设计与实践为例,记录并探讨将长周期科学探究作业引入探究性课堂的实践成果。

一、挖掘课堂生成性问题,创设探究性课堂

本章教学目标旨在引导学生通过观察、记录一些生物,了解生物的基本特征、生物的分类以及生物个体之间存在的差异性,养成关注自然、热爱自然、尊重与敬畏生命的态度与价值观。在教学实践中,以"观察蜗牛"实验探究课为例,学生在教师的引导下,依据实验报告的内容,从外形、运动方式、对外界刺激的反应等方面,观察蜗牛,并借助一些工具进行实验探究。

实际课堂教学中,产生了许多课本之外意想不到的生成性问题,令人惊喜万分。例如,学生想要抓取蜗牛放进水槽中,却发现稍稍用力也没法将蜗牛的腹足与饲养箱内壁剥离,从

而寻求教师的帮助。在实验巡视指导过程中，教师顺势提出问题：蜗牛如何能使自己牢牢地贴紧侧壁？学生思考后猜测是它的腹足与侧壁的接触面积较大，又能分泌黏液。那根据这两个特点，如何才能快速分离腹足与内壁呢？学生开始尝试用手指触碰蜗牛躯体，发现蜗牛受到刺激后收紧腹足，腹足与侧壁接触面积变小后，能将蜗牛轻松分离。经过这一过程，学生不仅能从实验中发现问题，而且能经过引导，思考分析问题背后可能的原因，最后通过实验尝试去解决问题，在探究中逐步锻炼了发现问题、分析问题和解决问题的能力。

二、重视课堂中学生的发散思维，生成长周期作业

在完成一系列探究活动之后，学生又继续产生新的疑问：蜗牛壳中是什么？把蜗牛壳与躯体分离会怎样？还有小组将几只蜗牛放在同一个水槽内，发现蜗牛互相缠绕在一起，从而产生了蜗牛之间如何交流、传递信息等问题。这些问题也启发了教师，成为布置课后长周期作业——"蜗牛观察日记"的初衷所在。学生在课堂没有机会探究的问题，变成继续进行长周期观察实验的兴趣点，让学生真正对学习科学产生兴趣，并能运用学习内驱力，通过自己一段时间的观察实验找到答案。探究性问题虽始于课堂，却能以长作业的开式延续到生活和课外，体现了生态教育中学生学习的自主性，而学生的生成性问题也成为了一份有趣的长周期生态作业。

在一周后的"蜗牛观察日记"作业反馈中，学生对问题探究的用心和热情跃然纸上，他们通过手绘、电子小报、表格等形式呈现了一份份独特的观察日记。有的学生在气温骤降后发现蜗牛活动减少，从而产生蜗牛是否会冬眠的问题，又进一步查找保温措施与材料，为自己的蜗牛搭建了一个温暖小窝；有的学生为蜗牛取名"小蜗"，悉心照料，准备多种食物，在观察蜗牛进食的过程中总结出蜗牛的食性，还了解到蜗牛独特的"齿舌"结构；还有的学生通过查找资料，了解到课堂上观察的这种白玉蜗牛虽然美观，却是外来入侵物种，对我国的农业和生态环境有害，从而对生物和自然的关系有了更全面的了解。这些个性化又饱含着情感的反馈，让教师深深意识到一份有意义的长周期探究作业对提高学生学习兴趣、培养学生综合能力的价值所在。

三、积累长周期作业反馈内容，融入日常课堂教学

在"双减"大背景下，作业管理成为学生减负的重要环节。特别对于科学这一类综合性学科而言，设计长周期作业可以引导学生从真实的生活情景中发现问题，并通过调查分析，寻找形成问题背后的复杂原因，从而能多角度全方位去看待一种现象或问题的产生。

在教学实践中，教师请学生在学期一开始准备一本记录自己生活中"十万个为什么"的记录册，鼓励学生将生活中留意到的感兴趣的科学现象记录下来，并尝试通过自己的探究，寻找问题的答案。整个记录过程将持续一学期的时间。从作业的反馈情况中，学生对于自己感兴趣的问题充满探究热情，如饺子煮熟为什么会上浮、今年极端天气变化为什么频发、彩虹是如何产生的等等。其实这些生活中的科学现象大部分都已超出了六七年级学段所要掌握的科学知识，但学生能够出于浓厚的示知欲，提前初步经历简单的探究过程，这对学生观察、发现、解决问题能力的培养有着潜移默化的作用。学生的"十万个为什么"，也能成为教师对教学内容的拓展与补充，还能为学生创造分享表达的机会。在与学生探究内容相关的知识点上，教师可以鼓励学生作为"小专家"向其他同学讲述自己的探究过程，以此引起学

生间对于同一科学问题认知上的共鸣,营造生生互动的课堂氛围,成为课堂中教与学角色转换的一种尝试。

现代教育培养目标对学生的综合素质提出了较高的要求,而学生综合素质的培养需要落实到课堂教学中。也要落实到作业设计中。在科学探究性课堂中融入基于学生兴趣导向的长周期作业设计,能在"双减"背景下,成为落实"减负增效"的一种新尝试。

浅谈模型法在初中化学教学中的应用

上海立信会计金融学院附属学校 徐双勤

化学是一门自然科学,它主要研究物质的组成、结构、性质及变化规律,涵盖的内容非常丰富。在化学教学的过程中,如何应用一些自然科学方法去揭示化学的变化规律,用科学方法去帮助学生更好地学习化学是非常重要的。模型法在化学教学中的应用是非常普遍的。模型法是通过某种形式,再现原型的一些特征和本质的方法。化学模型方法是在对知识有大量感性认识的基础上,人为地创造、建立一个模型,通过模型形象地描述化学知识及其变化的规律。在初中化学教学中,模型方法的应用主要体现在以下两个方面:模型法在化学概念中的应用、模型法在化学变化中的应用。

一、模型法在化学概念中的应用

为了能让学生更好地理解化学知识,概念教学是必不可少的。由于概念一般都具有抽象性和概括性的特点,因此其也是初中化学教学中的难点。教师在教学中恰当运用模型法,能帮助学生对较为抽象的概念进行详细的学习和了解。

(一) 用模型法强化对分子与原子的认知

初中化学《构成物质的微粒》这节课是学生从宏观物质及现象进入微观粒子世界的一座重要桥梁。学生虽然在科学学科的学习中已经知道物质由微粒构成,但是肉眼不可见的微粒对学生来说还是比较抽象的。学生在学习的过程中对分子、原子的概念及符号的理解中存在一定的难度。为了更好地让学生理解分子、原子,教师在教学过程中可以引入分子和原子模型。比如,在理解分子和原子的概念时,可以使用水分子在电解条件下分解成氢原子和氧原子、氢原子和氧原子重新组合成氢分子和氧分子的变化模型,化不可见为可见。学生可以明显地观察到分子和原子的模型,以及化学反应中的变化,从而发现分子和原子的区别和联系:分子在化学变化中可以分解成原子,而原子在化学变化中无法再分解;分子是由原子构成的;等等。水分子分解微观示意图如图 1 所示。

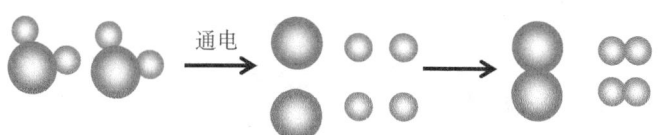

图 1 水分子分解微观示意图

教师也可让学生用分子球棍模型或比例模型来强化学生对分子原子微粒及符号的认识。以水分子涉及的微粒为例,化学符号与微粒图如表 1 所示。

表1　化学符号与微粒图

微粒符号	模型（学生组装）
H₂O	
H₂	
2H₂O	
2H₂	
2H	

通过按照分子和原子的符号进行模型的组装和拆分，不仅能让学生进一步熟悉分子和原子宏观的符号表达和微观的模型，同时还能有效帮助学生理解化学符号中数字的含义以及化学式的微观意义。

（二）用模型法形象理解饱和溶液与不饱和溶液

饱和溶液和不饱和溶液的概念是初中溶液这一章节的重点和难点。学生对饱和溶液和不饱和溶液概念的理解存在一定的困难，也很难理解饱和溶液和不饱和溶液之间的转换。教师除了可以用实验的方法来帮助学生建构饱和溶液和不饱和溶液的概念外，还可以通过饱和溶液和不饱和溶液的模型体系来帮助学生加深理解，如用模型　来表示一定量溶剂，用模型　来表示一定量的溶质。在 T 温度下，　溶解于　，恰好形成饱和溶液。溶液体系微观模型为　。通过"贪吃蛇"模型的引入，可更直观地表达饱和、不饱和相似于吃饱和没吃饱。由此还可以衍生出饱和溶液和不饱和溶液的模型体系，以及饱和溶液到不饱和溶液的相互转化，饱和溶液与不饱和溶液模型图如表2所示。

表2　饱和溶液与不饱和溶液模型

饱和溶液体系微观模型	T温度下该物质的饱和溶液模型	T温度下该物质的不饱和溶液模型	不饱和溶液体系微观模型

比如,通过表2中第二列(T温度下该物质的饱和溶液模型),学生能够比较直观地感受到,在温度一定的情况下,饱和溶液中不管溶质和溶剂的量有多少,溶剂和溶质的比值都是一个定值(这里的比值为1∶1)。通过第一列(饱和溶液体系微观模型),还可以印证一定温度下的饱和溶液中,溶液的浓度(质液比)是一定的。同时,还可以根据箭头①,看到饱和溶液转化成不饱和溶液可以通过添加溶剂实现。通过箭头②和③,可以得到不饱和溶液转化成饱和溶液可以通过蒸发溶剂和添加溶质来实现。我们还可以通过模型知道某一确定温度下,吃多少碗的能力。这个能力是固定的,所以我们还可以通过改变温度的方式来改变这种能力,从而理解通过改变温度,可实现饱和溶液和不饱和溶液之间的相互转化。

(三)用模型法建立微粒数和物质的量之间的关系

物质的量是国际单位制中七个基本物理量之一,在初中化学的学习中占有很重要的地位,是初中化学计算中的一个核心概念。学好物质的量,既能帮助学生建立宏观和微观的联系,还可以帮助学生进一步学习相关的化学计算打下良好的基础。如何找到物质的量和微粒数之间的关系是教学的重点,也是学生学习的难点。教师在教学的过程中,可以引入模型,帮助建立物质的量和微粒数之间的关系。模型是 12 g ^{12}C 所含有的碳原子数目,约为 $6.02×10^{23}$ 个微粒。通过模型的构建,学生通过观察很容易得出物质的量和微粒数之间的关系:物质的量 $×6.02×10^{23}=$ 微粒数。物质的量与微粒数关系图如表3所示。

表3 物质的量与微粒数关系图

物质的量	$6.02×10^{23}$	微粒数
1 mol		
2 mol		
3 mol		

二、模型法在化学反应中的应用

化学反应是化学学习中非常重要的部分。由于物质种类比较多,化学反应千变万化,学生掌握起来存在一定的困难,故在化学反应教学过程中,教师可以应用模型的教学方法,让学生了解化学反应的实质,同时分析掌握一定的化学反应规律,加强对化学知识的理解和应用。

(一)模型法在红磷燃烧测定空气中氧气的体积分数中的应用

通过红磷和氧气的化学反应来测定空气中氧气的体积分数这一实验中,不同小组在测

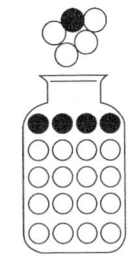

图 2 空气微观模型

定的过程中一般会得到不同的结论。这种情况下,就要对测定的体积分数进行误差分析。在误差分析的过程中,教师可以把抽象的猜想通过模型的方式形象化,如图 2 所示。

将集气瓶内的空气粗略地分为 5 份,其中五分之一微粒表示氧气,剩余五分之四的微粒表示除氧气外的剩余气体,集气瓶外的微粒表示空气。⊕微粒表示进入集气瓶中的水。通过几种模型与图 2 模型的对比来引导学生对实验误差进行分析。实验误差分析模型如表 4 所示。

表 4 实验误差分析模型

模型	结论
	通过模型 1 与图 2 模型的对比,学生能够直观地发现集气瓶中只能部分氧气被水代替,可见氧气没有被消耗完。为什么呢? 学生可以联想到是燃料(红磷)不足,导致氧气没有被消耗完,所以实验得到的氧气体积分数会偏小
	通过模型 2 与图 2 模型的对比,学生能够发现虽然氧气被消耗完了,但是水进入集气瓶,所占体积小于五分之一,而剩余气体微粒之间的间隙变大了。由此以想到燃烧过程中放出热量导致气体膨胀而使得少量水进入集气瓶,从而导致数据偏小
	通过模型 3 与图 2 模型的对比,学生能够发现集气瓶中的氧气被消耗完了,但是消耗的氧气一部分被水代替,另一部分被集气瓶外的空气代替。由此得到集气瓶气密性不好导致空气进入集气瓶的结论,进入集气瓶中的水没有达到五分之一,从而导致数据偏小
	通过模型 4 与图 2 模型的对比,学生能够观察到集气瓶中的氧气部分被消耗,部分跑到空气中,集气瓶中剩余的气体也少了,跑到了空气中。教师引导学生思考是否是由于实验操作的问题导致瓶内的气体跑出瓶外,导致进入集气瓶中的水超过了五分之一,从而导致数据偏大

通过几组模型图的对比,将抽象的、看不到的现象显像化,帮助学生理解实验过程中数

据偏大和偏小的原因。

（二）用模型法找到化学反应中的普遍规律

初中化学中的各种物质反应主要离不开四大基本反应类型：分解反应、化合反应、复分解反应、置换反应。在学习的过程中，教师列举反应方程式，引导学生对反应方程式的特点进行对比。如在氧气性质学习的过程中，列出各物质与氧气反应的化学方程式；在氧气制取的过程中，列出氯酸钾、过氧化氢制取氧气的化学方程式，同时教师引导学生得到反应类型的普遍规律，加深他们对这四大基本反应的理解。四大基本反应类型模型图如表5所示。

表5 四大基本反应类型模型

基本反应类型	模型
分解反应	$ABC\cdots \longrightarrow A+B+C+\cdots$
化合反应	$A+B+C+\cdots \longrightarrow ABC\cdots$
置换反应	$A+BC \longrightarrow B+AC$
复分解反应	$AB+CD \longrightarrow AD+CB$

在化学教学的过程中，我们常常用到一些方法，如对比、控制变量、分析、实验、归纳、模型等。通过这些方法的浸润，学生会潜移默化地学习掌握这些学习化学的方法。其中，模型法是初中化学教学的一大重要方法。因此，教师要不断地学习和思考，在化学教学中创造性地开发一些化学模型，帮助学生更好地学习化学知识。

参考文献

[1] 黄丽娟. 化学教学中的模型方法及其运用[J]. 中学生数理化(教与学),2017(7):19.
[2] 潘兰. 初中化学教学中恰当应用模型的方法解读[J]. 试题与研究,2020(6):13-14.

基于物理学科核心素养视域下的初中物理教学思考与实践

——以《密度》的教学设计为例

立信会计金融学院附属学校　翁嘉旋

物理学科的核心素养主要由物理观念、科学思维、实验探究、科学态度与责任四个密不可分、相辅相成的要素构成。物理学科的核心素养体现了物理学科的育人价值，是对课程三维目标的提炼与升华。其中，物理观念、科学思维以及科学态度与责任可以渗透在物理实验教学的方方面面。物理观念的构建往往不是简单地传授知识，而是对实验结论的总结和升华，科学思维的培育在实验探究中更是体现得淋漓尽致。在实验探究中始终需要科学的思维作为上层建筑来引领整个实验的过程，而物理观念的构建、科学思维的培养、实验过程的探究无不渗透着科学的态度与责任。实验探究作为培养物理学科核心素养的重要途径，包括提出问题、解决问题、实验能力、论证能力、交流合作等，是让学生从被动接受到主动认知转变的一个重要途径。

本文根据实验探究的一般过程，立足沪教版9年级初中物理"密度"一课的课程标准与教材，精心编排教学设计，培养学生的科学思维能力，渗透物理核心素养的培育。《上海市初中物理学科基本要求(实验本)》规定密度概念的建立过程为"能根据生活经验、实验观察，提出问题，作出假设；能根据实验方案选择实验器材，经历'探究物质质量与体积的关系'的过程，在比较、归纳实验数据和小组交流的基础上，认识并建立科学的概念。"本节内容主要通过实验帮助学生建构密度的概念，并解释生活中的一些现象。

一、引入问题情境，启发学生认知冲突

本课创设学生熟悉的情境，联系生活中已有的经验，引发学生对于情境和已有生活经验的认知冲突，再启发学生根据冲突进行猜想和假设。沪教版教材中设计"平时我们说水比空气重，或者说水的质量比空气大。例如：教室里空气的质量一般要比10桶20升装的饮用水的质量还大"。这个情景中的空气质量学生其实很难去琢磨，也很难用实验仪器呈现出效果，通过对教材情景进行实际改进，搭建支架式的环节，可引发学生记忆中关于密度的概念。

情景1：有体积相等的小塑料块和小铁块各一个，请同学们加以区分；情景2：有体积相等的、包裹着纸的小塑料块1号和小铁块2号，请学生再次加以区分；情景3：一位同学被捂住眼睛，他两手各拿一个托盘，分别放入一个体积很大的塑料块和刚才的小铁块（塑料块的质量要远大于铁块），让他加以区分。

在情景1中，学生通过观察小塑料块和小铁块的外观属性就可以辨别出它们的材质，从物体的形象表征就可以轻易地区分出不同的物质。情景2中，由于外面包了小纸片，看不见

物体的外观属性,所以学生通过掂一掂或者拿天平称一称,也能很容易地判断出1号纸片下面包裹的是塑料块,而2号纸片下面包裹的是小铁块。这时学生是通过判断塑料和铁块的质量大小来区分这两个物体,忽视了物体体积这一关键的因素。情景3中,学生游戏中熟悉的情境与原有的前概念发生了巨大的认知冲突:由于塑料的质量很大,学生难以用单手托起,从而对前面用质量来判断物质种类、质量大的是铁块、质量小的是塑料这一认识进行了纠正。学生们认识到区别不同的物质既要看质量,也要看体积,从而很容易引发猜想:物体的质量与体积和构成物体的物质种类有关。

二、分析问题表征,设计实验方案

教材中设计了"探究质量与体积的关系"这一任务,以寻找物体的质量与体积之间的关系。根据教材中的设计,笔者认为应该将这个设计剖析成为两个部分:一是探究同种物质的不同质量与体积之间的关系;二是探究不同物质的不同物体的质量与体积的关系。根据科学方法控制变量法的内涵,实验中应改变物体的体积,测量物体的质量,寻求质量与体积之间的关系,从而研究对象应选择同种物质构成的不同物体以及不同物质构成的不同物体。笔者提供体积不同的木块、铁块、液体水各三组,组织学生进行小组合,开展实验。

情景:已知小木块的体积为V,质量为m,再一次取出一模一样的2个、4个、n个木块的体积和质量,学生由此可以感性地认识到随着物体体积的增大,质量也增大。

实验之前需要设计一系列的问题,驱使学生完成整个实验的设计。问题1:实验中,需要直接测量哪些物理量,它们分别用什么实验器材测量?问题2:实验表格中应该记录哪些数据?问题3:回顾前面的情景中观察到的实验现象:质量随着体积成倍增加,得到的实验数据应该如何进行处理?既可以用比值法来处理实验数据,也可以借助数学中的图像法,将实验数据描点作图,画出质量与体积的关系图,看拟合的图像满足的数学函数,得到质量与体积的关系图,从关系图推测出质量与体积的关系。学生实验得到的数据如图1所示,从数据中引导学生认识到同种物质的质量与体积的比值相同,不同物质的质量与体积的比值一般不同。从实验结论推出质量与体积的比值可以反映不同物质的物理特性,构建密度的物理概念,理解其内涵与外延。学生经历自主探究,根据实验数据和实验结论自主建构物质密度的概念,理解密度的概念、公式和单位。根据第2组实验数据计算出的质量与体积的比值是$7.8\ g/cm^3$,并查阅课本"一些常见物质在常温下的密度值",确定构成该物体的种类是铁,揭开2号物体的纸片加以验证,课本中铁的密度值是$7.8×10^3\ kg/m^3$,发现密度有两个常用单位,且不同单位之间是可以相互转换的。根据课本中提供的密度值信息,再对数据加以处理和解释,可以分辨出构成物体的物质种类,从而区分不同物质,让学生掌握鉴别物质种类的方法,为下一节课作好铺垫,并强化对密度概念的认知。9个物体质量与体积的数据如表1所示。

表1 9个物体质量与体积的数据

序号	质量(g)	体积(cm^3)	$\dfrac{质量(g)}{体积(cm^3)}$
物体1	124.6	16	7.7875
物体2	7.8	13	0.6

(续表)

序号	质量(g)	体积(cm³)	$\dfrac{质量(g)}{体积(cm^3)}$
物体 3	10.0	10	1.0
物体 4	234.0	30	7.8
物体 5	19.2	32	0.6
物体 6	29.8	30	0.993
物体 7	358.6	46	7.796
物体 8	30.2	50	0.604
物体 9	45.0	45	1.0

三、整合学生已学习的初步知识,利用图像进行深入加工

教材配套的《学习活动卡》中需要学生通过在 m-V 坐标系中标出实验时测出的五组数据点,用平滑的线将它们连接起来。在课堂中学生可以通过分析实验数据,得出质量与体积成正比,若用图像法呈现质量与体积的关系会更加直观,而且能更直观地显示 m-V 之间的函数关系。如图 2 所示,融合信息化技术手段,将质量和体积的点一一对应呈现在图像当中,借助图像,依次呈现阶梯式提问,加深学生对密度概念的理解。问题 1:判断 9 种不同的物体质量与体积之间的关系;问题 2:将 9 种物体在图像上进行归类,并说出分类的依据;问题 3:根据物体 1、物体 4、物体 7 在同一直线上,说明组成这三种物体的物质是同种物质,且通过计算得出质量与体积的具体比值,得到这三种物体的密度,查阅密度表,确定物质的种类,引导学生知晓密度是物质的一种物理特性,可以通过测量物体质量与体积的比值得出物体的种类。9 种物体质量与体积的关系如图 1 所示。

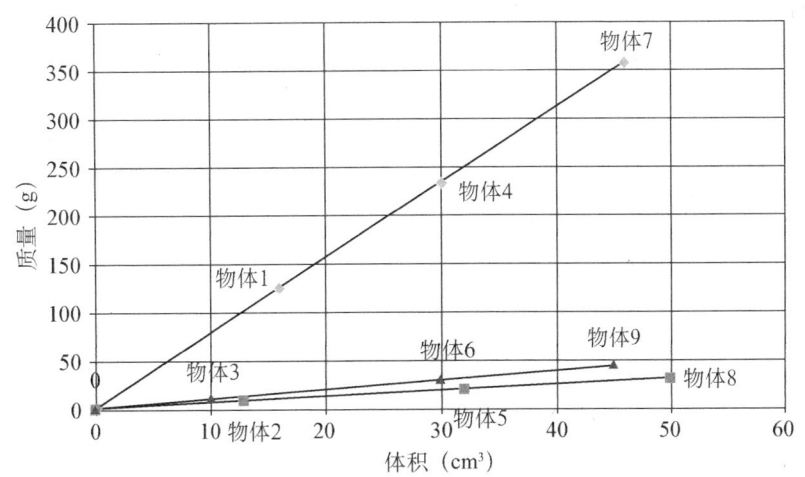

图 1 9 个物体质量与体积的关系

问题 4:学生得出物体 X 的质量与体积的关系,判断物体 X 的密度范围,及物体 X 可能

是由什么物质组成的。通过问题解决过程,培养学生解决物理问题的核心素养,提升学生科学地解释数据的能力。物体 X 的质量与体积的关系如图 2 所示。

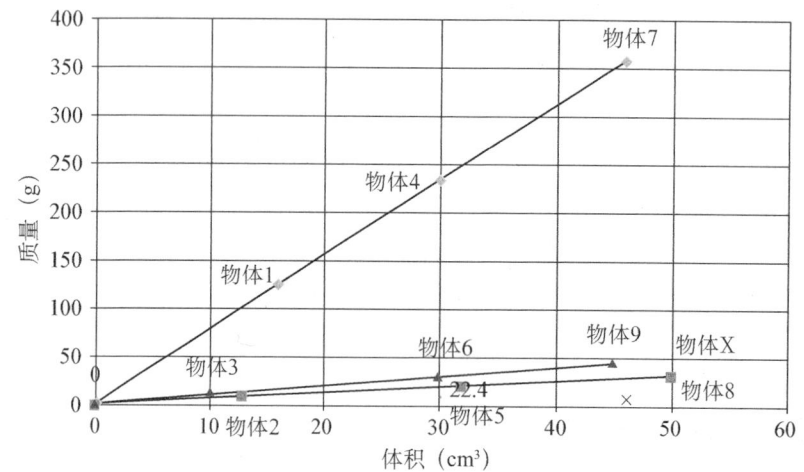

图 2　物体 X 的质量与体积的关系

四、合理迁移应用,提升物理学科的核心素养

学生在迁移与应用知识的过程中,将所学知识转化为解决问题的能力和创新意识。密度是反映物质本质物理特性的工具,能够科学地解释生活中的一系列现象。例如,书中列举出在建造大坝等建筑物时,可以根据大坝的规模估测所需混凝土的体积,查出混凝土的密度,估算出所需混凝土的质量,然后根据水泥在混凝土中占的比例,便可计算所需水泥的质量。在课后评价学习反馈时,要求学生们设计实验方案来辨别学校正举行的运动会中"金牌"的材质。经实验,学生们发现运动会的金牌是混合金属材质。学生们测量了指甲油、食用油、黄酒、红酒、啤酒的密度,对密度的掌握更加牢固。

爱因斯坦说,"当一个人把在学校所学习的东西全部忘记之后,留下的就是教育"。学生知识、技能、情感、态度、价值观等多方面的综合表现,是他们适应个人终身发展和社会发展的不可或缺的素养。教师应在课堂中积极探索,创设新颖的情景,采用科学的教学方式教授物理概念,总结物理规律,以培养学生个人终身发展为目标,促使学生不仅学习物理知识,更习得科学方法和科学理念,发展逻辑思维。

参考文献

[1] 徐婷.基于学科核心素养视域下的初中物理教学初探——以《质量》的教学设计为例[J].吉林省教育学院学报,2020(36):91-95.

[2] 薛原.浅析初中物理学科核心素养的培养[J].物理教学,2018(40):42-44.

[3] 钟启泉.基于核心素养的课程发展:挑战与课题[J].全球教育展望,2016(1):3-25.

[4] 刑安超.学科核心素养目标下初中物理"阿基米德原理"内容重构及教学建议[J].教育观察,2019(8):100-105.

以物理实验为桨,行思维能力之舟

上海立信会计金融学院附属学校　徐晨斐

物理是一门以实验为基础的学科,但目前仍存在忽视实验教学、忽视实验操作、忽视思维能力培养的现象。有的老师甚至不是在"做实验"而是在"讲实验",他们只注重物理知识及规律的讲授,却不知学生在物理实验中不仅能提升观察能力、思维能力及操作能力,也可形成实事求是、辩证严谨的科学态度。因此,在物理实验教学中,若教师能将知识、能力、态度传承给学生,将为学生今后进行科研活动打下坚实的基础。

在初中物理教学中,实验教学有以下三种展现形式:演示实验、学生实验和课外实验。这三种实验形式在培养学生不同的实验思维能力上各有建树。

一、演示实验:直观感受,推理探究,助力研究性思维发展

演示实验能为学生提供感性认识的素材,这在教授一些既抽象、学生又不熟悉的物理概念(如磁场、能量、光路、压强等)时显得尤为重要。另外,在演示实验中教师通过引导学生观察现象、思考原理、辨析差异、讨论成果,并最终推理出新的物理知识和规律,可以让学生体验由具象到抽象的探究过程。在演示实验中,学生往往要经历从现象出发,推理归纳普遍规律的过程,因此能很好地培养学生的研究性思维。演示实验更偏重对学生研究性思维的培养,帮助学生直观感受现象,加深对物理知识与规律的理解。

二、学生实验:自主设计,实践操作,助力探究性思维发展

学生实验能为学生提供动手操作的机会,教师也可以循序渐进地引导学生按照一定的实验目标和要求,根据一定的理论知识储备、实验原理方法及基本实验技能,自主设计出符合研究目标和要求的实验方法。由于学生实验要求学生具有一定的知识及技能储备,所以教师在引导学生时,只需提出具体的指导性要求,稍加引导并在学生实验时从旁关注、答疑即可,体现了以学生为主体的物理教学新理念。这样不仅能很大程度上培养学生的物理实验思维、方法及技能,也有利于培养学生的逻辑思维、抽象思维、创新思维和探究性思维,让学生养成实事求是、独立思考、开拓创新的科研精神。总之,学生实验更偏重对学生实验技能及探究性思维的培养,调动学生掌握物理基础理论知识及实验技能的积极性。

三、课外实验:连接课外,拓展延伸,助力创新性思维发展

课外实验能为学生提供奇思妙想的舞台,同时它也是课堂教学的拓展延伸,有时甚至能达到超出课堂教学的教学效果。物理本身就是一门与生活息息相关的学科,学好物理能帮助学生观察和解释生活中的各种现象。反之,假如学生习惯以物理的眼光看世界,那他们生活中的所见所闻也能为物理课堂教学提供启发。课外实验就是要让学生习惯将课堂内学习到的物理知识与课堂外的实际生活相连接,彼此印证,互相启发。物理教师不仅要在课堂教

学设计中体现物理的实践意义,也要倡导学生将物理理论知识与生活、生产、科技发展等密切联系起来,联系的方式既可以是以物理知识解释物理现象,也可以鼓励学生设计一些力所能及的物理小实验或物理小发明,甚至可以以一定的主题引导学生开展课外实验,体会物理学科与其他学科之间的联系。这样做不仅能更好地激发学生学习物理、活用物理的兴趣,也能扩大学生的知识面,使他们不再只拘泥于书面知识,形成更开阔的眼界。

以上三种实验形式为学生的物理理论知识基础及实验方法提出了很高的要求,需要教师根据学生现有认知水平及能力发展情况作出有目的、有计划的实验教学安排,循序渐进,促进学生核心素养的全面发展。

四、两种实验模式:同一实验,不同发展

物理实验教学的模式也有两种:验证性实验和探究性实验。即使是同一个实验,以不同的两种教学模式展现给学生,所达到的教学效果也是不同的。

以"凸透镜成像特点"实验为例,教师应在实验前先引导学生通过光路图推导出凸透镜的成像特点,再以验证性实验验证其理论知识,巩固加深学生对凸透镜成像规律的理解和把握,同时也让学生获得理论推导的良好体验。验证性实验会让学生将更多的注意力放在对理论知识的理解和应用上。反之,若教师先通过设定实验目标和要求引导学生自主设计并完成凸透镜成像实验,从现象和数据出发,归纳猜想出相应的实验结论,再以实例或理论推导来证实猜想的正确性,那学生探究的重心将会放在如何设计实验、完成实验及通过实验归纳得出物理规律上。无论教师采用哪种实验模式,实验教学与理论教学的相辅相成都能使学生深刻理解凸透镜的成像规律。其中,验证性实验可更多地培养学生思维的深刻性和灵活性,帮助学生在理论研究上实现长足的发展;而探究性实验则让学生体会一个"从无到有"的探究过程,更多地培养学生思维的探究性和创新性。

五、在不同实验内容中进行取舍

教育局为初中物理教学设置了 14 个学生实验,但其实在教学过程中涉及的物理实验远不止于此,甚至课程中的每一小节都可以引出好几个实验。每一个实验都可以成为学生实验能力及思维品质的综合反映,而不同的实验对学生能力及思维品质的培养都是有所侧重的。因此,对不同的物理实验而言,教师应根据学生的现有认知水平及能力发展情况确定不同的教学目标及要求,进行一定的取舍,做到有粗放有精研,有验证有探究,有引导也自主。

物理实验教学对学生的物理理论学习和思维能力培养等都有突出的教育意义。实验教学不应该被忽视,它是物理教学中必不可少的一个环节。本文试图从实验形式(演示实验、学生实验、课外实验)、实验模式(验证性实验、探究性实验)、实验内容这三个方面论述对物理实验教学的感悟,希望能以这种方式与更多的物理教师及其他学科教师进行交流,碰撞出更好的实验教学思路,也希望能以本文抛砖引玉,激励更多的教师对实验教学进行深思和改进,以此推进实验教学的长足发展。

初中物理探究性实验案例反思

上海立信会计金融学院附属学校　黄佳颖

初中物理"探究凸透镜成像的特征"一课,我利用实验探究的教学方法开展教学。我先带领学生熟悉各个实验器材的用法,接着梳理实验步骤,并引导学生设计实验数据表格。

完成一系列准备工作后,我开始做演示实验,并由学生观察实验现象和记录数据。这种教学方法的好处在于效率非常高。在整个实验过程中,我重复着移动蜡烛和光屏,让学生观察光屏上的像是否清晰,然后记录数据。最后,我通过实验数据在课上总结出几条凸透镜成像的规律。

课后,有个学生说她在实验时偶然观察到,当光源的像成在光屏上时,凸透镜上也有像,而且成了两个相互倒立的像。当学生来问我时,我并没有直接告诉她答案,只是从光经过的路线开始分析,与她讨论。课后我查了一些资料,并尝试画了光路图。第二天我发现提问的学生也在自己尝试着画光路图,她运用已有的反射、折射的知识进行了思考,得出了自己的结论。在纠正了她光路图中的错误后,我们进行了分析和讨论,最后得出结论:这两个像是凸透镜前后表面反射成的虚像(类似于勺子凹面和凸面会成一正一倒的像)。我们还一起探讨了凸面镜和凹面镜的成像规律。

经过这件事,我对自身进行了一些反思。我在设计演示实验时过于追求效率,希望能引导学生直奔主题,观察有用的现象,没有多余的步骤。因此,在实验中我会忽略学生的好奇心;探究性实验的"探究"就只走了个过场,没有达到实际目的。学生在实验时不只会观察光屏上的像,凸透镜镜面、光源都会引发他们的好奇。

但我注意到,课堂上过度地放任学生探究也会引起很多问题。课堂时间比较紧张,如果没有引导,学生很难在一节课内得出正确的结论。有些学生的注意力不够集中,如果过于关注实验中有趣的内容反而会忽略实验的目的。为了让学生在课堂中进行充分的探究,设计实验时应该把握好度。可在实验前强调实验的目的,略微淡化实验步骤。实验步骤也可以留给学生自己探究进行设计。实验时,如何观察现象可由学生自己讨论并进行尝试。我的设想是,学生可以分组,每一组学生观察实验中不同器材产生的现象,最后进行讨论,得出实验步骤的最优解。实验数据表格由学生参照实验步骤进行设计,并在实验进行过程中不断修改美化。其后,根据表格中记录的数据得出实验结论。结论如果比较复杂,可以由教师进行总结,但是结论得出的逻辑过程要完整并且易于理解。学生讨论的好处在于不同层次的学生都可以参与进来,学习能力较强的学生会对其他学生起到引导作用,而讨论得出结果也有利于增强学生的自信心。

从我自身出发,由于我已经知道每个实验的结论,因此我在做实验的过程中会注重实验的效果和标准的操作手法,而容易忽略实验中探究的要素。比如这次学生提的问题,就是由于我没有仔细全面地观察而忽略了。通常而言,一个实验不是只能得出一个结论,过于注重实验结论反而会失去很多乐趣。实验中多观察、多思考会得到更多的可能性,当多个知识串联在一起并体现在一个实验中时,会给实验者莫大的成就感。

在今后的实验教学中,我会更加积极地观察和思考,不局限于书本上的内容,争取给学生带来一个有趣、富有创意的实验过程。

巧用图表,助力初中数学的教与学

上海立信会计金融学院附属学校　徐凤鸣

数学是一门较抽象和复杂的工具学科。教师和学生在数学教与学的过程中会遇到很多问题并产生一些困惑,教师教得辛苦,学生学得迷茫,经常事倍功半效果不佳,甚至部分学生对数学学习产生畏难情绪。在"双减"新政背景下,如何促进学生理解数学,提升数学思维品质,真正做到减负增效,是教师要思考和实践的重点。

在初中数学多轮循环式教学实践中,笔者在利用图表理清数学知识及脉络,提高学生分析问题、解决问题的能力等方面作了一些探索和尝试。

一、图表的概念和类型

将数学问题中的重要信息通过图像、图形或表格的形式展示出来,这种呈现信息的方式就是图表。准确画出图表的前提是要对数学知识或数学问题中的信息进行整理分析,再考虑用何种图表类型呈现,才能达到最佳效果。

初中数学教与学中常用的图表类型有鱼骨图、知识结构图、流程图、思维导图、概念图、表格、推理路径图、集合图、线段图、树状图、几何基本图、统计图、函数图等。

二、图表在初中数学教与学中的作用

(一) 图表在数学教学中的作用

图表能将数学中的复杂问题简单化、实际问题数学化、变化问题模型化、抽象问题具体化、实际问题数学化,还可将教学中的隐性思维显性化。图表法教学可使教学设计符合学情,突破知识的重难点,也可使教师的讲解思路更清晰,教学语言更简洁专业。

(二) 图表在数学学习中的作用

初中生学习数学的难点主要集中在概念辨析题、实际应用题、几何论证题、分类讨论题、代数几何函数的综合压轴题等方面。针对这些学习难点,教师可引导学生利用不同形式的知识结构图、思维导图等对各单元知识点进行梳理和构建。巧用图表既可直观地展示基本知识、基本方法、数学思想方法等内容,又可帮助学生自主归纳各章节中的易错点和易混点,将所学知识进行内在串联或外在类比,更好地利用所学知识解决数学问题,激发学生产生数学联想,进而提高学生自主学习的能力和创造力。

三、图表在初中数学教与学中的应用

初中数学课型主要有新授课、讲评课、拓展探究课、单元复习课等,而各类图表都可应用于这些课型中,下面就列举一些图表在教与学中的应用。

(一) 鱼骨图的应用举例

教师在教学时要注重传授数学知识的来龙去脉,要让学生清楚数学知识从哪里来,怎么来的,用到哪里去;以及还可以关联到其他什么。而鱼骨图的应用可让学生更清楚地了解数学史、数学知识产生和积累的时间顺序。在"勾股定理的发现、证明和应用史"的探究课上,笔者通过鱼骨图展示了勾股定理的发展史,学生看了后一目了然,印象深刻。鱼骨图如图1所示。

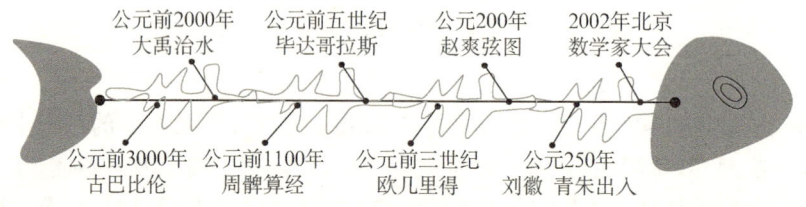

图 1　鱼骨图

(二) 知识结构框图的应用举例

上新课前,教师可让学生制作预习知识结构图,在新课中,可用知识结构图作为教学支架。教师不仅可利用知识结构图进行小结,还可利用知识结构图引出下节课的内容。复习课上知识点多,最适宜用知识结构图对知识进行梳理。学习完某个章节后,可布置学生制作复习知识结构图,这样可以促进对知识的理解,使知识系统化、结构化。教师还能通过学生制作的知识结构图发现他们对知识的错误理解或遗漏,从而进一步改进教学。以知识结构图引领教学,可使学生更科学地看待概念、定理、公式等,避免了孤立、机械地背诵数学知识。如笔者在上九年级"代数方程复习"课时就采用了知识结构图辅助教学。知识结构框架图如图2所示。

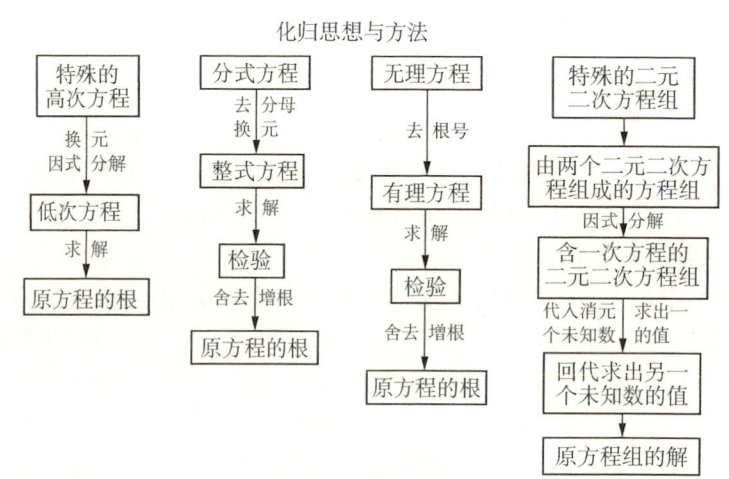

图 2　知识结构框图

(三) 流程图的应用举例

流程图可应用于"分数运算、分式运算、多项式的因式分解、方程的解法"等内容中,对促进学生数学理解起到一定的辅助作用。以沪教版八年级上册"17.2(5)一元二次方程的解法"这一课时为例,针对学生对不同解法的思路混乱和表述不清等问题,笔者特别设计了流程图,为学生搭建"脚手架",顺利地归纳总结出了一元二次方程四种解法的基本步骤,较好地达到了预期效果。流程图如图3所示。

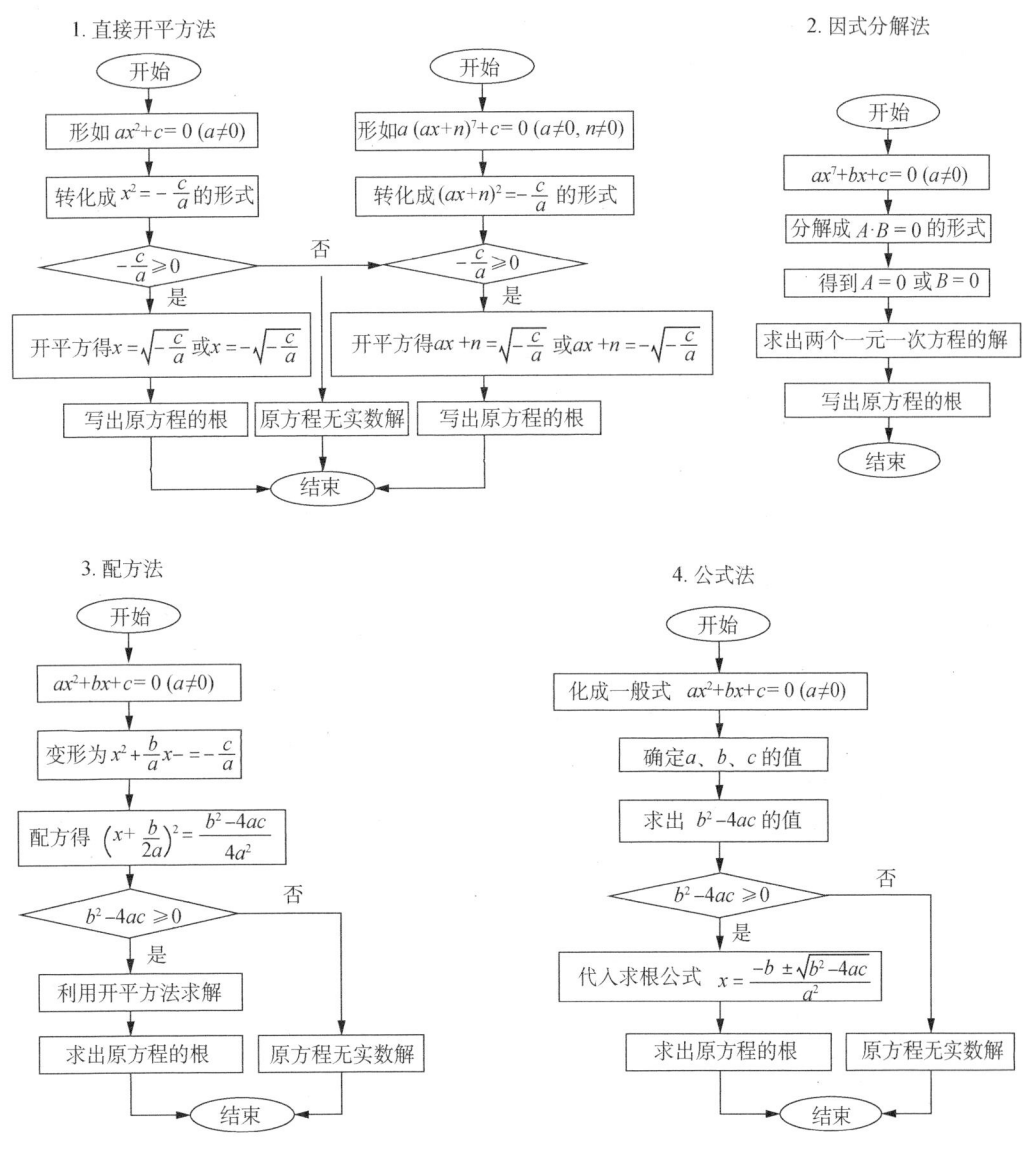

图 3 流程图

(四) 思维导图的应用举例

图文并茂的思维导图能梳理归纳所学知识，找到知识点间的联系和区别。学生带着问题听课会提高效率，在做题时能加深对各单元知识点的理解和运用，实现综合解题能力的提升。思维导图如图4所示。

(五) 概念图的应用举例

概念图可以应用在图形概念教学中，如平行四边形、矩形、菱形、正方形、梯形、等腰梯形、直角梯形等。概念图如图5所示。

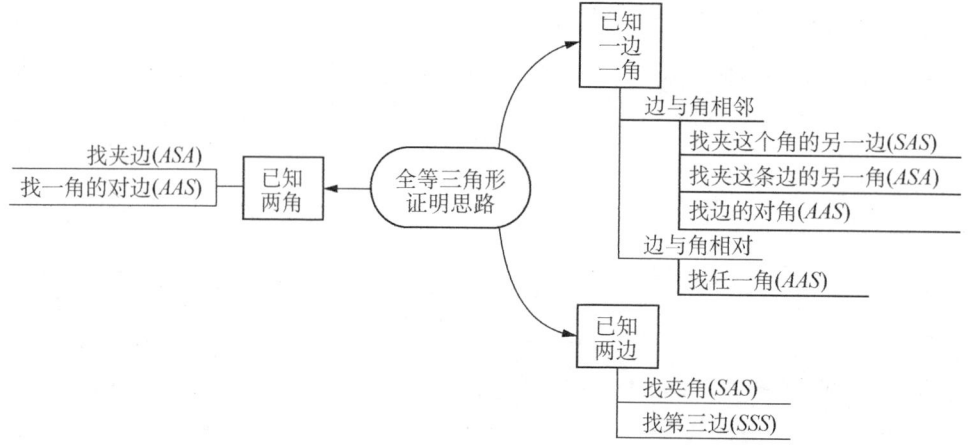

图 4 思维导图

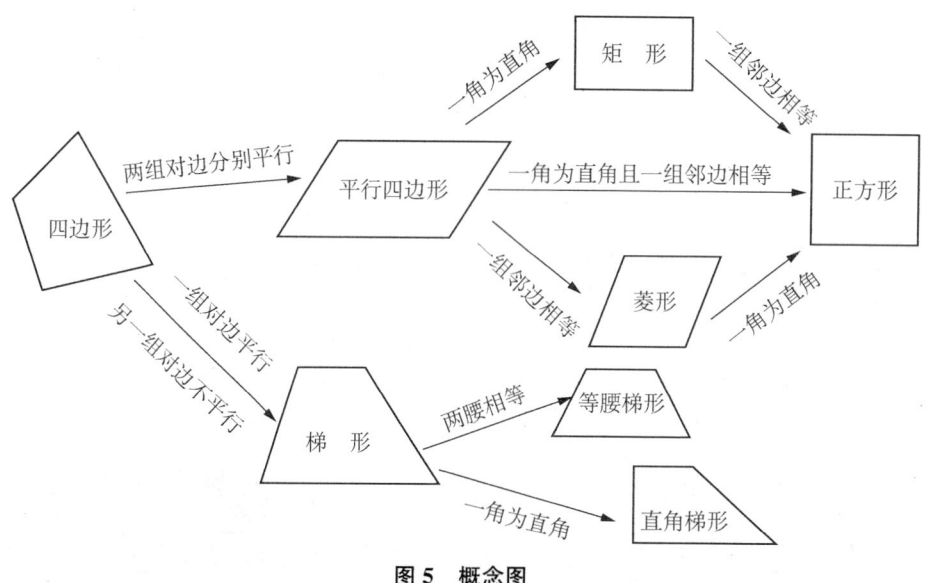

图 5 概念图

(六) 表格的应用举例

1. 表格在应用题中的应用

在上沪教版六年级上册教材"3.5(3)百分比的应用"这节课前设计了习题:甲店以每件200元的批发价购得100件衬衫,以每件售价280元卖出;乙店以每双300元的批发价购得100双皮鞋,以每双售价390元卖出。试问:卖衬衫和卖皮鞋,甲店与乙店哪家店盈利更多?

因题中涉及各类数据和经济专用名词,学生较难审清题意。为更好地解答此题,笔者引导学生通过列表、填表,理清已知量和未知量间的关联,突破了这道题的难点。通过表格分析法,学生对这类题的解题思路和策略都有所提高,进一步增强了分析问题和解决问题的能力。应用题表格和函数表格如图6、图7所示。

商品	品种	成本(元)	售价(元)	盈利(元)
甲	一件衬衫			
乙	一双皮鞋			

图6　应用题表格

类型	解析式	图像	增减性	对称性
正比例函数				
反比例函数				
一次函数				
二次函数				

图7　函数表格

2. 表格在类比各知识点间的联系与区别中的应用

在进行函数总复习时,我把八九年级学的各类函数知识整合在上面这张表格中,让学生自己完成表格的填写,用类比的方法促进了学生对这个版块知识点的理解和掌握。

(七) 推理路径图的应用举例

演绎证明是一种思维方式,也是一种语言表达形式,它对训练逻辑思维能力有着不可替代的作用。学生经历模仿、思考、操练,逐步理解和掌握演绎证明的步骤和方法,以及说理表达的格式。几何论证题的分析、解答用图示或图示组合的方式,可将原本不可见的思维路径及推理方法呈现出来,使其清晰可见,即隐性思维显性化。

推理路径图有两种表现形式:横式和竖式。用推得符号,自左往右(由因得果);用综合法,自上而下(由因导果);用分析法,自下而上(执果索因);用两头凑法(由因导果＋执果索因)。推理路径图组合各逻辑段,将多条思维线合并成一条线,最终得出结论。推理路径图如图8所示。

如题:已知如图,在△ABC中,CD是△ABC的角平分线 BC＝AC＋AD.
求证:∠A＝2∠B.

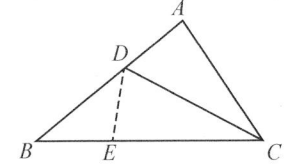

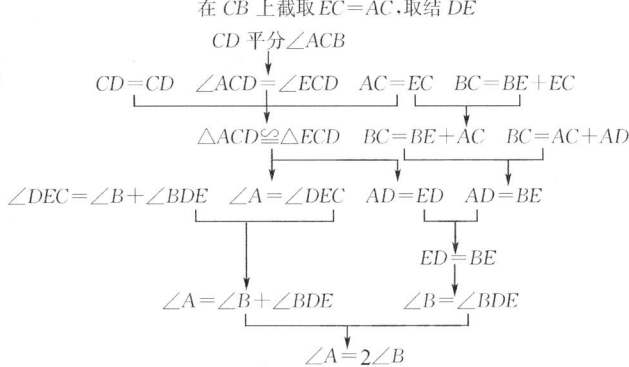

图8　推理路径图

(八) 集合图的应用举例

集合图也叫文氏图、韦恩图,是用封闭曲线(内部区域)表示集合及其关系的图形。其在辨析不同的属性、范畴或从属关系时作用很大,可应用于"数、式、图形、方程"等的分类。集合图如图9所示。

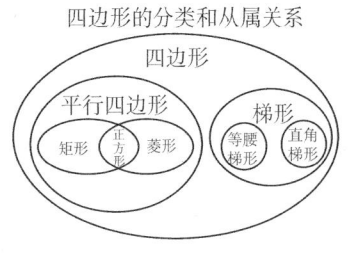

图9　集合图

四、结束语

千言万语道不明,一图一表显本质。图表是架在数学教与学之间的桥梁,是研究数学问题有效且易操作的工具。综上所述,巧用图表不仅可以助力初中数学的教与学,也对提升教师的教学专业水平和培养学生的数学核心素养有着十分重要的意义。

参考文献

[1] 韩润梅. 论初中数学教学中图表的应用[J]. 中国科教创新导刊,2013.

新课标下丰富数学课堂内涵的实践

——以"用字母表示数"为例

上海立信会计金融学院附属学校 杜凤琴

一、活动设计理念

新课程标准指出:数学教学要从学生的生活经验和已有的知识水平出发,创设积极有趣、富有思考性的情境,搭建联系广泛、资源丰富的平台,激发学生对数学的学习兴趣和学好数学的愿望,并且在特定的数学活动过程中引导学生主动参与和探索,经历发现规律、掌握特征的过程,进而使学生在获得对数学理解的同时,在思维能力、情感态度与价值观等多方面也得到发展。

"用字母表示数"是一种重要的数学思想,它一直伴随着学生数学学习的过程。它是初中学生学习代数知识的重要内容,也是学生学习代数知识的开始,由具体的数过渡到用字母表示数,更是认知上的一次飞跃。

在初一年级部分学生中开展"用字母表示数"专题活动,这对于初中的起始年级夯实基础知识、加强对数学的理解、逐步提升学生学习能力至关重要。通过此次活动,学生对字母表示数有了从表到质的认知。通过从感兴趣的、富有思考性的内容入手,从课内到课外,教师让学生在特定的环境下不知不觉中学会了用字母表示数,让课堂内外充满了数学趣味,在初步建构、深化建构、完善建构的环节中使学生愉快地完成一次建构之旅。

二、活动设计实施与实践

本次活动分三个阶段进行:课前、课中、课后。先让学生收集现实生活中用字母表示XX的例子;结合学生的认知和困惑,整合教材内容,在课堂中讲解如何用字母表示数;教完这一章节后,再次教授用字母表示数的方法。通过老师的引导,力图培养学生用数学的眼光观察现实世界、思考现实世界、表达现实世界。

(一) 第一阶段:用数学的眼光观察现实世界

学习字母表示数之前,引导学生通过观察,体会生活中用字母表示XX的广泛性和普遍性。在这一阶段中学生制作的小报如图1所示。

从各种缩写到物理、化学、音乐、单位,除了关注生活中的字母表示,我们不难发现在学习了一元一次方程、二元一次方程等知识后,学生已经对字母表示数有了一定的感知。

此环节体现了"有生活文化情境,有生活交往的需要,有生活交往空间"的理念,要求数学教学应走出"书本数学",向"生活数学"回归。

这个阶段学生的困惑主要包括以下两个方面。

图 1　用数学的眼光观察现实世界

困惑一：生活中的字母表示 XX 与数学中的字母表示数有什么区别？

生活中的字母表示 XX：比如车牌号中的字母是特指一个地方，是为了区别方便，也是一种代指；其落脚点在"表示"。数学中的用字母表示数是一种对特定的数的状态的描述，其落脚点在"数"。作为数学教师，要将生活中普遍存在的"用字母表示"的现象，与数学学习中"用字母表示数"的语言相区别：前者是确定的已知，后者是不确定的未知。

困惑二：方程中的 X、Y 是数学中的字母表示数吗？如果是，那么其实小学就学了字母表示数，为什么七年级还要专门学习字母表示数？

有这样的困惑，说明学生已经理解了学过的数学知识与要学的数学知识之间的联系，也有字母表示数的萌芽了。

（二）第二阶段：用数学的思维思考现实世界

这一阶段从学生的学习需要出发，分析教材并对其进行整合。这一阶段中学生制作的小报如图 2 所示。

此环节开始，学生更多地将目光聚焦于字母表示数。从小报能看出学生能理解字母表示数的含义，能用字母表示特定意义的数，能熟练地把文字语言转化成符号语言，列出正确的代数式。

此阶段学生的困惑主要包括以下两个方面。

困惑一：既然老师说"字母表示数"如此重要，可是它为什么不像有理数、方程等那样需要学很多节课，而是学一节课就结束了呢？

字母表示数是从数到式的转换，它就像一把钥匙打开了数学王国的一扇大门，接下来的这一章的整式到下一章的分式的学习都由此开启。

困惑二：为什么圆周率要用 π 表示，而不用其他字母？

很早以前，人们看出，圆的周长和直径的比是一个与圆的大小无关的常数，被称为圆周率。1600 年，英国威廉·奥托兰特首先用 π 表示圆周率，因为 π 是希腊之"圆周"的第一个

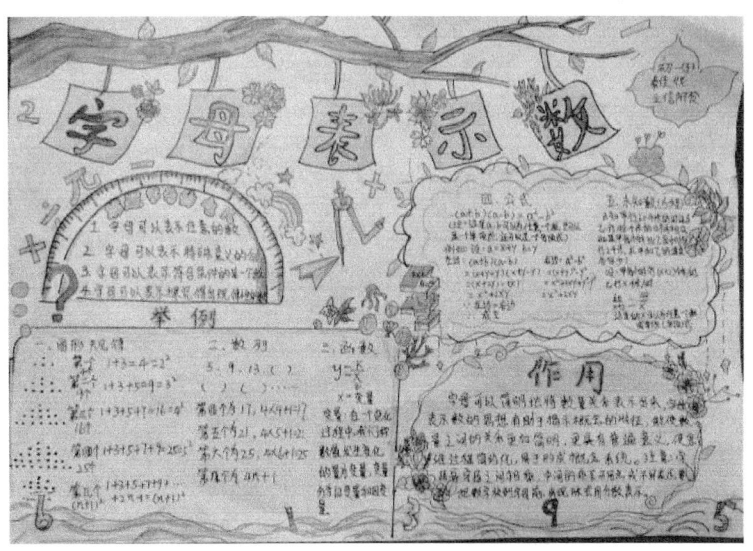

图2　用数学的思维思考现实世界

字母,而δ是"直径"的第一个字母;当δ=1时,圆周率为π。1706年,英国的琼斯使用了π。1737年,欧拉在其著作中也使用了π。后来π被数学家广泛接受,一直沿用至今。这样的国际通用符号还有很多,比如全世界通用的阿拉伯数字、加减乘除等。随着社会的发展和人类文明的进步,这样国际通用的符号和字母将越来越多。

（三）第三阶段：用数学的语言表达现实世界

虽然"字母表示数"这节课结束了,但其思想一直影响着学生的数学学习。随着学习的深入,应对"字母表示数"进行适当的拓展和引导,透过事物的表象看到本质,知其然更知其所以然。这一阶段中学生制作的小报如图3所示。

图3　用数学的语言表达现实世界

这一阶段学生的困惑在于：字母表示数中的"数"只能是有理数吗？

答案当然是否定的。随着学习的深入，学生会发现字母还可以表示无理数。学生们需要作好准备，努力学习，去探究更多未知的世界！

三、活动设计反思与评价

在整个数学专题活动过程中，学生是学习的主人，老师是学习的组织者。老师在适当的时候给予学生一定的指导，给他们充足的观察时间、想象空间和表达机会。老师组织学生用小报形式将"字母表示数"形象生动地表达出来，使他们体验到数学的乐趣。"送给学生一个信任，学生会还你一个奇迹"。整个活动设计分为以下三个层次：

（1）趣。"兴趣是成功的原动力"。整个专题活动过程中，学生兴趣盎然，在轻松愉悦的氛围中经历了建构过程。

（2）探。"用字母表示数"是一个蕴含丰富代数思想，且抽象性、概括性较强的数学课题。我们不仅鼓励学生解决问题，更引导他们在解决问题的过程中产生主动探究的意识。

（3）活。数学活动不能单纯地向学生传授知识，更要关注学生学习方法的获取、综合素质的拓展。整个专题活动过程让老师"退"得真诚，"进"得适时，每一个环节都激励学生实实在在地去尝试、去探究。

本次数学实践活动体现了新课标的教学理念，对新课标下的新课堂的丰富内涵进行了积极的探索与有益的尝试；努力引导学生将现实世界的某些事例数学化、符号化，通过数据分析、逻辑推理、数学抽象、数学运算、直观想象等全面提升学生的数学核心素养。

基于思维导图的单元教学设计

——以相似三角形为例

上海立信会计金融学院附属学校 刘忠霞

数学学科具有独特的知识结构体系。学习者要组建数学认知结构,就需要将理论与实践相结合,建立清晰的知识网络。以单元为单位进行教学设计有利于学生知识的结构化,形成知识网络,便于学生记忆与提取知识,进而运用知识解决问题。思维导图可以对所学知识进行有效管理,将单元知识以知识结构的形式呈现出来,将零散的、杂乱无章的知识梳理成知识体系,具有高度的压缩性、组织性、层次性及可视性。思维导图对提升单元教学的效率大有裨益。本文以"相似三角形"为例进行单元教学设计。在对该单元内容进行整体分析,对教材内容重新统整,及对教学对象进行细致分析的基础上,制定切实可行的单元教学目标,确定单元教学的重难点,并运用思维导图来突破教学的重点和难点。

一、单元内容整体分析

"相似三角形"单元是上海二期课改教材初中数学的第二十四章第三节,是九年级第一学期的教学内容。相似三角形是初中数学内容的重要组成部分,在学生的数学学习中占有重要地位。《上海市中小学数学课程标准》把相似三角形作为九年级学生应掌握的基本内容。探索相似形图形一些重要性质的过程,不仅可以使学生更好地认识、描述物体的形状,体会相似在刻画现实世界中的重要作用,而且也可以通过解决现实世界中的具体问题,提高学生应用数学的意识和解决问题的能力。

相似三角形是对图形全等知识的进一步拓广,是从特殊到一般的发展;相似三角形建立在学生对比例线段、形状相同的图形(相似图形)较为系统的理解和掌握的基础之上。相似三角形是学习锐角三角比、圆的知识的基础,也是培养学生空间观念、几何直觉、推理能力和模型思想的重要工具。另外,在物理学、工程设计、测量、绘图的许多方面,都用到相似三角形的知识。

本节内容将理论知识分散在几个课时进行讲解。当学生围绕某个学习主题进行意义建构时,往往无法在几十分钟之后就可以显现出它的阶段性效果。

为使学生了解知识之间的相互联系,需要教师运用一定的教学策略帮助学生形成完整的知识结构。教师需要打破按一节课来的备课方式,以一个单元为基础进行专题教学设计,帮助学生构建完整的知识网络,做到融会贯通。

二、学情分析

从各方面来看,初三年级学生具有运用思维导图进行单元教学的优势。首先,他们已经熟练掌握全等三角形的判定、性质及应用,刚刚学习了比例线段的相关知识。这为他们学习相似三角形的判定、性质及应用打下了良好的知识基础。其次,初三年级学生思维的独立性、深刻性、灵活性、敏捷性、批判性、广阔性等品质不断发展,分析、综合、抽象、概括、分类比较等思维能力也相应提高。他们已由孩提时代的形象思维发展到逻辑思维,由经验型向理论型过渡,开始关注事物的量变和质变,事物发展变化的内因与外因。他们能超出直接感知的事物提出假设和进行推理论证,不过这种抽象逻辑思维在很大程度上还需要感性经验的支持,这就要求教师适应他们的思维发展,进行适当的思维训练。再次,他们已具有一定的逻辑推理能力,观察、记忆、想象、诸种能力迅速发展,对所学的知识在能够在理解基础上记忆,在记忆基础上灵活运用。最后,他们已具备一定的主动性、自觉性和独立性,逐步学会积极主动去安排学习计划,养成良好的学习习惯,摸索适合自己的科学的学习方法。此外,他们的意志力也在增强,能较自觉地调节自己的行为,具有一定的自制力。

当然,他们也有不足之处。随着数学的内容逐渐趋于专业化,常识性的知识越来越少,知识的严密性和逻辑性越来越强。此外,知识内容在"量"上也急剧增加,他们在单位时间内需要接受的信息量比以前增加了许多,辅助练习、消化的课时相应减少。由于知识水平和阅历有限,一些初三年级学生看问题片面化、表面化、绝对化;或轻信一切,或怀疑一切;或固执己见;或进行无原则的争论。此外,初三年级的学生已经进入青春期,激烈振荡的内心世界使他们产生了诸多不同于以往的显著特点。这些都需要老师引起重视并积极面对。

三、单元教学目标及重难点

"教学目标是教学中师生预期达到的学习结果和标准。""单元目标是对一门课程结构中各个组成部分的具体要求。"由此,应根据上海市中小学数学课程标准的要求和教材内容制定符合学生心理和生理特征的单元教学目标,并根据他们已有的知识结构确定单元教学的重点和难点。

(一)单元教学目标

单元教学目标包括以下五个方面:

(1) 理解相似三角形的概念,得到相似三角形的对应角相等、对应边成比例等性质,并掌握它的基本运用。

(2) 经历三角形相似与全等的类比过程,进一步体验类比思想。掌握判定两个三角形相似的基本方法;掌握两个相似三角形的周长比、面积比以及对应的角、平分线比,对应的中线的比,对应的高的比;会应用相似三角形的判定与性质解决简单的几何问题和实际问题。(说明:在证明和计算中,运用三角形相似不超过两次。射影定理及比例中项概念放入例题。)

(3) 理解相似三角形判定方法之间的关系,会根据所给条件选择适当的判定方法来解决问题。

(4) 掌握相似三角形的知识框架,理解思维导图,并会画有关相似三角形的思维导图。

(5) 感悟类比的数学思想和转化的数学思想,培养发散性思维,提高归纳概括、逻辑推理的能力。

(二)单元教学重点

单元教学重点包括以下三个方面:

(1) 判定定理的证明方法与思路,及判定定理的应用。

(2) 相似三角形的性质定理发现与证明,及性质定理的应用。
(3) 相似三角形的知识框架,及有关相似三角形的思维导图。

(三) 单元教学难点

单元教学难点包括以下三个方面:
(1) 将相似三角形的判定定理,转化为利用预备定理进行证明的方法与思路。
(2) 相似三角形的性质定理的发现。
(3) 相似三角形的知识框架。

教学目标体现了知识与技能、过程与方法、情感态度与价值观三个维度。与实验前教学目标相比,其增加了对思维导图的学习要求,以及运用思维导图理解相似三角形单元知识结构的要求。

四、课时安排

(一) 原教材课时安排

本单元主要内容是相似三角形的判定和性质,分为两个小节,共 9 个课时。第一小节 5 个课时,其中前 4 个课时用来学习相似三角形的判定方法,这 4 个课时都是先学习相似三角形的一个或两个判定方法,然后分别配一到两个例题加以巩固,第 5 课时是综合运用判定解决问题。第二小节 4 个课时,前 2 个课时用来学习相似三角形的性质,这 2 个课时分别学习了相似三角形的定理 1 和定理 2、定理 3,并分别配一到两个例题加以巩固,后 2 个课时是综合运用判定和性质解决问题。教材将定理分课时讲解,然后分别配相应的例题加以运用和巩固。

(二) 统整后课时安排

本单元的两个内容是相对独立的,可以将它们作为两个主题进行教学。主题 1 为相似三角形的判定,5 个课时;主题 2 为相似三角形的性质,2 个课时;另外 2 个课时分别为相似三角形判定与性质的综合运用和单元复习。为了让学生获得完整的知识结构,在主题教学时,每个主题的第一课时用来讲解概念和定理,可称之为"理论课",共 2 课时;6 个课时分别用来对判定和性质进行运用和巩固,可称之为"应用课",本单元最后 1 课时用来进行单元复习,即复习课。具体为:第一小节第一课时讲解相似三角形的相关概念和所有判定方法,利用思维导图进行教学,让学生了解相似三角形判定的知识结构,其余 4 个课时用来运用和巩固判定;第二小节第一课时讲解相似三角形的所有性质方法,利用思维导图进行教学,让学生了解相似三角形性质的知识结构,第二课时用来运用和巩固性质,第三课时用来运用和巩固性质;综合运用判定和性质解决问题,第四课时运用思维导图进行单元复习,以此真正形成大单元教学。统整后单元课时分配如表 1 所示。

表 1 统整后单元课时分配

内容	课时数
主题 1:相似三角形的判定	5
主题 2:相似三角形的性质	2
相似三角形判定与性质的综合运用	1
单元复习	1

（三）统整前、后单元内容安排顺序比较

分课时计划比较如表 2 所示。

表 2　分课时计划比较

课时	原内容安排	统整后内容安排
1	相似三角形的概念和判定（传递性、预备定理、定理1）	相似三角形的定义和相关概念、相似三角形的传递性、预备定理和相似三角形的判定定理1、定理2、定理3、直角三角形相似的判定定理（"理论课"）。
2	相似三角形的判定（定理2、例1、例2）	相似三角形的判定（例1、例2、例3）（"应用课"）
3	相似三角形的判定（定理3、例3）	相似三角形的判定（例4、例5、例6）（"应用课"）
4	相似三角形的判定（直角三角形相似的判定、例4）	相似三角形的判定（练习）（"应用课"）
5	相似三角形的判定（例5、例6）	相似三角形的性质定理1、定理2、定理3（"理论课"）
6	相似三角形的性质（定理1、例1）	相似三角形的性质（例1、例2、例3）（"应用课"）
7	相似三角形的性质（定理2、定理3、例2、例3）	相似三角形的性质（例4、例5）（"应用课"）
8	相似三角形的性质（例4、例5）	相似三角形的判定与性质的综合运用（例6、例7）（"应用课"）
9	相似三角形的性质（例6、例7）	单元复习（复习课）

五、教学策略

"教学策略是教师在教学过程中为达到一定的教学目标而采取的相对系统的行为。"在对本单元内容进行整体分析的基础上，为达成教学目标，笔者在相似三角形的单元教学中采取了以下教学策略。

（一）自主预习，感知结构

要求学生根据预习提纲自主进行课前预习，初步了解思维导图，并感知相似三角形的知识结构。充分的预习可以让学生带着轻松愉悦的心理走进课堂，对课堂内容没有陌生感，集中精力投入学习。此外，课前自主预习还可以培养学生的自学能力。下面是主题一第一课时（"理论课"）的预习提纲，以及学生所画的思维导图。

主题一第一课时预习提纲为：①上网搜索（或查阅书籍）什么是思维导图及思维导图的作用和画法；②回忆全等三角形的概念和判定方法；③阅读教材第 21 页到第 29 页，整理相似三角形的各判定定理的证明方法；④思考相似三角形的判定方法与全等三角形的判定方法之间的关系；⑤思考相似三角形的各判定方法之间的关系；⑥根据学生对思维导图和相似三角形的判定方法的理解，画出相关思维导图。

这个阶段学生所画相似三角形判定方法的思维导图如图 1 所示。

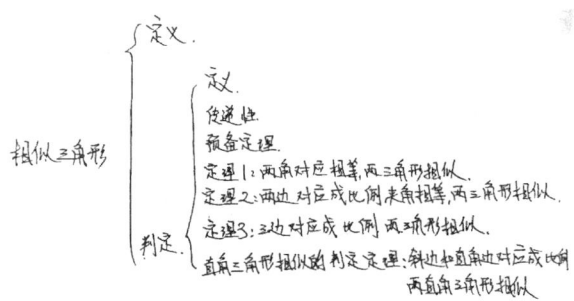

图 1　自主预习阶段相似三角形判定方法的思维导图

从学生的思维导图可以看出,其对相似三角形的判定方法之间的关系认识不清晰,认为各判定方法之间是并列关系,没有隶属关系,而且对思维导图的画法还不是很清楚。

(二) 交流讨论,形成系统

课堂上,围绕预习提纲进行交流讨论,进行激烈的思维碰撞,集思广益,最后达成共识。学生对所画思维导图进行了修改,形成相似三角形的知识系统。这一阶段学生所画的相似三角形判定方法的思维导图如图 2 所示。

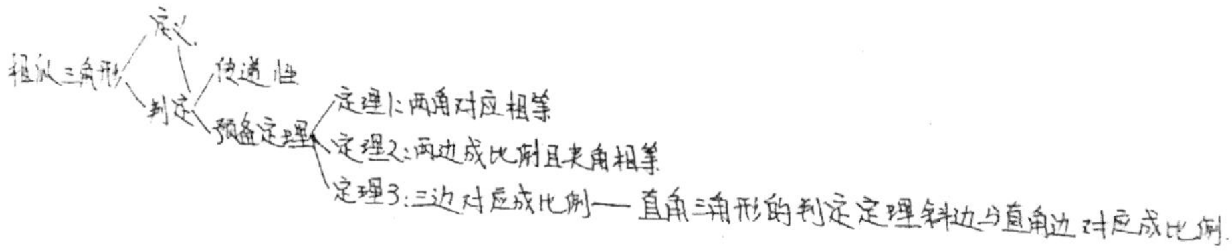

图 2　交流讨论阶段相似三角形判定方法的思维导图

从修改后的思维导图可以看出,学生已经明确了各判定方法之间的隶属关系,即定理1、定理2、定理3是依据预备定理证明出来的,直角三角形相似的判定定理是依据定理3证明出来的,而且初步会画思维导图了。

(三) 不断补充,加深理解

每节课课后,学生都在前一节课的思维导图基础上补充新的内容,并完成相应的练习。学生在不断补充的过程中,对所学内容加深了理解。不断补充阶段的相似三角形思维导图如图 3 所示。

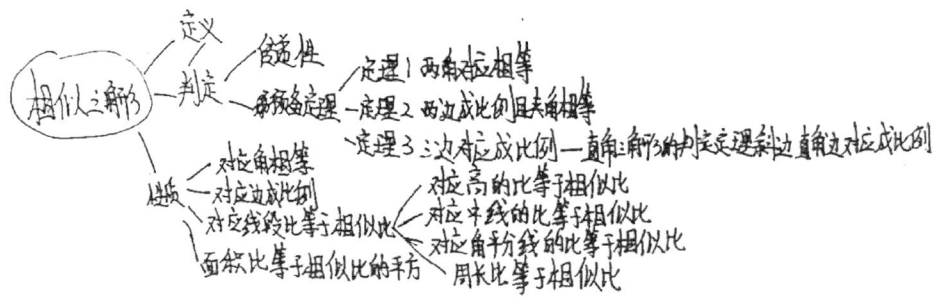

图 3　不断补充阶段相似三角形判定方法的思维导图

可以看出,学生此阶段对知识的理解不只是停留在表面,而是深入各知识之间的关系,并进行了结构化加工;同时,他们已经学会了画思维导图。

(四)单元整合,综合运用

本单元的最后一个课时用来进行单元复习。学生将修改、整合的本单元的思维导图作品进行展示,以此来复习相似三角形的相关知识及其关系,进一步形成知识网络。接下来配以典型习题,让学生归纳总结题目的类型与解法,使他们能够综合运用所学知识解决相关问题,提高分析问题、解决问题的能力。单元整合的相似三角形思维导图如图4所示。

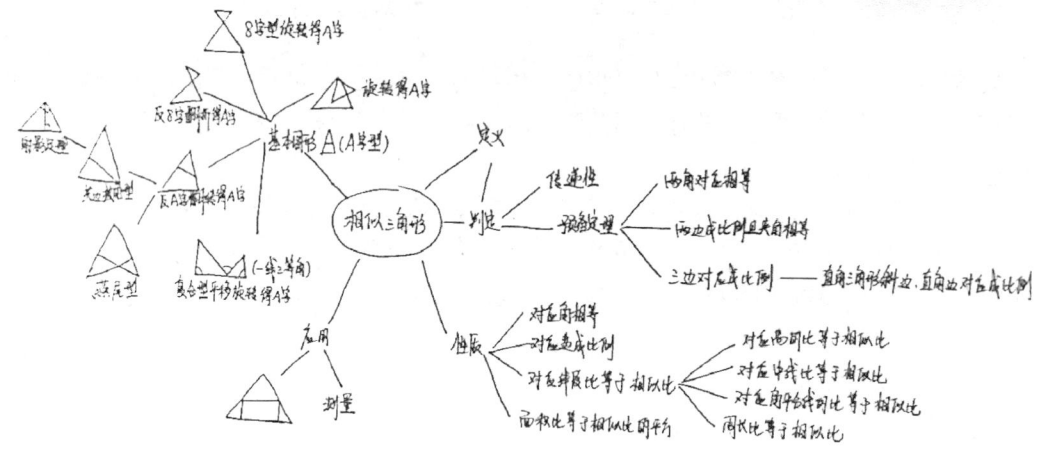

图4 单元整合的相似三角形思维导图

可以看出,学生不仅将理论知识结构化,而且将图形结构化,这有助于解决相似三角形的相关问题。

基于思维导图的单元教学符合初中学生的认知特点和认知发展规律,是改变传统数学教学的有益尝试,是贯彻落实双减政策的良好切入点,可以有效提高数学课堂的教学效益,减轻学生学习负担,促进学生全面发展。

参考文献

[1][2] 上海市教育委员会.上海市中小学课程标准(试行稿)[M].上海:上海教育出版社,2004.

[3] 邵瑞珍,皮连生,吴庆麟.教育心理学[M].上海:上海教育出版社,1997.

如何设计数学复习课

——以"因式分解的复习"为例

上海立信会计金融学院附属学校 门 越

上好复习课、提高复习的效率是每一位数学老师都关注的问题。复习是深化所学内容的关键环节,有利于学生巩固、消化、归纳数学基础知识,提高分析和解决问题的能力。下面结合"因式分解的复习"一课谈谈我的具体做法。

一、确定复习课的目标

一个教师对教材的钻研有多透彻,教学方法就有多灵活。教师需要深入细致地钻研教材,同时在研究学生学习难点的基础上找到最佳突破口,从而合理确定教学目标。

"因式分解的复习"一课中,我首先深入研究教材。因式分解是整式中重要的恒等变形,它与整式乘法是相反的变形过程。教材中要求学生掌握因式分解的四种基本方法,即提取公因式法、公式法、十字相乘法、分组分解法。其次我仔细分析了本班学生的实际情况。在这节复习课之前,学生已经学习了因式分解的概念和四种基本方法,但对于方法的选择还需加以指导,综合应用能力还需提升。本节作为因式分解的复习课,我最终确立的教学目标为:①理解因式分解的意义,知道因式分解与整式乘法关系;②掌握因式分解的四种基本方法,会选择合适的方法熟练地进行因式分解;③经历分析问题、解决问题的过程,体会问题中蕴含的"整体、化归"等数学思想。

本节教学重点是根据多项式的结构特征,正确合理运用四种方法进行因式分解。教学难点是因式分解各种方法的综合运用。由此确立的复习题目标、重点和难点,紧扣教材,符合学生实际情况,使学生有新的收获和体会。

二、设计复习课的教学环节

数学复习课的教学与新授课有着本质的区别,复习的体量大,练习的内容多,因此精心设计教学环节、组织好课堂教学活动是非常重要的。当然,教学环节的设计要根据课时内容的需要,紧紧围绕教学的目标和重点确立一条清晰的主线,使课堂教学形成一个有机的整体。

在"因式分解的复习"一课中,我设计了问题引入、知识回顾、综合运用、课堂小节、布置作业等教学环节。在问题引入部分,以一道应用问题引入本节课的主题,即已知长方形的长为 x,宽为 y,周长为 14,面积为 10,求 x^2y+xy^2 的值。这道长方形的问题,我们可以借助图形来分析。学生很容易得出 x 和 y 的关系式,但如何求出所给代数式的值呢?会出现两种方法:有的学生会求出 x 和 y 的具体取值,然后代入 x^2y+xy^2;有的同学将 x^2y+xy^2 变

形为 $xy(x+y)$，然后将 xy 和 $x+y$ 的值整体带入。通过比较，学生可以领悟到第二种方法的优势，也就是利用因式分解对代数式做恒等变形。

知识回顾的部分从概念的复习和方法的复习两个方面展开。概念复习中，学生辨别几个变形过程是不是因式分解，更进一步理解因式分解的意义，并体会因式分解和整式乘法是相反的变形过程。方法复习中，结合学生在以往的练习中容易出现的错误，在课堂中以纠错的方式设置 6 个问题，学生需要判断因式分解是否正确，若不正确，需要说明原因并加以改正。这 6 个问题涵盖了提取公因式法、公式法、十字相乘法、分组分解法这四种基本方法在因式分解中的运用以及应该注意的事项。之后，学生可以总结出因式分解的一般过程，体会到如何选择合适的方法进行因式分解。即基于代数式的结构特征，若为两项式，可以考虑平方差公式；若为三项式，可以考虑十字相乘法或完全平方公式；若为四项及以上，则考虑分组分解法。

学生在梳理了因式分解的四种基本方法和注意事项之后，应尝试解决更复杂的问题，由此我设计了综合运用的环节，其中包括两个例题。

例题 1 的三个问题之间具有层层递进的关系：每道题都以前一题为台阶，引导学生的思维一步步深入。例题 2 的设计也围绕整体思想，但是更为复杂，要对代数式做恒等变形才能找到整体，从而进行因式分解。

本节课中设置了以上几个教学环节，通过辨析、纠错、讨论、精讲等方式，将因式分解的重要性、基本方法的筛选以及综合运用这些内容连成一条线，使学生无论是在知识上还是在思想方法上都有新的提升。

三、精选复习课的题目

复习课不等同于练习课，需要选取恰当的题目将知识点串联成线，体现知识的系统性。教师在对复习的内容进行系统整理的基础上，在不同教学环节需要设计具有针对性、典型性和系统性的问题，更好地发展学生的思维能力。

在《因式分解的复习》一课中，我对于复习题的选择有三点说明：

1. 设计对比练习，帮助学生沟通和辨析

在回顾因式分解的概念时，我设计了下列一组辨析题目：下列等式中，从左到右的变形是不是因式分解？为什么？

(1) $(x-3)(x+3)=x^2-9$；

(2) $x^2+5x-24=(x-3)(x+8)$；

(3) $x^2+2x-3=x(x+2)-3$；

(4) $x^2-1=x\left(x-\dfrac{1}{x}\right)$。

通过这四个题目，可使学生理解因式分解的意义，即多项式化为几个整式的乘积的形式，(2)是因式分解，而(3)中多项式并未完全化为乘积的形式，(1)是与因式分解相反的变形过程，即为整式乘法，(4)中多项式转化成的并不都是整式的乘积。通过这四个典型的题目，学生突破因式分解概念中的关键点，并体会到因式分解与整式乘法的区别和联系。

2. 设计典型练习，落实和强化基本方法

在回顾因式分解的方法时，我设计了下列一组纠错题目：下列因式分解是否正确？若不正确,请加以改正。

(1) $3x^2y + 6xy^2 = xy(3x+6y)$;

(2) $-y^4z^4 + 16x^4 = (4x^2+y^2z^2)(4x^2-y^2z^2)$;

(3) $x^2 - 5xy + 6y^2 = (x-2)(x-3)$;

(4) $9a^2b^2 - 81a^2 = (3ab+9a)(3ab-9a)$;

(5) $(1-3a)^2 + 7(3a-1) = (1-3a)(1-3a+7)$;

(6) $1-a^2-2b+2ab = (1-a)(1+a) - 2b(1+a) = (1-a-2b)(1+a)$。

学生已经学习了因式分解的四种基本方法,但面对具体问题时,对方法的选择和运用时常会出现错误。(1)的错误在于,提取公因式不彻底,(2)的错误在于因式分解不彻底,仍有符合平方差的因式分解,(3)的问题在于因式分解的顺序不合理,有公因式须先提取公因式,再考虑其他方法,(4)的问题在于十字相乘法时漏掉一个字母,(5)的问题在于多项式的变形是否正确、提取公因式后的多项式进一步整理以及关注整理之后是否还有公因式,(6)的问题在于,运用分组分解法时是否能合理分组以及分组之后的变形是否准确。对于我所教的班级,这六个典型的错误几乎涵盖了因式分解中所有可能出现的问题。我引导学生仔细观察,探究错误的原因并进行纠错,帮助学生重构知识网络,进一步明确了因式分解的基本步骤以及应该注意的事项。

3. 设计综合发展练习,提高学生的思维能力

在综合运用部分,我设计了下列例题1的一组问题和例题2的一组问题:

例1 分解因式:

(1) $ax^4 - 12ax^2 + 36a$;

(2) $(m^2-m)(m^2-m+1) - 6$;

(3) $(x^2+5x+4)(x^2+5x+6) + 1$。

变式 讨论如何将多项式 $(a+1)(a+2)(a+3)(a+4) - 3$ 进行因式分解?

例2 (1) 因式分解 $a^4 - 46a^2 + 25$。

(2) 已知 $x^2 + x = 1$,将代数式 $x^4 + 2x^3 - x^2 - 2x - 80$ 因式分解,并求此代数式的值。

例题1中的三个问题及一个变式是由浅入深设计的,几个题目之间存在一定梯度,但都围绕着整体思想展开。(1)是将单项式 x^2 作为一个整体,(2)是将多项式 m^2-m 作为一个整体,(3)是将 x^2+5x+4 作为一个整体,每道题都可以转化为上一题的形式,层层铺开,符合学生的思维和认知规律。变式练习需要将多项式进行适当的恒等变形,可转化为(3)的形式,这体现了数学中的化归思想,将学生的思维引向更深的层次,并深刻体会到数学基本思想方法在因式分解中的运用。

根据多项式的结构特征,有时无法直接运用四种基本方法进行因式分解,需要考虑对多项式进行适当的变形,构造为可以分解的形式,尤其是构造完全平方方式最为常见。基于这个想法,我设计了例题2的两个题目。例题2的两个题目比例题1更为综合,但与例题1一样,其紧紧围绕因式分解的四种方法的综合运用,使学生经历观察和分析问题的过程,并从中获得积极的情感体验。

四、注重复习课的总结

在教学活动中,要形成解决问题的一些基本策略,体验解决问题策略的多样性,发展实

践能力与创新精神。因此,复习课必须对数学知识进行归纳整理,进行从点到线、由线及面的总结,加强基础知识之间的相互联系和比较,构建知识网络。

在"因式分解的复习"一课中,我根据复习内容和教学环节分项、分步进行了总结。知识回顾中,首先,我和学生一起回顾了因式分解的四种基本方法,然后以纠错的形式完成一组练习。随后,我在课堂中设置了归纳小结的环节,让学生谈一谈自己的体会、因式分解的注意事项以及如何合理选择方法。在学生畅谈学习体会的基础上,我再补充总结,由此在学生头脑中一个一个的方法被系统地串联起来,最后我们对本节课进行了课堂小结,围绕两个问题:(1)通过这节课,你复习了哪一些知识?(2)你认为在因式分解中,应该注意的问题有哪些?整堂课下来,学生对因式分解的方法筛选肯定有了各自的体会,对于不同方法间的关联和其中蕴含的数学思想方法也有了新的理解。

总之,数学的复习课要精心设计教学目标与教学内容,合理安排教学环节,激发学生的复习兴趣,使学生从更高层次进一步理解已经学过的知识和技能,进而提高数学能力,发展思维水平。

浅谈如何在初中数学教学中渗透德育

上海立信会计金融学院附属学校　门　越

数学是一门基础性、工具性的学科,一方面它使学生获取知识和技能,另一方面它对学生良好的个性品质和世界观的形成也具有积极的作用。数学教师应在思想上高度重视学生的德育教育问题,将德育和知识的传授有机结合。

一、用教师的人格魅力感染学生,培养学生的良好品质

教师作为人类灵魂的工程师,其一言一行、一举一动都能感染学生。要想真正地为人师表,教师需要提高自身的整体素质,尤其是道德品质。孔子说过:"其身正,不令而行;其身不正,虽令不从。"教师要有高尚的道德品质,率先垂范,用自己的人格魅力去影响和感染学生。

作为数学教师,我们要以严谨的教学风格和一丝不苟的工作态度来影响学生。数学是一门结构严谨、系统性和逻辑性都很强的学科,所以教师在数学公式的推导中要一丝不苟、环环相扣;在学生练习中要讲究解题的格式、步骤的安排、书写的整齐和美观,努力探索合理简洁的解题策略,对结果进行检验,努力寻找错因。

在批改学生作业时,教师对学生作业中出现的错误,应用研究和探讨的语气给学生指出来,然后让学生自己去纠正错误,从错误中吸取经验。此外,教师应培养学生踏实学习的精神,磨炼学生的毅力,并在适当的时候给学生介绍一些成功者的事迹,让学生体验"失败乃成功之母"的真正内涵,不断强化他们的自信。

二、用源远流长的数学史熏陶学生,树立崇高的理想

数学是一门古老的学科,是古今中外无数数学家及数学工作者不畏艰辛、努力探索、刻苦追求而形成的一门科学。在课堂教学中,教师要紧扣教学内容,不失时机地向学生介绍我国古代数学发展的悠久历史,激发学生的民族自豪感。

在进行《勾股定理》教学时,我首先告诉学生,勾股定理是人类最伟大的科学发现之一,历史十分悠久。几乎所有文明古国,包括中国、希腊、埃及、巴比伦、印度等,都对此定理有深入的研究。勾股定理在西方被称为毕达哥拉斯定理,中国对这一数学定理的认识和应用可以追溯到公元前 1000 多年。公元三世纪三国时期,赵爽用面积割补给出了勾股定理的一种证明。听到这里,有的学生便对勾股定理的证明方法产生了兴趣,也对赵爽的面积割补法感到好奇。于是我顺势引导学生对勾股定理的证明方法进行搜集和整理,制作成数学小报,可开拓学生的眼界,提升学生的思维水平,进一步加深学生对这一定理的认识。在学习《相似三角形》时,通过阅读材料,学生了解到距今 2 500 多年前,古希腊数学家就利用相似三角形原理较为准确地测出了埃及大金字塔的高度,并给出了相关的示意图。学生惊叹于古代数学家的智慧,感受到了相似三角形在实际生活中的应用。这些数学史的学习可以为学生学习数学营造良好的氛围,激发学生的学习热情,使他们树立为祖国建设事业而刻苦学习的崇

高理想。

三、用数学知识解决问题，培养学生理论联系实际的意识

数学知识来源于生活。在数学教学中，老师要逐步培养学生对数学知识的应用意识和应用能力。

例如在教授《事件的概率》时，我以这样的方式引入："天气预报说，上海明天降水的概率为80％"，"某种彩票发行时宣称获奖的概率为1‰"。学生体会到，在我们的生活中类似这样可能发生、也可能不发生的事件很多很多，而对事件发生的可能性大小总会引起我们的关心。概率与我们的生活是紧密联系的。社会生活中充满了机会，也隐藏着风险，如何把握机会、应对风险，更需要进一步学习和掌握概率知识。

在学习了勾股定理之后，我向学生讲了选自《九章算术》勾股章第六题的"引葭赴岸"：今有地方一丈，葭生其中央，出水一尺，引葭赴岸，适与岸齐，问水深、葭长各几何？即"有一水池一丈见方，池中央有一棵类似芦苇的植物，露出水面一尺，如果把他引向岸边，正好与岸齐，问水有多深？该植物有多长？"这样的勾股名题具有人文性，体现了勾股定理在日常生活中的应用，也让学生感受到了中国古代人民的聪明智慧，同时深切体会到数学知识的应用价值。

四、欣赏数学，使学生体会数学之美

仔细研读初中数学教材，我发现其中蕴含着丰富的数学之美。

数学拥有冷而严肃的美。教师在教学中既应让学生体会到数学的严谨性，又应让他们感受到数学的内在美。

例如，黄金分割体现出部分与部分及部分与整体之间的协调一致性，在许多艺术品中都能看到它的"身影"。例如，著名的维纳斯女神像、太阳神阿波罗的雕像中，都隐含着许多黄金比。我鼓励学生们在日常生活中认识和理解黄金分割：比如，在拍风景照时，可把主要景物定格在接近于画面的黄金分割点处，使整个画面协调好看；舞台上的报幕员总是站在接近于舞台的黄金分割点处，既显得自然大方，音响效果又较好。

在教授《圆与正多边形》时，我在第一节课上向学生们展示了自行车的车轮、游乐园的大转盘，启发他们在转动中可显示出"圆"的和谐、匀称之美。奥林匹克运动会的五环标志表达了团结公正的含义。我告诉学生们：古希腊数学家认为，一切立体图形中最美的是球形，一切平面图形中最美的是圆形。我还在讲授轴对称图形、反比例函数与二次函数的相关知识时，引导学生欣赏对称之美。

简洁美是数学美的根本内容之一，透过简洁的表达形式可以看清复杂的内在关系，这无疑能够让学生建立学习、研究的信心。勾股定理简单而整齐的形式表达了直角三角形三边之间的关系。欧拉公式也是简洁美的绝佳表达。自然界的多面体有多少？没有人能说清楚，但它们的顶点数、棱数、面数都服从于欧拉公式，这不能不令人惊叹！

数学的美还在于它的趣味性和形象性。例如，七巧板是我国一种传统的智力拼图游戏，用它可以拼成千变万化的图案：可以是复杂的几何图形，也可以是建筑物、风景、人物、动物等。儿童玩七巧板既是一个益智的过程，也是一个创造美的过程。

总之，在数学教学中，教师可针对学生实际，将德育和数学教学融为一体，使学生能在增长知识的同时树立科学的世界观和人生观。

新课标理念下初中数学变式训练初探

上海立信会计金融学院附属学校　马　宁

近年来,随着新课标的出台,初中数学学科更加注重学生思维的培养,而通过变式训练能够很好地锻炼学生的思维。本文基于初一数学学科教学中的几个模块,旨在探究初中数学教学过程中变式训练的意义和价值。

变式训练即对概念、定理性质及公式从不同角度、不同水平、不同情境进行调整,改变题目中的条件或结论的内容以及形式,却不改变一道题目所考察的核心知识。

一、初中数学变式训练教学的意义

新课标要求学生不仅要具备最基本的数学素养,还需要拥有较高的数学水平,其中最重要的就是数学思维完整性以及灵活度的养成。也就是说,学生应该具备在不同的情景下,对自己所学过的数学知识进行灵活运用的能力。而变式训练则是可以达到这一教学目的的有效方式。

首先,通过变式训练能够帮助学生透过现象看清题目的本质,而数学思维的核心就是对于本质的观察、分析和思考。通过让学生在不同的情景或条件下对一个知识点进行反复训练,可培养学生在变化中看出规律、透过复杂的现象中看到本质的能力。

其次,变式训练有助于培养学生的数学创新思维。"创新"是近些年来在各个领域被提及次数较多的一个关键词。在初中数学的教学过程中,对学生创新思维的培养也是值得我们思考的一个方向。变式训练能让学生看到:同一个知识点可以出现多种考察方式,思考问题的角度也不止一种。潜移默化中,学生看待问题的角度变得越来越多,解决问题的思路变得越来越广,自然而然就会具有创新性思维了。

最后,变式训练还有助于提升学生思维的严谨度。特别是在以题组呈现的变式训练中,学生通过对于题目中所呈现的各类条件的对比,会发现哪些是变的,哪些是不变的;在怎样的情况下能够应用;在哪些情形下,条件一旦变动就不能运用。久而久之,学生的思维严谨程度就会得到有效提升。

二、初中数学变式训练教学策略

1. 概念的变式训练

概念是形成数学思维能力的基础。对于一个概念的理解不要仅仅停留在最基本的含义层面,而应该进行深入挖掘。在此基础上,还要使学生充分理解概念的外延。只有从内涵和外延两个方面帮助学生全面掌握概念的含义,他们才能在不同情境和条件下,灵活地运用概念来解决问题。在进行数学教学的过程中,当我关注到学生对于某些概念的理解比较含糊不清时,我就会把这个概念变成题目,改变语句的结构让他们进行辨析。

比如,在"平方根"与"立方根"的概念教学中,我们就可以将概念融入题目给学生进行辨析。比如,可以将"25 的平方根是多少?"与"$\sqrt{25}$ 的平方根是多少?"放在一起给学生去辨析。还可以提出如"$\sqrt{64}$ 的立方根是多少?"与"64 的立方根的平方根是多少?"这类问题给学生们去讨论。

类似上述这样的题目单独给学生做,可能他们的错误率会比较高。但是将它们放在一起辨析,改变主语或者对语句顺序做出颠倒后,学生细细推敲后得出答案的正确率会高很多。这种方式能够大大提升学生思维的严谨性,使得他们能更深刻地理解概念,更牢固地掌握知识。

2. 定理和公式变式训练

定理和公式在学习数学时应该重点掌握。教师应通过多种形式的教学来帮助学生深刻地理解这些内容并灵活运用,而变式训练就是一个很好的途径。在平时的训练过程中,我会有意识地引导学生去探究在一个公式定理或者法则中,不同要素之间存在着哪些基本的联系,又有哪些规律可循。

比如,在"平行线"的教学中,对于"平行线的判定"和"平行线的性质"的综合运用,可以有如下的变式训练。

例:已知直线 AB、CD 被直线 MN 所截,①如图 1,如果 $\angle BPQ = \angle DQN$,PE 平分 $\angle BPQ$,QF 平分 $\angle DQN$,那么 PE 与 QF 有怎样的位置关系?②如图 2,如果 $\angle APQ = \angle DQP$,PE 平分 $\angle APQ$,QF 平分 $\angle DQP$,那么 PE 与 QF 有怎样的位置关系?③如图 3,如果 $\angle BPQ + \angle DQP = 180°$,$PE$ 平分 $\angle BPQ$,QF 平分 $\angle DQP$,那么 PE 与 QF 有怎样的位置关系?

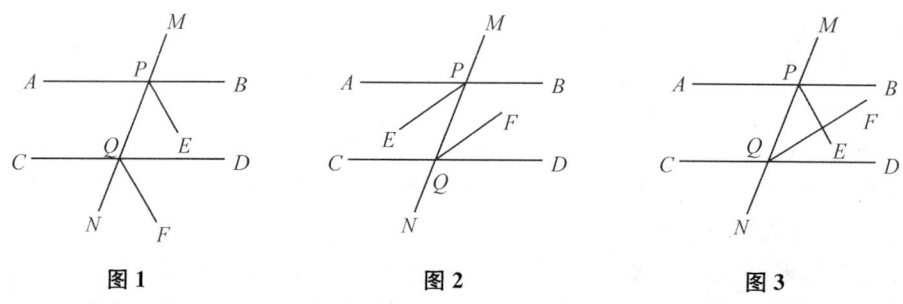

图 1　　　　　　图 2　　　　　　图 3

上述的变式训练不仅巩固了"平行线的判定"和"平行线的性质"的书写练习,还可以总结出一些结论:两条平行线被第三条直线所截,一组同位角的角平分线互相平行,一组内错角的角平分线互相平行,一组同旁内角的角平分线互相垂直。

3. 习题的变式训练

这类变式训练往往是以题组的形式出现,主要针对的是那些在解题方法和知识点运用上有一定关联的习题。通过改变一些条件,可将难点层层递进地展现出来,或者以多种形式呈现出来。这样的变式可以使学生在训练中不断强化、巩固和提升中心知识点,同时也可以提升学生的获得感和成就感。比如,在"三角形内角和"的教学中,就可以给出如下的题组:如图 4,在 $\triangle ABC$ 中,$\angle BAC = 60°$,$\angle C = 45°$,AD 是 $\triangle ABC$ 的角平分线,求 $\angle ADC$ 的度数。

变式一: 如图 5,增加条件"CE 是 $\triangle ABC$ 的角平分线",CE 与 AD 相交于点 O,求

∠AOC 的度数。

变式二:如图 5,将条件"∠BAC = 60°,∠C = 45°"改为"∠BAC + ∠BCA = 105°",求∠AOC 的度数。

变式三:如图 5,将条件"∠BAC + ∠BCA = 105°",改为"∠B = 75°",求∠AOC 的度数。

变式四:如图 5,将条件"∠B = 75°",改为"∠B=n°",求∠AOC 的度数。

变式五:如图 6,在△ABC 中,∠A = n°,BO 平分∠ABC,CO 平分∠ACB,求∠BOC 的度数。

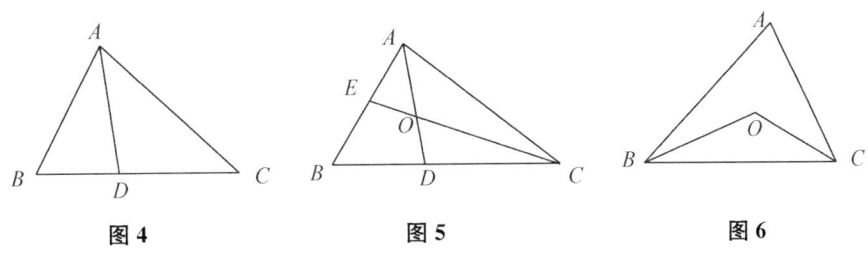

图 4　　　　　图 5　　　　　图 6

上述这些变式通过不断地改变习题中"角的度数"这一非本质特征所呈现的形式,从而突出了对习题中"角与角之间的关系"这一本质特征的理解和掌握。

再比如,在"全等三角形"的教学中,可以给出如下的题组:如图 7,在△ABC 中,∠ACB = 90°,AC=BC,直线 MN 经过点 C,且 AD⊥MN 于 D,BE⊥MN 于 E。当直线 MN 绕点 C 旋转到图 7 的位置时,说明:①△ADC≌△CEB;②DE=AD+BE。

变式1:当直线 MN 绕点 C 旋转到图 8 的位置时,求证:DE=AD−BE;

变式2:当直线 MN 绕点 C 旋转到图 9 的位置时,试问 DE、AD、BE 具有怎样的等量关系？请写出这个等量关系,并加以说明。

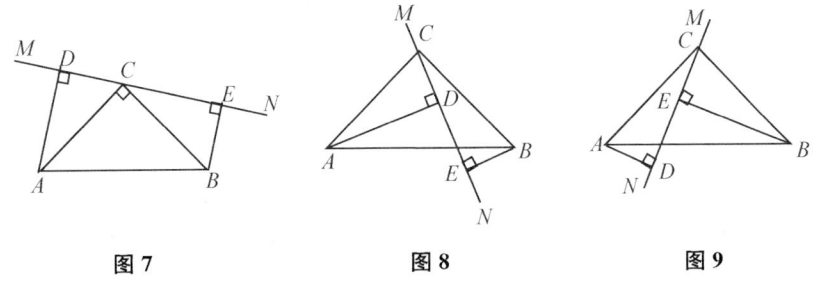

图 7　　　　　图 8　　　　　图 9

总而言之,变式训练在数学教学中有着极为重要的作用,它是提高学生解题能力的重要方式,我们每一位老师都应巧妙运用变式,提升学生的思维能力。

参考文献

[1] 曹洁.思维能力培养在数学教学中的实践研究[D].鲁东大学,2019.

[2] 陈敏.初中数学变式训练教学创新研究[J].学周刊,2018,(3):44-45.

[3] 孙玉亚.初中数学教学中学生核心素养的培养策略[J].黑河学刊,2019(01):145-146.

自主、合作、探索的小学数学教学方式探析

上海立信会计金融学院附属学校　王云燕

基于新时期的教育教学改革趋势和双减政策的实施,小学数学的教学中逐渐引入了自主、合作、探索的教学方式,目的是全方位优化教学水平与质量,从而与新时代教育改革的方向相契合。因此,本文基于双减政策,针对小学数学教学中应用的自主、合作、探索教学模式展开探究,以期能够为教学实践改进提供一定的参考。

一、厘清双减政策与小学数学教学中应用自主、合作、探索教学方式的关联

(一) 关于双减政策

"双减"是指有效减轻义务教育阶段学生过重作业负担和校外培训负担。为深入贯彻党的十九大和十九届五中全会精神,切实提升学校育人水平,持续规范校外培训,应有效减轻义务教育阶段学生过重作业负担和校外培训负担。[1]

(二) 关于小学数学学科的自主、合作、探索教学方式

自主、合作、探索教学方式具有较强的综合性,在小学数学的教学实践中引入该方法,可以促进小学生提升主动学习的积极性,提升小学生的合作和沟通能力。同时,小学数学对于数学学习具有奠基性作用,必须予以高度重视。

(三) 关于双减政策与小学数学自主、合作、探索教学方式

从现阶段的改革趋势来看,教师需要与时俱进,适当融入新的教学理念和教学方式,因此,在小学数学的教学中应用自主、合作、探索的教学模式具有重要意义:新时代的教育理念,是以培养学生树立自主学习、自主探究的意识为基本任务的,因此,更需要在课堂教学中融入自主、合作、探索的教学模式,同时为小学生的数学学习构建良好的学习氛围与空间。

二、现阶段小学数学教学中普遍存在的问题

(一) 一些学生没有独立自主探索问题的意识

现阶段一些小学生缺乏自主探索的意识,日常学习以教师的讲授与指导为主,学生自主思考、提出想法的机会并不多。此外,小学生对老师具有较强的依赖心,在没有引导的情况下很难进行主动思考。

(二) 合作学习缺乏合理性和协调性

通常情况下,小学生的合作学习以小组合作为主,要取得良好的学习效果,教师必须具备良好的引导能力,并避免分组不科学,影响最终的学习成果。但从实际情况来看,一些教师的分组较为随意,小组合作学习流于形式,难以取得实效。

(三) 学生缺乏学习积极性

由于数学学科具有较强的抽象性,尤其是计算方面较为枯燥,导致一些学生缺乏学习的积极性。在当今社会,校外教育机构层出不穷,同时由于现代信息技术高度发达,手机和平

板电脑的普及度越来越高。这些因素导致相当一部分小学生在学习和完成作业的过程中过度依赖于老师和互联网,产生思维惰性,对计算过程也越来越不熟悉。

(四)课堂缺乏实践性

现阶段小学数学的课程缺乏实践性,再加上数学课程的内容本身具有较强的抽象性,故一些小学生很难理解课堂所学的各项知识内容。由此,应增加相应的实践教学,从而帮助小学生提升理解能力。

(五)教、评、练不统一

现阶段教学、评价以及练习之间缺乏同步性;网络资源较为丰富,容易导致教学与练习相互混淆。教、评、练三者之间应环环相扣,而非彼此分离、割裂。

三、如何在课堂中融入自主、合作、探索的教学方式

(一)培养独立自主探索问题的意识

根据《数学课程标准》中的内容可知,学生一定要切身体验知识以及技能的形成,应以数学思维去看待和思考生活中的各种问题。教师应引导和培养学生形成自主探索的意识,多思考,多积累,而不只是拘泥于课本;要让学生意识到数学课程中所学的一切知识都与现实生活息息相关,学习数学既有趣又有用。

1. 培养理论联系实际的意识

在授课的过程中,应致力于提升小学生的体验感,鼓励他们联系实际来思考问题。以一年级第二学期第二单元《认识人民币》这一课为例,由于现在智能手机和互联网等越来越发达,小学生熟悉移动支付,但对于人民币实物没有太多概念。基于此,可以让家长带学生去银行体验一次存钱、取钱等业务,或者用现金去购买商品。具体实践如表1所示。

表1 《认识人民币》的实践教学设计表

教学目标	1. 使学生在观察人民币以及换币、取币等活动中认识各种面值的人民币,知道元、角、分之间的进率 2. 在购物活动中,初步认识商品的价钱,学会简单的购物 3. 在取币、付币、换币、找币等活动中,培养生活能力,提升学习数学的兴趣
实践设计	1. 小小银行家:在家长的带领下去银行体验一次存钱和取钱业务 2. 小小采购员:在家长的带领下购物 3. 钱币管理员:找找家里的不同面值的人民币

教师要引导小学生学习并掌握数学知识,必须通过实践活动让他们体会数学知识,在观察中获取感性认知,进一步完成分析、综合、抽象的过程,并逐渐认识事物的本质。

2. 培养自主动手操作学具学习的习惯

提高动手操作能力是培养小学生创造能力的重要环节。在教学中,教师可通过让学生拼一拼、量一量、摆一摆、画一画、想一想和说一说等方式给他们提供动手、动脑、动口的机会。特别是低年级学生年龄小、好动、注意力不易集中,因此,教师在课堂上应尽量创造一些动手操作学具的机会,以培养学生自主探索的能力。

以一年级加减法中进位加法的学习为例,本课旨在通过数学学习,让学生了解20以内进位加法的基本算法,并学会用加法解决简单的实际问题,体验数学与日常生活的密切联

系。《20以内进位加法》的教学片段表如表2所示。

表2 《20以内进位加法》的教学片段表

教学目标	1. 知道20以内进位加法的基本算法 2. 学会用加法解决简单的实际问题 3. 通过数学学习,体验数学与日常生活的密切联系,感受数学在日常生活中的应用
教学片段	
一、情境引入	情境问题:红蛋一共有9个,白蛋一共有5个,要求10个装一盒,可以怎么装? 让学生用小圆片在20数板上摆一摆,并说说想法。不一味地灌输学习内容,而是循序渐进地引导学生主动思考和探索
二、小组合作,学具教学	1. 合作学习:利用小圆片在20数板上摆一摆,计算9+5 2. 说一说摆的过程 3. 思考问题:红蛋一共有9个,白蛋一共有5个,要求10个装一盒,你能想想用不同的方法来装吗? 4. 列式

学生可以以不进位加法为基础,自行尝试和探索。当学生提出自己的想法后,教师要及时对学生进行鼓励和表扬,再继续引导选择自己喜欢的方法来尝试。这样不仅能够提升学生学习的积极性和主动性,让课堂氛围更活跃;还能够促进学生理解算法的多样化,掌握最优算法。

(二)科学的合作学习方式:合理分组,有效探究

教师可以根据教学目标、重难点及学生的实际情况等进行分组学习。在合作学习的过程中,让学生感受到团队合作的好处,有助于提升他们的集体荣誉感,在竞争与合作中收获成长。以四年级《生活中的大数》一课为例,教师依据学生情况进行分组,将知识面不同的学生分在一起,引导他们参与讨论,分享自己在日常生活中认识的大数,并分组比赛,之后再进行即时评价与小结。这样的教学方式可促使学生体会合作的好处,树立相互学习的意识。

从教学实践环节来说,教师需要对合作的时间进行把握,合理规划,为合作创造良好的环境。可有计划地为学生预留合理的讨论和交流时间,从而帮助他们更好地理解和掌握知识。引导学生合作学习的流程图如图1所示。

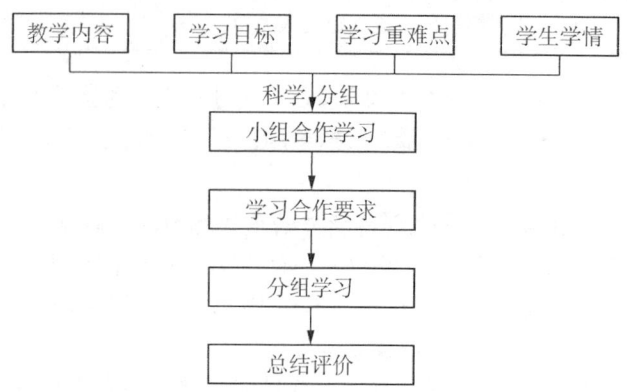

图1 引导学生合作学习的流程图

(三) 促进提高学习积极性的教学方式

教师可以充分利用小学生好奇心强这一特点,注重展现数学知识的魅力,以激发学生的学习兴趣,提升学习的积极性。这就需要教师在充分熟悉教材的基础上,根据学生的年龄特点设计他们感兴趣的、符合他们实际情况的教学情境,从而使抽象的知识具体化、简单化、生活化。以五年级《循环小数》这一课为例,教师可以从学生感兴趣的例子切入。如生活中红绿灯在反复变化,学生由此可初步了解生活中有些现象会"依次不断重复出现"并进一步抛出问题"在数学中有没有这种依次不断重复出现的现象?"从而激发小学生学习新知识的兴趣。

此外,教师要尽可能为学生创造更大的学习空间,让学生成为学习的主人,鼓励他们大胆猜想、勇敢尝试、验证结果,真正掌握数学的思维方式。以五年级《几何小实践》这一单元为例,在教学平行四边形时,可让学生猜想平行四边形可能会有哪些特征。有学生会回答:对边平行且相等,对角相等;但也有学生会抱有疑问,这时可让学生自己动手测量验证,从而得出平行四边形的特征。

(四) 注重理论与实践相结合的教学方式

自主、合作、探索的教学方式非常注重对小学生的探究能力进行培养与引导,探究这一环节能够促进小学生实现知识的内化。教师要有意识地在课堂教学环节中引入更多的实践活动,引导小学生进行数学探究。

1. 注重实践,创设情境

以三年级《周长》一课为例:在具体教学中,教师利用测量学校足球场周长作为教学引入,具体实践活动如表3所示。

表3 《周长》教学实践活动表

教学目标	1. 结合具体事物或图形,通过观察、操作等活动,认识周长 2. 在具体情境中,感知周长与实际生活的密切联系,建立初步的空间观念,培养观察能力、动手操作能力及合作能力
具体实践活动	
一、测量长与宽	1. 认识足球场的形状:长方形 2. 实际测量足球场的长与宽 3. 计算足球场一圈有多长 以足球场作为实物,引导学生进行实践:"足球场实际上是一个长方形,长等于110米,宽等于60米,同学们,谁愿意围着足球场跑两圈呀?"当有同学跑了两圈以后,教师可以继续提问:"刚才跑了两圈的同学,大家知道他们一共跑了多远的距离吗?"
二、实践感知	1. 用走路的方式测算,走一圈大约多少米 2. 用跑步的方式测算,跑一圈大约多少米
三、对比分析,推导出周长的概念与公式	

把数学课堂搬到操场本身就可大大激发学生的学习兴趣,使他们积极地投入学习状态,主动进行探索和实践。

2. 转化抽象,具象理解

以五年级《几何小实践》这一单元为例,在讲解平行四边形、三角形和梯形面积的知识时,学生对面积计算公式有一定的疑问,为什么平行四边形的面积是底乘高?三角形的面积为什么是平行四边形的一半?教学中可充分利用转化这一思想,引导学生将平行四边形剪一剪、拼一拼,看看能变成什么图形。很快同学们会发现平行四边形沿着一条高剪开,旋转后可以拼成一个长方形,而长方形的长就是平行四边形的底,长方形的宽就是平行四边形的高,由长方形的面积公式很快得出了平行四边形的面积计算公式。三角形面积、梯形面积亦是如此,先是大胆猜测,然后动手实践,从而可以把它们转化成我们学过的图形。

四、结束语

在学习数学这门课程时,应促进学生树立自主、合作、探索的意识,将学习和实践由课堂延伸至课外,为未来的数学学习奠定良好的基础。从实践过程中来看,通过引入这样的教学模式,部分教学工作已经取得了较为理想的成效,例如,能够全方位激发学生参与学习的积极性,不断提升学生的创新水平等。由此可见,在小学数学的教学中可以进一步拓宽自主、合作、探索的教学模式的应用范围,推动小学数学教学朝着更好的方向发展。

参考文献

[1] 中共中央办公厅.国务院办公厅印发《关于进一步减轻义务教育阶段学生作业负担和校外培训负担的意见》[N].新华社,2021-07-25.

初中数学订正有效性浅析

上海立信会计金融学院附属学校　沈　璞

订正是学习过程中重要的一环,是对作业的再反思,有效的订正对于确保教学质量起着至关重要的作用。我们在教学中发现学生的订正中出现了一些不良的现象,通过分析这些现象出现的原因,我们聚集于探讨解决问题的思路,进而形成可操作的方法,从而增强订正的有效性,提升学生的学习效率。

一、有效订正的必要性

1. 订正是完整学习过程中的重要一环

一个完整的学习过程包含预习、课堂、练习、订正四个环节。预习是学习的准备阶段,学生准备好基础知识,带着问题进入课堂。课堂是获取新知、与旧知产生关联的阶段。练习和订正是不断理解、巩固的过程。其中,订正更是完成知识内化的关键。

2. 订正是一份"私人定制作业"

订正是一份特殊的作业。订正作业具备个性化特征,由于每个学生的错误不同,所以需要订正的题目也就不尽相同。订正作业是具有针对性的:由于学生订正的都是自己做错的题目,因此这是针对各自薄弱知识点"对症下药"的最好机会。订正作业更具有反思性:一般作业的作用是巩固和查错,而订正的核心是反思,即借助对错题的纠正进行知识的自我反思,从而实现知识的完整内化。

二、订正中的低效、无效现象

订正中的低效、无效现象包括以下几种情况:

(1) 练习讲评课上,学生急于订正做错的题目,只顾自己闷头订正,不听老师、同学的方法、思路。

(2) 对于填空、选择这类题型的订正,学生只是在错题旁写出答案,图形题没有图,计算题没有计算过程,对做题的详细过程到老师的讲解笔记,均不作记录(参见图1)。

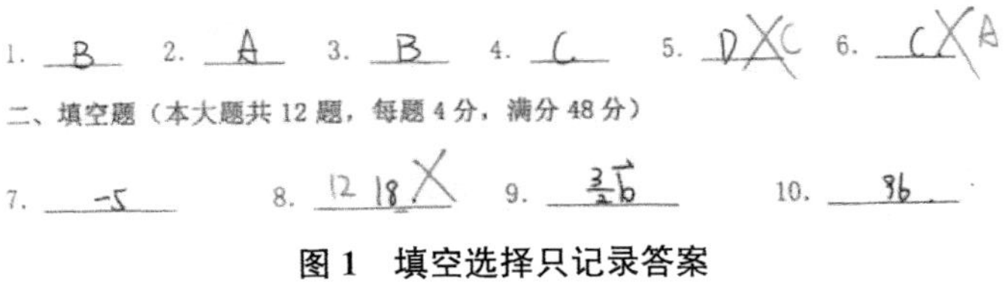

图1　填空选择只记录答案

(3) 学生仅仅将老师写在黑板上的过程在错题旁抄录一遍,不反思、不总结。

(4) 部分学生直接抄袭他人的答案作为"自己的订正"。

这些订正中出现的低效、无效的现象,让本应发挥重要作用的订正这一环节完全形同虚设,数学思维的深度和广度不仅得不到拓展,学习的效果更无从谈起,于是学生错过的题目也会一错再错。

三、低效、无效订正产生的原因

1. 学生"应付交差"的错误想法

初中学生的学习还处于一种较为被动的状态,不少学生把学科的学习看作是完成任务:课堂上老师负责讲,学生负责听,就完成了听讲任务;老师布置作业,学生写完作业,就算完成了作业任务;老师讲评错题,学生记下答案,就算完成了订正任务。在这样的思想下,学生便认为是老师要求我订正,并且会检查我的订正,所以我只要完成老师布置的这个任务就可以了。所以订正的整个过程缺少了"为什么去做","怎样做得更好"诸如此类的思考。如果教师再对订正不作要求,甚至会出现学生不订正的情况。这样的订正,完全丢弃了学习的主动性,变成了"任务型""交差型"的订正。

2. 学生不知道如何有效订正

初中学生,特别是从小学刚刚升入初中的预备新生,由于其在小学阶段学的数学知识点少且简单,思维的深度较浅显,遇到的多是具体的而少有抽象的问题,所以即使有错题,相应的订正也较容易,往往只需完成记录,不需要过多反思。而到了初中阶段,数学知识点更密集,思维更有深度,问题也从具体变得抽象,各知识点之间的联系更加紧密,如小学那般的订正就显得低效了。但许多学生并没有意识到这一点,即使意识到初中的订正要求和小学不再相同,也不知道具体怎样做才是有效的订正。另外,初中阶段随着学习的深入,不同学习阶段、不同知识点、不同题型的订正要求也不同,这更加需要学生不断地改进订正的方法。

3. 教师对学生的订正无要求、无反馈

不光学生缺乏对错题订正重要性的认识,部分教师也会忽视订正环节,没有对学生的订正提出具体要求,延用小学时期较为低效的订正方式,未能根据不同学段、不同学情对学生的订正进行有针对性的指导;有些教师即便提出了相关要求,但对学生的作业订正没有及时反馈。长此以往,初中学生的学习缺乏监督,学生也就不再认真按要求完成订正,订正的有效性也会大打折扣。

四、学生应该如何有效订正

1. 提前分析错误原因,将错误分类,带着自己的思考进入课堂

学生的错题一般可以分为三种类型:①由于"没看清题""抄错数字""漏写单位"等造成的错误,这类错误与学生的数学能力无关,而与学生的学习习惯有关,这类错误可称为"低级错误"。②学生尽自己的能力写出了答案,但由于数学概念混淆不清、数学方法应用不当,或是数学思想未能体现而产生错误,这类错误可称为"数学性错误"。③学生完全没有方法思路,无从下手,这类题目是学生"不会做"。

学生拿到作业订正时,教师首先就应该要求学生自行先对错误原因进行分析。①按照三类错误的定义,给自己的错误分类。这里要特别注意区分出混在"低级错误"中的"数学性错误"。比如计算题中的一些符号问题,一些学生觉得是自己粗心失误导致的,实际上是因为对运算法则不清楚,或是方法选择不恰当。②对于"低级错误"要找到明确的错误原因,是抄错数字、漏写单位,还是简单误算,教师应要求学生在错题旁写清错因,今后引以为戒。

(3)对于数学性错误,教师应要求学生找到症结所在,深挖错误原因,并将自己原先错误的概念或方法与正确的方法对比之后,在错题处详细标注,比如,"错误的概念是……""正确的概念是……"(4)对于不会做的问题,教师应提醒学生仔细听老师讲评的思路。学生应理清自己思路的阻塞点,整理应对这类题目的方法,从而为今后的学习打下基础。

2. 认认真真听讲评课

在讲评课上,有经验的数学老师往往不会平铺直叙,而是会把练习中相关的知识点联系起来,并延伸到练习之外去,以帮助学生构建知识体系。学生听讲评课,一方面应听自己做错的题,听自己课前准备的相关思考是否得到了解决;另一方面是听老师对知识多角度的剖析,对数学方法、思想、体系的构建。学生只有在不断反思中实现知识的完全内化,才能让讲评课变得充实而有效。

3. 详细订正

(1)订正要有规范的格式。订正的格式包括:①摘抄试题,圈出题目中的关键字词。②注明错误的原因以及考察的知识点。③详述解题过程,归纳数学方法和数学思想。④选择题不能只盯住错误选项不放,应该分析每个选项并作好记录。⑤图形相关的题目,需要在图上画出关键辅助线,标清边、角的作用;没有图的题要根据题目要求,用铅笔画出图形,作图的过程是对题目条件及推论再认知的过程,把图画出来往往会有事半功倍的效果。订正的规范格式如图2所示。

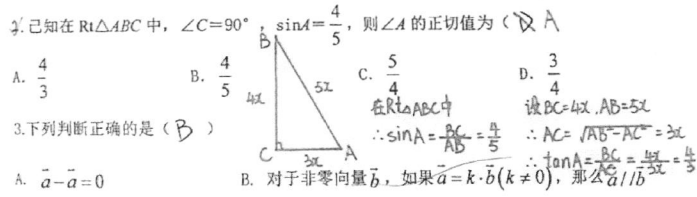

图2 订正的规范格式

(2)准备错题本,让错误有据可查。

(3)阶段性整理。学生应在阶段性考试前翻看自己的订正,对于自己不同类型的错误进行整理,实现错题的再反思。此时,之前所作的详细订正就显得至关重要了,学生可以根据订正时的记录,把"数学性错误"与"不会做"的试题再做一遍。

五、订正举例

从图3中我们可以看到,这份订正从做题痕迹到老师讲解的笔记全都没有,只在错题旁写了一个订正后的答案。对此,我把学生叫来,当面一起分析错误原因:她自己认为犯了"低级错误",误把"两条边"看成"两条直角边"。于是,我把这份订正退回,提出了两个要求:一是写清错题原因;二是写出详细的解答过程。

图3 第一次订正

从图 4 中我们可以看到，这名学生按照要求写出了错误原因，并利用勾股定理写出了解答的过程，这已经是比较有效的订正了。在此基础上，我又再次同她一道分析"两条边"相比于两条直角边有什么不同。这道题其实不只是犯了"低级错误"，更是因为缺少对分类的数学思想的关注。我要求学生将这道错题整理在错题本上，并要求圈划出关键字词，画出基本图形，归纳数学思想。

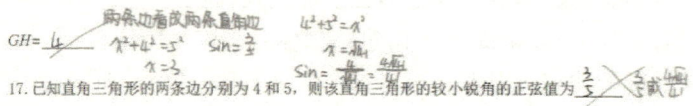

图 4　第二次订正

图 5 中的订正就让人欣喜了：这名学生圈划关键词时，不仅圈出了她自己犯错的"两条边"，而且还圈出了"较小""正弦值"另外两个易错点，并对这两点作出了自己的解释，"对边为较短边""sin"。并且她在订正的最后补充了与该题相关的、体现了分类数学思想的其他易错题，充分展现出她对这道错题的反思，说明她真正理解和掌握了这些知识点。

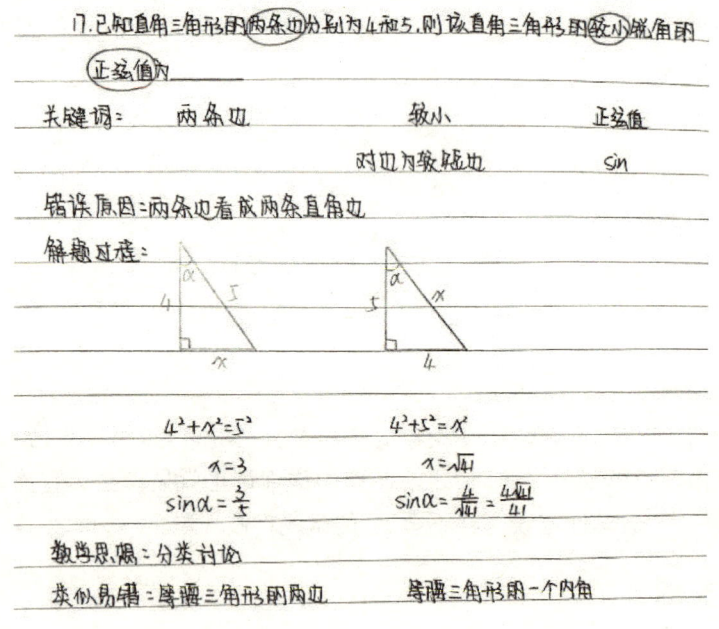

图 5　第三次订正

由此可见，有效的订正能巩固学生薄弱的知识点，引导学生更主动地思考，在不断反思中构建数学知识体系，从而实现知识的完全内化。

"分数的初步认识"课例研究中的困与思

——从一道错误率居高不下的前后测题谈起

上海立信会计金融学院附属学校　赵萌萌

作为小学阶段最为经典的研究内容,"分数的初步认识"为广大教师所青睐,此次周浦小学课例研究活动也选择了沪教版三年级下册"分数的初步认识(一)"中"几分之一"第一课时这一内容,笔者作为兄弟学校成员有幸参与其中,不仅体验了一把别样的课堂观察方式,还作为第三次研究课的执教教师,和课例研究来了个亲密接触。本轮课例研究共有三次研究课,第一次尝试课在三(6)班实施,第二次和第三次的改进课都在三(7)班,由两位不同的教师执教,如表1所示。

表1　课例研究课具体安排

	时间	班级	执教教师
第1次	20190417	三(6)班	顾＊飞老师
第2次	20190423	三(7)班	乔＊琴老师
第3次	20190428	三(7)班	赵＊萌老师

综合笔者的教学经历和同行教师的共同探讨发现,三年级学生的分数知识在作业反馈上较少出错,正确率高于对整数运算知识的掌握。基于此,笔者对本轮以"基于数据分析,优化教学设计"为主题的课例研究活动中的学生表现是很有信心的。然而,三次研究课前后测中"分苹果"这道题目因错误率居高不下,引起广泛关注。

一、意料之外:一道错误率居高不下的前后测题

这道错误率居高不下的分苹果题目具体见下图。学生需要将8个苹果平均分成几份,并用分数表示其中的一份,并明确一份中包含的具体苹果数量。

平均分下面的苹果

把8个苹果平均分成（　　）份,其中的一份用分数表示（　　）,是（　　）个。
把8个苹果平均分成（　　）份,其中的一份用分数表示（　　）,是（　　）个。
把8个苹果平均分成（　　）份,其中的一份用分数表示（　　）,是（　　）个。

（一）前后测题目的数据统计

表2 "分苹果"题目答案编号

编号	类型
题1.1	把8个苹果平均（2）份，其中的1份用分数表示（　），是(4)个苹果
题1.2	把8个苹果平均（4）份，其中的1份用分数表示（　），是(2)个苹果
题1.3	把8个苹果平均（8）份，其中的1份用分数表示（　），是(1)个苹果

对该题目先编号后统计，按照表2进行编号。笔者研究课后及时对学生的前后测情况进行统计分析，就备受关注的"分苹果"题目的三次前后测数据摘录如表3所示。

表3 "分苹果"三次前后测正确率统计

	20190417（第1次）		20190423（第2次）		20190428（第3次）	
	前测	后测	前测	后测	前测	后测
题1.1	31.3%	52.1%	46.2%	36.4%	39.5%	44.8%
题1.2	30.7%	49.8%	25.7%	39.5%	39.5%	44.8%
题1.3	74.9%	78.8%	58.7%	68.4%	55.6%	63.6%

从结果的横向比较来看，题1.1中"把8个苹果平均分为2份，其中的1份用分数表示(1/2)，是4个苹果。学生完成的正确率徘徊在40%左右。三(6)班后测较前测正确率提升了18.8%，而三(7)班两次研究课的前后测数据差异不明显，甚至还略微地退步了。题1.2中把8个苹果平均分为4份，其中的1份用分数表示(1/4)，是2个苹果。三(6)班后测较前测提升了19.1%，三(7)班单次研究课的正确率提升幅度较小，初次前测正确率为25.7%，而末次后测正确率为44.8%，总体正确率在25%至50%之间。题1.3中，把8个苹果平均分为8份，其中的1份用分数表示(1/8)，是1个苹果。正确率在58%至79%之间，三(6)班正确率较三(7)班具有明显的优势。

从结果的纵向比较来看，三个小题之间也是有显著差异的。其中题1.1和题1.2的正确率明显低于题1.3，作为同类题目缘何题1.3的正确率要明显高于其余两题，要从学生的具体错误来分析。

（二）学生具体错误案例

从学生的具体错误看，题1.的1错误在于"把8个苹果平均分成2份，其中的1份用分数表示(2/8)，是(4)个"。题1.2的错误也同样较多地出现在"把8个苹果平均分成(4)份，其中的1份用分数表示(4/8)，是(2)个"。题1.3"把8个苹果平均分成(8)份，其中的1份用分数表示(1/8)，是(1)个"，分数表达错误人次减少（错例详见典型错例1和典型错例2）。

"分数的初步认识"课例研究中的困与思

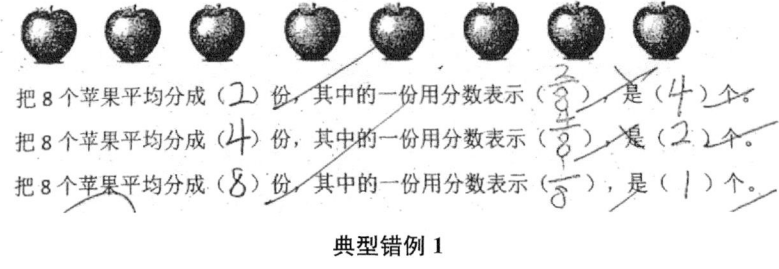

典型错例 1

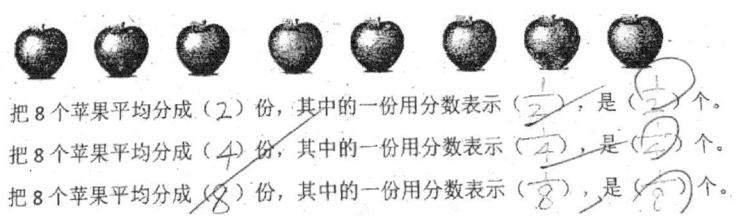

典型错例 2

通过典型错例 1 的分析看,正是学生的错误"暴露"他在做题时的思维活动,明显是错误地将"8 个苹果"的"8"作为分母,将分成的几份的"几"作为分子,对分数等分后再取份的含义没有正确地迁移。这不仅解释了题 1.3 的正确率高于其余两题的原因,也对分数的认识的教学提出了明确的方向:强调分数中整体的含义,进而明确分母和分子各表示什么的含义。典型错例 2 中,学生直接将一份的分数表示填写在几个苹果这里。由此可见,分数的初步认识需要着重强调"整体"的概念,应联系"整体与部分"这一课时的知识铺垫,更好地学习分数的含义。

二、情理之中:前后测题目的再设计

三年级时学生首次接触分数,这是学生认知的一次扩展。《上海市中小学数学课程标准(试行稿)》中明确指出在小学阶段,分数概念的教学重点是理解"把一个整体 q 等分"的意义。

分数是一个抽象的概念,学生在生活中与分数相关的经验较少,因此,教师的正确引领显得尤为关键。在初学分数时,学生往往能够非常顺利地学会将 1 个蛋糕等分后其中一份或几份的分数表达及含义,但遇到将若干个(如 6 个、8 个等)蛋糕用分数表达时往往会遇到困难。这就需要我们追问分数是如何产生的,从而进行解答,现行的不同版本的教材都是从简单的分物体的方式引入的。

(1) 1 个蛋糕(圆形、直条)平均分成 3 份,取其中的 1 份。

(2) 6 个蛋糕(圆形、直条)平均分成 3 份,取其中的 1 份。

诸如 1 个蛋糕(圆形、直条)这类分数直观模型在数学上被称作连续量模型,而诸如 6 个蛋糕(圆形、直条)这类分数直观模型被称作离散量模型。相较于离散量模型,连续量模型更容易被学生接受,一般而言,在学习分数的第一课时,多采用连续量模型引入分数概念。

再回头看本轮课例研究中的前后测的数据,居高不下的错误率也是情理之中。毕竟分数认识的第一课时很少涉及分数离散量模型。那么,是否能够根据离散量模型本身的特点,增加"分"的操作活动,让学生从连续量模型到离散量模型顺利迁移呢?基于此,笔者对分苹果进行再次修改,在填空前增加分一分、圈一圈的环节,以提高学生做题的正确率。笔者参照"分苹果"前测题设计了如下的"分外套"题目。

2. 按照示例完成下面各题。

示例:

把6个圆片平均分成3份,其中的1份用分数表示是$\frac{1}{3}$,是2个。

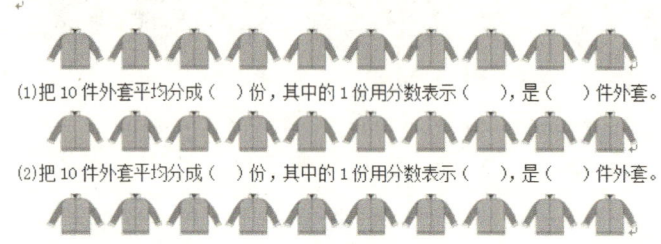

(1)把10件外套平均分成( )份,其中的1份用分数表示( ),是( )件外套。

(2)把10件外套平均分成( )份,其中的1份用分数表示( ),是( )件外套。

(3)把10件外套平均分成( )份,其中的1份用分数表示( ),是( )件外套。

笔者将"分苹果"试题和修改后的"分外套"试题一同在所任教的三(2)班施测,时间安排在分数的初步认识单元学习完成之后。数据统计时"分外套"题目答案依照"分苹果"的形式进行编号(详见表4)。

表4 "分外套"题目答案编号

编号	类型
题2.1	把10件外套平均(2)份,其中的1份用分数表示(1/2),是(5)件外套
题2.2	把10件外套平均(5)份,其中的1份用分数表示(1/5),是(2)件外套
题2.3	把10件外套平均(10)份,其中的1份用分数表示(1/10),是(1)件外套

表5 三(2)班"分苹果"和"分外套"正确率统计

分苹果	错误人次	正确人次	正确率	分外套	错误人次	正确人次	正确率
题1.1	14	23	62.2%	题2.1	6	31	83.8%
题1.2	14	23	62.2%	题2.1	4	33	89.2%
题1.3	7	30	81.1%	题2.1	1	36	97.3%

从作业的反馈来看,经过一个单元的系统学习,学生对于分数的认知有长足的进步。题1分苹果中个别学生的错误仍集中在分数的含义及正确表达方面;对于掌握较好的学生而言,题1和题2的差异性体现得不明显;对有一定学习困难的学生而言,题2分一分、圈一圈的过程为其思考提供了支架,能够协助其正确完成和部分正确完成题目,题2的正确率总体较题1有明显提升。笔者深深感到在分数初步认识阶段,不论是连续量模型或是离散量模型,大量实际操作和心理经历操作过程对于学生掌握分数的意义都是大有裨益的。

三、回到起点:前后测设计与实施的思考

1. 为什么进行前测和后测

出发不能忘记为什么而出发,因此,我们需要回到起点,反思前测和后测的目的是什么。对于这个问题的回答,决定了接下来前后测的编制和实施等具体环节。据笔者理解,课例研究中的前测就是我们常说的学情分析,根据前测分析学生的情况,确定教学的起点。后测更多关注教学实施的效果,也就是说,经历课堂学习后,可利用后测来直观体现学生的学习成果。

本轮课例研究之所以选择分数的初步认识第一课时作为研究课,是因为分数的含义在小学数学分数学习组块内具有重要意义。借用马立平博士的说法,分数的概念是学生后继学习分数除法等知识的"概念结"[1],透彻地理解分数的概念才能使得后继学习事半功倍。鉴于学生掌握分数的概念的形式多是程序性的规则复述,故借考察分数连续量模型学习能否迁移到离散量分数模型学习,以此探索更有效的教学方式。由此可见,在实施前后测前,一定要明确研究目的,然后编制题目。

2. 如何进行前后测

(1) 前后测的编制

明确前后测的目的后,教师要着手编制题目。在研究过程中,执教教师对前后测提出了一些格式上的修改意见。经过本轮实施后发现前后测的题目中均出现了题1的"分苹果",因此,有些学生自然会发出疑问:"同样的题目为什么要做那么多次啊?"学生的这一问,正是对课例研究中前后测题目设计的专业性的提醒。前后测时,即使是对同一知识点进行考察,由于间隔时间较短,也一定要设计题目的变式。同样的题目如果既用于前测又用于后测,学生会产生惰性思维,仅凭记忆就作出判断,这会影响前后测的效度。

另外,可以依据整个单元的教学关键知识点设计相应前测,并不需要每次研究课都作前测。

(2) 前后测的时间安排

基于对学生学情的有效把握,应在教学设计之前作前测。本轮课例研究囿于教学时间安排,几次前后测都安排在了上课前的5分钟,那么不论是对观察员教师还是对学生而言时间都明显有些仓促,前测对于教师教学设计的作用显然得不到更好的发挥。如果是研究情况的确需要学生当天完成前后测,也需要考虑给予充分的时间。此外,进行课例研究课的班级有必要告知学生进行前后测的目的和用处,以增加前后测的有效性。

鉴于本轮课例研究的经验,笔者认为前后测在课例研究中的地位和作用不容忽视。在课例研究的筹备阶段,不仅要关注教学设计的改进和完善,也要根据前后测题目的有效性不断进行调适,以提高课例研究的有效性。本次课例研究于我而言,更像是一次主动的探究学习,即主动去研究学生、研究教材、研究教法、研究前后测、研究课堂,整个过程无疑是幸福的,对我的影响也尤为深刻。

参考文献

[1] 马立平. 小学数学的掌握和教学[M]. 李世锜,吴颖康等译,华东师范大学出版社,2019:111.

践行课例研究，做专业的儿童研究者

上海立信会计金融学院附属学校　赵萌萌

随着课例研究在世界范围内的广泛传播，这一教师专业发展模式在一线教师中也越来越普及。课例研究起源于美国学者对日本教师课堂研究专业共同体活动的关注，世界课例研究学会（简称 WALS）于 2006 年成立，至此，课例研究作为学术研究领域被正式确立。课例研究即教师对真实课堂开展研究，反思课堂实践并从实践中学习。笔者首次接触课例研究是在十年前导师安桂清教授的课上，笔者被课例研究深深地吸引，继而将其定为毕业论文的选题，并就此开启了与课例研究的缘分之旅。

一、研究论文阶段：课例研究的"应然"与"实然"

（一）课例研究以学生的"学"为中心

课例研究改变了我们听评课中对教师"教"的过分关注，而是依据学生的"学"等数据资料佐证教师的教学。研究课中，收集到的学生学习的相关信息又为下一轮的改进课提供依据。在与浦东的学校教师合作课例研究时，笔者借鉴日本课例研究中的工具，其中前后测设计、复线式教学设计、课堂观察表、学生座位表等工具的使用，无不从细节体现出课例研究对学生"学"的关注。

首先是学情分析，即关注学生的学习起点。在教授新知识前，通过访谈或前测试题等形式了解学生的学习起点，让教师的教学设计有据可依。其次是采用复线式教学设计，预期学生课堂学习的多种可能。复线式教学设计与以往教学设计最大的差异在于不仅有教师的教学行为一栏，还增加了预期学生行为一栏，也就意味着教师在教学设计时要能够试着预期学生可能会有的反应。最后，观察者带着观察表和观察任务走进课堂是课例研究的又一显著特点。观察表和座位表依据研究的实际需要进行具体设计，有时还会在表格上用符号来区分不同学习水平的学生，以便于观察的教师获得一些参考信息。

这些工具的采用首先在形式上给教学研究带来较大的改变。参与的教师虽然开始不太清晰具体的理念，但在经历体验中逐渐感知课例研究所带来的以"学"为中心的理念变化。整个一轮的课例研究活动走下来，一些老师纷纷感叹：课例研究的理念值得肯定，但这样做太花费时间精力了，紧凑的课堂教学不太可能每次都实现学情分析和周密的教学观察设计。

（二）构建教师学习共同体，培育教研文化

多数教师在参与教研活动时如非十分必要，能不说就不说，能少说就少说。而能说优点不说缺点的现象也已十分常见。一般而言，只有从教研员、年轻教师的带教师傅以及私下关系较近的同事那里，才有可能听到有关教学的改进性建议。合作学校的一位老师和我的交流，令我至今记忆深刻。"我提建议可能是想帮助你，说你不好，那如果你不开心了呢？比如你上节课，我来对你说'这个不好，那个不好'，你口头上可能说'你给我指出来，我很感激你！'，但万一你心里想：'我上得这么好，你还说不好。'那这样我不是做'恶人'了吗？！"

日本学者佐藤学的观点是很好的回应:"研讨教学问题的目的绝不是对授课情况的好坏进行评价,因为对上课好坏的议论只会彼此伤害。研讨的焦点应针对授课中的'困难'和'乐趣'所在,大家共同来分享,以达到教研的目的。"[1]形成学习共同体是促进参与者成长的有效组织形式,它不仅是行业内人员的简单聚集交流,更是与行业内同伴的经验分享与诚实对话。教师聚在一起,互相谈论这节课哪里有意思,哪里比较困难,学生有哪些表现,并通过相互交谈让学生学习时的具体情形重新浮现。这样的学习共同体实现了教师的充分合作,实现了教学经验的分享和创造,需要长期的营造和努力。

(三)"中式课例研究"——凸显优势,规避弊端

现在回看十年前对课例研究的把握,一方面笔者深感日本课例研究文化的神奇,迫切地将其作为研究工具"拿来"使用,一方面又试图将课例研究作为全新的教研形式,与我国多年的传统教研形式分离开来。诚然,日本课例研究有其优越性,但实施效果也受到参与人员的投入程度和合作程度的影响。由此,课例研究需要在我国的教研形式下寻找合适的落脚点。

近两年来,教育学界提出"中式课例研究"模式,将我国的四级教研模式下的课例研究模式定义为"中式课例研究"。杨玉东提出应审视课例研究的独特性:一是教师应群体性合作,并尽可能争取专业人员的参与。二是行动中应进行过程性反思。三是应进行持续性的教与学的改进。[2]由此可见,流行在上海中小学中的"中式课例研究"也正是课例研究理念的落地,既希望能凸显我国悠久教研传统的优势,又力图在以"学"为中心的课例研究中规避原有的弊端。

二、小学教师职初阶段:教研与课例研究的不期而遇

2012年秋,笔者选择在浦东新区的一所小学任职,担任的是数学教学和班主任的工作。虽然一直以来学习的是教育学专业,但面对复杂的教学实践时,我竟有些不知所措。笔者深知自身的劣势是学科教学知识的缺乏,幸而课例研究的理念正悄然影响着笔者的教学实践。

(一)被学生"牵"着走的教学

任职第一年,校内带教师傅每周来听笔者的课堂教学。他很快就发现了笔者课堂教学的特点:总是容易被学生"牵"着走。因为教学经验十分不足,笔者对学生的预设行为较少,如此一来,课堂上遇见学生的错误观念或者困难时会过分关注,造成教学内容完不成。

【案例1】 "钱"可以做单位吗?

题目:一个蛋糕的价格是3元,一盒6只装,买一盒蛋糕需要多少钱?小丁丁有20元,买一盒够吗?

学生解答:

$3 \times 6 = 18$(钱)

18元<20元

答:买一盒蛋糕需要18元。小丁丁有20元,够买一盒蛋糕。

在批改一年级的数学作业时,笔者发现有不少学生是用"钱"作单位,笔者觉得这或许是由不同寻常的思考模式造成的。随即笔者当面询问这几个学生钱的单位都包括哪些。学生们回答"元、角、分"而没有"钱",那么他们为什么用"钱"作单位呢?笔者随后找到了答案。原来学生习惯在解决问题时在问句中圈画单位,本题的问句是"买一盒蛋糕需要多少钱?",学生自然而然地认为"多少"后面紧跟的就是单位。为此,笔者此后在解决问题教学时特别设计了与单位相关的教学。

刚任教小学数学时,面对类似100以内的加减计算的教学,我时常很困惑:这些知识点如此简单,但怎么让学生更好地理解呢?在每学期一次的组内公开课的内容选择上,我都会有意避开较有把握的内容,转而选择有点难"教"的一部分。在公开课时,笔者很少担心"出丑",因为每一次教学弱点的暴露也是教学成长的机会。

(二)遇见课例精修工作坊

笔者曾很幸运地成为浦东教发院王丽琴博士领衔的课例研究团队的一员。近两年来,笔者更参与建平实验小学和周浦小学两个数学课例精修工作坊,有幸分别就"周长的认识"和"几分之一"的教学内容展开研究。笔者还作为其中一名执教教师,完成周浦小学课例精修工作坊的"三研"环节,感受浓浓的教学研究氛围。

【**案例2**】 为什么一堂课的教学后,错误率没有出现明显下降,甚至不降反升?

课后测中第1大题和第2大题答题情况良好,错误率比前测有所降低,第2大题甚至错误率为0。这说明经过一节课的教学,学生进一步巩固了以前学过的平均分的知识,完成了从平均分到分数的知识内化和迁移。但是第3大题和第4大题(即前测中的第4大题和第5大题)并没有如我在课前测后所预期的那样,错误率出现明显下降,而是每小题仍有接近50%的错误率,第四大题第一小题的错误率甚至不降反升。我将课前测、课后测的习题与这节课的教学设计放在一起审阅,终于找到了其中的原因:原来在这节课的教学中并没有讲到分数的离散量模型,而这两题恰恰要用到分数的离散量的知识点。

在精修工作坊中,教师围绕教学设计和学生数据收集开展小组合作,最后将小组成果以海报的形式交流呈现。课堂上,有特点的或存在学习困难的学生成为教师争相观察的对象,充分的课堂观察会把平时不易发现的关于学生学习的信息呈现出来。议课环节,教师会因前后测中一道错误率较高的题目被瞬间点燃热情,以至于出现他们一研、二研后,希望再来一次"三研",关注到底怎样才能把错误率降下来。在精修工作坊的六个半天中,每位教师都是参与者、观察者,并都在努力成为学生学习的服务者。作为其中的一员,笔者深感很累,但非常值得。系列化设计的课例研究为参与其中的每位教师提供了一个探讨教学内容的机会。整个过程虽然比较费时,但当笔者再次遇到"周长的认识"和"几分之一"等教学内容时,脑海中会立刻浮现精修工作坊的研修经历,这个经验十分奇妙和深刻。

三、"十八线主播"阶段:"学"为中心,顺势而为

2020新年伊始,新冠肺炎疫情在武汉突然爆发,继而迅速席卷全国,也使得我们的教学变得不同寻常。"停课不停学"将居家教学的教师"十八线主播",师生共同迎接网课背景下"教"与"学"的挑战。

(一)空中课堂背景下的教学困境与迷思

自2020年3月2日,上海基础教育实施了"优秀教师录像+本校教师互动"的双师空中课堂模式。网络信息技术的发展实现了学生的居家学习,给教学带来了极大的便利;网络课堂的可回看等特点也真正实现了课堂的"翻转",让很多学生受益。但是在信息技术服务教育的同时,也有一些问题值得反思。

由于笔者任教小学,首先要面临的是学生学习自觉性和自我管理方面的挑战。网课期间,学生作业不上交,互动不参与;网课学习时学生沉迷网络游戏等现象屡见不鲜。对于教学中出现的种种问题,教师对处在网络另一端的学生颇有"鞭长莫及"之感。教师该如何应对网课学习的

教学挑战?这些挑战和我以往一直关注的"以学习为中心"的课例研究是否有着内在的关联?

(二)空中课堂背景下教学理念的更新与实践

1. 教师从"主导者"到"辅助者"

空中课堂"双师"教学模式倒逼教师改变角色定位:教师不得不从教学的"主导者"转变为学生学习的"辅助者"。首先,任课教师需提前一天观看优秀教师录像,结合主讲老师的教学思路设计教学互动内容,辅助教学目标的落实。其次,在学生的学习过程中,任课教师是学生最可靠的辅助者;学生有任何疑问,教师均可线上答疑解惑。

教师的角色转变虽是形势"所迫",但确实是践行教学理念的一次极大突破。虽然二期课改倡导"以学生的发展为本"的理念,但真正将其落实到课堂,尤其是让身处其中的教师意识到需要转变自身角色,尚有一段距离。教师的空中课堂辅助教学经历势必会使得老师更关注学生,给予学生更多的探索空间。

2. 注重"学"为中心的教学方式

我们不难发现,空中课堂背景下的教学需要尤为关注学生的"学"。任课教师应依据所在班级的学情,有的放矢地设计互动的重点。

在教学方式上,教师应在课前、课中和课后,依据学情不断调适教学方法。针对学生反映录像节奏快、有点跟不上的特点,很多教师纷纷制定"导学单""预习单",引导学生进行课前预习;课中互动时,教师可依据学生本节课需要掌握的知识点设计"话题互动",让学生上传语音,教师逐一答复;课后老师可根据学生的作业情况及时进行反馈,针对典型错误进行视频录制,学生可以根据需要随时查看。这些努力不仅可有效改善教学效果,也为未来的教学提供了明确方向。

3. 践行课例研究倡导的核心理念,做专业的儿童研究者

研究儿童以及儿童的学习是探索网络课程背景下的教学的唯一法宝。作为教师,我们要回到教与学的起点,重新审视我们的方式方法。

【案例3】 不一样的作业

完成《两小儿辩日》课后练习后,再想象一下(选一个情境写):

(1)孔子晚上有感而发,把此事发到朋友圈,会怎样描述呢?

(2)你就是其中一个小孩,回家后会怎样把这个故事讲给爸爸妈妈听?

(3)你是孔子的好友,看到孔子发的这条朋友圈故事,你会如何点评?

以上是江苏第二师范学院附属小学的刘春生老师通过网课给学生布置的线上作业,创新的作业内容和形式让身为成人的我都跃跃欲试,相信这样有心、好玩的作业肯定深受学生的喜爱。刘老师是儿童研究的先行者,他从作业入手,打通了与学生的关联,成为一个"懂"儿童的教师。

在网课学习中整理收获、反思不足;仔细研究课堂,做专业的儿童研究者;以课例研究为载体的系列化、主题化教研活动,将有助于逐步树立教师作为儿童研究者的专业形象。

参考文献

[1]【日】佐藤学.静悄悄的革命——创造活动、合作、反思的综合学习课程[M].李季湄译,长春:长春出版社,2003.

[2]杨玉东.从中式课例研究看上海数学教师的专业学习[J].中国教育学刊,2019(11).

引导学生提出问题的探索与实践

上海立信会计金融学院附属学校　张泽平

朱熹曾说过:"读书无疑者,须教有疑。"李政道教授也曾说:"求学问,先学问;只学答,非学问。"2022年4月,教育部发布了《义务教育课程标准2022年版》,其以学生发展为本,以核心素养为导向,进一步强调发展运用数学知识发现、提出、分析和解决问题的能力。可是,在我们的教学实践中却常常遇到学生不会提问或者提问不得要领等问题。对此,我尝试用导学单来引导学生提出问题并解决问题。

一、概念课用学生提问串起重难点,易混点

概念课是公认的比较难上的数学课,往往老师讲得天花乱坠,学生听得昏昏欲睡。针对这个问题,我尝试在第17章的第一课时讲一元二次方程概念课时,将教学内容分为三个板块:一是一元二次方程的概念;二是一元二次方程的特征;三是判断一个数是否是一元二次方程的解。我设计了四个问题,意在引导学生预习教材时及时记录困惑。在教学过程中,我将学生的问题归类呈现,启发学生发现问题。导学单题目及学生问题归类如下:

1.试写出下列方程的名称:
　　$3x+5=0$　　$2x-y=0$　　$2x^2-x+1=0$
　　$x=5$　　$3x-2x=5$　　$3x^2=5$
观察上述方程的特征,你能尝试给出一元二次方程的概念吗?并圈出关键词。
只含有一个未知数,且未知数的最高次数是2的整式方程叫做一元二次方程

问题1(陈晓):$x^2+\dfrac{1}{x^2}=4$是不是一元二次方程?
问题2(顾子瑜):二次项消掉后还是不是一元二次方程,如:$2x^2-x+1=2x^2$?
问题3(周颖婕):$2\pi x^2+\sqrt{2}x+4ab=0$是不是一元二次方程?
问题4(陈思扬):$\dfrac{x^2}{x}=0$是不是一元二次方程?

2.请你再写出两个一元二次方程,类比一元一次方程的一般式$ax+b=0\ (a\neq 0)$,请你写出一元二次方程的一般式,并写出各项及各项系数,说说你写的一元二次方程和一元一次方程一般式的不同之处。

$ax^2+bx+c=0\ (a\neq 0)$
二次项:　ax^2　　二次项系数:a
一次项:　bx　　一次项系数:b
常数项:　c

问题1(聂晨曦):$ax^2+bx+c=0\ (a\neq 0)$中,为什么$a\neq 0$?
问题2(杨婧怡):常数项的次数大于2时,这个方程还是一元二次方程吗?
问题3(陈晓):一元二次方程各系数和为1,即$a+b+c=1$还是$a+b=1$?
问题4(曾虹):为什么一元二次方程右边的值不算常数项?
问题5(徐尚堃):一元二次方程的一般式要按降幂排列。

判断1,0,2是不是方程$x^2-x=0$的根? 思考:如果一个一元二次方程有一个根为0,那么这个方程各项系数或常数项有什么特征?

问题1(高铭哲):一定要按照书上的格式吗?
问题2(翁摘琳):如果一个一元二次方程有一个根为0、1、-1那么这个方程各项系数或常数项有什么特征?
问题3(曹紫吟):一个方程为什么可以有多个根?
问题4(宋奕廷):每个一元二次方程都有两个解吗?如果只有0呢?
问题5(播恩嘉):一个一元二次方程最多有几个解?最少有几个解?
问题6(唐剑辰):一元二次方程的解法是什么?

将学生提出的问题进行分类,以问题串驱动数学课堂,组织学生们开展交流和讨论。问题的设计有意识地引导学生提出问题,如"判断1、0、2是不是方程$x^2-x=0$的根"这个问

题,老师有意识地设计成其中两个数都是方程的根,而有一个不是方程的根。果然就有学生发现了一元二次方程与一元一次方程根的个数不同这一情况,进而提出了一元二次方程有几个解及怎样解一元二次方程等这样的问题。

二、学生提问驱动教学内容推进

选取学生提出的问题时,需注意选择揭示数学本质、直指目标的问题,引导学生预习从"概念型"向"理解型"和"探索型"过渡。

通过以导学单为载体培养学生提问意识,也让我发现教材内容编排的顺序与学生的提问高度一致:学完一个内容后,总有学生提出的问题恰好就是后续要学习的内容。这样的内容编排符合学生的认知规律,如果老师能合理点拨,更能引导学生主动学习。比如,学习了特殊的一元二次方程之后,学生会思考并提问:一般的一元二次方程能用特殊方法解吗?从而引出可配方法解一元二次方程。学生还会问出这样的问题:除了配方法外,还有什么解一般一元二次方程的方法?学习用配方法解一元二次方程时,如果方程的一边是完全平方式,另一边是负数,则方程无实根。学生提出问题:怎样提前知道一元二次方程是否有实数根呢?继而引出一元二次方程根的判别式的内容。从整章的教学节奏来说,学生形成了主动学习的习惯,而不是被老师催着向前进。

从一节课的课时设计来讲,有序地组织使用学生的提问,也可有效推动教学进程。比如我在设计二次三项式的因式分解这节课时,将要强调的知识点化作学生问题来呈现,如此更能引起学生的重视。

三、问题解决的"放"与"收"

有些学生的提问也会引起同学的共鸣。比如,在学习用配方法解一元二次方程时,如果二次项系数不为1,需要将二次项系数化为1,常数项移到等式后边,两边同时加上一次项系数一半的平方。有学生提出:"当二次项系数为 a 不化为 1 时,能用配方法解一元二次方程吗?常数项与一次项系数的关系是什么?"对于这个问题,我没有立刻在课上解答,而是把问题抛还给了学生,让他们自己尝试去解决。以下是学生合作探究的结果,我作了三组对比:

第一组:

$$3x^2 - 2x - 6 = 0$$
$$3x^2 - 2x = 6$$
$$(\sqrt{3}x)^2 - 2\cdot\sqrt{3}\cdot\frac{1}{\sqrt{3}}x + \frac{1}{3} = 6 + \frac{1}{3}$$
$$(\sqrt{3}x - \frac{1}{\sqrt{3}})^2 = \frac{19}{3}$$
$$\sqrt{3}x - \frac{1}{\sqrt{3}} = \pm\frac{\sqrt{19}}{\sqrt{3}}$$
$$\sqrt{3}x = \frac{1\pm\sqrt{19}}{\sqrt{3}}$$
$$x = \frac{1\pm\sqrt{19}}{3}$$

$$x^2 - \frac{2}{3}x = 2$$
$$x^2 - \frac{2}{3}x + \frac{1}{9} = 2 + \frac{1}{9}$$
$$(x - \frac{1}{3})^2 = \frac{19}{9}$$
$$x - \frac{1}{3} = \pm\frac{\sqrt{19}}{3}$$
$$x = \frac{1\pm\sqrt{19}}{3}$$

第二组：

$$9x^2-4x-2=0$$
$$9x^2-4x=2$$
$$(3x)^2-2\cdot 3\cdot \frac{4}{2\times 3}x+\frac{4}{9}=2+\frac{4}{9}$$
$$(3x-\frac{2}{3})^2=\frac{22}{9}$$
$$3x-\frac{2}{3}=\pm\frac{\sqrt{22}}{3}$$
$$3x=\frac{2\pm\sqrt{22}}{3}$$
$$x=\frac{2\pm\sqrt{22}}{9}$$

$$4x^2-4x-5=0$$
$$4x^2-4x=5$$
$$4x^2-4x+1=6$$
$$(2x-1)^2=6$$
$$2x-1=\pm\sqrt{6}$$
$$2x=1\pm\sqrt{6}$$
$$x=\frac{1\pm\sqrt{6}}{2}$$

第三组：

$$ax^2+bx+c=0$$
当 $a>0$ 时
$$ax^2+bx=-c$$
$$(\sqrt{a}x)^2+2\sqrt{a}\cdot\frac{b}{2\sqrt{a}}x+\frac{b^2}{4a}=\frac{b^2}{4a}-c$$
$$(\sqrt{a}x+\frac{b}{2\sqrt{a}})^2=\frac{b^2-4ac}{4a}$$
当 $b^2-4ac\geq 0$ 时，$\sqrt{a}x+\frac{b}{2\sqrt{a}}=\pm\frac{\sqrt{b^2-4ac}}{2\sqrt{a}}$
$$\sqrt{a}x=\frac{-b\pm\sqrt{b^2-4ac}}{2\sqrt{a}}$$
$$x=\frac{-b\pm\sqrt{b^2-4ac}}{2a}$$

当 $a<0$ 时
$$-ax^2-bx-c=0$$
$$-ax^2-bx=c$$
$$(\sqrt{-a}x)^2-2\sqrt{-a}\cdot\frac{b}{2\sqrt{-a}}x+\frac{b^2}{-4a}=c-\frac{b^2}{4a}$$
$$(\sqrt{-a}x-\frac{b}{2\sqrt{-a}})^2=\frac{4ac-b^2}{4a}$$
当 $b^2-4ac\geq 0$ 时，$\sqrt{-a}x-\frac{b}{2\sqrt{-a}}=\pm\frac{\sqrt{b^2-4ac}}{2\sqrt{-a}}$
$$\sqrt{-a}x=\frac{b\pm\sqrt{b^2-4ac}}{2\sqrt{-a}}$$
$$x=\frac{b\pm\sqrt{b^2-4ac}}{-2a}$$

学生经过探究发现：二次项系数为 a 不化为 1 时，常数项不仅与一次项系数有关，也与二次项系数相关。其实学生刚开始只是很粗浅地去看一看书，然后模仿着老师的问题进行提问。但是在研讨的过程中，通过课上的沟通和课下的探索，学生能主动修正自己的提问，说出内心真正的困惑。最后学生得出结论：用配方法解一元二次方程时，二次项系数化为 1 虽然不是唯一的解题方法，但却是最方便的方法。

在这个过程中，教师知道了学生心中的困惑，而问题的解决方法是让学生通过一次次的数学活动，促进问题解决，提高数学能力。

还有一个问题：为什么解一元二次方程一定要配完全平方公式？配平方差、十字相乘等公式可以吗？这个问题一展示出来，班级马上有同学附和说：对哦，为什么呢？对于这个问题，我在课堂上任意写出一个一元二次方程，让同学们按照自己想要的公式去配，于是学生发现配十字相乘时左边不唯一，右边不是 0，故无法解出方程。

从形式上来看，在教学中，主体是从事"教"的老师，客体是从事"学"的学生；而在回答中，主体是从事"问"和"答"的学生，客体是从事"答"的老师。而教育的过程，是让学生在"提问"和教师引导解决问题的过程中掌握知识。

四、调动学生学习兴趣，打造更受欢迎的数学课堂

教学过程不应仅理解为"教"与"学"的过程，而更需理解为"学生问"与"学生答、教师答"的过程。但这种改变是否只是为改变而改变，是否受学生欢迎呢？为此，我作了一份关

于提出问题的问卷调查,对象是两个班级共 88 名学生,共收到 86 份反馈。

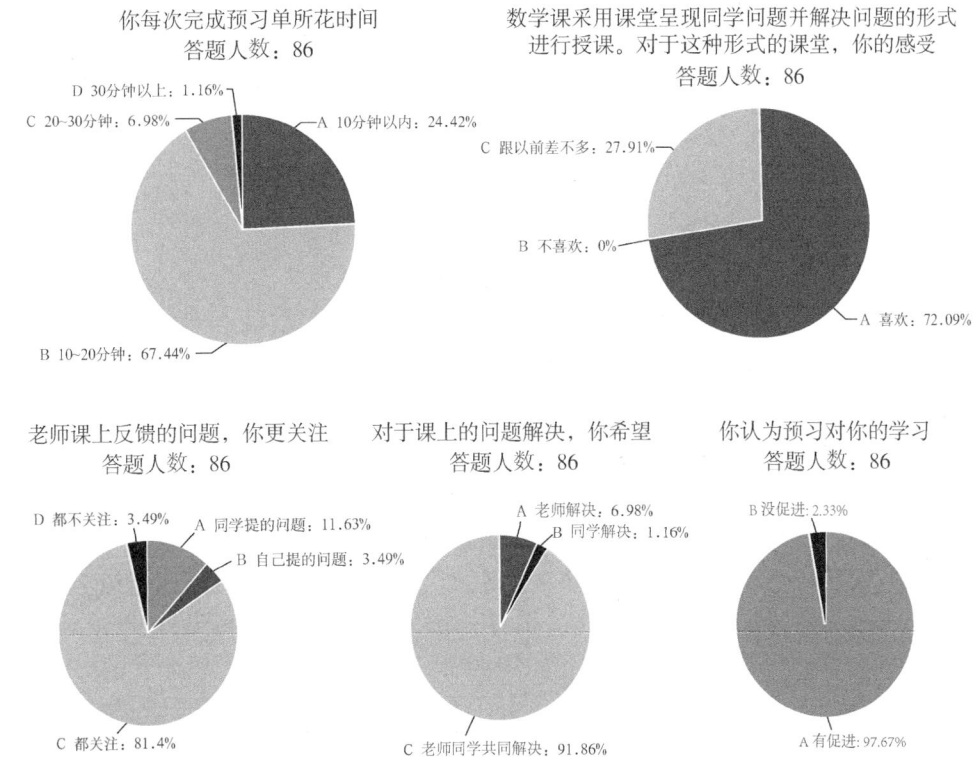

问卷显示大部分同学认为预习单对数学学习的促进体现在:提高学习兴趣,及时表达自己的困惑,深入思考问题,阅读数学教材。调查证明,这样的课堂更受学生欢迎。

从教与学双边关系来讲,学生的"问"为教师的"教"提供了"研"的方向和内容,能促进教师对教学内容进一步钻研。"教而不研则浅,研而不教则空"。因此,其促进了教师与学生的双向成长,对提升教学品质大有裨益。

在教学中,我始终遵循"引导学生从根本上转变等待传授知识的习惯,成为知识的主动探索者"这一原则,将学生提出的问题放进数学课堂,形成学生学习的内驱力。"生也有涯,无涯惟智"。在探索更受学生欢迎、更让学生受益的课堂这条路上,我将会矢志不渝,继续逐梦而行。

巧读现代诗,提升阅读力

——以四年级下册现代诗单元为例

上海立信会计金融学院附属学校　陆美菁

最新版小学语文新课程标准中明确提出学生要具有独立阅读的能力,学会运用多种阅读方法;应有较为丰富的积累和良好的语感,注重情感体验,提高感受和理解能力。因此,部编版小学语文教材采用双线组织单元内容,扎实训练语文要素,注重亲子阅读、自主阅读,旨在更好地指导学生的课外阅读。由此可见,部编语文教材虽阅读总篇数变少了,但阅读量有所增加,且更加注重学生阅读力的培养。部编版语文教材的编排也十分注重学生文体意识的培养,古诗、现代诗、童谣在教材中也非常常见。可以看到,从一年级到四年级上册,现代诗都是零星出现,直到四年级下册,现代诗作为一个单元出现。由此可见,现代诗对学生语文素养的提升有着十分重要的作用,现代诗这种独特的文体也有助于提升学生的阅读力。

一、何为"阅读力"

经查阅多种文献,发现不同专家学者对"阅读力"的理解是不同的。如日本明治大学教授斋藤孝教授在所著的《阅读的力量》中认为阅读力必须是一种乐于耗费精力去阅读书籍的能力。[1]全国政协委员聂震宁先生所著的《阅读力》一书中指出"阅读力是对所读图书的理解、运用和反思的能力。具体来说可以包括这样几项能力:提取信息的能力、推断解释的能力、整体感知的能力、评价鉴赏的能力和联想运用的能力。阅读力其实是教育力、文化力、思想力的一部分。"[2]简单来说,阅读力是阅读时为了更好地阅读内容所需要具备的能力,这种能力不是单一的,而是各种能力的综合。对任何学段的学生,甚至是成年人来说,阅读力都至关重要,良好的阅读力不仅有助于终身学习,还能促进人一生的发展。

二、基于语文核心素养和小学生认知发展的阅读力内涵

语文的核心素养包含了语言的建构和运用、思维的发展和提升、审美的鉴赏和创造、文化的理解和传承。整个小学阶段是学生的语言、思维和审美发展最为迅速的一个时期。刚进入小学的学生语言表达基本以口头语为主,不够清楚规范;思维以具体形象思维为主,有一定的审美能力,但比较浅显,还不够深入。但是,到了五年级,学生对文本语言的建构有了自己的理解,能熟练运用书面语,有一定的抽象思维能力;审美不再局限于表面,而是能够深入文本,并有一定的创造能力。

基于语文的核心素养以及小学生的认知发展特点,笔者认为小学生的阅读力应包括理解力、思维力、审美力、想象力、创造力。理解力是指在阅读的过程中能够理解文本内容和作者情感;思维力是指在阅读过程中具有一定的内容整合、梳理、质疑、推测等能力;审美力是

指在阅读的过程中能够感知和表达美,并且给予评价;想象力是阅读时基于文本进行符合内容或者超脱文本的想象;创造力是通过阅读能够创造出属于自己的作品。

三、现代诗的教学现状

相较于过去的教材,部编版语文教材提升了诗歌在教材中的比重,尤其是对于现代诗还设置了一个单元进行集中学习。尽管如此,在实际教学中,现代诗教学还存在着一定的问题:比如,现代诗的教学方法比较单一,很多情况下,仅由教师领着学生读读诗歌,了解诗歌的内容,学生的学习主体地位被忽视,学习过程也较为单调。

现代诗的形式是自由的,内涵是开放的,语言也极具美的艺术,这种美是需要慢慢品味、深入研究的。但在课上有限的教学时间中,一些教师经常是为了解内容而读,很少在读中感受诗歌的美;为完成教学目标而教,不够注重对学生兴趣的激发。

三、好读书,读好书,提升学生的阅读力

(一)激发阅读兴趣,鼓励学生持久阅读

阅读力的提升不是一朝一夕的事情,而是在长期坚持阅读的过程中不断形成和提高的。提升学生阅读力的第一步在于激发学生的阅读兴趣。由于自身阅读基础的不同,小学生对读物的接受度、能坚持阅读的时间也存在差异。在激发学生的阅读兴趣时,要利用好阅读周期和奖励制度,适当地给予阅读奖励,以极大地提高学生的阅读兴趣。如在教学四下现代诗这个单元时,鼓励学生从单元内诗歌的作者冰心、艾青、叶赛宁、戴望舒出发进行拓展阅读。这个单元的两周教学时间为现代诗的阅读周期,结束时以学生的阅读积累作为评价依据,评出阅读之星,并给予学生印章、贴纸等小礼物作为奖励,激发学生的阅读兴趣。

(二)课堂教学,情景交融,声情并茂,理解诗歌,提升审美力

不同于其他文体,诗歌有其独特的美。在现代诗这个单元的课堂教学中,生动的图片、美妙的音乐、深情的朗读都能很好地渲染课堂氛围,有助于学生感受诗歌之美。如《短诗三首》中繁星(七一)和繁星(一五九)都是表达母爱的,可将两首诗放在一起学习。学习前一首时,可以看到在园中,母亲的膝上坐着一个孩子,可让学生谈谈有什么感受。学习后一首时可联系生活实际,想一想自己在什么时候最需要妈妈的怀抱,再来理解文中"心中的风雨"。在学习《绿》这一课时,正值春末夏初,可让学生找一找大自然中的各种绿,教师也可以用手机拍下大自然中的绿在课上展示给学生。真实的图片更能激发学生的共鸣,教师配以音乐有感情地朗读,更能将诗歌的语言美传达给学生。声与情、情与景的交融,可让诗歌的课堂充满美的享受。

(三)注重阅读策略的指导,促进思维力的提升

部编版语文教材从三年级开始编写阅读策略单元,在阅读策略单元,教师通常会要求学生运用阅读策略去读文,但这个单元结束后,教师通常不会经常提醒学生使用阅读策略。为让学生更深入地理解现代诗,教学时可充分让学生利用阅读策略去读诗。如读诗歌《绿》时,可以试着去问学生为什么刮的风、下的雨、流的水、阳光都是绿的。在读诗歌《在天晴了的时候》时,可以针对破折号进行提问,或者提问山间移动的暗绿指什么。阅读策略的运用指导可以帮助学生更深入地理解诗歌,提升思维力。

除去利用已经学过的阅读策略外,还可以利用群文阅读的策略,帮助学生拓展现代诗阅

读的广度。如学习《短诗三首》时,可以选取冰心《繁星》中的其他诗歌来进行群文阅读,了解作者的写作风格、经历和诗歌所表达的情感之间的关系。

(四)利用综合性学习活动,设计个性化作业,激发创造力

四下现代诗这个单元安排了四篇诗歌、三篇精读、一篇略读。第一篇《短诗三首》后安排了一个活动提示,让学生收集、摘抄诗歌;第二篇《绿》后是一个阅读链接,与宗璞的《西湖漫笔》中的绿的描写进行比较;第三篇《白桦》中还有一个活动提示,让学生当个小诗人,写写诗。

正是因为有了这些活动提示,才为接下来的综合性学习《轻叩诗歌大门》打下基础:综合性学习要求学生合编小诗集、举办诗歌朗诵会。这两项对学生的各方面能力要求较高,因此采用小组合作的方法,让每个孩子根据自己的特长选择一个参加,最终在课上展示;并由每个组的代表组成的评委会进行评价,选出最佳朗诵者、最美诗集进行奖励。

(五)上好课外阅读指导课,指导学生课外阅读,助力学生阅读力的提升

课外阅读指导课是提升学生阅读力的又一重要途径。语文教材中的"快乐读书吧"就是典型的课外阅读指导课,但一学期仅有一次"快乐读书吧",只利用这一次进行课外阅读指导是远远不够的。只有将课外阅读指导常态化,才能促进学生阅读力的提升,因此,上好每周的阅读课是关键。除此之外,教师也可以根据单元内容,要求学生进行一定的课外阅读。如现代诗单元,教师可指导学生收集本单元作者的其他诗歌开展拓展阅读,进一步提升学生的阅读力。

(六)利用班级图书角,关注个性化阅读

作为一线教师,笔者发现每个学生的阅读兴趣、阅读习惯、阅读基础都是不同的。同样是一年级,有的学生只能读懂绘本,有的学生可以借助拼音读较长的故事,而有的学生已经能读纯文字的故事书了。教师可以在班级建立图书角,鼓励学生多进行课外阅读,应充分尊重学生的原有基础,满足其阅读的个性化需求。

参考文献

[1] [日]斋藤孝著,武继平译.阅读的力量[M].厦门:鹭江出版社,2016.
[2] 聂震宁.阅读力[M].北京:生活·读书·新知三联书店,2017.

科学小品文亦须"合情""得体"

上海立信会计金融学院附属学校　汪　启

《只有一个地球》是部编版教材语文六年级下册第五单元第17课,是一篇科学小品文。科学小品是二十世纪三十年代发展起来的新兴文体,因为其科学性、文学性、趣味性等特点而深受教师关注与喜爱。在文体的表现形式上,其既包含说明文的表达形式,同样又具备小品文的语言特色。

立足六年级学生的学情,以科学小品文兼具科学性与文学性的特质为纲,确定《只有一个地球》的阅读教学内容:了解文章的内容,明了文章的情理;品味科学小品文的语言,体会其独特的表达效果;通过梳理行文思路,深入领悟作者的写作意图。学习科学小品文不仅要学习语言文字所承载的内容,更要深刻感受其简洁而又生动的语言、科学而又严谨的表达,以及精妙的结构布局。

一、科学小品文对话内容确定原则

1. 符合科学小品文的文体特质

科学小品文又名知识小品文或文艺性说明文,是兼具科普说明文和散文元素的复合型文体。科学小品文既崇尚科学的真,又追求文学的美,融合了说明文的知识性、科学性与散文的文学性、思想性。科学小品文的科学性特质决定了其必然涉及科学知识,因此,教学设计中往往会运用一些图片、视频来辅助教学,而这些辅助材料一旦过量,就会造成"喧宾夺主"的现象。初中学生对新颖的图片和视频有着浓厚的兴趣,自然会积极参与探究活动,但这样一来品味语言文字的过程往往会被忽视,造成科学冲淡了文学,观看代替了品味。虽然科学小品文的文本所传递的科学知识性信息需要在文本阅读中完成,但是更重要的是体味和分析作者的语言。科学小品文的阅读教学中不可缺少对语言的体味和咀嚼。

科学小品文的阅读教学内容应做到"得体"。所谓"得体",就是遵循文本的体式特征,彰显文本的独特个性,体现文本的教学价值。

2. 适合学生素养提升和成长需要

本文的学习主体是我校六年级学生,这个年龄段的学生有着学习科学知识的内在需求,阅读的主动性和积极性比较强。此外,科学小品文的语言表达较为简洁,学生易于接受。学生们已经接触过一些说明性文本和科学常识性课文,初步掌握了此类课文的学习方法和经验。虽然六年级学生已有一些科学小品文的阅读经验,但是他们的语言概括和提炼能力及整体阅读能力不强。对此,教师应在课堂中开展丰富的语言实践活动,同时引导学生辨析文本严谨的行文思路和富有情趣的散文笔法,感受科学小品文的文学性。

要厘清科学小品文中知识性内容和精神内涵之间的关系,厘清哪些内容学生可以通过自主学习获得,哪些内容需要通过教师引导和师生互动获得。

科学小品文阅读教学中,教师要立足学生已有的学习经验和确定教学目标,关注学生需要"学什么",从学生的能力提升的需要出发。此外,科学小品文的阅读教学内容要"合情"。所谓"合情",即立足学生所思所想,以生为本,以学定教。

二、科学小品文阅读对话路径探究

王崧舟说:"语文的本体不是语言文字所承载的内容,即'写的什么',而是用什么样的语言形式来承载这些内容,即'怎么写的'。语文要学的就是这个。"学习科学小品文,要深刻感受其简洁而又生动的语言、科学而又严谨的表达,以及精妙的结构布局。应在具体的语言实践中理解科学小品文中蕴含的情感和观点,在语言对话实践中养成和提升学生的语文素养。具体路径探究如下。

(1) 在阅读对话文本实践中把握关键词语、提炼信息,形成阅读对话科学小品文的经验起点。

科学小品文中往往会介绍精确的科学知识或科学观点,这会贯穿于整个文本中。在阅读对话实践中把握关键词语、提炼这些信息,有利于学生形成阅读对话科学小品文的经验起点。

如在阅读对话《只有一个地球》文本之初,圈划文本中与地球有关的关键词语,进而对相关含有关键性词语的句子进行提炼。对"地球是_____"进行提炼后表达。

学生可以把握的关键词语有:美丽、渺小、无私、自然资源有限、可爱、容易破碎等。

在此阅读基础之上,可以就句子进行"强主干"性提炼,如"在群星璀璨的宇宙中,地球是一个半径约为六千四百千米的星球。同茫茫宇宙相比,地球是渺小的。它只有这么大,不会再长大。"可以删改为判断句的形式,即"地球是渺小的,地球并不是大的星球,也不会再大了。""人类生活所需要的水资源、森林资源、生物资源、大气资源,本来是可以不断再生,长期给人类做贡献的。"这一句可以删改为"地球的有些资源本来是可再生的。"

学生在阅读对话文本过程中把握关键词语所传递文本信息,明确了对话科学小品文文本信息的阅读路径,丰富了学生阅读文本的经验。而在隐性的判断句上,在教师引导后,学生可通过删去枝叶、留下主干,运用基本的语言规律和逻辑规则去分析、辨别语言,提高思维能力。

(2) 阅读对话文本中语言形式,深入体会作者的情感表达。

科学小品文的阅读对话教学要引导学生不光了解内容,还要品味语言和表达方法,深入体会作者的情感表达。科学小品文兼具科学性和文学性,尤其是其中关联词的运用,更可体现作者用词的准确和行文的严谨,层层推进。王尚文教授曾说:"语文教学的基本内容是言语形式","启发引导学生感知、体验作品的言语形式,这是阅读教学的中心环节"。

文中有一段内容:"地球所拥有的自然资源也是有限的。拿矿物资源来说,它不是上帝的恩赐,而是经过几百万年,甚至几亿年的地质变化才形成的。地球是无私的,它向人类慷慨地提供矿产资源。但是,如果不加节制地开采,必将加速地球上矿产资源的枯竭。"其中,"不是、而是"是并列关系;"甚至"又和前面构成了递进关系,强调后面的内容。这些语言强调了"地球上自然资源的有限性",表达了作者气愤、不满、焦急的情感。而"如果、必将"又构成了假设关系,其告诫程度越来越深。再如课文第9段写道:"如果它被破坏了,我们别无去处。如果地球上的各种资源都枯竭了,我们很难从别的地方得到补充。"这其中反复运用"如果"形成了假设关系的叠加,表达了强烈的告诫情感。

语文阅读教学的着力点应关注语言形式,由对文本内容的认知、理解引向对文本表达形式的研读、品析、运用。教师应引导学生关注文本中的语言形式,养成对话文本语言形式的习惯。应通过各种关于"语言形式"的语言实践,提升学生在复杂语境下的语言对话能力,提升学生的语文能力素养。

(3) 文本行文思路的阅读对话,深入对话品析作者表达观点的路径。

叶圣陶先生有言:"此类文章首须准确,次须明白。"这是叶圣陶先生对说明文文本教学价值的界定,笔者认为具有说明文特性的科学小品文亦是如此。

具体阅读对话探究如下:出示PPT,探究思考文本内容是否可以表达作者的写作意图?课文中的5、6、7小节是否是可以删去?学生在细读文本的基础上进行自主思考。文本行文思路如下:

> 只有一个地球
> 地球是美丽的、渺小的;
> 地球的自然资源有限,但是她一直在无私地做着贡献;
> 地球被破坏后,人类别无去处。
> 我们这个地球太可爱了,同时又太容易破碎了!
> 我们要精心地保护地球,地球只有一个!

《只有一个地球》先介绍地球的外在美后描述其内在美,随后介绍人类对地球的行为,最后呼吁人类应该保护地球。

在行文思路的阅读对话实践中,学生对文本的对话从局部上升到整体。这有利于学生把握和理解文本所表达的"只有一个地球"的观点,进而理解保护地球是现实的迫切需要。

叶圣陶曾经说过:"思想是有一条路的,一句一句,一段一段都是有路的,这条路,好文章的作者是决不乱走的。"学习科学小品文的行文思路能培养和提升学生的高阶思维,提升学生琢磨作者布局谋篇的能力,从而达成教书育人的目标。

品读教材文本背后的"人",落实多维解读

上海立信会计金融学院附属学校 汪 启

文本解读是阅读教学的关键点。开展阅读教学之初,教师需要对教材文本进行充分而有效的解读,助力"目中有人,教书育人"理念的有效落实。在部编版初中语文教材中有相当数量的史传类文言文,如《孙权劝学》《周亚夫军细柳》《唐雎不辱使命》《曹刿论战》《邹忌讽齐王纳谏》等。中国史传文学兼有历史科学与文学艺术两种成分。从文学的角度看,它是以历史事件为题材,重在描写历史人物形象的文学作品;从史学的角度看,它是通过运用文学艺术的手段,借对历史事件与历史人物的描述,来表达一定历史观的历史著作。这类文本选入教材,阅读教学实践中往往会重点品析"历史人物"在"历史事件"中的表现。

《归田录》作为欧阳修所著的非官修类史传,其中《卖油翁》的阅读教学同样可以从"人物"入手解读品析文本。以"言"解文,以文中"人物言语"为着力点析文。在《卖油翁》的教学活动中,笔者十分重视从文本的语言中体味文本人物的性格特点。在执教该文时,注重文本中关键词语的理解和敲打。注重从文本的具体人物描写的语句入手,如康肃公的"以此自矜""忿然""尔安敢轻吾射",自矜傲慢之态溢于言表;卖油翁酌油时,"取""置""覆""酌""沥",连贯熟练的动作,写出了他娴熟的技能,而"我亦无他,唯手熟尔"平静坦然的话语,则充分体现了他的朴实、沉稳。

从人物的相关描写语句入手可以帮助学生快速地抓住文本人物的性格特点,也向学生提供了阅读这样一篇叙事类文本的路径。可以从人物入手,理解文章作者要表达什么,将字词与文本的内涵紧密结合起来,厘清句义和文义,深入解读文本。

该文被选入部编版语文七年级下册第3单元中。执教教师基于"教材编者"的意图,及单元导语中所言"小人物的故事,他们身上闪现优秀品格的光辉",将《卖油翁》的内涵主旨确定为"熟能生巧"。笔者认为这虽然也有一定的合理性,但是教师还应该更关注作者的写作意图。《卖油翁》节选自欧阳修的《归田录》,原文文末有"此与庄生所谓解牛斫轮者何异?"一句。这一反问句在《归田录》中的意思应为:善射与酌油无异,也与解牛和斫轮无异。善射之士大夫与卖油、解牛、斫轮之市井之人无异,都是手熟罢了!大有以古论今之意,其更深的文本内涵也隐含在其中。

同时,应该关注作者构建的"人物身份"背景:文中卖油翁何以无名,作者这样安排又是何意?

与文中"陈康肃公尧咨"相比,卖油翁无名、无姓、无字、无号,更无谥号也。文中康肃因善射并当世无双,从而"以此自矜"。从中读者可知陈氏康肃是个以技为傲的人。而卖油翁则是个不因技精而自傲的人,文中的"无他,但手熟尔""我亦无他,唯手熟尔"足可说明这一点。

作者以一个底层人士的认知来点醒身处社会上层的士大夫,可谓是一种讽刺!欧阳修也许是要给当时的读书人提个醒:射箭没有那么重要,陈尧咨不是什么好榜样;士人应该做

的是"践行古道,以天下为己任"。欧阳修恰是当时那个"尚文而轻武"年代的文化和思想的旗手。如兰保民老师所言,《归田录》是非官修史传,本文不是为古代"达人"立传;技艺虽有价值,但不能将关注点仅停留在技艺上,而是要思考其文化价值。

《卖油翁》这一"史传"类文本写人记事的元素较为明显,笔者认为教师在解读时首先应该关注文本的人物特质和作者的写作意图。与此同时,还应该关注单元主题的意图。另外,如果选文有删改情况,还需关注删减前文本所呈现的写作意图。教师应在品读教材文本背后的"人"的过程中,落实多维解读,实现立德树人的教育目标。

探究小学语文教学中如何培养学生的阅读创造力

上海立信会计金融学院附属学校　张葛依

阅读创造力是学生知识学习与探究的基础能力,同时也是知识经验得以内化的重要保障。作为小学语文学科的核心能力素养之一,阅读创造力的培养也在新时期得到了更多关注。小学语文为一门语言类学科,阅读教学是必不可少的环节,但实际教学过程受到多方面因素的影响,学生的阅读热情及兴趣有待提高,且课内文本无法满足学生的思维发展需求。为此,小学语文教师应当尽快转变教学观念,进而结合学生的实际情况与大纲要求来创新教学策略。

一、培养学生阅读创造力的重要性

阅读创造力是活跃学生思维的重要前提,促使学生边阅读边思考,在对知识加深理解的同时获得阅读感悟。小学生的思维发展水平参差不齐,阅读想象力的培养可以帮助学生在阅读时做到举一反三,进而提高其整体阅读水平及文学修养。小学语文学习是一个不断积累的过程,阅读教学不应局限于本篇文章讲了什么以及怎么讲的,而应引导学生进行创造性阅读,在体验作者优美文笔的同时学习文章的精妙构思。

在"大语文"时代背景下,小学语文教学中以阅读创造力为代表的学科核心素养得到了高度关注,教师应当在教学思路及教学方法等方面加以创新,尽可能提高阅读教学的效率与效果显得尤为重要且意义重大。

(一)能丰富学生阅读感知,发展阅读能力

小学生年龄小,理解能力较薄弱,在阅读习惯的培养上更需要教师的引导与启发。在语文教学中培养学生的阅读创新思维,使学生丰富阅读感知,发展阅读能力很重要。小学阶段正是一个人智力发展最为迅速、知识掌握程度相对薄弱时期。在这个时候,教师不仅要为学生提供良好环境,让他们具备一定量的文学基础与基本技能,更应该帮助他们进行创作能力训练,启迪他们的思维,从而提升他们的阅读能力。

(二)能拓展学生阅读视野,提高综合文化素养

在小学语文教学中,通过培养学生的阅读创造力,可以拓展学生的阅读视野,引导学生走出狭隘的自我思维空间。不管是课内阅读,还是课外阅读,都要适当跳出固有思维,突破文本的局限,避免坐井观天的片面理解,而应看到更加广阔的天地。开放式的创造性阅读,能让学生感受到更多阅读的乐趣。小学生在学习启蒙阶段,通常具有强烈的求知欲望,教师应充分利用学生好奇探索的心理,激发学生的学习热情,重视培养学生的阅读创造力,提高学生的逻辑思维能力,从而培养学生的综合文化素养。

二、小学语文教学中培养学生阅读创造力的有效策略

（一）以课外阅读素材开阔学生视野

在小学阶段，阅读教学工作必须与最新的教学大纲要求相结合。课内教材虽然包含学生在这一阶段应当掌握的知识技能[1]，但其内容较为固定，因此，教师应当搜集课外阅读素材以拓展学生的眼界，进而在积累中实现对其思维能力及创造力的有效培养。在筛选课外阅读素材时，应当以紧密联系主题、具备教育意义等为标准。以《草船借箭》一课为例，教师应当以生字词教学为基础，带领学生共同朗读课文并进行自然段标注，帮助学生理清故事的叙述顺序并弄清前因后果。为加深学生的理解，教师可以向学生介绍诸葛亮的生平，及《三国》中有关诸葛亮的其他故事，进而使得这一人物形象更加立体与生动。

（二）实施阅读游戏，提高学生兴趣

受传统教学模式的影响，小学语文阅读教学普遍缺乏生机，学生的学习兴趣普遍偏低[2]。课上教学效率及效果尚且不能得到保障，更遑论实现学生阅读创新力的有效培养。新课程标准中明确了阅读教学的重要地位并强调师生在课上的有效互动。教师应当优化课堂设计并适当增加一些极具趣味性的阅读游戏，积极践行"寓学于乐"的先进教学理念，以提高学生参与度作为学生阅读创新力培养的重要前提。以《司马光》一课为例，教师可以采用分角色扮演的方式来进行课文的朗读，帮助学生学会文中生字并理解课文意思，进而深入体会人物特点。阅读活动的设置能够促使学生参与其中，符合小学生的身心发展特点，课上活跃的气氛也会提升学生的阅读兴趣，使学生的阅读创新力得到快速发展。

（三）创设阅读情境，促进学生思考

沉闷的课堂气氛是导致阅读教学效果无法得到有效提升的重要原因。因此，教师应当结合学生的发展规律及发展需求来优化教学策略，积极创设一个自由、轻松的阅读情境，引导学生进行独立思考，充分激发学生的主观能动性。阅读情境的创设可以借助现代化媒体教具，筛选多媒体资源并灵活穿插其中。以《圆明园的毁灭》一课为例，全文描述了圆明园昔日的辉煌景象以及惨遭侵略者烧毁后的景象。为加强学生的情感共鸣，教师可以对导入环节加以优化，为学生播放圆明园复原视频并将其与现状视频进行对比，以直观的素材来加深学生的理解。

（四）结合写作教学，加强学生技巧

从素质教育理念来看，小学语文教学应当强调学生在听、说、读、写等方面的全方位发展，阅读教学与写作教学的有机结合也成为小学语文教学工作创新发展的必然途径。实践证明，阅读与写作的有机结合不仅降低了学生的课业压力，同时也实现了理论与实践的有效对接；学生在阅读过程中可积累知识，而在写作训练中又可以对这些知识进行巩固及创新。以《父爱之舟》一课为例，教师应当引导学生在通读全文的同时标注出表达父爱的字词、语句及段落，领悟其中涉及的以小见大的写法，进而深切感受父亲对儿子的无私以及儿子对父亲的崇敬。在课上也可以留出一定的时间用于小练笔，从而实现写作与阅读的有机结合。

三、结束语

阅读教学的目的是培养学生创造力。语文教学中培养学生的创造力，不仅要重视阅读内容、方法和技巧上的创新性探究能力，也要让学生能够从不同角度思考问题并提出自己独

特见解。阅读创造力为小学语文学科核心素养之一,是学生进行语文阅读时所必备的素养。教师有必要在新课标指导下对阅读创造力进行教学优化与创新,为此,本文主要提出了联合课外阅读、增设课上活动、创设阅读情境以及联合写作教学等行之有效的策略。

参考文献

[1] 孙永孝.探究小学语文教学中如何培养学生的阅读创造力[J].新一代:理论版,2020(5):162.
[2] 胡斌.小学语文教学中如何培养学生的阅读创造力研究[J].国家通用语言文字教学与研究,2019(5):1.

"学为中心"的小学语文略读课文教学策略

上海立信会计金融学院附属学校 孙颖佳

为什么要进行略读课文教学？略读课文教学的目的在于为学生的学习和发展而服务。因此,我们提出"'学为中心'的小学语文略读课文教学策略研究"。"学为中心"不仅是一种理念意识,更是具体的、可操作的实践策略。

一、小学语文略读课文教学现状

学习是"学生学的过程",这个理念已经深入人心。但若以学生是否"在场"来审视小学语文的略读课文教学,现实状况却不容乐观:一是略读课教学精细化,上成"精读课"。教师强势主导,学生处于附属状态,略读课上成了"精耕细作"的"精读课"。二是略读课教学简单化,上成"走读课"。教师主导弱化,学生学习处于零碎、无序状态,略读课上成了不求甚解的"走读课"。三是略读课教学随意化,上成"自读课"。有的教师甚至是让学生自己看一下就一笔带过,教师主导缺失,学生学习处于无政府状态。

二、小学语文略读课文教学策略

(一)"学为中心":小学语文略读教学的学教模式

"学为中心"的略读课文学习活动,遵循"大板块、大框架"的原则,坚持以学生自主阅读实践为主,以教师的适度引领为辅,使"阅读分享"贯穿始末。其经历四个阅读阶段,形成四种不同分享方式,教学生学会独立阅读,彰显"充分阅读,先学后教"的理念。一读:"基于经验的读",建立联系、明确要求、架构起点;二读:"基于经历的读",自读自悟、粗知大意、读文会意;三读:"基于可迁移的读",精读"经典"、习得方法、迁移实践;四读:"基于再拓展的读",拓展阅读、激活兴趣、积累语言。

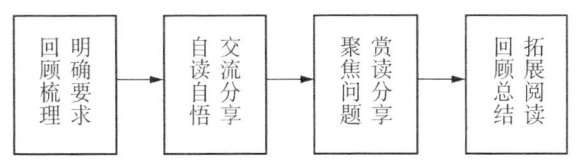

图1 略读课教学的"四读、四分享"学教结构图

(二)"学为中心":小学语文略读教学的教学内容研制策略

探索适合学生发展的教学内容,即教学内容的选择必须基于学生的需要和经验。在形成关于学生和教材的正确认识后,教师要把这种意识转化为实际的教学行为。

1. 读教材,着眼整体,定位教学内容

(1) 把握学段不同目标,明确教学重点。新版课标提出的各学段能力培养要求从侧面表述了各学段的不同阅读特征。教师在进行教学设计时,需要根据"新版课标"的学段目标

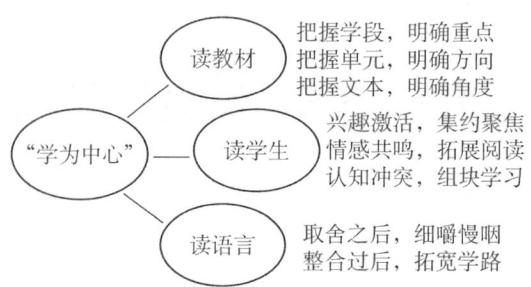

图 2　略读教学的教学内容研制策略结构图示

要求,明确本年段的教学目标的侧重点,结合学生需要,为学生创造学习情境,唤醒、丰富学生的认知经验,帮助学生从旧知中提取相应经验,促进阅读能力的提高。

(2) 把握单元建构规律,明确教学方向。通过梳理各学段的单元主题,根据不同学段不同的编排特点,在教学中作相应的处理。低年级教学中,单元内课文与课文之间的内在联系并不紧密,主题单元的可发挥功能较弱;而中年级的单元教学则处于中间状态,要因单元特点而定。

(3) 把握文本自身特点,明确教学角度。作为教学的文本,每一篇略读课文的思想内容、主题内涵是比较完整和相对独立的。教学时应从课文本位出发,尊重文本自身特点,结合阅读提示,根据文本特色来确定课文主题并展开设计。

2. 读学生,关注学情,研制教学内容

教材与学生的实际经验之间是有一定差距的,所以需要教师善于捕捉和放大教材与学生经验之间的关联点,整合教学内容,帮助学生学习。在教学内容与学生学习经验的关联点上,要侧重把握兴趣激活点、情感共鸣点、认知冲突点。

兴趣激活点——集约聚焦。兴趣是最好的老师。教师要以兴趣的激活为着力点,对文本进行集约处理,使学生的思维更聚集。

情感共鸣点——拓展阅读。教学中要关注学生容易产生情感共鸣的地方,对教学内容进行必要的拓展延伸,丰富教学内容的信息,强化学生的共鸣,帮助学生自己进行独立的思考和表达独特的感受。

认知冲突点——组块学习。学生碰到运用他们目前已有的知识经验无法解决的问题时,教师应当对本册教材中的相关内容进行整合组块,帮助指导和促进学生阅读能力的发展。

3. 读语言,着眼细节,重组教学内容

在进行教学设计时,教师有必要对教材中的语言现象进行分析研究,依据教材特点筛选出与学生当下经验有连接的语言生长点,进行适当的技术性操作。

一是"取舍":教材所选的略读课文大多通俗易懂,教学中要大胆地"舍",略去那些学生不学就会或者一学就会的内容;选取难度适中的一些文章作为研读的重点,更集中地"细嚼慢咽"。

二是"整合":根据教学重点,将适合学生的内容呈现出来。以补充解释、拓展延伸、整合前后的方式拓宽学生的学习领域,开阔他们的视野。

(三)"学为中心":小学语文略读课文的课堂实施

学为中心的小学语文略读课文教学中,教师的作用更多地在于导学,在于对学生阅读实践的有效策划及引导,帮助学生学会独立阅读。

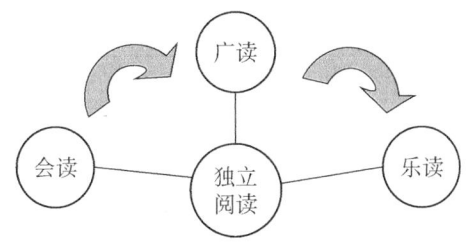

图3 略读课文的课堂实施操作策略图示

1. 让学生"广读"

(1)借助拓展阅读。

阅读教学在关键在于用好"拓展阅读",要进行与教学文本相似、相关、相异材料的补充、比较性阅读。其中,相似阅读即对于文章表达上的精妙之处,在学生体悟的基础之上,呈现相似文本供学生阅读,助其加深感悟,积累语言;相关阅读即对于文本中学生有认知难度的内容,可以通过课前提示性预习或课内资料补充的方式加以呈现,帮助学生解决重点、突破难点;相异阅读即对于文本精妙之处,学生一时难以体悟,教师可以比较学习的方式呈现与文本异质的材料,帮助学生自主阅读,发现探究。

(2)借助自主阅读。

《语文课程标准》建议"扩大阅读面,增加阅读量""多读书,读好书"。即让学生把在精读课文学到的读书方法运用到略读课文的学习中去,让略读课的学习成为一种让学生运用已经掌握的方法进行自主、合作、探究性学习的阅读实践机会。

2. 让学生"乐读"

乐读,即乐于阅读。略读课文教学中的"乐读",指的是在教学过程中充分考虑学生的学习心理,多管齐下。

(1)借助教师评价。

新版课标指出:学生是学习的主体。如何将理念转变为行动?教师要发挥评价的作用,通过评价激励学习,激发学生阅读的兴趣,使其爱上阅读,乐于阅读。

(2)借助预习展示。

学生在经历了个性化的阅读之后,很期待教师给予他们交流、展示阅读体会的平台,并渴望得到老师和同伴的肯定。因此,教师在课堂教学的过程中,应当尽量留出时间给学生展示其阅读成果,努力使课堂教学建立在学生预习的基础之上。久而久之,学生不再惧读,而变成乐读。

新版课标提出"九年课外阅读总量应在400万字以上"。第一、二学段要求"学习略读,粗知文章大意",第三学段要求"学习浏览,扩大知识面"。略读在阅读中的重要地位由此可见一斑。略读课教学应当遵循教学常规,形成一定的教学操作策略,并以此帮助学生学会略读,学习浏览、扫读、跳读等阅读方法,从而提高学生的语文素养。一切教育都是从我们对学生学习规律的理解开始的。在教育学生的过程中,我们绝不能违背学生成长的规律。"学为中心"的实质就是以学生为本,关注学生的可持续发展。

参考文献

[1] 李慧.关于小学语文略读课文教学的思考[J].小学语文,2016(Z2).
[2] 刘文贺.小学语文略读课文教学探究[J].中文信息,2017(2).
[3] 叶仙英.小学语文略读课文教学探究[J].吉林教育,2017(17):129-130.

指导学生写出有思想、有文采的文字

上海立信会计金融学院附属学校　文振华

平时在批改学生作文时,我有时会抱怨他们的文章语言贫乏、记流水账、立意浅显、缺乏思想。如何让学生写出有文采、有思想的文字呢?这是我平时教学中一直努力的方向,对此我也进行了很多尝试。在部编版七年级下第五单元的教学中,我尝试进行读写结合,取得了一定的教学效果。

部编版七年级下册第五单元所选课文或借景抒情,或托物言志,总体上都表达了作者对人生的思考。这种思考有的离学生体验近一些,比如,《一棵小桃树》《假如生活欺骗了你》表达的是人对挫折的态度,学生相对容易理解;有的则需要生活阅历的积淀,比如,《紫藤萝瀑布》中关于生死病痛的思考,《未选择的路》中关于人生道路的选择问题,这些都对学生的理解提出了较高要求。这种难易课文的搭配在锻炼学生阅读能力的同时,也进一步训练了学生的思维能力。

一、写作指导步骤

本单元的文章是很好的读写结合范本。我指导学生模仿、借鉴,由浅入深,按以下步骤进行写作训练。

(1) 学习景物描写的具体方法。教完《紫藤萝瀑布》之后,布置景物描写的小作文:请选择一种你熟悉的植物,进行更细致的观察,模仿课文中作者对"紫藤萝瀑布"的多角度描写,从外形、颜色、气味、特点等角度进行描绘。

(2) 在景物描写的基础上,进行适当的议论、抒情,由景入理。学完贾平凹的《一棵小桃树》后,布置小练笔:在景物描写的基础上加几句议论句或抒情句;基础好的同学尝试运用托物言志的写法写一篇题为《_____的启示》或《我眼中的_____》的作文。

为了让学生写好这篇文章,我补充了 2021 年第 10 期《读者》上的文章《苔香满衣》及《苔》,让学生一起品读,一起感悟,一起思考。

我让学生们周末继续观察,思考观察对象带给人的启示。例如,准备描写"青苔"的同学,我建议他们在小区寻找青苔,去仔细看看它、摸摸它,并观察它的生长环境。

二、写作效果

我要求只写 200 字左右。但一班有一部分同学写成了 600 字以上的大作文,内容丰富,文笔流畅,景理并茂。下面摘录其中部分文字。

范同学的比喻富有灵性:"苔,即青苔。生长于潮湿之地,可在一般植物生长不了的地方顽强求生,石头上、缝隙中、枯枝上……它是一个顽强求生者;它可以为砖石穿上一层淡绿的纱衣,他又是一个时装设计师。"

顾同学的文字富有哲理:"可细小低微的它偏不服输,如诗中所说,苔卑微渺小,自不能跟千娇百媚、国色天香的牡丹相比,可是牡丹是给人观赏而被人悉心栽培的,而苔却是靠自己自强不息,争得与花一样绽放的权利,没有深根,四海为家,他像流浪而饱受苦难的人落魄潦倒,但它有顽强的生命力以及摄人心魄的苍绿。"

桂同学的文字也耐人寻味、发人深省:"苔虽细小低微,不能与国色天香的牡丹相比,但苔靠自己生命的力量自立自强。这个世界不是为了英雄和天才而存在的,每个人都有着不同的价值与意义,每个人都有成为天才和英雄的权利与机会,不要对自己的能力产生怀疑,即使环境再昏暗,自己仍是光,焕发着属于自己的生命光辉。"

......

三、我的反思

写作的目的是什么?不是为了考试得高分,而是为了表达生活的感受与思考。写作教学的目的是什么?不是为了完成教学任务,而是为了引导学生观察生活与自然万物,并从中获得人生智慧;是为了引导学生学会思考,并将思考诉诸文字。

我体会到,语文教学应带给学生诗意,启发学生思考,也让学生在学习中学会生活。我们要学杜甫"会当凌绝顶,一览众山小"的高瞻远瞩和王安石"不畏浮云遮望眼"的气势不凡;也要学苏轼"此心安处是吾乡"的随遇而安;更要学"苔"匍匐大地,不择环境,活出自我。

附学生作文三篇

(一)我眼中的青苔

> 白日不到处,青春恰自来。
> 苔花如米小,也学牡丹开。
> ——袁枚《苔》

生于世上,一草一木全都是平凡之物,就像那天上闪耀的星,地上飞扬的尘,数不胜数,大致无异。

可就在这芸芸众生中,又总是有一些突出重围的影子让人们铭记于心,这些平凡中的不平凡,共同讲述着一个道理——活着,虽平凡,却可以不平庸。

青苔,便是一个例子。

它长在阳光照射不到的阴暗角落,在粘腻的土壤中奋力发芽,在阴冷的空气里拼命汲取水分。这些努力,最终使它在青春到来时绽放出生命的花朵。

这花儿,不似莲花的"出淤泥而不染",也不似牡丹的艳丽。它只是,就这么开放着,在阴暗的角落,但它仍然能够以平凡之躯迎接绚丽。

这,难道不值得被人喜爱吗?

卑微渺小的青苔,或许永远没法像牡丹那样万众瞩目,或许在人们的眼中是那样的微不足道,可它的勇敢追求撼动着人们的心。

平凡自有平凡的处世之道。

朽木怎能引人注意?以火燃之,方显耀眼光芒。(王乐萱)

(二) 青苔的启示

腐朽的枯木上,潮湿的石缝间,以及一切人迹罕至之处,是青苔习惯生长的地方。青苔是枯木的新生、石缝中的生机。它生活在阴暗潮湿的环境中,仅需要微弱的光,就能让那微小的叶片呈现出青翠的色彩。

一棵渺小的青苔,有着层层叠叠的叶片,宛如花瓣。当青苔蔓延上林间老旧木房的门窗上、墙上,就会给这幅风景平添几分宁静,青苔让人们知道,时间已经洗去了这里的繁华,同时洗去了庸俗,这里的每一件物品,每一缕光都是清澈的。

但极少有人会欣赏它,甚至注意到它。可青苔会在意吗?它只顾让自己的叶片变得饱满,独自在阴暗潮湿的地方绽放着自己的光华——青苔的一生,仅仅执着地向往着自己的追求。尽管无人欣赏,但青苔怎么会因为他人的目光而改变自己的梦想呢?

我看着这一片青葱的青苔,看到了它的秀美,看到了它对梦想的执着。几千年来,有多少人因别人的目光而强迫自己改变志向,从此葬送了本该绚丽多彩的未来,成为无数平庸或悲哀的人中的一员。例如,在古代,多少男女本不相识,却因为多数亲人的意愿而被迫走进婚姻,从此就被捆绑在一起,哪一方都寸步难行。如果这些人欣赏过青苔,学去了青苔的精神,就能让自己的一生有更多的美满。

要做到不畏他人评价极其困难,却也不是遥不可及。青苔,只需要极少的阳光、泥土和水就能活下去。梵高生前穷困潦倒,世人漠视,他也不愿改变自己的画作风格,他去世后,后人发现他的画是美丽奇妙的,这也是一种幸运。执着于自己梦想的人,总是一个伟大的人,无论别人欣赏或忽视他。

从青苔的渺小的身影中,从它那几乎闻不到的清香中,我能看到成千上万的人,不惧他人毁誉,全心地,执着地,追求着自己的梦想。他们不怕别人的轻蔑忽视或冷嘲热讽,像青苔一样,默默地,坚定地向自己的追求走去。

无论是否实现了梦想,他们都是成功的人,因为他们拥有与青苔相同的品质:追求自己的志向,不畏他人的目光。

(陆芸泽)

(三) 我眼中的青苔

(一)

啊!青苔!
在背向阳光的岩石上,
在高大枯老的树木上,
在人迹罕至的台阶上,
在高原冻土中,
甚至在两极的浮冰上,
似乎足迹遍布每一个角落,
却又不被发现。

(二)

啊!青苔!
你是那样的渺小,
甚至不足一厘米长;
而你又那样的伟大,
成千上万株青苔呀!
只要气候适宜,
就能覆盖方圆百里的土地,
甚至能使高原、两极的冻土和浮冰,
不再是不毛之地!

(三)

啊！青苔！
作为最原始的植物之一，
也许很少人关注你，
可你并不在意，
以过人的倔强与勇气
和超凡的决心与毅力，
披荆斩棘，
就算得不到他人的认可，
也要创造属于自己的一片天地！

（章馨月）

文以载道，以德育人

上海立信会计金融学院附属学校　葛圣妮

中学生的身心日趋成熟，自我意识逐渐增强，正处于人生发展的重要阶段，对他们施行德育是非常有必要的。《中小学德育工作指南》中明确指出：课堂要发挥课程育人的主渠道作用，要将中小学德育内容深入落实、细化、渗透到教学环节中。党的十八大也提出"把立德树人作为教育的根本任务"，而语文作为一门基础学科，更肩负着"既教书又育人"的任务。以下就实际操作谈谈我的看法。

首先，在语文教学过程中，教师自己在进入课堂前必须反复研读教材，做到能够较为准确清晰地把握课文中可以进行德育渗透的部分；提前设计教学方案，旨在在课堂教学环节中能够潜移默化地影响学生。如此一来，才能在引导学生塑造较为良好的道德情操的同时培养他们的审美情趣。德育渗透的篇目列举如表1所示。

表1　德育渗透的篇目列举

代表篇目	德育渗透点
《白杨礼赞》	陕甘宁边区抗日军民正直、朴质、团结向上、坚强不屈的革命品质
《愚公移山》	只要下定决心，不怕困难，持之以恒，任何困难都是可以克服的
《梦回繁华》	中国古代艺术文化的成就之高，增强民族自豪感
《蝉》	生如夏花般绚烂

其次，教师在语文课堂上应关注学生的表现，善于捕捉在课堂渗透德育的灵感瞬间。作者在撰写文章时有初衷和动机，且处于一定的时代背景之中，可由此进行相应的思想指导和渗透。例如，在教学《蝉》这一课时，我在PPT上播放了蝉从卵到幼虫、再到成虫的成长过程的视频，问学生有何感受。学生们纷纷说过程很艰辛、漫长，甚至还有些痛苦。于是我再让学生联系课本进行阅读，让他们了解到蝉在黑暗的地下做了四年的"苦工"才能换来一个月在阳光下的享乐。学生们被深深地震撼，真切地感悟到蝉面对困难时毫不退缩的精神，体会到生命的可贵。

作为教师，我们也可以引导学生在多种形式的阅读中深化情感。语文课本中的篇目都是经过精挑细选的优秀文学作品，字里行间往往蕴含着作者想要抒发的情感。多次多形式的阅读往往能启发学生的思维，达到共情的效果。比如，我在教授《昆明的雨》这一篇散文时，首先以分段形式请学生朗读，让学生拥有整体的感知。接下来我请学生再次朗读课文，自行梳理文章的写作思路，再引导学生阅读重点词句段。最后，我对学生进行了情感和情境上的引导。由于该文的写作年代较为久远，学生理解起来有些许困难，于是我对当时的背景进行了补充。《昆明的雨》一文的语言简洁而又不失韵味，在反复阅读、细细品味的过程中，学生也自然而然体会到了作者对于昆明美好事物的留恋之情，以及在当时战乱年代一名远离家乡的学子的愁绪。

言为心声。学生在写作的时候,实则也是在表达自己的观点和认识。教师在作文讲评的过程中,除了要教授必备的写作技巧外,还要指导学生树立积极向上的精神风貌。写作的过程也是一个历练学生思想的过程。比如,写作游记类文章能激发学生对祖国大好河山的热爱,而写作记事类文章能够反映学生平凡生活中不平凡的点点滴滴。

此外,教师要引导学生从课堂阅读延伸到课外阅读。阅读一本好书就是在与一个高尚的人交流对话。初中学生的可塑性很强,引导他们阅读合适的好书十分重要。义务教育九年课外400万字以上的阅读量,仅靠课本是远远达不到的,需要学生广泛阅读课外书籍。整本书的阅读是语文新教材改版后提出的一个大方向:《昆虫记》可以激发读者对生命和自然的热爱与尊重,以及孜孜不倦的科学探索精神;《红星照耀中国》可以培养读者强烈的爱国情怀;《爱的教育》可以让学生对生活充满爱,用善意的眼光看待世界。课外阅读对于学生德育意义深远,而学生也会在课外阅读中日渐优化行为,进而受益终身!

基于学情,品语析人

上海立信会计金融学院附属学校　康佳音

《义务教育语文课程标准》指出:"学习中国古代优秀作品,从中体会中华民族精神,为形成一定的传统文化底蕴打基础,学习从历史发展的角度理解古代作品的价值,从中汲取民族智慧。"这一点契合了语文核心素养之一,即"文化的理解和传承"。如何在文言文教学中落实这一学科核心素养,一直以来都是广受探讨的话题。本文试结合相关案例,谈一谈如何运用预习、诵读、文言篇目人物形象分析等学习支架,引导学生理解文意、走近文本,体会人物魅力;从文言文本中汲取民族智慧,传承传统文化,提高学生的语文素养。

部编版语文教材选取了众多文言文篇目,由短及长、由简到繁、由易而难,旨在让学生在文言中体会中国传统文化的丰富,汲取民族智慧。但现今文言分离教学方式使文言文教学陷入了枯燥机械的应试教育窘境,使学生普遍因为苦涩难懂而丧失兴趣,更不用提深入文本,培养学生以后自读文言文的能力。如何改变这一现状,重新唤起学生对文言文学习的兴趣,引领学生精读文本,体会篇目中所体现的传统文化精神?

首先,教师要明确目标。王荣生教授在主编的《文言文教学教什么》一书中提到"文言文是文章与文学的统一。"教材中选取的文言文都是历久传诵的经典篇目,既是经世致用的实用文章,又是中国文学中的优秀作品。学习文言文最终的落点还是在文化的传承和反思,我们绝不能因言误文。

其次,教师要选择合适的教学支架。应思考如何文言并举地引领初中生深入文本核心,理解文言文所传达的中国古代仁人贤士的情意与追求。笔者结合初中阶段学生学情,引导学生学习文言文,走近文言文。

以下就以《愚公移山》和《卖油翁》来进行分析。

一、基于学情,文言并举

虽说不能因言误文,但完全忽视言也不行。学生初读文言文,就一定会对部分字词产生疑问。教师应正视这一现实,在教学开始前把握学生学情,并将此转化为教学的契机。一如孙绍振先生提出的"语文教师一定要讲出学生感觉到又说不出来,或者是以为一望而知,其实是一无所知的东西来。"只有清晰地了解学生学情,才能做到这一点。因此,我在课前制作了预习单,布置预习任务,通过预习反馈检查学生的学习起点。

《义务教育语文课程标准》对文言文阅读的要求是:"阅读浅易文言文,借助注释和工具书理解基本内容。"预习任务的布置除了能让教师基本掌握学情之外,还能起到培养学生自主阅读浅易文言文能力的效果。

《卖油翁》正是浅易文言文的典型代表。在制作预习单时,我先布置了诵读任务,"书读百遍,其义自见。"王槐松先生在《文言文诵读古今谈》中,将文言文诵读法概括为:"通过对文言文的眼观口诵心想,熟读精思成诵,达到对古诗文的全面深入理解。"我让学生通过反复诵读熟悉文章,结合上下句猜测文言词句意思,再自行阅读书下注释,印证自己的想法。

接下来正式课堂上的第一个环节是预习检查。在这一环节,我针对学生预习单的情况来设计问题。例如,有学生在预习单划分课文停顿的题目上出现了问题,我明白这一定是在自主阅读时还没有领会文中重点词的意思。据此,我在课堂上请同学朗读课文,其他同学一起商讨这样停顿是否正确。有一个学生在读"徐以杓酌油沥之"时,停顿在"徐以/杓酌/油沥之"。在他读的时候,我发现其他学生脸上明显露出了不赞同的神色。以此为契机,我问其他同学对他读的停顿有什么看法。有同学提到这是卖油翁倒油时的一个动作,用勺子慢慢舀取油,注入用钱币覆盖的葫芦口。按照对句子意思的理解,停顿应该是"徐/以杓/酌油/沥之"。这时我又反问原来读错的那位同学是否同意这一看法,他醒悟过来:原来自己没有理解清楚"杓"和"酌"两个字的意思,没有结合书下注释好好理解文意,造成了停顿的错误。

这一过程既帮助这位同学理解了此句中的"徐""杓"和"酌"的意思;又完全把课堂交给学生,让他们产生自主探究、互相帮助、解决问题的成就感,提升他们自主阅读的积极性。

在《卖油翁》一课中,我还引导学生关注表现人物神情、动作的字词,如表现卖油翁神情的"睨、颔"等。其实提到人物神态时,学生很快说出了这两个字:"睨"是斜着眼看,形容不在意的样子;"颔"是点头,"但微颔之"是只微微点头,略微表示赞许。通过神情就可以看出卖油翁并不认为陈康肃的射箭技术有什么了不起的,这也是刺激陈康肃"忿然"的原因。在诵读过程中,重点关注这一类词,有助于学生理解文章。

采用预习、诵读的办法既做到了随文而教言,培养学生自主阅读文言文的能力;又为学生进一步品读人物形象搭建了台阶。

二、品语析人,教书育人

在教材的文言篇目中,我选取了适合初中学生阅读的、故事性较强的经典文章,进行重点品读、教学。短篇文言小说我选了蒲松龄的《狼》、欧阳修的《卖油翁》。寓言故事我选了《杞人忧天》《愚公移山》,而史传类我选了《孙权劝学》《周亚夫军细柳》《陈太丘与友期行》。这些文言故事塑造了一个又一个生动鲜活的人物形象,有智勇双全并最终战胜饿狼的屠户,有守时守信的陈太丘,也有深谙熟能生巧的道理的卖油翁及大智若愚的愚公等。这些人物身上折射出了中国传统文化中的许多优秀品质,蕴含着我们民族传承千百年的智慧。品读这些人物形象,就能达成品语析人和教育人的目标。

品读人物时同样有许多方式,如读人物称谓、读人物描写(包括语言、动作、神态等)等,既能读出人物形象,又能读到作者对不同人物的态度,理解作者的写作意图。

例如,在学习《愚公移山》这一课时,学生通过反复诵读,读出了人物不同的态度。一开始,有学生认为愚公妻子的态度和智叟的态度是相同的,即反对愚公移山。对此,我请他们找出愚公妻子的话和智叟的话进行比较阅读。在反复阅读比较中,他们找到了妻子和智叟对愚公的称谓的不同,妻子称"君",智叟称"汝",很明显"君"是一个尊称,学生将这个字翻译为"您"。从称呼中能读出两者态度的细微差别。由这一例子引申开去,在比较语言时,学生还发现了其他差别,如智叟称愚公是"残年余力",甚至较为夸张说其"曾不能毁山之一毛"。而妻子说的是"曾不能损魁父之丘",即不能拿魁父这座小山丘怎么办。很明显读出智叟的语言夸张地表现出了他对愚公移山的不屑和嘲笑,而妻子更多的是一种担心和关心的态度。两者的态度其实都衬托出愚公移山的艰难,让学生更深刻地体会到愚公精神的伟大。

无论是卖油翁还是愚公,他们身上所体现的优秀品质正是传统文化中的精华所在,是作者希望通过文章传递给后人的,是文章所言之志、所载之道。人物形象的品读能让学生在内心深处真正感受到作家想要传达出来的内在精神。这样的学习才能达成语文课堂的育人目标,提升学生的语文核心素养。

参考文献

[1] 中华人民共和国教育部. 义务教育语文课程标准[M]. 北京:北京师范大学出版社,2011.
[2] 王荣生. 文言文教学教什么[M]. 上海:华东师范大学出版社,2014.
[3] 孙绍振. 名作细读[M]. 上海教育出版社,2006.
[4] 王槐松. 文言文诵读法古今谈[J]. 语文教学与研究. 1998(4):15-20.

"双减"背景下随班就读生
小学语文教学的探究

上海立信会计金融学院附属学校　王嘉唯

2021年7月,中共中央办公厅、国务院办公厅颁布《关于进一步减轻义务教育阶段学生作业负担和校外培训负担的意见》,指出减轻学生学习负担的根本方法在于全面提高学校教学质量,做到应教尽教,强化学校教育的主阵地。同时,该文件指出应在课堂教学、作业布置和家校合作等方面作出一系列改变,以达到减负增效的目的。

《义务教育语文课程标准》也提到:"学生是学习与发展的主体,语文应当针对中小学生发展特点与教学的特殊性,注重中小学生的差异与多样化要求。"相较于普通学生,随班就读生心理或智力发育水平较慢,比较自卑,不愿与他人交流,很容易受到老师的忽视。而在现在的课堂教学中,由于班级学生人数较多,教师会把更多精力和注意力花在普通学生身上,往往对随班就读生的关注度不够。在"双减"方针下,我们更要帮助随班就读的学生建立自信,让他们积极参与到教学活动中,提高学习的效果。

一、端正态度,用心呵护

为了保护随班就读生并帮助他们建立自信心,教师首先要端正自己的态度,学会宽容和接纳随班就读生的不足之处,努力营造温馨和谐的课堂氛围。

二、信心激励,体验成功

由于认识能力较弱及自身学习知识存在障碍,随班就读生对于语文的一些词句缺少情感的共鸣。其次,他们在语言表达上也有所欠缺,较难与人正常沟通,进而对学习更加缺乏兴趣。因此,教师在课堂上要给随班就读生创造更多的机会,增强他们的学习兴趣。例如,在课堂教学中,每次轮到小A时,我都站到他的身旁耐心地等待他朗读词语。如果看到他面露难色,我会在一旁悄悄地提醒他,避免胆小害羞的他因读不出词语而心情低落。若他能够准确读出词语,我会及时给予表扬,"今天你真棒!能读准词语的读音。""你的胆子变大了,今天声音真响亮!"就算他答错了,我也从不指责,而是帮他纠正错误。教师和同学们的关爱、理解和包容,可以让随班就读学生提高学习信心,激发他们的学习兴趣。

让随班就读学生不断感受获得成功的快乐,是培育学生自信心的最佳方式。例如,小B同学理解能力较弱,课堂中也很难跟上同学们的学习进度。因此,在平时的课堂教学中,我总是有意识地通过创造新情境引导他积极投入课堂教学。在看到他的闪光点时,我经常给予他肯定与鼓励,这增强了他对语文学习的兴趣。

三、关注差异性,分层教学

语文教学的任务是多方面的,对于随班就读学生来说,想要达到正常的教学目标还是比较困难的。对于随班就读生的教学,老师应该更加重视双基教学,加强字词句的认识和训练。同时,要降低教学要求,使他们能够没有压力地学习。可根据他们的情况进行分层教育,使所有学生都能"吃得饱""吃得好",在语文课堂中有所收获。以四年级《古诗三首》为例,普通学习者要在熟读古诗文的基础上,通过注解、插图了解诗歌的含义,体会其中蕴涵的道理,同时进行合理的想象,用自己的语言表达诗歌中的情景。但对随班就读生来说,除了熟读背诵古诗,他们很难完成其他教学目标,对此,教师要放低标准,根据学生的实际情况来制定相应的目标;对随班就读生而言,教师只需通过教学,让他们大致理解句子的意思,并以选择或连线题的形式选出正确答案即可。在教学过程中,教师提问和作业的设计都应该充分考虑到随班就读生的实际情况,分层展开教学,每个环节的设计都应有所侧重。提出一个好问题才有利于问题很好地解决,而且一个好问题的提出本身就具有很大的价值。教师在进行语文教学中,应让学生敢于提问,善于在不断发现问题的过程中发现自我,表现自我。在平常的作业中,加强基础知识的训练,增加他们的识字量,并在不断积累练习的过程中使他们对知识掌握得更牢固。多设计连线、填空、选择等简单题型,让他们能有所收获,体会成功的喜悦。五年级语文作业以主观题为主,书写量大。根据学生的实际情况,可立足个性化教育目标,以口答代替笔答、以"客观题"代替"主观题",提供答案线索,提供支架,降低难度,增加趣味性,帮助学生独立完成作业。如《猎人海力布》一课中,学生试着以海力布的口吻讲一讲海力布劝说乡亲们赶忙搬家的故事,随班就读生可以借助填空完成任务,降低了难度。又如《太阳》一课,将填空题调整为选择题,为学生提供线索,助其思考。除此之外,还可增加或删减作业内容,以满足学生的学习需求。

四、参与合作,体会乐趣

语文是一门交际性学科,与人进行沟通和学习表达有助于更好地达成教学效果。同学间的互相合作既能增强感情,又能弥补差异。因此,教师要引导随班就读生参与合作学习,加入小组参与讨论,逐渐提升交往能力和表达能力。在课堂上,教师也可以鼓舞身边的同学主动给随班就读生提供帮助,让他们在这种相互合作的过程中体会到学习的乐趣。课后,老师也可请班中的佼佼者协助指导随班就读生的学习,给予他们力所能及的帮助和引导,让随班就读生感受到同伴的关爱,从而愿意主动与同伴交流沟通。

五、家校共育,共促发展

与普通孩子相比,随班就读生的成功之路要艰难很多。这就要求随班就读生的家长正确认识自己的孩子,给孩子时间慢慢进步,不要过于焦虑。教师也要多关爱学生、鼓舞学生。在培养随班就读生这一"特殊群体"的过程中,应努力达成家校共育,共同促进随班就读生的发展和进步。

参考文献

[1] 中共中央办公厅.国务院办公厅印发《关于进一步减轻义务教育阶段学生作业负担和校外培训负担的意见》[N].新华社,2021-7-25.

[2] 中华人民共和国教育部制定.义务教育语文课程标准[M]北京:北京师范大学出版社,2012.

[3] 施露娜.浅谈提高小学低年级智力障碍学生的语文学习兴趣[J].智力,2021(20):15-16.

拉伸文本，在弹性中体味文学之美

——以《破阵子》为例，浅谈对文本解读的探究与思考

上海立信会计金融学院附属学校　胡诗菲

语文学科有效备课的第一步是认真做好文本解读。但在实际教学中，教师仍旧会产生对文本解读不到位甚至误读的问题。究其原因，可能是教材中所选的课文对于教师言理解起来并不困难，故忽视了文本解读工作。詹丹教授曾说过，"文本解读训练是一种具有普遍意义的观察能力、分析能力的训练，是一种思维品质的提升"。在教学实践中，我发现以"拉伸文本"的形式进行文本解读能更深入地理解文章内涵、感受文字魅力。

一、"拉伸文本"的含义

"拉伸文本"这个概念是我在读朱光潜先生的《无言之美》时偶得的。作为中国现代美学的奠基人和开拓者之一的朱光潜先生在文章中这样写道："美术作品之所以美，就美在有弹性，能拉得长，能缩得短。"文艺不分家，文学作品的美与艺术作品的美是相似的，文学作品也自有它的"弹性"：既可以是一个省略号所带来的无尽遐想空间，也可以是对寥寥几字的个性化解读。

因此，我认为想要感知语言文字的美，便需要去拉伸文本。于是我在进行文本解读时，会选取文本中触动自己的几个关键字词句，找准切入点将其拉伸，创造一个思考空间，对作者并未抒写之内容进行合理的想象和感受。

二、拉伸文本的方式

拉伸即进行充分的想象，拉伸的程度和读者的理解程度密切相关，理解程度变化则文章被拉伸的程度也在变化。例如，在第一次对《破阵子》进行解读时，我先查阅了辛弃疾的生平资料，了解其军旅生涯及闲居岁月的相关历史，完成了作者的人物速写；带着对作者壮志未遂的、愤慨的形象的理解，我对词作内容进行了想象，即开始拉伸文本。

我先着眼于题目中的"壮词"一词。书下注释将"壮词"解释为"雄壮的词"。词中的雄壮主要体现为军营生活及战争场面。我认为这是因为作者十分热爱自己的军营生活，渴望重新披甲挂帅，为国上阵杀敌，这也是作者无法消磨的回忆与崇高的理想。我还从"了却君王天下事，赢得生前身后名"中，感受到一位老臣的拳拳爱国之心：他渴望再次建功立业，为君主扫平前路障碍，让南宋重现雄风。这一句话的情感极其强烈，可是作者却用一句"可怜白发生！"结尾。其间流露出的浓浓愤懑、不满、抑郁、悲伤也使我的心情坠入谷底。是啊，一个年近五十的词人只能追忆年轻时的经历。面对自己渐生的白发，他无能为力；面对南宋小朝廷的软弱，他无可奈何。他只能感叹出一句"可怜"，为自己碌碌无为的后半生、为那日渐衰

亡的国家,说一声可惜!最后我发现我对题目中的"壮词"有了新的理解,或许除了书下注释中的"雄壮"之意以外,还有一层悲壮的含义。

第一次解读看似充分,但细细想来,却并没有全然释放这首词的弹性之美。自始至终我都是以旁观者的身份来分析词句的含义,好似在完成诗词鉴赏的题目一般生硬。于是我开始了第二次拉伸文本,这次我选择的切入点是我在阅读过程中的所见、所闻、所感。

在这次阅读中,我对"看"字深有感触,由这一个字开始,我渐入佳境。我看到了一位白发苍苍的老人挑亮一盏油灯的灯芯,借着微弱的光亮去擦拭一把宝剑。这把宝剑上有着它征战的痕迹,老人在醉意朦胧中透过这痕迹仿佛看见了自己过去的从军生活,那是他深爱、渴望而又回不去的过往。曾经,他是一名骁勇善战的将士,听号角声和塞外曲,与士兵们分食酒食,在秋日沙场上接受检阅,在战场上骑快马、挽强弓。为了帮助君王收复北方失地,他奋力挥动宝剑。此时此刻的他是意气风发的,是英勇无畏的;他对个人的名誉与国家的未来都有着美好的畅想。然而,一阵风拂过,油灯被吹熄,那雄健的景象全都消失了,月光透过窗户射在了那把宝剑上,室内寂静一片,只有剑身反射出的寒光。

我的感受随着自己所看见及想象的画面也在变化。读"马作的卢飞快,弓如霹雳弦惊"时,我也好似置身战场,耳畔响起了战士厮杀声、马蹄疾驰声、武器撞击声、弓弦迅疾声。这声声入耳,我不由得热血沸腾,恨不能也挥刀上马,与将士们一起奋勇杀敌。读到"可怜白发生!"时,我感觉自己像是坠入悬崖一般,刚刚的热血沸腾陡然被环绕周身的寒意所取代。战场的幻象逐渐消散,在那夜清冷的月色下,我看见了那个孤独的老人。

很明显,第二次的解读相较于第一次而言,属于个人感受的内容更多了。同时,我想象的画面也更加鲜活。就像朱光潜先生说的那样,"同一美术作品,今天玩味有今天的趣味,明天玩味有明天的趣味。"我的两次解读就像是两次欣赏美术作品一般,不谈对错,各有趣味,而文学作品的美就是在这一伸一缩的弹性之间闪现出绚烂的火花。

朱光潜先生认为诗的"气势"与"神韵"即起于人的生理变化,可见要体会诗词之玄妙,静心感受词句内容,随文记录自身感受是上上之策。在第一次的阅读过程中,我因受外部资料的影响过多,忽略了对词作的个性化解读,缺少了合理的想象,忽略了文本的"弹性",对文本的思想感情并不能产生共鸣。而在第二次阅读时,我选择了以自身所见、所闻、所感为切入点,由关键字"看"为抓手,进入文本情境,通过记录读词过程中自己的生理变化,进一步贴近作者、体会情感。第二次的阅读经历让我意识到,对诗词的解读并不是一座无法逾越的大山,只要找对拉伸文本的方式,也能与千年前的古人来一场时空对话。

三、拉伸文本的意义

1. 扫除误区

拉伸文本的价值在于帮助实现读者与作者的交流。然而,当今学生甚至少部分教师仍旧存在理解误区:他们认为那些距今千年的作品已与现代社会脱节,我们并不需要像品味白话文作品一般对其进行分析与解读。

曾经的我也是上述群体中的一员。在文本解读时我浮光掠影、蜻蜓点水,对教学参考深信不疑,对于诗词教学从来都是讲讲写作手法,讲讲语句释义。求学时的我认为学习古诗词就是完成老师布置的任务。这样的认识延续至今,也使得我的课堂教学苍白、无聊、无效。

对于这一错误观点,朱光潜先生是这样看待的:"如果要提高文学,必先提高文学欣赏力,要提高文学欣赏力,必先在诗词方面下功夫,把鉴赏无言之美的能力养得很敏捷。"当代学生出生在信息爆炸的时代,短视频成了他们获取信息的主要途径,这对于他们的文本解读能力、文学欣赏能力都形成了不小的挑战,这更需要我们给学生提供在语文课堂上静心欣赏文学的时间与机会。

的确,在教师看来,教材中有些文本似乎很浅显易懂,没什么好教的。但实际上不是没什么好教,而是我们缺乏对文本的深度解读。如果我们善于拉伸文本,把简单的语句扩容成不简单的程度,往往简单的语文课堂也会变得不简单!

2. 助力教学

在开始尝试用"拉伸文本"的方式进行文本解读后,我会有意识地记录自己阅读时的生理变化,进而找到文本的"弹性",即触动我的某些词句,并结合文章内容进行更深入的审美理解,找到让学生在课堂上可以实践的欣赏路径。

如在两次解读《破阵子》后,我在教学中也设计了两次让学生进行感受、想象、表达的环节,鼓励学生在初次阅读时说一说他们的体验,再次品读课文时将新的体验用流畅的语句写下来。实际教学过程中,当我听见和我品读时体会相似、感受相仿的学生的发言时,我控制不住自己的喜悦,和他握了握手。这是一种知音间惺惺相惜的感情,也是拉伸文本给我带来的意外之喜。

莎士比亚说,"一千个人眼中就有一千个哈姆雷特",不同的人面对相同的文本,拉伸出的思考空间也是不同的。同一个人在不同时期面对相同的文本,拉伸过程中的感受也是不同的。这为丰富课堂提供了可能和空间。这就是阅读自由。

其实,每篇被选编入教材的文章都必然有它的教学教育意义,特别是古诗词篇目。它们篇幅大都不长,却都底蕴丰富,禁得起拉伸。而在这拉伸的过程中,古人的智慧、气韵、才情就都裹挟着历史的黄沙一并飘洒到这现实的课堂中了。

在"双减"背景下,课堂教学的主阵地显得尤其重要。作为教师,应让我们的语文教学真正体现工具性和人文性的统一;让学生鉴赏美、创造美,学会拉伸文本。教师不仅自己要深度挖掘文本的内部价值,也要在课堂中带领学生找到正确的拉伸路径,这样才能让学生真正体会到弹性的文学之美。

插图在初中低年级小说阅读教学中的支架作用

——"目中有人,以文育人"理念下的小说阅读教学实践探究

上海立信会计金融学院附属学校　龙　吟

　　课堂中,教师要以学生为中心,紧跟学生学情,从学生的角度设计课堂,让学生在课堂中得到知识技能的提升和情感体验的收获,真正学有所得,做到"目中有人,以文育人"。阅读支架是指根据学生的学情,在学生出现学习障碍时,由教师给予指导帮助,达成学习目标的方法。教师只有结合学生学情设计并实施适合于学生能力的阅读支架,让学生在支架的帮助下解决问题,才能最终实现学生的自主学习。阅读支架的类型多样,其中,图片支架非常契合初中低年级学生的学情,是教学中非常有效的支架之一。

　　初中低年级学生具有很强的好奇心和探索欲,形象思维能力更强,对图片的感知力优于文字,对事物更易产生感性认知。从语文书的编写看,低年级教材中的插图比例更高,且都以随文的形式出现。色彩丰富、细致生动的插图形式更易于引发学生的兴趣,是教学中优质的助读资料。本文以《植树的牧羊人》为例,探究如何在小说教学中结合学生学情与插图特性,利用插图为学生更好地走入文本提供支架。由于《植树的牧羊人》选自绘本作品,故笔者将原绘本中的插图共同作为插图资源进行探讨。

一、以图助读,帮助学生剖析人物精神世界

　　在小说教学中,人物形象的解读是教学中的重点环节,此中还包含着作者塑造人物的情感态度。因而,需要引导学生对人物进行深入剖析,更好地把握文章主旨,为下一教学环节作铺垫。低年级学生往往只能通过一些动作、语言等直观描写,总结人物行为上的形象特点,在人物精神形象的理解上存在一定的困难,难以深入感知人物品质。文本中一些含蓄而深刻的语言表达,低年级学生也难以发现,难以有所感悟。当分析陷入瓶颈时,学生需要教师的引导和启发。插图形象直观的特点可以给学生最直接的冲击,让他们能通过插图中的色彩运用、构图比例、神情描摹等特点感受人物的内心世界。同时,解读图片受文化水平的限制较小,也能让不同层次的学生共同参与其中。总之,插图可以作为支架辅助阅读,在赏图之后再次进行文字品读,以此帮助学生对文本进行二次解读,感受人物形象。

　　在分析《植树的牧羊人》中牧羊人的人物形象时,学生不难从牧羊人干净整洁的屋内环境、挑选种子时的动作、种下的种子数量中感受牧羊人做事认真、细心、坚持不懈的形象。但这样的解读仅仅停留在行为特点层面。本文中牧羊人身上心无旁骛的平和与淡然是这个人物的独特魅力,也是支撑他几十年如一日坚持种树的精神力量。然而,文中凝练简洁的描写导致学生很难走进人物精神世界,即便是在教师带领的解读下也难以真正理解。为此,编者在文旁设计了插图以帮助学生理解,详细呈现了牧羊人植树时的环境和动作。有趣的是,图

中任何角度都看不到牧羊人的正脸,注意力完全集中于动作刻画。这张插图能够巧妙地呈现牧羊人的专注沉默,与文本中的描写高度契合,起到了很好地再现文本的作用。

笔者设计了以欣赏文旁插图为切入口,走进人物精神世界的教学环节。首先,给学生足够的时间沉下心欣赏插图、关注细节。学生发现,这幅插图用色凝重单一,线条刻画精简,并且看不到牧羊人的脸部神情,唯独对动作刻画入木三分,将牧羊人种树的全过程定格并组合呈现。从插图中,学生也感受到了牧羊人的专注。可见,低年级学生的形象思维能力很强,对图片十分敏感。有了这个基础后,再次让学生回到文本,结合插图中的感受再次圈划体现人物形象的语句。学生便找到了"没什么事能打乱他的生活""他只是一心一意地把一百颗橡子都种了下去",也就水到渠成地感受到了牧羊人平和专一、心无旁骛的形象。此环节中,文旁的插图很好地为学生解读文本提供了切入口,同时以图助读的方式,最终让学生聚焦于文本细节,锻炼了文字鉴赏能力。

结合学生文字鉴赏能力薄弱、理解停留在浅层的特点,插图为学生提供的形象感知能够更直接地抓住人物特点;由此作为解读人物的切入口,再次回到文本品读语句,就能辅助学生得到更大的收获。

二、以图助思,拓宽学生思考路径加深主旨感悟

在理解人物后,学生需要深入探究小说主题。层层深入和揣摩的过程可不断加深学生的理解,让他们在领悟文章主旨的同时获得丰富的情感体验。然而,由于小说是作者借以反映社会现实的文体,而低年级学生缺少知识储备和生活经验,心智发展不完全,思维相对单纯。加之小说带有一定的虚构性,一般很少出现作者直接抒情或是议论的语句,需从文字中品读出言下之意。因此,如果教学中引导不到位,学生就无法把握小说的主题,只能泛泛而谈;而如果教学中一味说教,学生则无法带入心灵感悟,更直接影响课堂气氛和学习效果。插图中包含的丰富信息和形式更利于学生产生联想,从而打开学生的思考路径。此外,插图造成的视觉冲击更易于学生产生情感共鸣。在探究深层主旨时,可以单图欣赏或多图对比的形式作为突破口,为学生探究小说的文本深意提供支架。

例如,在探究《植树的牧羊人》的主旨时,笔者可提问学生"牧羊人完成的是对什么的重建?"学生很快能从前后环境的对比中,发现牧羊人通过不懈的努力改变了荒原的生态环境。然而,这样的理解显然没有走进课文的核心。学生难以从冗长的文本中找到暗含主旨的关键语句;而如果教师直接出示语句,代为分析、给出答案,学生则难以真正有所领悟,课堂氛围也会变得呆板生硬。于是,笔者让学生欣赏文旁插图:图1给出了原绘本中的插图,图2帮助学生思考。学生从单张图片的解读和两图对比中得到了丰富的信息,为主旨理解拓宽了思路。比如,学生发现图1为初入荒原时的景象,色彩灰暗、画风阴沉,牧羊人也是孤身一人,显得十分落寞。图2为最后一次进入荒原时的景象,色彩明丽,内容丰富,牧羊人身边环绕了许多小镇居民,且大家十分愉快。在两图对比后,学生很快发现荒原上出现了居民,并且人们的生活状态变得热闹而幸福。再回到文本中,学生找到了支撑自己想法的具体语句。例如,从"这让人能想象出当时人们在这里生活的情景"和"看得出人们生活的幸福、舒适"中,学生发现牧羊人重建了家园。从"他先是失去了独子,接着,妻子也去世了"和"一万多口人的幸福生活,都源于这位叫艾力泽·布菲的老人"中,学生发现牧羊人本该是一个孤独寂寞、生活冷清的老人,却为那么多人创造了幸福生活。学生最终提炼出"牧羊人完成了对家

园和个人生命意义的重建"。此环节中,图片中丰富的信息为学生提供了支架,学生能通过对图片信息的细致观察打开思路,有了抓手后就能顺利地发现文中的重点语句,对主旨进行提炼。而在主题探究的层层深入中,学生也逐步感受到平凡的牧羊人用坚持和奉献完成了壮举;领悟到平凡的人同样可以做不平凡的事。

 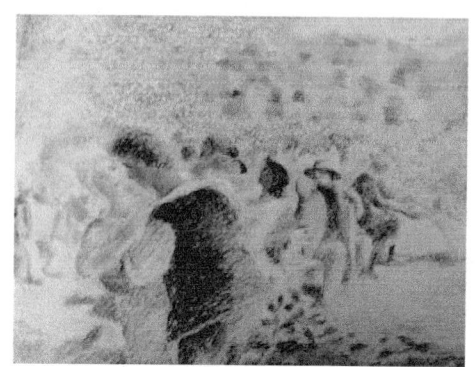

图1　五·四学制语文七年级上册《植树的牧羊人》文旁插图[①]　　图2　绘本《植树的男人》插图[②]

总之,教师的教学中要做到"目中有人",了解并把握住学生的特性和教材编写者的意图,进行插图支架的设计。同时,教师也要在课堂中利用插图支架帮助学生提升关注文本细节、理解主旨的能力。

参考文献

[1] 中华人民共和国教育部. 义务教育教科书(五·四学制)语文七年级上册[M]. 北京:人民教育出版社,2019:70.

[2] 让·乔诺,弗瑞德里克·拜克图. 植树的男人[M]. 武娟,译. 江西:二十一世纪出版社,2011:43.

[3] 焦会银. 统编初中语文教材插图的教学价值及其实现[J]. 教学与管理(中学版),2021(10):39-43.

[4] 黄秋燕. 初中语文课内阅读教学中插图的有效运用——基于部编人教版教材分析[J]. 课外语文(下),2019(1):49-50.

[5] 陈新强. 插图在初中语文课内阅读教学中的运用研究——以人教版初中语文教科书为例[J]. 华夏教师,2017(11):47-48.

[6] 朱航. 支架式教学模式初探[J]. 中学教学参考,2021(30):53-55.

浅议"双减"之下小学语文综合性作业的设计与实施

——以一年级上学期语文学习准备期为例

上海立信会计金融学院附属学校　梁晓鸽

今年,中共中央办公厅、国务院办公厅印发了《关于进一步减轻义务教育阶段学生作业负担和校外培训负担的意见》,其中明确指出提高作业设计质量,鼓励布置分层、弹性和个性化作业,坚决克服机械、无效作业,杜绝重复性、惩罚性作业。综合性作业的设计与实施,不仅与小学语文课程标准中倡导自主、合作、探究的学习方式不谋而合,还有利于学生在有趣味的作业中全面提高语文素养。

一、综合性作业的内涵

综合性作业是"指有意识地让学生采用多学科的方法和语言对一个中心主题、观点、问题或实际经历进行考察的知识获得与作业过程。它的目的不在于对学科知识的操作与重现,而在于细致地识别学科间的内在联系,并将学科知识综合于解决问题的过程之中。"[1]根据此定义,综合性作业是从一个主题出发,运用多学科的知识去理解、解决这个主题。很显然,这样的综合性作业对低年级小学生来说难度太高。但是,综合性作业要运用多学科方法和视角,这一点毋庸置疑。综合性作业是运用多方法、多形式、多策略达到复习、巩固、强化某一主题或知识的作业形式。从广义来说,综合性作业是指让学生运用多学科视角、知识来巩固、强化、获得知识和技能的作业过程。对于小学低年级的学生来说,它是知识的强化、获得;对于高年级学生来说,它是技能的习得和问题的解决。综合性作业在时间、空间上具有极大的开放性,作业的过程和成果也有较大的多元性。

二、综合性作业的实施现状

统观小学阶段的语文常规作业,基本都是以读、背课文,书写生字词语,写作文等为主。听和说的作业也有,但学生的重视度欠佳。总之,小学段常规的语文作业以识记的为多,这与小学语文是学生掌握字词句文的基础阶段和学生的认知水平有关。这些单一训练类作业在短期巩固基础知识方面有一定作用。但长此以往,单一机械性作业不仅影响学生对作业的兴趣,还不利于学生创造性思维、综合能力的形成。

对单一学科知识丰富的教师来说,综合性作业是个挑战,需要花时间和精力从多学科角度来设计作业。同时,小学的学生认知水平和各方面能力都尚在完善阶段,要自主探究完成一份综合性作业稍有难度。因此,综合性作业在小学阶段的实施较少,难度也较大,但并不代表不能实施;必须考虑学生的认知特点,通过多学科教师的合作来推动。

三、语文综合性作业的设计

(一) 充分挖掘语文学科知识间的联系,运用多种策略来设计综合性作业

部编版语文教材编写采用的是双线组织单元结构,各单元内容由隐线"人文主题"和明线"语文要素"来组织。因此一个单元,甚至一册书前后的知识、技能训练都是有联系的。综合性作业的设计可以充分考虑到这种联系,避免单独一课的重复和机械训练。例如,在语文学习准备期,特意安排了一个识字单元:第二课"金木水火土"中认识了汉字"一二三四五上下",第三课"口耳目"中认识了汉字"口耳目手足站坐",第四课"日月水火"认识了象形字"日月水火山石田禾"。单课布置回家口头作业基本就是读儿歌、认读生字、形式单一,缺少趣味性。

针对这几课的生字复习,教师可以利用这些汉字之间的联系,设计一份以"汉字知多少"为主题的口头综合性作业。内容以闯关形式出现:第一关,我知道人有( )张口,( )只耳,( )只眼,眼睛也叫( ),眼睛在鼻子的( )面,嘴巴在鼻子的( )面。第二关,出示"目、手、足、坐"的象形字图片,猜一猜它们对应哪个汉字?第三关,中国的象形字有很多,可以让家长利用网络搜集一些象形字,认一认。第四关,前边几关都难不住小朋友,真棒!和家长玩一玩摸鼻子的游戏吧!每一关都做好,就可以得到汉字小达人的印章或贴纸奖励。

(二) 注重学科间的联系,利用多学科视角设计综合性作业

我们常说"术业有专攻",我国的师范教育更强调学科知识背景。但综合性作业的设计必须要有多学科的视角与知识,因此,学科教师在做好自己学科教学的同时,一定也要关注其他学科,注重学科间知识的联系,以此来设计综合性作业。

以一年级上学期学习准备期为例。一年级学习准备期是开学的第一个月,旨在帮助学生养成良好的学习和行为习惯,使其更好地适应小学生活。学习准备期内,语文学科安排了"我上学了"和一个识字单元。"我上学了"部分围绕三个主题展开:我是中国人、我是小学生(新增:学校、同学、老师、游戏)、我爱学语文(新增:问答)。识字单元安排了天地人、金木水火土、口耳目、日月水火、对韵歌共五篇文章,一次口语交际,一个语文园地和一次快乐读书吧。英语学科围绕四大主题安排了相应内容,如"greetings"包含介绍自己、招呼他人;"Me and my friends"以认识同伴为主;"Me and my teacher"以认识老师为主;"My classroom"帮助学生在英语语境中熟悉教室环境,认识各种学习用品。数学学科以"认识10以内的数"为主,通过"说一说、分一分、数一数、几个与第几个、比一比、数射线"来增强学生对10以内的数的认识。

仔细研究,会发现语文、数学、英语在整个学习准备期的教学中,有些内容主题是相似的。与设计单一的作业相比较,将内容有机整合,以游戏闯关、积分的形式设计的综合性作业更受学生欢迎。综合性作业不仅丰富了作业形式,还提高了学生做作业的兴趣。例如,在学习准备期的第二个周,我们可以以闯关的形式设计一份以交友小达人为主题的综合作业。第一关:我是( )年级( )班的一名学生,我的教室里分成了( )横排,每一排有( )个人。第二关:开学两周,我交到了( )个好朋友,他们的名字是( ),我最好的朋友坐在教室第( )排。第三关:认识新朋友的时候,你是如何介绍自己的呢(先用中文,再用英文介绍)?第四关:早晨、中午和晚上,你见到了自己的好朋友,你会怎么用英语打招呼呢?如果学生四关都能回答出来,就会获得"交友达人"的称号,可用印章、贴纸奖励。

整个学习准备期结束,教师可以设计一份以收获园为主题的综合性作业,对这个阶段的学习进行复习、巩固。这份收获园可以采用积分制,能正确、流利说出来一项,就积一分,最终可以凭积分兑换不同的奖品。第一项:我能大方地用中文、英文向同学介绍自己。第二项:我知道在不同时间遇到同学、老师该怎么打招呼;我还能用英语打招呼。第三项:我知道教室中,座位可以分成( )排( )列,一排( )个同学,一列( )个同学。第四项:我认识了同学们的学号,比如1到10号都是谁。第五项:当我缺少尺子、铅笔、橡皮文具时,我会用英语向同桌说什么?由于一二年级不能布置书面回家作业,因此像这样的口头综合性作业实施起来,需要借助家长和老师的力量来实现口头综合性作业,有效调动学生对作业的热情。

四、综合性作业设计的实施策略

(一)建立综合作业教师合作小组,加强学科教师间的联系

综合性作业设计成功的关键在于,教师善于挖掘学科知识间的联系,具有整合性思维和多学科视角。因此,需要建立不同学科教师的合作小组,共同设计综合性作业。只有这样,才能保证这份综合性作业能锻炼学生的多学科综合思维。

(二)在小学不同年级,综合性作业难易度不同,低年级要更注重趣味性

在小学阶段,低中高年级的思维习惯是完全不同的。低年级学生的思维习惯以具体形象思维为主,经过不断学习,形象思维逐渐发展成抽象逻辑思维。因此,为低年级设计语文综合的作业时,必须充分考虑学生的思维方式,不能设计较难理解、对能力要求过高的作业,而且作业一定要充满趣味性。高年级的语文综合性作业可以适当注重学生多方面能力的培养,甚至放手鼓励学生在校园之外采用多种方法完成作业。

(三)综合性作业的实施要发挥合力,注重资源融合

综合性作业的实施打破了作业时间、空间的界限,允许学生在校内或校外、花费一定的时间来完成。因此,综合性作业的实施仅靠教师是远远不够的,必须吸纳学生家长和学生同伴的参与。家长的配合对推进综合性作业的实施大有裨益。课本、课外资源的整合,在一定程度上保证了综合性作业设计的规范性。

(四)发挥学科教研组的力量,注重学科内在知识联系的挖掘和探讨

教研组在学科的研究上有着不可替代的作用。教研组定期举行综合性作业设计的探讨,可鼓励教师深入挖掘学科内知识的联系,促使教师们在设计作业时打开思路,提高作业设计的科学性。

五、综合性作业的评价

(一)结果性评价主体多元化,保证评价结果的客观性

综合性作业通常由单科老师或者多学科老师合作设计,结果性评价也必须由多学科的老师共同完成。在对综合性作业进行结果性评价时,可以吸纳一位与作业中的学科毫无联系的老师,从学科知识外的视角进行评价;评价主体的多元化可大大增加结果评价的客观性。

(二)评价原则以激励为主,最好能有直接性的奖励

一些小学生对自己感兴趣的事情有着很高的积极性,在学习上也比较喜欢争强好胜。一旦学生在作业中有了挫败感,将极大地影响其做作业的积极性。因此,综合性作业的评价

原则要以激励为主,且仅仅是口头或书面语言形式的激励是远远不够的,最好是能有直接性的奖励,如贴纸、印章、小礼物等。一定数量的贴纸可以积累起来,兑换其他实际性的奖励。这样更能激励学生认真对待综合性作业。

(三)过程性评价要充分借助家庭教育的力量,时刻为学生提供助力

综合性作业的完成通常没有时间的限制,完成方法也可能从校内延伸到校外,因此,过程性评价的实施非常困难。这就需要充分借助家庭教育的力量,家庭教育不仅可在过程中提供一定的帮助,还有利于增强亲子关系。

综上所述,小学语文综合性作业的设计与实施任重而道远,但在如今双减政策的引领下,其实施势在必行。相信经过教师们持之以恒的探索,综合性作业必将不断丰富学生的作业生活,大大提升学生的综合素质。

参考文献

[1] 周彬,陈宇卿. 高中生综合性作业的实践研究[J]. 教育研究,2002(1):88-93.

《皇帝的新装》：骗子巧设的语言陷阱

上海立信会计金融学院附属学校　陈艳容

"语言陷阱"从字面上理解，就是对语言进行伪装，设下陷阱，以对别人产生危害，至少产生误导别人的作用。一般情况下人们对语言陷阱的理解就是在语言上为别人设下圈套，让对方上当受骗。丹麦童话故事《皇帝的新装》中两骗子之所以能诱骗成功，与他们在语言上巧设圈套有莫大关联。

一、洞悉人性，投其所好，巧用模糊语言行骗

故事一开始就交代皇帝有个特殊的癖好："他非常喜欢好看的新衣"。皇帝喜欢的衣服有两个特点：一是好看；二是新。"好看"，就是外在漂亮、美丽；而"新"则是质地、工艺、功能等有创意且不同于以往。这一"喜好"恰好给了骗子机会。刚出场的骗子用两句话巧设圈套：一是他们能够织出人类所能想到的最美丽的布；二是任何不称职的或者愚蠢得不可救药的人，都看不见这件衣服。

骗子首先投皇帝所好，巧用模糊语言行骗。模糊语言作为一种弹性语言，是指外延不确定、内涵无定指的特殊语言。"人类所能想到的最美丽的布"，语意模糊。"最美丽"到底是多美丽？"人类所能想到的"到底达到什么程度？这都是边界不清的语言陷阱。"最美丽"已经符合皇帝的审美，尤其是"最"具有极大的诱惑力，让人浮想联翩；"人类所能想到的"中的"人类"超出了一般人的想象，能激发人的好奇心，使人迫不及待想一探究竟。骗子的"聪明"也正在于此：了解对方，投其所好，通过语言的模糊性来刺激对方的欲望，引诱对方跳入自己所设置的陷阱。

骗子所说的第二句话表明骗子善于抓住人性的弱点，使对方在非理性中凭直觉作出决策，陷入圈套。当骗子说"任何不称职的或者愚蠢得不可救药的人，都看不见这衣服"时，皇帝第一反应是"那真是理想的衣服！"，他对骗子的话深信不疑。而后皇帝想到的是"我穿了这样的衣服，就可以看出在我的王国里哪些是不称职的……""可以看出"表明皇帝在潜意识中完全相信自己的能力，自动屏蔽骗子所说的"任何"二字，其关注点全然在他人身上。"是的，我要叫他们马上为我织出这样的布来"，"是的"表明皇帝在直觉中对自己能力的再次肯定，对骗子所说的再次赞同；"马上"反映皇帝欣喜若狂的心理，他迫不及待想看看哪些人是聪明人，哪些人是傻子。"于是他付了许多现款给这两个骗子，好使他们马上开始工作"，此时，皇帝已经完全落入骗子圈套。其实，不仅皇帝如此，全城的人皆如此。"全城的人都听说这织品有一种多么神奇的力量，所以大家也都渴望借助这个机会来检测一下：他们的邻人究竟有多么笨或者多么傻。"全城的人都想检验"他们的邻人"，却唯独忽略了自己。骗子洞悉人性，利用了人们性格中普遍存在一些缺点，比如自以为是、自私自利等来达到行骗的目的。

骗子行骗有技巧，先从对方的喜好着手，通过模糊性的语言引诱对方入坑；再结合人性普遍存在的缺点，使对方忽视自身的弱点，非理性作出决策，轻松行骗成功。骗子成功诱骗

皇帝等于掌控了大局，控制了文中所有成人的思维，使他们都陷入进退两难的境地。承认自己看不见，那就是等于承认自己不称职或者愚蠢，唯有按照骗子导演的剧本走下去。当皇帝后来想去看看衣料织得如何时，他心中冒出了一个理智之人正常的感受："不过，当他想起凡是愚蠢或不称职的人就看不见这布的时候，他心里的确感到有些不大自然"。"不过"表明皇帝如梦初醒；"他心里的确感到有些不大自然"表明皇帝开始害怕，察觉到自己也是"任何"中的一员。但皇帝此时已进退维谷，只得硬着头皮"相信自己是无需害怕的"，来进行自我安慰。骗子通过两句话，设置了一个悖论式的骗局，让所有成人陷入囚徒困境，陷入一个集体行动困境。每个人都不知道别人怎么说，唯有承认这个骗局，才是安全的。

二、善用诱导性提问，"化敌为友"

诱导性提问或称暗示性问题，是指用不恰当的提问方式操控回答者的回答。诱导性提问往往会使答案不能如实反映回答者内心的真实想法。文中有趣之处不仅在于两骗子的开场营销的话语，骗子对诚实的老大臣和官员的诱导性提问也对整个骗局起到了推波助澜的作用。

当诚实的老大臣和诚实的官员受皇帝所托察看两个骗子的工作进展时，骗子最初问两位大臣："花纹是不是很美丽？""色彩是不是很漂亮？""你看这段布美不美？"这三个问句有着共同的特点：都选在大臣们察看骗子工作进展、什么都没看见故心里正在自我怀疑的时候；都是诱导性提问。大臣们在战战兢兢、诚惶诚恐、不知如何作答时，骗子的问话给了他们启示。

老大臣最初想到："愿上帝可怜我吧！""我什么东西也没有看见！"这些都是老大臣真实的感受，也是骗子预料到的。老大臣"把眼睛睁得特别大"，其惊讶、质疑的行为也会引发骗子的担忧，毕竟是皇帝委派来的第一位巡查工作的大臣。骗子通过"花纹是不是很美丽？色彩是不是很漂亮？"等诱导性发问来对老大臣作出暗示，即让老大臣确认自己能看到织布机上的布。只是相比后一位官员，诚实的老大臣表现得更为木讷。在老大臣再次"眼睛越睁越大"进行内心激烈斗争时，骗子进行了第二次暗示："哎，您一点儿意见也没有吗？"诚实的老大臣才如梦初醒般将谎言脱口而出："哎呀，美极了！真是美妙极了！"老大臣运用"哎呀"这一语气词和不断重复的感叹句，既表达了赞叹，也巧妙地掩盖了自己的慌张，让自己镇定下来。接下来老大臣的表演可谓淡定自若、游刃有余："老大臣一边说，一边从他的眼镜里仔细地看，'多么美的花纹！多么美的色彩！是的，我将要呈报皇上，我对这布料非常满意。'"老大臣不仅完美地回答了骗子的第一个问题，表示自己能看得到布；且巧妙地表明了自己察看的目的：呈报皇上。这时，骗子才细致入微地将布料的色彩和稀有的花纹描述了一番，甚至还加上了一些名词，以便让老大臣背出来，去向皇帝详细地汇报。骗子与老大臣此时维系着一个心照不宣的谎言。老大臣由最初的犹豫怀疑到后面的表演自如，与骗子的诱导启发密不可分。第二位诚实的官员相比第一位老大臣来说几乎没有犹豫，心理活动更为简单，显得更为圆滑世故。

两位大臣在骗子的诱导下，已经彻头彻尾地成了骗子的帮凶：他们开始欺骗皇帝。当皇帝带着特别圈定的随员、两位诚实的大臣察看时，此时两个骗子无需亲自出马，可淡定地假装埋头织布了。两位大臣迫不及待地重复了骗子诱导性的问语："您看这布华丽不华丽？"他们也像骗子一样主动在皇帝面前夸耀："陛下请看：多么美的花纹！多么美的色彩！"皇帝虽然也心虚、也慌乱,但在众目睽睽之下,他很快镇定下来。他以"哎呀,真是美极了!"和"我十二分的满意!"来掩饰自己的恐惧。

后文全体随从、骑士、老百姓等对新衣的评价,几乎都在回答骗子的问题。骗子问:"花纹美不美?色彩是不是很漂亮?"全体随员说:"哎呀,真是美极了!"每个人随声附和:"这布是华丽的!精致的!无双的!"所有的骑士说:"一点儿也不错。"大家都说:"多么美的花纹!多么美的色彩!这真是一套贵重的衣服!"站在街上和窗子里的人都说"乖乖!皇上的新装真是漂亮!"

这些上至皇帝大臣下至百姓的成年人,都异口同声重复着骗子拟定好的台词,就像是骗子操纵下的提线木偶,集体无意识地尽情表演,都陷入骗子主导的闹剧,难以自拔。至此,骗子通过巧妙的语言陷阱,完美行骗成功。

浅谈低年级语文综合素质的培养

上海立信会计金融学院附属学校　盛欣怡

当今教育从"知识核心时代"逐渐走向"核心素养时代"。在此趋势下,我们要深化教育体制改革,聚焦学生核心素养,努力培养学生的创新意识,提高学生的实践能力。语文是一门工具性与人文性相统一的学科。本文将结合小学语文的课堂教学,就如何在低年级语文教学中培养学生综合素质进行初步探析。

一、在实践中培养倾听能力

语言表达在人际交往过程中非常重要。部编版教材中的口语交际和听说技能的发展相联系,并建立了螺旋式口语交际体系。例如,在二年级上册《口语交际:看图讲故事》的教学设计中,低年级学生获取图片信息和讲故事的能力较为薄弱,而本课程的教学可以有效弥补这一缺陷。二年级的孩子有一定的口头表达能力,但他们仍然会紧张,说话轻声细语,讲故事缺乏生动性和连贯性。本课程内容清晰,故事幽默有趣,二年级的孩子都很感兴趣。在教学过程中,我引导学生懂得尊重他人,在学生发言时,其他同学不能私下说话或做其他事情,将注意力集中在说话者身上。根据教材的特点,我采用不同的方法激发学生讲故事、听故事的兴趣,创造与故事对应的交际场景,让学生在实践中感知本课程的交际需求,提高口头表达能力和想象力。"善言,能赢得听众;善听,才会赢得朋友。"教师可利用口语交际的教学,培养学生做一个耐心的倾听者。最后,我请五位得了故事星的孩子上台讲故事:第一,要关注讲故事要按顺序;第二,关注是否讲清楚了;第三,是否做到了前后连贯。在此过程中,我充分关注到听故事学生的表现,毫不吝惜对善于倾听同学发言的学生进行鼓励表扬,让其起到标杆榜样的作用,带动其他学生认真倾听。整个过程都充分关注学生的说和听,让学生学会看图讲故事、听故事。

二、在课堂中培养爱国情操

爱国主义教育是一个学校德育工作当中最重要的环节。培养学生的爱国情操,有利于学生刻苦学习,锻炼本领,建立健康向上的学习信念。在低年级学段,我始终将识字、写字放在语文学习首位。部编版语文一年级上册第一课,蝴蝶页上方是"我是中国人"五个大字,近处画着56个身穿民族服装的小学生,远处是天安门和高高飘扬的五星红旗。编者的意图是通过看图认字,让初入学的儿童知道56个民族的小朋友都是中国人,牢记自己是中国人,进行国家认同教育。识字课《升国旗》意在认识国旗,知道升旗时要立正、敬礼,表达对国旗的敬意。在一年级下册《我多想去看看》随文识字中,我让学生感受边疆儿童对北京、对天安门广场升旗仪式的向往。"写字即修行。"在日常课堂教学中,应给足学生写字时间,培养学生保持卷面整洁的习惯,促使学生形成提笔即练字的意识,增强他们对祖国语言文字的热爱,提升他们的文化底蕴。二年级上册第五单元增加了《八角楼上》《刘胡兰》这样具有人文主题的课文,在理解课文内容方面,低年级学生存在一定困难。对于《八角楼上》一文,我分解了朗读难点,培养学生在朗读中读懂革命先辈的故事,指导学生抓住长句中的核心要素,理解句中的核心词,理清句子的主干和层次,帮助学生在理解的基础上,将句子读连贯。我通过演示图片补充当时的背景资料,让学生在理解核心词语的基础上,感受到在革命年代,军民住得很简陋,每天都吃不饱、穿不暖,生活条件特别艰苦。而在这么艰苦的情况下,他们还要和敌人作斗争。通过阅读教学,我注重引导学生体会文章中各类词语的不同表达效果。这不仅有利于学生深刻理解文本的思想内容和表达形式,促进学生提升词语运用的能力,对培养学生的创新思维和提高学生的语文能力都具有非常重要的作用。通过课文中的艰苦岁月与现在不愁温饱的生活进行对比,让学生感受到幸福生活的来之不易,增强学生们的爱国情怀。

三、在心理上培养健康人格

健康人格的培养已成为世界教育的重要主题之一。每门学科都肩负着培养学生健康人格的重要任务。语文教学在培养学生健康人格中具有得天独厚的优势,这是由该学科的特点决定的。在小学低年级,语文课开设课时最多,与学生的生活联系最为密切。教师的首要职责是"传道",培养学生活跃的思维方式是其中的重要方面。语文教学中,一方面要凭借教材中具体人物的思维实例启迪学生,比如,《曹冲称象》中的创新思维;《我要的是葫芦》中事物的普遍联系和系统思维。另一方面,还应帮助学生养成良好的思维习惯。随着年龄的增长,学生不顺心的事情会越来越多,情绪管理和意志磨炼就显得尤为重要。教师要充分利用教材赋予人物的积极情感因素,引导学生体验共鸣,在潜移默化中受到感染,例如,《怎么都快乐》中的自洽,《四个太阳》中的与自然环境和谐相处等。教育是心灵和心灵的触碰,灵魂和灵魂的同频共振,教师还要利用自身的积极情感来影响和感染学生。

四、在诗词中培养审美情趣

提升学生的审美素养,不单单是体会事物的美好,更重要的是教会学生认识美和分辨美。以低年级古诗教学为例,《小学语文课程标准》指出:在语文学习过程中,我们必须了解中国文化的丰富性和广度;低年级的学生在学习浅近的古诗时,可通过想象画面获得初步的情感体验,感受语言的优美。想象力是低年级学生思维的翅膀,语言和认知能力的发展都是建立在思维的基础上的。孩子一旦拥有了想象力,会自动想象不同的场景去对应相应的语言表达,从而积累语言、锻炼思维。学习古诗时,学生可以借助想象,真正做到"字在眼、景在脑、情在心",理解诗歌的内容,品味诗歌的韵味,感受语言的魅力,提高审美情趣。我们不妨让孩子插上想象的翅膀,去遨游诗海,去畅观词坛,去享受古诗词的艺术美。

由此可见,语文教师应让学生在知识学习的过程中充分掌握学习技能,形成良好的语文素养,从而为学生的全面发展奠定良好的基础。

参考文献

[1] 李艳花.谈如何在小学语文教学中实施素质教育[J].学周刊,2020(08):84-85.
[2] 吕钊.基于学生综合素质培养的小学语文教学探究[J].语文教学与研究,2017(32).

浅析初中语文主问题设置与教学实例

上海立信会计金融学院附属学校　张书圆

在初中语文的教学中,通过主问题的设置来引出课堂的主要内容、厘清学生思路并对文章脉络有较为清晰的认知,是目前教学主要方式之一。

通过设计主问题来引发学生的探讨和研究,不仅可以帮助学生打开思路,还可以在一定程度上提升综合学习效率,同时让学生能够在问题的逐渐深入中发散自己的思维。

在语文的教学中,我们不难发现,课堂阅读教学是语文教学的"重头戏"。老师在课堂中所问的问题一定程度上也关系着语文课堂学习的综合效益。教师可以抓住文章的关键性语句来设置主问题,此外,教师在课堂教学中"如何问"及"怎么问",都将对学生日后阅读能力的发展产生潜移默化的影响。

一、主问题所涵盖的内容与涉及方向

在初中学段,学生对于语文的学习若只停留在表象的叙述性知识,就忽略了语文学习的"美育"板块。一篇课文所蕴含的情感态度与价值观也应该在课堂的教学中让学生自然而然地体悟到。

"传承和弘扬中华美学精神,需要结合新的时代条件,将中华优秀的传统美学思想与中国当代文艺实践和美学理论建设相结合,用新的观点和方法对传统美学思想、命题、概念、范畴给予科学阐释,并赋予新义,使其紧密结合当代实际,具有时代内涵,实现其创造性转化。"[1]习近平总书记指出,"实现中华民族伟大复兴需要中华文化繁荣兴盛"。[2]

语文作为人文学科,需要培养祖国下一代的使命感。在语文课堂教学中,对于主问题的方向把握显得尤为重要。

一方面是要理清文章的结构,探究文章的构造,提出主线问题。主问题的提出可以帮助学生很快地抓住文章的主要内容,根据提出的问题掌握文章的走向。另一方面,不同文章问题的语言有着不同的特点,应着眼于文章语言,让学生体会文章所渲染的氛围,所要表达的情感及所输出的价值观与态度。

在语文学习中,教师一定要深入理解文本,反复揣摩和推敲文本中的字、词、句。我们常说"好言一语三冬暖,恶语伤人六月寒",语言的威力可见一斑。

与小学相比,初中语文是学段上的跨越,更是逻辑上的加强,作者的遣词造句及其中所蕴含的感情都值得我们反复琢磨和品味。提问可引导学生关注文章语言,不仅有助于他们更深入地理解文章,还会帮助他们提升当堂阅读的能力。

在日常的教学过程中,根据每篇讲读课文的实际情况,我们往往应该因需而教。如六年级第一学期的一篇小说《桥》,这篇课文满怀深情地塑造了一位在危急关头舍己为人的普通老共产党员的光辉形象。面对狂奔而来的洪水,他以自己的威信和沉稳、果决和坚定,将村民们送上生命之桥。其高贵的精神品质正是我们这个时代所呼唤的。教师可以以课题为引,抛出两个主问题:(1)作者以"桥"为题,想告诉我们什么?(2)文中的"桥"究竟又指什么呢?

第一个问题指向文中老支书的人物形象分析,而第二个问题则指向文中像老支书一样具有光辉精神品质却无名无姓的共产党员,让学生理解、感悟共产党员的伟大精神品质并以此为榜样。这两个问题将本课需要学生体悟的情感牵引出来。

除此之外,这篇文章的句式也很有特点,即多用短句来渲染恶劣环境及紧张气氛。巧妙的是,在文章的结尾段,作者又再次运用了相同的句式表达对老支书牺牲的沉痛和惋惜。教师可以相同句式所表达的不同情感来设置问题:比如,同样是短句,前文和结尾段的表达效果相同吗?为什么?学生同样也会在分析语言特点的过程中,体会语言的奥妙。

二、主问题的递进式设置及效果

在实际的教学过程中,由于学生对文本的即时理解是逐步深入的,故教师要层层设计"阶梯式"问题。一堂课可能会有多个主问题,这些问题往往需要教师将学生一步步带入文章深处,体会文本、感悟文本、理解文本。各个问题的出现要有一定的先后顺序,在每一个学习阶段起到良好的作用。

例如,六年级第一学期第12课《故宫博物院》。这是一篇说明文,篇幅较长且生字词较多,学生往往难以自行疏通其结构脉络,很多学生通读文章后仍一头雾水。

作为一篇科普性阅读课文,为了让学生在面对说明类文字时有自己的思考,我在教学时设计了如下几个问题:

(1) 文章中介绍了哪些主要建筑?
(2) 所有的建筑是否都进行了具体描写?哪些是简写,哪些是详写?
(3) 这些建筑之间是如何连缀起来的?
(4) 从哪些语句中可以体现?
(5) 能否合上书本,通过课件展现的这些语句,简要画出各个建筑的位置?

上述教学设计的目的是让学生尽快找到较为枯燥的说明文的阅读切入点。学生可根据层层递进的问题,较为快速准确地了解文章的大体内容,在脑海中构建故宫建筑位置示意图。

在具体实施过程中,学生对于关键信息的提取整体把握得不错,但对于第3、4个问题的回答有点乱了阵脚。

鉴于此种情况,教师在教学过程中可以给学生们一些有针对性的提示,尽量缩小问题的范围。其中,解决第3、4个问题需关注两类语句:一是交代参观路线的语句,二是交代建筑之间位置关系的语句。根据旅行经验及地理课上刚刚学习过的东南西北等方位词,学生们感觉茅塞顿开。学科间的融会贯通也助了学生一臂之力,提升了他们自主学习及阅读的能力。第3、4个问题解决后,学生们就顺势解决了第5个问题,同时通过动手回忆组建,调动了他们对课文的再思考,加深了他们对文章的印象。

基于这堂课,我对课上出现的问题进行了教学反思。作为一名新教师,我发现在教学问题的设计上,有时因为自己已经对文章比较熟悉,往往问题设置得比较大,让学生难以找到答题的切入点,也缺少了引导学生理解问题、分析问题的过程,所以效果不佳。同时,我对学情的分析较为浅薄,没有认识到学生是多维度发展的。作为教师,除关注语文学科外,我还应关注这一时期学生的心理特点、生活经历、其他学科的知识体系等。

根据上述教学实例和分析,我们不难发现阅读教学是初中语文课程教学的重中之重。教师在设计阅读教学的主问题时,应根据教学目标的需要,遵循相应的设计原则,灵活选用设计方法,从而有效提升学生的阅读能力。

参考文献

[1] 中共中央宣传部.习近平总书记在文艺工作座谈会上的重要讲话学习读本[M].北京:学习出版社,2015.

[2] 彭立勋.中华传统美学思想的价值及其创造性转化[J].美与时代(下),2015(2).

[3] 孙善敏.论阅读教学中主问题设计的原则与方法[J].中学语文,2020(21):4-5.

生态教育理念指导下的学校课程的实践建设

——部编版语文教材与原上海版教材的区别与思考

上海立信会计金融学院附属学校　徐佳颖

一、案例概述

之前全国中小学使用的课本都具有地方特色,"一纲多本",但从2019年秋季开始,上海市各年级已全面使用部编版小学语文教材。此时,上海教材与部编版教材的教学衔接工作显得尤为重要。教师应做到通览教材、通读教学用书,全面把握原有教材与部编版教材的相同点,清楚它们的不同点,做到教学方法的转变,从而有效落实部编版教材的语文要素训练。

二、活动背景

与上海教材不同,部编版教材一是内容上比较新,二是教法上比较新。部编版教材相比较于之前的教材作了很大的改变:

(1) 部编版教材的单元主题更加多元化,适当保留人文主题,又不完全是按人文主题来组织单元,有的则是按文体组织单元。

(2) 教材体现知识体系和能力点的渠道较多,如参考书、阅读链接、单元导语、课后思考题和拓展题。

(3) 在每一个单元最后设计了一些活动,这些活动的设计更加贴近学生的生活,从实际入手,尊重儿童的天性,引发学生去发现、去自主探究。

(4) 在内容和插画编排方面,部编版教材更能运用有趣直观的图画吸引孩子们的学习兴趣,抓住孩子们的眼球。

(5) 更加看重通过自读、默读等多种方式培养同学们的阅读能力;更加注重同学们自主学习能力的培养。

三、案例分析

教授部编版教材每课都要采取随文识字的方法,认识10-12个生字,能正确书写8-10个字。

《雨点儿》这篇课文第一课时的教学重点为:正确认读"数、彩、半、空、问、到"6个生字,认识三撇、穴宝盖、立刀三个偏旁。

低年级是搭建知识高楼的基础时期,但是学生的词语积累量较少,个别同学对于拼音的拼读也掌握得不牢固。因此,我让同学们运用图片识记法、组词识记法、部件组合识记法等,在正确拼读拼音的基础上,灵活运用自己所熟悉的识字方法去认识生字,从而大大提高了他们学习语文的兴趣。

在帮助同学们理解课文中的生词时,我尽量让同学们的学习内容更贴近生活,从而让他们更容易理解。例如:在理解词语"飘落"的意思时,我通过做手势的方式让学生理解飘落的速度是慢慢的,再让他们用短语"_____飘落下来"来说说生活中什么东西也是这样飘落下来的;在理解词语"数不清"的意思时,我通过出示下雨的图片让他们数一数,使他们直观地感受到雨点儿的数量很多,数都数不清,再出示短语"数不清的_____",让他们说说生活中还有什么东西也是数不清的。这两个生词理解的活动及练习设计,不仅让他们更容易理解"飘落、数不清"的意思,还引导他们多思考、多表达,锻炼他们的口语表达能力。

部编版教材通过自读、默读、分角色读等多种方式培养学生的阅读能力,更加注重同学们自主学习能力的培养。在《雨点儿》的教学中,我让同学们用直线划出大雨点儿说的话,用波浪线划出小雨点儿说的话,通过圈点勾画的方式先明白大、小雨点儿说的话是不一样的,再让同学们通过自读、男女生互读、师生对读、分角色展示读等方式,提高他们的阅读能力。

最后,教师应注重并做好写字教学。比如,学习书写生字"半"时,可先对生字进行仔细观察,关注整个字在田字格中的占位,再让学生掌握笔画笔顺、进行书空。接着教师进行范写,学生进行描红及试写,最后由教师进行讲评。同学们在书写的过程中要时刻注意写字姿势、笔顺和结构。

四、思考

对于部编版教材的教授,之后我将会从以下几点着手。

(1) 利用好书中的插图。每篇课文中安排插图一定是有意义的,我在教学时会让同学们边观察插图边预习课文,提升学生学习语文的兴趣。

(2) 明确每个单元以及每篇课文的教学目标,有的放矢地进行每一板块的教学,不做无用功,不给学生增加负担。

(3) 让学生联系生活实际来理解字词或课文中内容,同时将知识学以致用。

(4) 关注学生的整体情况,并进行个性化教学。

(5) 认真备课,实现有效的课堂教学。

在教授部编版教材中的课文时,如果遇到困惑,我会向有经验的老师请教。此外,对于教学,我也会多反思,不断提高自己的语文教学水平。

浅谈散文教学中助读资料的引用

——以《背影》为例

上海立信会计金融学院附属学校 蒋霜艳

助读资料是一种常见的文本解读方法和阅读教学策略,是指与文本内容相关的、帮助学生打开思维的材料或资源,通常包括作者生平、写作背景、写作意图等。教材中的一些课文,特别是经典散文,在教学时学生理解起来有难度,这时助读资料就可以派上用场。下面我将以《背影》为例,谈谈散文教学中助读资料的引用。

一、资料助读的必要性

限于当前的知识水平和生活经历,初中生对教材中的课文,尤其是散文,理解起来有一定难度。这些经典文章由于年代久远,与现代的学生有一定的距离。在散文教学中,引导学生正确把握作者情感是教学的关键,而散文是作者私人的情感表达,学生很难进入作者的内心情感世界,这也给学生阅读经典散文带来了障碍。如果不给学生提供一定的助读资料,学生将很难精准地理解文章的主旨和情感,甚至曲解文本价值。作为教师,我们应该关注到学生与文本的距离,适时地在课堂上引用助读资料,缩短学生与文本的距离,深化学生对文本内容的理解,让他们更好地体会作者的情感。

以《背影》为例,学生通过自主阅读,很容易地就能从父亲对"我"无微不至的照顾和艰难攀爬月台为"我"买橘的背影中读出父亲对"我"深切的爱,从而得出结论这是一篇写父爱的文章。但是很多学生却忽略了这篇散文的一个特性:《背影》是一篇回忆性散文,文中有两个"我",即过去的"我"和现在的"我",不同时期的"我"对父亲的情感也是不断变化的。因此,《背影》教学的关键点不是父亲深切的爱子之心,而是"我"和父亲从过去到现在这种复杂的、变化着的父子关系。"我"体会父爱的复杂的心理历程,正是这篇文章的学习难点。教师需要提供一定的助读资料,构建学生与文本深入接触的支架,引导学生进入文本深处,帮助学生深入理解文本。

《背影》教学中,在感受到父亲的深爱后,有学生提出疑问:父亲对"我"这么好,如此事无巨细,为什么"我"对父亲的关爱不接受、不理解呢?对此,文中其实交代得不是很清楚。为了帮助学生更好地理解"我"对父亲的态度,体会当时的父子关系,深入探究文本,我参考柳慧娟老师的课堂教学,补充了助读资料一:

> 父亲在徐州因纳妾引起矛盾,被上司怪罪且被免职。
> 父亲为缓解矛盾,花了很多钱,不得不变卖家中首饰。
> 祖母不堪承受,辞世。

借助助读资料,学生这才意识到:正是由于父亲纳妾的丑闻,家中才有了系列变故,最终导致祖母去世。因此"我"在心理上是怨怪父亲的,父子间形成了隔膜和嫌隙。学生由此也就了解了为何"我"对父亲的态度是不理解、不耐烦了。

通过这一则助读资料,学生了解到了父子背后的故事。这给学生提供了支架,让他们轻松地再一次走进文本,提升思维。

二、资料助读的有效性

资料助读的确可以帮助学生更好地走进文本,但是文本本身才是最重要的。助读资料只是对文本起到补充作用,并不能取而代之,这也对教师提出了更高的要求。因此,在使用助读资料时,教师要在零乱、繁多、分散、无序的资料中,通过筛选、提炼、整合,把有效的助读资料融合到课堂当中,帮助学生拓展思维。

在课堂中,教师对文本的解读有时只是浅尝辄止、浮于表面。学生还没深入文本,就急于引申到课外,出示一大段洋洋洒洒的背景资料。学生们看似恍然大悟,醍醐灌顶,实则始终游离在文本之外,只看其表,未达其里。

实际上,在第一次上《背影》时,与学生在探讨"既然如此感动,当时为什么没有立刻写下《背影》?直到1925年,也就是8年后才写下《背影》?"这个问题时,我把冯明涛的《朱自清父子关系摭谈》中提到的父子之间发生的很多事都洋洋洒洒地补充了出来。

1915年:父亲给儿子包办婚姻,儿子反对,生气。

1916年:儿子考上北大,把名字"朱自华"改为"朱自清",父亲很生气。

1917年:父亲失业,祖母去世,父子浦口车站别离。那年作者20岁。

1920年:儿子毕业了,到南方去工作。

1921年:儿子回来工作,父亲领了儿子工资,儿子愤然离家出走。

1922年:儿子带老婆孩子回家,父亲先不准他进门,后进门不说话。

1924年:儿子写了篇关于家庭矛盾的小说,父亲说暴露了"家丑"。

1925年:父亲给儿子写信,儿子在泪水中写了《背影》。

1928年:父亲读到《背影》,父子冷战结束。

1945年:父亲去世。

通过这则资料助读,学生确实了解了"月台买橘"后"我"与父亲的关系依然不融洽的事实,但是在引用这一助读资料的过程中,却暴露出了以下两点问题:一是学生在体会这一阶段的父子关系时,完全脱离了文本,失去了对文本本身的品读,这样的阅读其实就是"虚假阅读"。学生感受到的父子关系并不是从文本中得到的感悟,而是老师通过补充的助读资料,牵着学生思维走的结果,看似省力,其实相当于变相地告诉了学生答案。实际上,散文中的字字句句中所表现的情感才是最真切的,依靠背景资料分析得来的情感只不过是咀嚼过的"方便食品"罢了,丢失了文字本身的韵味。二是对所给资料没有进行有效筛选,资料看似丰富多彩,实则内容太空泛。针对刚才所提问题,教师其实只需呈现1917年到1925年的有效资料就可以了,其余信息在这里是不必要的。

所以在第二次教学时,我先问学生"买橘后,父子二人的关系怎么样?",让学生深入文本中,引导他们关注文本的第一小节和第七小节。月台买橘后,父子二人并没有就此亲近,两人关系依然不好。这时,我提供了修改后的助读资料:

1921年,朱自清北大毕业后参加工作,父亲为了缓解家庭经济紧张的局面,私自扣留了朱自清的工资。父子发生剧烈矛盾,朱自清离家出走。

1922年,朱自清带儿子回家,父亲不准他进门。

1923年,朱自清再次回家,父亲不搭理他,父子开始了长达多年的冷战。

有效的助读资料,让学生快速、准确、深入地明确了此时的父子关系,同时为学生从下文中体会作者在收到父亲来信后的愧疚和思念之情作了很好的铺垫。

三、资料助读的适时性

教师精挑细选的助读资料在哪个时机呈现,才能达到最佳效果？标准在于是否立足学生,做到了"目中有人"。最正确地呈现助读资料的时机并不是由老师决定的。老师应在学生对文本中的内容产生阅读障碍时,适时地、恰当地提供助读资料,从而更好地解决学生的疑惑。

还是以《背影》教学为例。上文提到的第一则助读资料,帮助学生了解了父子二人当时产生隔阂的缘由。第二则助读资料帮助学生认识到,中间父子关系依然不好,甚至爆发了如此之大的矛盾。那么,最终"我"和父亲的感情走向何处,又为什么发生变化呢？此时学生在阅读时,往往会忽略回忆性散文中的双重叙述视角,因此很难把握作者复杂的心境。最后一则助读资料从朱自清的《儿女》中摘录了一些内容,引导学生关注"现在的我",体会"我"理解父亲的原因,这时补充助读资料三:

> 为人父后的朱自清,家中有五个儿女,成日的千军万马。在家看书或写什么东西,一点钟里要分几回心。下雨天或礼拜日,摊开书本看不下一行;提起笔来写不出一个字,以致对孩子管理上简单粗暴,后来回想有着难以宽宥的种种暴行。

这则助读材料引导学生关注文章的写作时间:此时"我"已是28岁的人夫、人父。"我"承担了和父亲一样的角色,也亲身经历了生活中的家庭琐事,和父亲一样会因儿女琐事分心、动怒。在这样的基础上,让学生再次回归文本,阅读第七小节,并在文中圈划批注能体现"我"对父亲情感变化的词语或句子。学生关注到了两个"自然"。"自然"是理所当然的意思,体现了"我"对父亲晚年怒气要发之于外的理解和体谅。这样,助读资料就为学生搭建了桥梁,学生此时能更好地走进文本和作者,理解"我"体会父爱的心理路程。

对学生来说,这一过程也能让他们更珍惜亲情,增进与父母的沟通和交流,从而提高他们的品德修养,让他们形成良好的个性和健全的人格。

通过《背影》这一篇经典散文可见,在散文教学中,助读资料能解决文本阅读时的障碍,搭建学生与文本之间的桥梁,这在教学中是十分必要且重要的。同时,教师也要注意助读资料引用的有效性和适时性,真正发挥"助读"的作用。

参考文献

[1] 肖菁."对症下药"与"点到为止"——例谈助读资料的呈现原则[J].中学语文,2019(30):20-21.
[2] 唐小妹.初中语文阅读教学中背景资料的引入[D].南京:南京师范大学,2015.
[3] 高殿杰.在"本色"中"共生"——品析黄厚江老师的《背影》一课[J].教育研究与评论(课堂观察),2015(6):66-69.
[4] 金军华,沈娇.返璞归真读《背影》——评析丁卫军老师的《背影》一课[J].新课程研究(上旬刊),2018(11):13-15.

生态教育理念下的小学语文课堂优化

上海立信会计金融学院附属学校　王晶晶

生态教育是在人与自然的发展中顺应自然的一种教育，是全社会自觉形成的一项人生态度。身为老师，不能追求短暂的教学成果，而要把它当作长久的终身教育观。因此，在小学阶段的语文教学中融入生态教学的理念和思想，是刻不容缓的。这就要求小学语文教师在现阶段的课程开展中，发挥其特有的学科优势，从生态教育理念出发，推动课程资源的开发，将生态的思想植入学生内心，促使其能在学习进程中自主产生积极性和自主性，构建良好的行为习惯和健康的思想品德。

生态教育理念下，有效落实语文核心素养的教育首先要重建教学关系。所谓教学就是"教"和"学"的结合，是"教"和"学"的双边活动。"学"是"教"的出发点和落脚点，一切的教学活动都应该围绕"学"来组织、设计开展。因此，基于生态教育理念下的课堂教学改革的重点，应该是有效地调整好"教"与"学"的关系。当然，我们小学语文的教学策略也应该随之作好相应调整。

生态教育理念下，培养学生的语文核心素养，首先应确立明确的育人目标。只注重知识灌输的传统时代已经过去，小学语文教学要以知识积累为取向，转向提升学生核心素养，在生态教育理念的引领下，发挥语文课程独特的育人功能和奠基作用，培养学生健全人格。

基于上述思考，在教授《四季之美》时，我对备课过程进行创新，以描写的手法和赏析作为教学重点，将本课的育人目标定为学会观察美的生活态度。待本课知识点讲毕，我总结道："这篇写景散文中，作者通过自己独特的审美情趣和生动形象的动态描写，展现了自然界中四季不同的美，表达了作者热爱四季、热爱生命的思想感情。"在此基础上，我又提出了一个问题："作者笔下的四季如此美丽动人，这样的四季从未缺席过我们的生活，为什么我们却从未发现呢？"这时，学生陷入了一片沉思。有的学生说："没有细心观察过。"有的学生笑着说："天天学习，哪有心情欣赏四季呀。"还有的学生说："城市中到处都是高楼大厦，根本没有作者笔下的美景。"我又说道："孩子们，其实四季之美处处皆在：春日窗外的蒙蒙细雨，夏日上学路旁的绿树花香，秋日天空中的点点归鸦，冬日早晨操场上的白霜……都是四季的化身，美的化身。"我顺势引用了法国雕塑家罗丹的一句名言："生活中从不缺少美，而是发现缺少美的眼睛。""希望大家以后也能做一个有心人，发现生活中的美好。"按理说，情感教育到此可以止步了，但我还有几分"贪婪"，总觉得还可以再进一步，对学生进行一点生态教育的启发。于是我深情地说道："自然如此美好，生活如此美妙，难道我们不应该热爱我们的生命吗？"点到为止方为最妙，本节课已触及生命价值和人生意义的探索，大有"一石激起千层浪"的妙趣。令我惊喜的是在之后的习作中，我感受到了学生眼中的四季之美、生命之美。

小学语文教学对于生态理念的培养效果始终不太理想，其原因主要归咎于始终局限于教材教学，禁锢了学生的思维发展。为了更好地适应素质教育的大环境，教师应积极探索生态教育理念下语文课堂的可行性路径，把学生当作课堂的主人。

在这堂课中,我重点落实了语文新课标核心素养中的审美创造。学生通过感受、理解、欣赏、评价语言文字及作品,获得较为丰富的审美经验,具有初步的感受美、发现美和运用语言文字表现美、创造美的能力,具有健康的审美意识和正确的审美观念,而生态教育是落实这一核心素养强而有力的抓手。

小学阶段的语文教材内容不乏一些描写自然风光的文章,其中心主旨大多是对优美的风景或人和自然的和谐相处进行赞美,并对一些人类破坏自然的现象进行遣责。但很多教师在教学中一味地追求知识的传达和教学目标的完成,无法站在生态教育这一角度下进行指导。因此,在教学中教师需要结合教学的要点,探索教学中存在的问题。例如,在学习《松鼠》一课时,经过对文本的初步感知,班级中的同学都对这一可爱又驯良的动物产生了喜爱之情,甚至有部分同学希望自己能够养一只小松鼠。这时,教师应该第一时间引导学生打消这个念头,并结合相关生态文明知识告诉学生:其实许多小动物不适宜与人类过分亲近。我们之所以能在作者笔下看到如此活灵活现的小松鼠,正是因为作者与松鼠之间是相互、尊重的关系,作者不打扰松鼠的生活,与它们和谐相处。接着可再顺势拓展到地球上的所有生物:面对多种多样的生物个体,我们都要给予它们尊重,不打扰它们的生活,主动与它们和平相处,这样才更有利于保护生态平衡,实现人与动物的和谐共处。在教学过程中,教师可以充分利用多媒体设备向学生展示当前中国面临的生态问题,帮助学生打开视野,向他们传播正确的价值观念与生态理念。语文是一门人文性和工具性兼具的课程,更应承担引领学生价值观的重要责任。对语文的知识要有延伸,不仅要教课本知识,更要教知识背后的生态知识和人文知识,让孩子理解和感受中华文化的魅力,具有比较开阔的文化视野和一定的文化底蕴。

当然,学校的生态文明教育若只依靠语文课堂上理论知识的教学,显然无法获得比较好的效果。因此,教师还要注重学生实践能力的培养,让学生能够真正做到学以致用。实践可以让学生更深入了解生态文明建设的内涵和重要性,并积极投身于生态文明的保护。教师可以在课堂定期举办一些颇具趣味性的生态文明活动,通过建立生态文明学习小组等多种形式,培养学生的生态文明观念。例如在学完《只有一个地球》这一课后,学生们对于"只有一个地球"有了深刻感悟。我便在班中建立了生态文明小组,找出校园中的不文明现象并制作生态文明小标语。在最后的分享过程中,学生们树立了良好的社会责任感,明白了爱护生态环境要从身边的小事做起。小学是培养学生生态文明意识的重要时期,作为小学语文教师,我们一定要勇敢承担起这一时代重任,主动将生态文明教育融入小学语文教学实践,通过主动创新、积极分析、不断尝试,切实提升学生的生态文明实践能力,提高他们的生态素养。

总之,在当前的时代背景下,小学教师在开展语文课程教学时,应契合时代的需求,推动生态教育理念更快地融合到教学过程中。身为一线教师,我们应该加强内容、形式、方法上的开发,使课程教学在开展的过程中展现出活力和生机,最终促进生态教育机制的建立。

"双减"背景下有关初中语文作业设计的探索与研究

上海立信会计金融学院附属学校 陈 婷

作业是教学活动的巩固与延伸,是链接教学与评价的重要桥梁,对教学活动起着导向、诊断和调节的作用,是自主学习的主要时空、合作学习的有效路径、探究学习的助力平台。"双减"政策中重要的一"减"就是减轻义务教育阶段的学生作业负担。《上海市关于进一步减轻义务教育阶段学生作业负担和校外培训负担的实施意见》中明确指出:"提高作业设计质量:出台高质量校本化作业体系建设指导意见,加强校本作业资源建设,鼓励教师通过选编、改编、自主创编等方式设计高质量作业。鼓励布置分层、弹性、个性化作业。"这就要求教师重新思考并规划,进一步提升作业设计的科学性、规范性和有效性。笔者结合教育教学实际,就初中语文作业设计进行了以下探索与研究。

一、作业设计的原则

语文作业设计应契合"语文学科核心素养"的培育目标。教师应聚焦"语文学科核心素养"的培育,在单元教学目标和篇目教学目标的统摄下,设计一组学习任务,通过模仿、迁移、反思、修正、内化的学习经历,巩固和延伸教学活动。

语文作业设计的目标应与课堂教学目标一致。教师应将作业设计的目标与课堂教学目标对应起来,才能更有针对性地布置好作业。与课堂教学目标一样,作业设计的难度也应适应学生的情况,杜绝低难度、机械训练的重复性作业或惩罚性作业。作业布置多元化,既要体现教学目标的多元,也要适应不同程度学生的实际需求。同时,还要把握新授课与复习课、单元复习与综合复习的关系,作业设计要能够巩固、强化、拓展教学内容。

作业设计的书面作业量要恰当,要以教育行政部门规定的完成时间为准。作业要精选内容,在作业设计中要综合考虑适合于学生的难易标准,尊重学生个体差异,从而保护学生对语文学习的兴趣,提升作业的实际效果。要通过变换作业方式来激发学生完成作业的兴致,充分尊重其在学习过程中的主体地位。不能以作业作为惩罚手段,要讲求教学规范和教育艺术。

二、作业设计的内容

2021年进行修订的《义务教育语文课程标准》将"语文学科核心素养"重新界定中小学语文教学。"语文学科核心素养"分为"语言建构与运用"、"思维发展与提升"、"审美鉴赏与创造"、"文化传承与理解"四个要素。作业设计的内容也必须遵循这一理念,符合标准要求。

核心素养目标绝非针对课内知识,更多的是指向面对生活的、更具综合性、服务于人的全面发展的领域。例如,语言文字不仅是抄写、记忆,更多是考虑能否运用;思维则不是用以解题,而是关注能否应对并解决现实的问题;审美不是回答条款化的"中心思想",而是真实的鉴赏;文化的理解、传承与担当,则体现在能否在人的一生成长中延续。

应从根本上减轻义务教育阶段的学生作业负担,在作业设计的顶层逻辑上进行总体性规划,夯实"课内"教学,瞄准"素养"空间,实现课内外的打通及课内外的协同发展。

(一) 关于"课内"教学的作业设计

"课内"教学的作业设计,依然要注重常规,瞄准字、词、句、段、篇的基础知识与关键能力。

依托统编教科书配套练习部分完成基础性作业勾选,减少重复性练习。依托学校教研组、备课组资源完成校本性作业设计;可以延续统编教科书单元统整的编撰特色,以"单元习作"为核心,牵连"读"与"写",提升综合发展能力。设计"习作"时,可以采用"作文片段写"的方式,根据本篇写作的难点,设计拆分为若干片段。学生在写作课上先分解练习,再自行组合完成全篇。习作的综合性,涉及语言的积累与运用、思维的发展与提升、审美的鉴赏与创造、文化的传承与理解。这样的设计构思能实现"牵一发而动全身",同时也减轻习作这一语文学科"最大的作业负担"。

(二) 关于"素养"空间的作业设计

"素养"空间的作业设计以"阅读"为主旋律。作业设计中关于"阅读"的构想,应呈现阶梯式发展:低年级意在多读,重在培养阅读习惯;中年级意在会读,关联语文实践能力发展;高年级意在读好,经由阅读形成好的效果,铸造好的阅读品位。

三、作业设计的策略

作业设计是指教师依据学生情况和一定目的,通过选择重组、改编完善或者自主开发等多种方式形成作业的过程。教师作业设计时需要注意以下几点。

(一) 统筹安排、科学分配

要有全盘策划、统筹安排的意识,合理科学分配,以达到巩固提升的目的,尤其要注意统筹安排单元作业目标。

首先要确立单元作业目标,其次要规划课时并分配篇目作业目标、课时作业目标,然后要编制作业并形成系列,最后还要在实践中进行应用,应用后分析结果,针对结果反思改进,进一步修订作业设计。

(二) 提升观念、创新形式

要深入研究《义务教育语文课程标准》,更新理念,建立新的课程观和作业观。

作业设计中要融入情趣,激发学生的探求欲。在语文作业设计中要立足培养学生的语文能力,发掘出新的作业形式,引发学生的探究性思考;要加强师生的交流互动,营造宽松、平和的交流氛围和评价环境;要培养学生的良好作业习惯,促进其学习持续发展。作业设计还要能为学生创设情境,尤其在写作中通过诸如扩写、改写、续写等方式激发个人思维和想象空间。尝试开展访谈、调研、创作等综合性语文活动,来提升学生的语文素养。

在信息资讯和媒体高度发达的今日,教师也应掌握先进的工具和方法,充分利用影像、文字、图画等各类媒体,帮助学生拓宽学习视野。通过各种方式丰富语文作业的内容,提升学生完成作业的乐趣。诸如在假期可以让学生做作品集、在家长监护下利用APP录制自己的朗读作品等,丰富作业类型。

（三）要素协同、系统效应

教师在设计作业时要着眼整体的课程观，从作业的课时目标、单元目标、学期目标到学段目标，力求心中有数、部署得当，既要追求作业的科学严谨，又要顾及作业难度和学生实际完成能力的匹配度，从而在作业量和学生完成作业时间中寻找到契合点。在评价作业时，老师也要考虑到差异性、个性化和整体要求之间的处理方式。总之，要全方位思考和设计作业，不能仅仅考虑其中的某一方面，应提高作业设计整体质量。

（四）分层分类、精选作业

首先，教师要能根据学情分层设计作业。针对学习困难的学生，要设计相对简单、基础的作业，最好要有些趣味，经常变换形式，或者有些个性化建议和指导。应耐心关注这些学生，多鼓励多引导，让他们也能获得语文学习的积极体验，从而形成良性循环，逐步提升学习信心。针对学习能力强的学生，要设计有一定综合性和挑战性的作业，在作业数量和复杂程度上可有所加强。还可以建议扩大课外阅读量，使他们在日常教学中能以自己的节奏向前迈进。

其次，教师要根据实际情况，尽量多地设计一些实践类作业。要重视统编教材中口语、写作、综合实践等版块的作业设计和落实。培养学生听说读写的综合能力，以作业带动语文实践活动的真正开展。这种作业不一定要求当天完成，可以给一周或两周的时间，由小组合作完成。在此过程中，学生会将很多语言、文学及文化知识活学活用，他们的学习热情会被有效激发。

另外，语文教师在确定作业时还要避免重复作业，和其他任课教师勤协商，进而统筹好本学科的作业，避免学生作业书写量过大。

（五）学后反思、反馈修订

通过作业设计，教师可进行再思考、再分析和再修正，使学生能在完成作业的同时进一步深化拓展学习，逐步提升语文核心素养。

刷题和频繁考试极易使学生产生厌学情绪，并不能提高学生的语文能力，因此要求教师在课后布置作业方面有新意、有创意，能体现语文学科的魅力和深厚底蕴。教师要在知识题上增加趣味性，在探究题上增加情境感，引导学生由语言到思维，体味语言后面的文化，进而提升思想认识水平。

总而言之，"双减"背景下如何实现作业设计的减负增效，还有待我们进一步探索与研究。在今后的教学中，笔者还将继续不断学习、实践、反思，在作业设计中力求德智融合，激发学生的求知欲与创造力。教师不仅要关注学生的学业质量，还要关注学生的生命质量，使学生获益终身。

初中英语听说课堂表现性评价及评价量规的设计

上海立信会计金融学院附属学校　俞文瑞

一、"促进学习的评价"项目的研究背景

"双减"政策的实施使教育教学回归自然生态的模式。但是新中考改革是对学生学科素养的全面考核,因此,提高课堂效率成为应对教育教学改革的核心。

英语中考改革将对听说能力的考核提到了前所未有的高度。对于没有语言环境的外语学习而言,英语课堂,尤其是听说教学课堂是学生训练听说的主阵地。形成性评价帮助学生在学的过程中不断反思,针对听说能力的形成性评价首选表现性评价。

二、什么是"表现性评价"

表现性评价是一种基于观察和判断的评价,可用来判断实时性的表现(也被称为展示),以及学生创造的成果,包括两部分:任务和判断学生反应质量的评价标准。即学生完成一个任务——进行一次展示或创造一个成果,然后我们需要用量规判断其质量水平以进行评价。

当学习目标是为了表现技能和成果时,表现性评价是最合适的评价方式。英语听说课堂的学习目标是观察学生对听说技能的掌握程度,以及通过小组合作进行成果展示,故表现性评价是必不可少的评价方式。

三、"表现性评价"任务的设计

(一) 一项好的任务的特征

1. 任务的内容

一项好的任务应与预期的学习目标一致,并尽可能提供真实的情景。此外,如果提供了选择,那么所有的选择都应是同等重要的。其可以提供一些指向成功的信息,但不要过度帮助。此外,成功地完成任务并不依赖不相关的技能,或特定的语言或文化背景;所有人都可以得到必需的资源和材料。

2. 任务的结构

在"表现性评价"任务的设计中,应考虑以下问题:"学生将会应用什么样的知识?""学生将要利用特定的知识做些什么?""已完成的表现或成果将采取哪种形式?""学生应该使用什么样的材料?""学生将要花费多长时间?""如果任务要求的是一个展示或表现的话,那么它要在什么条件下进行?""允许提供的帮助是什么?""从谁那里得到帮助?""什么样的标准将成为这种评价方法的重点?"

(二)听说课堂表现性任务设计案例

案例1:上海牛津英语 U3:The way to the cinema

该案例要求学生运用单元重点句型"Turn left/right into —""Walk along —",就所给社区地图,进行如何去相应目的地的问路和指路的对话。

从任务内容对此任务的分析:学生通过情景对话的表现形式完成该任务,从而检查学生在接近真实的语境中运用语言的能力。案例1的表现性任务设计说明如表1所示。

表1 案例1表现性任务设计说明

目标的一致性	对目标语言在接近真实环境中的听说能力的检查
真实性	以社区地图的问路和指路的情境的创设,接近于真实情境
选择	学生可以选择去不同的目的地展开对话
支持程度	任务的布置言简意赅
干预	这一任务的地点选择是学生熟悉的社区,需要借助学生的生活知识背景
资源的可获得性	完成这一任务的资源提供是平等的

案例2:上海牛津英语 U4:Trying on clothes

情境创设:Sunny Shopping Mall 正在举行打折促销活动,假设今天是周末,你和你的同伴去逛街,表演试衣前和同伴的讨论,及试衣时和售货员之间的对话。要求学生整合单元各课时的语言知识,如句型"What do you need to buy?""Where will we go to buy —""Do you like the — with — or the one/ones with —""Excuse me. Can I try on the —?""— are too long/short/loose/tight.""Do you have it/them in my size?""I wear size —"等。把选衣前、选衣中的情景串联起来进行情境对话。

比起单个的情境对话,连续几个情境的对话的难度显然高得多,但其能够帮助学生理解以单元为基础的课时之间的内在联系,明确不同语境下特定语言的使用。任务的内容为整个单元的学习目标服务,学生在单元内容学习的支架依托下,整合单元目标语言在新情境中进行对话展示。案例2的表现性任务设计说明如表2所示。

表2 案例2表现性任务设计说明

学生所要使用的知识	任务的布置能够唤醒学生所学的知识,及不同情境中的目标句型
学生所要完成的内容	任务的设计需要学生用特定的语言进行交流表达
学生所要创造的表现或成果	情境对话的表现需要学生对购物过程有一个完整的构思,学生需要决定购买什么、为什么要购买、如何选择、如何试衣、如何评价等
所要使用的材料	材料的呈现可以分层,对学习能力强的组合只告知情境,在成果呈现时对他们所用的材料进行评估;对学习能力弱的组合,提前告知可以使用的句型等
完成任务的时间表	根据学生们输入学习的掌握和熟练程度,以及编写成果的复杂程度,给予学生较为充足的课堂准备时间
条件	把任务情境的描述具体化
允许的帮助	这一任务在课堂有限的时间内完成,允许学生得到同伴或老师的帮助
标准	提供评价量规,用标准去设计并完成任务

四、表现性评价量规

(一) 量规的结构

量规包括标准、指标、水平、描述项。要选择高质量的表现性指标,我们需关注内容、结构和描述项三个维度的质量。标准代表了要素,每个标准都有其各自的量规。指标就是每个标准所评价的一系列需要着重强调的特征。水平指的是在一定范围内明确质量程度的点。描述项指的是代表每个水平上的每个指标的句子或短语。

(二) 好的量规的特征

1. 量规的内容

好的量规应该具备哪些有利于实现学习目标的特征,并反映实现预期学习目标的过程中的良好表现。

2. 量规的结构

量规的数量应足以反映出学习目标的复杂程度以及预期的用途。如果有多种标准,那么标准之间应该保持相互独立,描述项也应被有逻辑地分类。

3. 量规的描述项

量规的措辞是对作品的描述,可以用于诊断并描述优势与不足。其表现的水平与内容是对应的。此外,语言可以发挥为教师和学生提供有效反馈的功能。

(三) 听说教学中错误的表现性量规的设计

表3 上海牛津英语七年级第二册第三单元 The way to the cinema 表现性评价量规的错误设计

Task	Self-assessment（自评）	Peer assessment（同伴互评）
Task 1: Listening for specific information 5 (all words are correct) 4 (1-2 mistakes) 3 (3-4 mistakes) 2 (5-6 mistakes) 1 (7-8 mistakes)		
Task 2: Speaking to show the way 5 (fluently) 3 (not fluently) 0 (can't show the way)		
Total score:		

以上这个量规由两部分组成:听力结果的评价和情境对话的评价。听力"填词完成句子"的任务特点,决定了其不适合使用表现性评价,可以使用选择性评价。量规的第二部分是对情境对话的评价量规。根据评价量规的结构和特征的描述,上面的这个评分指南根本不能被称为量规,因为它没有质量水平标准、指标及描述项。其对于水平的描述只用了评价性语言,即"流利、不流利、没能指路",没有用描述性语言具体描述什么是"流利、不流利、没能指路"等,因此不能发挥为教师和学生提供有效反馈的功能。

(四) 听说教学表现性量规设计的改进

表4　上海牛津英语七年级第二学期第三单元 The way to the cinema 改进后的表现性评价量规设计

序号	标准	指标	描述项	水平
1	内容	清晰的主题	对话有一个清晰的主题	优秀
			对话有一些与主题相关不大的内容,但是能够辨别主题	中等
			对话的内容有些混乱,不能确定在讲什么	新手
		所有的信息与主题相关	对话中的所有内容都围绕主题开展	优秀
			大多数细节与主题相关,有一些细节脱离主题	中等
			细节内容与主题不相关	新手
2	组织	开头点名出行方式	对话开头就点明去目的地的方式	优秀
			对话开头繁琐,但还是说明了去目的地的方式	中等
			对话开头没有点名如何去目的地	新手
		过渡词体现逻辑顺序	连续使用过渡词,指路层次清晰	优秀
			不能连续使用过渡词,但能理解指路的先后顺序	中等
			过渡词使用不规范,指路层次混乱	新手
		合理地使用正确句型	完全正确地使用"Turn right/left into" "Walk along"的句型	优秀
			在使用句型指路时,偶尔发生错误	中等
			不能区分左转或右转进行指路	新手
		结尾处,点名目的地方位	能够用"You can see……on the left/right"来点清目的地的位置	优秀
			有点明位置的意识,但不简洁明了	中等
			未点明位置	新手
3	表达	在整个对话展示过程中,眼神始终与同伴眼神交流	对话状态真实,眼神很自然地与同伴交流	优秀
			对话状态有背诵的痕迹,眼神交流不自然或不多	中等
			是一个人的背诵,完全忽略同伴的存在	新手
		声音洪亮,保证听众听得见	声音洪亮清晰	优秀
			声音不够洪亮,偶有听不清楚	中等
			声音很轻,基本听不清楚	新手
		发音清晰正确	发音清晰正确	优秀
			时而有几个音发音不正确	中等
			经常性地发音不正确	新手
		语速自然	正常语速	优秀
			语速较慢	中等
			语速断断续续	新手
		避免填充词	没有填充词	优秀
			偶尔有填充词	中等
			经常有填充词	新手

(续表)

序号	标准	指标	描述项	水平
4	语言的使用	准确地使用单词和句型	能准确使用目标语言和词汇	优秀
			目标语言和词汇的使用有些错误	中等
			不能使用目标语言和词汇	新手
		使用正确的语法	正确使用语法	优秀
			语法使用部分出错	中等
			不能正确使用语法	新手
		语言和语调的形式与目的和听众相匹配	语言和语调的形式与目的和听众完全匹配	优秀
			语言和语调的形式与目的有时和听众不匹配	中等
			语言和语调的形式与目的完全和听众不匹配	新手

改进后的量规具备了量规的四个要素：标准、指标、描述项、水平。其对表达的标准进行了四个维度的区分，每个维度由不同的指标构成，对每个指标的不同水平有具体的描述。学生可以按照此量规明确口语表达的具体要求，指导、组织和呈现表达的内容；同时，次量规也可以指导学生进行有效互评。

五、结语

英语听说课堂的表现性任务及其量规的设计是提升学生英语表达能力的有效训练方式。我们要逐渐养成在量规指导下进行口语训练的习惯，不断提高口语表达的能力。

同课异构,基于不同学情的教学设计

——以初中牛津英语"pollution fighters"为例

上海立信会计金融学院附属学校 郑双娜

维果茨基认为,最近发展区是教学的最佳期。教学设计要诊断学习者的最近发展区,根据学习者的认知发展需求来设计教学活动和教学过程。

——摘自《英语教学设计》

一、我的理解

教师教学的对象是学生,教学设计必须分析学生的已有认知基础。教学设计即为学习者提供处于其最近发展区的"支架",使学习者在现有水平的基础上获得发展,促使最近发展区变成现实发展区。教师可开展"同课异构"教学,对教学内容进行加工改造,巧妙安排教学过程,从而促进学生的可持续发展。

本学年我任教的两个班级存在很大的差异,故无法做到用同一份教学设计来进行课堂教学。在这种前提下,同课异构的教学模式成为最佳选择。以下是笔者在日常教学中针对不同学情所作的一个课例研究。

二、我的实践

(一) 教学分析

本篇阅读文章选自上海版牛津英语 8B 的 unit1,文章内容是学生们非常熟悉的话题:树。通过一份采访记录,我向同学们呈现了树木为人类所作的贡献和树木所面临的问题。但文章的体裁,即采访记录在初中英语教学中比较少见。

基于教材分析,笔者对教学对象和教学目标进行比较分析。相关资料如表1所示。

表1 关于教学对象、教学目标的对比分析

班级	教学对象	教学目标
1班	英语基础比较扎实,三分之二的学生不需要教师的辅助就能读懂文章,也能在老师的启发下进行思考。	1) 1班的学生通过个人阅读和同伴互助,了解文章内容; 2) 通过领会教师课堂问题的设计,1班学生对文章脉络有更好的了解,在脑海中形成了框架信息。
2班	学生英语基础极其薄弱,且对学习无自身要求,自主阅读能力较弱,无法完成整体阅读。	1) 2班的学生在老师的带领下,分2课时了解掌握文章内容; 2) 2班学生通过教师对课时的划分,了解文章框架,掌握文章信息,并能简述重点信息。

同课异构，基于不同学情的教学设计

"同课异构"是由学生学习的基本特点决定的。一次完整的课堂学习是学生从自身的认知起点出发，不断接近课堂学习目标的过程。就这一过程来说，在学习目标既定的情况下，起点的选择决定着这一过程的距离，而适宜的距离是学生开展课堂学习所必需的。因而，应针对不同班级的情况，关注学生的就近发展区，设计不同的教学目标和教学过程。对于2班学生而言，教师设计的教学过程是为了帮助学生了解和读懂文章，更多地关注语言本身和信息的提取。而对于1班的学生而言，教师只关注信息的提取是远远不够的，更应关注发展学生的深层次思维。

（二）教学实录

	Class One		Class Two	
	Learning Activity	Purpose	Learning Activity	Purpose
Lead in	Q: What can you see in this picture? If you walk along the avenue, how will you feel?	通过呈现林荫大道图片，引入本课主题。通过第二问，帮助学生梳理对于树的已有知识。在这一环节，两个班级的引入为同一内容	Q: What can you see in this picture? If you walk along the avenue, how will you feel?	通过呈现林荫大道图片，引入本课主题。通过第二问，帮助学生梳理对于树的已有知识。在这一环节，两个班级的引入为同一内容
While-reading	**Task one** Ask students to read the whole passage. Q1: How did the writer carry out the interview? (By asking questions)	目前绝大多数的阅读课，教师会先行替代学生阅读，把文章分割为几个部分进行教学，其实这样做就剥夺了学生整体理解的机会。笔者通过让学生做整体阅读和这一提问，希望学生建立起审视文章的全局意识	**period 1** Q1: Why is Judy interviewing Doctor Ray? Q2: Why are Doctor Ray so interested in trees? Q3: Do trees communicate with each other and how?	鉴于（2）班学生的英语基础，while-reading部分的内容拆分2课时，并且调整了文章结构（考虑到课时容量的问题，第3问涉及的信息在文章的结束部分，此处有调整。）
	Q2: How many questions did Daisy ask? And what are they? 预测：学生会找出三个问题，因而笔者设计了第三问		**Period 2** 1. Review what learned in the first period. 2. Know the good of trees 1) Add beauty to the city. 2) Bring people food and wood. 3) Cool and clean the air 3. Q: What do people do to trees?	引导学生从三方面概括树的好处：学生从文中找具体信息来匹配这三点好处
	Q3: Do the answers to the three questions cover all the contents of this article? 通过第2问和第3问，学生理清文章结构，明白整个采访由Daisy的三个问题和一句赞美推进			

191

(续表)

<table>
<tr><td rowspan="2"></td><td colspan="2">Class One</td><td colspan="2">Class Two</td></tr>
<tr><td>Learning Activity</td><td>Purpose</td><td>Learning Activity</td><td>Purpose</td></tr>
<tr><td>While-reading</td><td>Task two
Divide the passage into three parts and ask students to do intensive reading.
Q1: What good are trees?
Q2: What else do scientists know about trees?
Q3: Why are trees in great danger?</td><td>此处引导学生自己梳理信息：提炼树的好处。
通过任务2的三个问题，学生进行细节性阅读，了解文章具体信息。同时能以框架式结构梳理树的好处这一信息点</td><td></td><td></td></tr>
<tr><td>Post-reading</td><td>1. Ask students to recall the good of trees and encourage them to say more about trees.
2. Ask students to give suggestions of protecting the trees.</td><td>巩固所学，升华文章主题</td><td>Q1：What do you think of trees?
Q2：What good are trees?
Q3：What amazing things do you know about trees?
Q4：How can we protect trees?</td><td>帮助学生学习巩固，并能做到在脱离书本的前提下阐述对树的认识</td></tr>
</table>

从两份教学设计的比较可以看出：(1)两个班级的课堂容量是完全不一样的，基本比例为3:1；(2)采用的教学方法是不一样的：对于1班的学生，教师更多地以任务引导的方式放手让学生自己挖掘文本，对于2班学生，教师是以细节性问题来促进学生阅读；(3)所要达到的目的不一样：教师更注重对1班学生的思维的引导和方法的指点，而对于2班学生，教师更注重语言的落实和信息的获得。

三、我的思考

对于不同的学情，教师的教学行为切忌"一刀切"，简单粗暴。教师的教学行为只有落实在课堂教学中，才能看到效果。"同课异构"是进行课堂实践的有效途径之一。在这个过程中，教师聚焦课堂、积极研究，勇于探索、大胆实践，将决胜课堂的主动权牢牢掌握在手中。在快节奏的教学环境下，教师应发挥团队的力量，分工合作，实现提高教学效率的目的。

从理解性阅读教学向有效性阅读教学的转变

——"The grasshopper and the ant"教学案例

上海立信会计金融学院附属学校　张培红

一、案例背景

这篇文章与牛津英语 7B Module 2 Unit 6 Hard work for better life 的阅读部分——The grasshopper and the ant 有关,该部分的内容讲述了勤劳的蚂蚁为了能在冬天过上丰衣足食的生活而辛勤地劳动,而蚱蜢却好逸恶劳,没有为自己的将来付出劳动。结果冬天到了,蚂蚁住在自己温暖的小屋里,有着丰足的粮食,过着安逸的生活;而蚱蜢却到处找不到食物,又冷又饿,甚至绝望了。这时善良的蚂蚁帮助蚱蜢,与蚱蜢分享劳动的果实,度过冬天。在处理课文教学时,我的教学目标不仅仅停留在学生对课文的理解上,而是设想从理解性阅读教学逐步向有效性阅读教学过渡,培养学生的核心素养。我采用了"以读促说"的教学手段,主要教学目标是培养学生在各种语境中学习,理解和运用新词汇的能力,同时适当增加阅读量,拓展新词汇,培养阅读技能,提高阅读能力。同时通过本课故事的学习,引导学生能感悟到美好的生活源于勤奋的劳动,优异的成绩来自勤奋的学习,即 A man who is hard-working will always have a better life,从而体现课程的育人价值。

二、案例描述

在本节课的教学中,我分别设计了四个教学环节,采用层层递进的教学方法。

(1) 导入。在这一单元的第一、第二课时,学生主要学习了关于四个季节的一首诗歌以及谈论由四个季节所引发的联想。在此基础上,我出示了关于这个故事的三幅图片,(故意隐去了第四幅图片)要求学生谈论图片上是什么季节,蚂蚁和蚱蜢分别在做些什么。喜欢寓言故事是孩子们的天性,全班同学展开了积极地讨论,基本上都能答出图片上表示的季节以及蚂蚁和蚱蜢的不同表现。当然,学生在用英语表达时会有一些错误,但是我不急于去纠正他们,因为我的目的只是让学生能大致了解故事的内容。然后我设了一个悬念,要求学生进行头脑风暴猜测故事的结局会怎么样?隐去的第四幅图片应该是什么样的?

(2) 课文教学。经过刚才的教学环节,我已经成功的吸引了同学们的兴趣,然后要求学生对故事的四个段落进行排序。绝大部分同学很顺利地完成了任务,同时通过排序对故事有了进一步的理解,也知道了故事的结局。在此基础上,我又对课文的重点词汇进行了处理,通过上下文猜测词义是学生必须掌握的一个阅读技能,所以我采用 paraphrase 的方式要求学生通过语境自己理解生词。然后,我通过不同的教学手段如听录音回答问题、朗读课文并判断句中正误、填表格等来进一步帮助学生理解课文。

(3) 课文教学的拓展

因为这个班的学生是年级的特色班，大部分同学的英语水准还是不错的，所以我要求学生以小组活动的方式把课文改编成对话形式并进行表演。学生对这个环节很感兴趣，积极参与讨论并大胆上台表演，学生们惟妙惟肖的表演把整堂课推向了高潮，也引来了学生和听课老师的阵阵笑声。好表现是低年级学生的天性，我想此时此刻，学生尝到了上英语课的甜头，教师也真正明白了什么是"寓教于乐"。

(4) 课后拓展——创造名言。因为寓言故事都有一个哲理，所以本堂课的最后一个教学环节是要求学生发挥想象力创造名言：A man who _____ will _____。我首先给出一句范例 A man who is hard-working will always have a better life. 同学们经过刚才的各个教学环节，都有了很深的感悟，所以很多同学造出了精彩的句子，不断地给我惊喜。最后我布置课后作业，要求学生阅读另外一篇经典寓言故事：《丑小鸭》。我期望通过课内、课外阅读的结合，更好地培养学生的阅读兴趣，提高阅读技能。

三、案例反思

英语新课标指出：核心素养是课程育人价值的集中体现，是学生通过课程学习逐步形成的适应个人终生发展和社会发展需要的正确价值观、必备品格和关键能力。英语课程要培养的学生核心素养包括语言能力、文化意识、思维品质和学习能力等方面。语言能力是核心素养的基础要素，文化意识体现核心素养的价值取向，思维品质反映核心素养的心智特征，学习能力是核心素养发展的关键要素。核心素养的四个方面相互渗透，融合互动。协同发展。如何根据学生的年龄特点和英语的学科特点来激发学生的阅读兴趣，同时从理解性阅读教学向有效性阅读教学转变，从而培养学生的核心素养，是每位英语教师都很关心的问题。在具体教学中，教师要充分熟悉教材，准确把握其理念和特点，做到驾驭自如，并认真分析学生的心理需求，明确其兴趣所在，从而巧妙的设计课堂教学活动，而不是仅仅停留在学生能答对阅读理解题。建构主义理论认为：学生只有参与教育教学实践，参与问题探究，积极思维，才能建立自己的认知结构，才能灵活地运用所学知识，解决实际问题。因此，课堂教学中，应积极创设问题情境，充分发挥学生的积极能动性，引导他们多动脑，多思维，从而促进学生思维水平的发展，提高学生运用知识，解决实际问题的能力。这节课我也正是从这几方面入手的。

与此同时，我在课后反思的时候也发现了一些问题，例如，课文的录音是一个很好的教学资源，可以帮助学生锻炼语音语调，并且为后面的表演打好基础。但是遗憾的是，为了赶进度，我几乎没怎么让学生对课文录音进行跟读模仿，对课堂最后的表演环节产生了一定的影响。因此，在今后的阅读教学中，我还应该适时给学生创造朗读的机会，锻炼学生语音语调的同时帮助他们培养语感，更好地理解和感悟经典阅读教材，从而实现真正意义上的有效性阅读。

促进学习评价在初中英语听说课堂中的应用

——以初中牛津英语"U4 Health Problems"为例

上海立信会计金融学院附属学校 俞 凤

一、案例背景

1. 提升听说能力是应对新中考课堂教学改进的迫切需要

2018年3月,上海市教委公布了《上海市进一步推进高中阶段学校考试招生制度改革实施意见》。为了强化对初中生外语听说应用能力的考核,外语科目增设听说测试,采用人机对话的方式进行,满分10分,测试时长10分钟。新中考人机对话式听说测试考核学生在特定情境中,通过听说方式正确理解和表达意义、意图以及情感态度的能力,旨在提高初中生的听说运用水平。新中考改革新增英语听说测试,是在核心素养课程改革的大背景下进行的一次素养测评的有益尝试,是对国务院深化教育教学全面改革、提高学生"智育"的积极回应。忽略学生听说能力培养的课堂教学已经不适应新中考改革的要求,教师必须思考如何改进自己的课堂教学,帮助学生理解听的内容,提高听的能力,进而提高说的质量。

2. 探索评价方式是巩固课堂教学改进成效的趋势所向

《义务教育英语课程标准(2011版)》要求通过多元优化的评价方式,评价学生综合语言运用能力的发展水平,并通过评价激发学生的学习兴趣,促进学生自主学习能力、思维能力、跨文化意识和健康人格的发展。目前,初中英语听说课堂教学评价方式比较单一,主要是期末期中口语测试的方式,这是典型的终结性评价。这种评价方式过多注重成绩结果,而忽略了学生的过程性发展,一定程度上让学生失去了听说兴趣,制约了他们听说能力的发展。

在新中考改革背景下,一线教师们立足课堂教学,以英语听说课为抓手,以落实英语学科核心素养为目标,改进听说课堂教学是大势所趋。探索评价方式是巩固听说课堂教学改进成效的重要组成部分。寻求促进学习的评价能激发学生的学习兴趣,帮助学生及时而有效地调控自己的听说学习过程。

3. 促进学习的评价是区级项目及课题引领下的有益尝试

2020年9月笔者申报的课题《新中考改革背景下初中生英语听说能力提升的策略研究》获得立项。本课题研究通过分析目前初中学生听说能力的现状,旨在新中考改革的大背景下探索提高学生听说能力的方法,切实帮助学生提升思维能力和表达能力,促进学生学科核心素养的发展。探索多种评价方式,以评价促进学习、巩固听说学习效果是本课题的重要组成部分。同时,我校作为浦东教发院国际交流中心赵士果博士主持的《促进学习的评价》项目成员校之一,中小学英语教研组正在进行促进学习评价在英语听说课堂中应用的有益探索。本案例即为其中之一。

二、案例呈现

本课教学内容取自教材《英语(牛津上海版)》六年级第二学期第四单元,模块主题是 City life(城市生活),由四个单元组成。Unit 4 是 Module 1 中的最后一个单元,主题为 Staying healthy(保持健康)。整个单元围绕 Staying healthy 这个话题展开,一共由四课时组成,各课时在内容上由浅入深、层层递进,从室内外活动到调查同学最喜欢的活动,再到健康问题及引发健康问题可能原因的讨论,进而给出建议。最后以做某项活动的频率为出发点来讨论习惯与保持健康的关系。

本课时为本单元的第三课时,主题为 Health problems,课型为听说课。通过本课时的学习,学生运用新单词描述相关健康问题,通过听力活动学习并运用句型"It's because … I'm afraid. You should … "以及相关词汇表达生病原因并给出建议。此外,在听说活动设计的层层递进中,教师适时跟进学习目标的达成度,从明确学习目标到设计评价任务,教师采用多种评价方式如课堂提问、课堂及时反馈以及学习日志进行过程性学习记录,收集学习证据以便调整教学方式,更好地促进学习。

有关如何保持健康的话题,牛津教材的设计是环环相扣、不断丰富的。在六年级第一学期 U10 Healthy eating 中学习了食物名词、量词、烹饪方法的形容词以及何种饮食习惯更健康。在语言能力上,学生围绕 Good diets and bad diets,用情态动词 should 和 shouldn't 表达对他人的关爱和对自身的反省。6B 则在上学期学习的基础上,在医生和病人对话的语境中了解他人的运动饮食及生活习惯,分析健康问题产生的原因,运用 It's because I'm afraid 和 should 灵活组织句子,提供保持身体健康的有益建议。

通过阅读赵士果博士的译作《促进学习的课堂评价》一书,本案例中促进学习的评价实施路径为:制定清晰的学习目标—确定成功的标准—设计评价任务—有效的课堂反馈—学生参与课堂评价。

(一) 制定和分享学习目标

教师通常在备课时根据国家规定课程标准,整合教材内容,基于学情分析的基础上制定教学目标。学生在上课前或者上课过程中并不清晰目标,只是被动地根据老师设计的活动来学习知识。而促进学习的评价课堂中,学习目标依然是根据国家规定的课程标准来制定,区别在于教师会在课上与学生一起制定,并且用清晰简单的语言跟学生分享学习目标。有了清晰明了的目标,学生参与课堂的积极性和主动性将大大提高。

根据教材分析和学情分析,在课前与学生分享如下学习目标:能在听的活动中获取主旨及细节信息;能识别疾病名词,用"It's because … "和"You should … "表达引起疾病的可能原因和建议;能提高学生在日常生活中培养好习惯和保持健康的意识。

(二) 讨论和制定成功标准

成功的标准需要指向学习目标,在知道清晰明了的学习目标后,应和学生一起讨论并设计与学习目标相匹配的成功标准。具体标准包括:在听的活动任务中完成 Joe 和 Kitty 的病例;在语境中使用目标语言结构表达引发疾病的可能原因和合理建议;在课堂活动中不断提高培养好习惯的意识。

(三) 设计评价任务

设计评价任务是收集和解释学习证据的过程,目的在于教师可以根据收集到的学习证据对学生进行有效的反馈,并对教学活动予以调整,进而更好地达成学习目标。本案例中设计了以下评价任务,每一个任务都指向对应的学习目标。

Task 1:听对话,完成 Joe 的病历单。Joe 的病历单如图 1 所示。

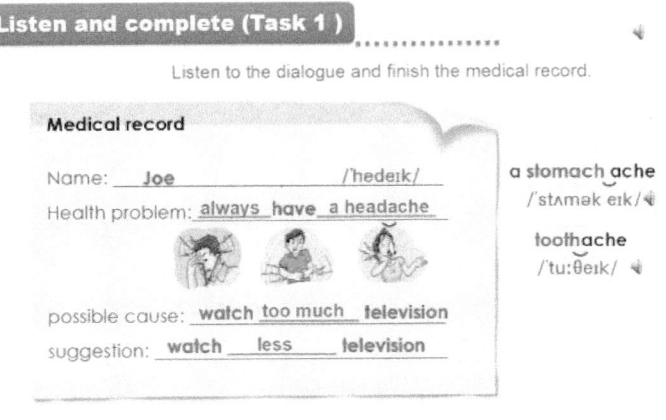

图 1　Joe 的病历单

Task 2:听对话,完成 Kitty 的病历单。Kitty 的病历单如图 2 所示。

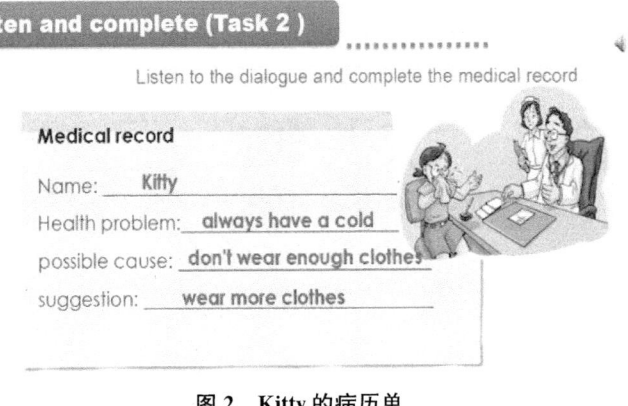

图 2　Kitty 的病历单

任务 1 和 2 的要求是学生根据播放的文本听力音频,在学习单上完成细节信息的填空。任务设计的目的在于检查学生在语境中理解有关疾病的名词,听懂两段对话文本的大意并聚焦细节信息的获取,为深入学习和理清健康问题产生的原因奠定基础。评价方式为课堂交流和教师口头评价。

Task 3：在 Visiting a doctor 的语境中进行对话展示。对话活动如表 3 所示。

任务 3 的要求是学生与同桌合作,在 visiting a doctor 的语境中进行角色扮演,谈论一个健康问题,但要至少给出两个可能的原因及相应的建议。任务设计的目的在于检测学生是否可以运用本课时的核心词汇和核心句型来谈论健康问题,分析可能的原因及给出对应的建议。任务 3 的评价方式为自评和同伴互评。课后总结单如表 4 所示。

Task 4:完成 Exit ticket(如图 4 所示)。

Make a dialogue (Task 3)

Visiting a doctor

1. Work with your partner
2. Choose one health problem
3. Give at least two possible causes and your advice

图3 对话活动

图4 课后总结单

任务4的要求是学生用2分钟时间完成Exit ticket,完成后交给老师方可离开教室。任务设计的目的在于检测学生是否可以用本课时的核心词汇和核心句型来谈论健康问题,分析产生健康问题可能的原因,给出对应的建议;了解学生在学习过程的困惑和收获,并给予及时反馈。任务4的评价方式为课堂反馈或者个别交流。

(四) 有效的课堂反馈

在任务 3 中,要求跟同伴一起选择一种疾病,并从生活习惯、饮食习惯、运动习惯等方面分析疾病可能产生的原因,提供有用的建议。第一个小组的对话非常具有逻辑性,医生给予的建议跟可能产生的原因呈对应关系。第一个小组展示结束后,老师对照 checklist,以问答的形式跟全班同学一起进行积极的课堂反馈。What health problem does she have? What is the possible cause according to Doctor Chen? What is Doctor Chen's suggestion? What do you think of their performance? 教师马上给予有效积极的反馈:They use the sentence pattern correctly and they also give reasonable causes and useful advice。接下来,教师请同学们两两一组,再次对照自己的对话进行改进,并进行自我评价和同伴评价。教师在课堂上用积极的态度肯定学生,会对学生的学习产生积极有效的促进作用。

三、案例反思

通过课堂教学实践,我们发现与传统的评价方式相比,促进学习的评价能够有效提高学生参与课堂的热情。从制定和分享学习目标到制定成功的标准,以及明确不同的任务及策略,学生都是参与课堂评价的主体。学生在课堂上能够从同伴和老师的及时反馈中,反思自己在学习过程中的得失并及时作出调整。

当然也要避免评价走入误区:在开展听说评价时要分配好评价的维度,最好一节课重点关注一个维度,且充分考虑评价活动占课堂教学的比例。评价的最终目的是达成学习目标,不能为了评价而评价,应避免使用过于繁琐的评价量表,占用过多的教学时间。其次,从课堂实践来看,学生自评和互评的信度和效度都有待提高。提高信度和效度才能合理调控学习,起到促进作用。如何培养学生的评价意识,从而确保评价的有效性,也是今后需要关注的重要方面。

参考文献

[1] 教育部. 义务教育英语课程标准(2011 版)[M]. 北京:北京师范大学出版社,2012.
[2] (美)简·查普伊斯等 著,赵士果 译. 促进学习的课堂评价:做得对 用得好(第二版)[M]. 上海:华东师范大学出版社,2020.
[3] 上海市教育委员会教学研究室. 上海市初中英语学科教学基本要求(试验本)[M]. 上海:上海教育出版社,2017.

新中考改革的生态思考与实践

——中学英语听说课堂教学现状分析及改进策略

上海立信会计金融学院附属学校 刘 洁

听说课是初中英语教学活动中一种常见的课型,其目的在于通过听、说、读、写的训练,使学生掌握英语基础知识,初步具备运用英语进行交际的能力。新中考改革对初中英语听说教学提出了更高的要求。针对听说课教学现状分析存在的问题,本文通过对课例的评析,探讨提高和改进初中英语听说课教学实效的策略。

一、听说课在初中英语教学中的重要性

在新中考改革的大背景下,中考对初中英语教学提出了更高要求。新中考改革后加入了口语测试,目的在于全方面考察学生对英语这门语言的实际运用能力;力求促进学生的全面发展,提高学生解决实际问题的能力;引导学生将课程学习内容与真实生活情境相结合,提高自身的综合素质。

为了适应新中考改革,初中英语课堂已经开始重视英语听说能力的培养。听说课中,学生积极发挥自己的主观能动性,创造性地把知识点融入实际问题的解决中,使语言成为一种有生命的工具,而不是仅仅为了考试。

学生通过大量的实际操练,进一步掌握语言的使用,从而为后面的写作打好基础。这个过程符合儿童心理学中语言学习的顺序,即模仿—尝试—试误—语言—文字。听说在阅读和写作之间起了一个不可或缺的承上启下的作用。

但是,现实的情况是,相当部分教师在处理这部分内容的时候,都只针对教材中的语言点或内容细节设置联系,把教学的中心放在知识点讲解、考试技巧训练上,英语听说课堂教学的现状是不容乐观的。

二、初中英语听说课教学现状及存在的问题

(1) 对"听说课"课型缺乏理解,课堂组织只是简单地按照教材的顺序完成任务。"听"仅仅是听录音,"说"就是编对话,剩余的时间不是讲解语言点,就是做练习。英语听说练习流于形式,大多是对教材对话的刻板模仿,并未根据英语交流的实际需求编排对话练习,英语对话练习或者口语交际练习缺乏目的性,机械模仿教材对话"一问一答"。在课堂英语对话交流中,学生难以得到口语表达方面的训练,不能表达自己的真实想法和感受。

(2) 教师干预过多,忽略了学生的主体地位。在素质教育的背景下,学生本应该是课堂教学的主体,但是实际初中英语课堂的主体却是英语教师。在英语课堂上,英语老师滔滔不绝地给学生讲解语法单词、课文以及习题等。而学生在英语课堂上的任务,是在笔记本上不

断记忆重点知识,而非进行口语训练。

(3)教学时间分配不合理。"听说课"通常排在阅读后,是对一个单元起到承上启下作用的部分。在这一课时里,有大量的、新的语言内容呈现。不少老师在授课过程中,普遍存在时间分配不均,前松后紧或前紧后松,重点和非重点不清,老师说得多、学生口语实践少等现象。

(4)听力策略缺失,听前引导不充分,听中活动层次不清,听后任务缺失。听(输入)的低效导致说(输出)的冷场。

(5)教学设计缺乏新意、手段单一。在当下的初中课堂教学中,对话交流活动往往以小组学习的形式进行。教师可能会要求各小组针对对话进行改编,但因缺乏进一步的情景创设指导,学生大多只是替换对话中的名字与地点,而对话内容并未改变,不利于学生英语日常交际能力的培养。

三、提高初中英语听说课教学实效的改进策略

(1)准确定位听说课型,重视实际操练。教师要弄清听说课的主题内容及所承载的重点语言知识,分析教学的重点和难点,在此基础上确定教学目标。实际操练能够提升学生的英语素养,因此,教师要提高对实际操练的重视程度。在教学开始前,学生要感知语言材料,探讨语言结构。以 U4 Health problems 健康问题为例,本节听说课的重点是谈论健康问题并给出不健康的理由和改进的建议。书中给出了 2 种健康问题的推测理由和相关建议。

首先,由教师引导学生开展听说练习,帮助学生形成良好的学习习惯,采用言语激励和目标激励的方式激发学生的学习积极性和主动性。其次,根据学生的年龄特征,合理设置练习方式和难度,坚持由易到难、由简到繁的原则。再次,教师要全面掌控听说课堂,在合适的时机拓展学生听说练习的深度与广度。最后,教师要将听说练习的结果纳入考核,与学生成绩挂钩,提高学习效率;定期检查学生的听说练习情况,指出学生的不足,为学生提供改进指导。今日的学校必须为明日的社会造就拥有"主体性觉悟"的"探究者",而不是"记忆者"。这种新型能力的培育意味着课堂教学范式的转型:从"知识本位"的"被动学习"转型为"素养本位"的"能动学习"。

(2)力求全体学生的参与,提升学生学习的积极性。课堂活动是学生练习口语和提高能力的重要途径,因此课堂上要尽可能多地给学生创造开口说英语的机会,要多开展 pair work 和 group work 活动,增加学生与同伴练习和准备的时间。教师的作用,应从教学内容的"授予者"改变为支撑学习的"教练",亦即从"灌输者"的角色变为"支援者"的角色,给学生们提供一个平台,让他们充分展示自己。

(3)精心设计听说课教学环节,合理分配时间。在开展初中英语听说教学时,教师应从学生的实际学习情况出发,找到听说教学的切入点,精心设计教学环节,吸引学生的注意力,激发学习兴趣;避免刻板的知识"灌输式"教学方法,要根据教学内容灵活采用多种教学方式,以保证课堂教学效果。在设计听说课教学时,教师要注意结合学生的学习情况,确保教学方案具有可操作性,能针对学生的薄弱点强化学习。教师要尽可能地营造英语语言环境,以培养学生的英语听说能力作为开展教学活动的出发点和落脚点。英语听说课的课堂教学时间有限,为充分发挥课堂教学的价值,教师要精选教学内容,整合英语资源,在有限的时间内尽可能地培养学生的听说能力。

（4）建立新旧知识连接网络，优化教学过程。如何帮助学生巩固已学知识、学习新知识是教师的教学重点。教师要在教学中引导学生建立新旧知识之间的联系，形成知识网络，便于学生巩固学习。教师可以根据"遗忘曲线"的记忆规律合理安排复习内容和教学内容，给予学生足够的时间领会新知、巩固旧识。教师还可以借助一定的动作和表情，帮助学生领会句子中包含的情感，教给学生相关技巧，帮助学生学会分析、类比，建立知识点之间的联系。教师不仅应培养学生知识点之间的可迁移性，也应培养学生能力的可迁移性。一节课的时间极其宝贵、有限。教学设计中，每个环节的时间安排与使用效率都值得教师引起重视。为提高对时间的把握能力，教师课前需周密思考，对各个环节所需时间作出合理设计：准确把握听前活动的设计，以说导听；设计有效的听中活动，以听助说；安排贴近学生生活实际的听后活动，拓展延伸。

（5）强化初中生情景对话，在对话交流中提高初中生的听说能力。情景对话是提高学生听说能力的重要方法和手段。其为学生提供了一个语言交流的背景，避免了枯燥死板的应试教学。初中英语老师要及时更新观念，在课堂上多引入一些情景对话，并与教材内容相结合，以激发学生的学习兴趣。情景对话教学过程中，老师可以鼓励师生对话、生生对话，为学生大胆采用英文表达提供更多的机会。情景对话的内容可以与实际生活相结合，达到学以致用的目的。老师还可以积极采用多媒体等教学设备，提高学生的参与度。

（6）注重教学评价，正面提升学力。教师对教材的处理、对学生的思维发展的指导等固然重要，但课堂上教师有效的评价更能影响课堂教学气氛，激发学生学习的兴趣，甚至能影响学生一生的发展。在课堂教学中，对于来自学生的反馈信息，教师要善于巧妙地点拨、引导，有效提升学生自主学习的学习能力。

总之，提高学生的听说能力是一个长期系统的过程。在新中考改革的要求下，教师只有树立新的课程理念，根据不同年级教材内容、课标不同级别的要求，制定详细计划，精心设计教学活动，把听说教学融汇于语言实践中，才能将新课程标准"培养学生综合运用语言能力"的目标落到实处。

探索分层教学设计,完善初中英语教育

上海立信会计金融学院附属学校 刘 洁

在新课改理念与素质教育政策的广泛渗透下,初中英语教学面临着新的发展趋势与要求。每一位基层老师需要在日常教学活动中严格遵循以生为本的教学理念,最大化地挖掘学生的发展潜能,逐步增强学生的自主学习意识与能力。对此,广大英语教师必须要实施分层教学模式。接下来,笔者从教学目标、教学策略、课后训练等方面进行探讨与解析。

由于每一位学生的发展潜能存在很大的差异,因此,教师在日常教学中应按照学生的具体情况,导入分层教学模式,逐步优化教学策略与方法,真正为学生创设个性化的英语课堂,使各个层次的学生都能不断突破自我,从而为增强学生的综合素质作铺垫。

一、教学目标分层设计

在初中英语教学中,教师需要对学生的学习进行指导,帮助学生持续形成学科思维。教师必须深入分析每一位学生的基础水平,科学地设计教学目标,分层落实。教师必须遵循以生为本的教学原则,设计一系列有针对性的教学活动,使每一位学生都能得到发展与进步。

例如,在上海牛津版初中英语教学中,教师需要结合学生的实际情况,科学地设计不同阶段的教学任务与目标。对于学习中等的学生而言,教师的教学目标是激发学生的学科兴趣,使其掌握词汇、语法、句型等的学习技巧,并逐步掌握听说读写等技能。在英语学习中,一些单词变复数需要+s,而一些需要+es,一些单词的单复数是同形的。此时,必须鼓励学生掌握具体的英语学习技能。对于学习较为优秀的学生而言,教师必须明确对应的教学任务,即不但要满足英语课程学习要求,还需要实现语言应用能力的拓展,由此逐步增强学生的自主探索能力,提升学生的学习热情。通过这种教学方法,教师能够确定不同阶段的教学目标,让各个层次的学生灵活地掌握教材中的专业知识,由此获得知识累积与技能提升。教学目标的分层次训练,可使每一位学生掌握个性化的学习技巧与方法,在有限的时间内掌握知识。此外,老师还需要结合具体的情况设置不同阶段的英语学习目标,让学生了解自己的发展空间,以便在不断学习的过程中逐步养成良好的学习习惯。综合而言,分层教学法的应用能够让学生逐步增强自信心,激发学生的课堂兴趣,鼓励学生持续性积累经验,夯实学科基础,为接下来的英语学习作好铺垫。

二、教学方法分层

在分层教学法的应用下,广大英语教师必须科学调整课堂教学内容与流程,真正地改变传统的课堂教学模式与方法。教师在设计课堂教学活动时,需要为学生营造一个公平、自由、轻松的课堂氛围,使不同层次的学生都能勇敢地展示自我,并由此获得更好的发展机会,从而真正增强学生的学习热情,提升英语学习水平。例如,在 Different seasons 教学中,通过小组合作活动,鼓励各个层次的学生根据特定比例进行小组学习,然后结合"Which season do you like best?"这一问题展开集体探讨。这一问题的难度并不大,对此可以安排一些学习中等的学生来作答。由于小组活动是一项集体教学活动,应鼓励学生提前做好课前预习。对于学习优秀的学生而言,教师需要为其设计其他问题。例如:You need work in pairs and talk about why you like this season best. You cannot just describe it, you also need to introduce it with flowery language。一些学生能够通过短文描述的方法进行作答,而另一些学生或许会以对话的方式进行表达。教师在运用分层教学模式的过程中,能让学生得到自主发展与训练。具体而言,它能够让学习较差的学生努力学习,不断提升自我,增强集体荣誉感;还能增强学生较好的学生的团队意识,鼓励其帮助其他学生,从而实现共同进步。教师在提问期间必须结合学生的兴趣喜好,导入一些学生关注的问题,由此增强学生的课堂关注度,提升学生的学习效率。

三、课后练习分层指导

若要增强英语教学质量,并获得及时、有效的反馈结果,则需要加强课后训练与指导。教师必须要结合教材内容实施不同等级、不同层次的训练,并且结合学生掌握的具体情况加强课后训练与指导,以最大化地提高英语课堂训练质量。例如,在上海牛津版初中英语教学中,每一个单元教学都需要进行课后训练。基础薄弱的学生一般需要认真做完基础题,掌握单词的发音及相关用法等。对学习中等的学生,需要整合课堂教学主题与交际环境进行自主对话。教师可通过开设英语角、创建教学情境等方式,大大增强各个层次的学生口语能力。教师应深入了解每一位学生的优缺点,进而逐步完善教学方案,拓展和丰富教学内容,以使英语课后训练更有针对性。

四、结束语

综上所述,在初中英语教学中实施分层教学法,能够结合每一位学生的实际情况进行有针对性的指导,提升学生的学习潜能,为学生高质量的学习英语作铺垫。这种教学方法属于新课改理念下的一个全新应用,也符合新时代的发展要求,能为社会发展培养出一批高素质的专业英语人才,推动我国英语教育事业的全面发展。

参考文献

[1] 谢杏茹.感悟当前初中英语教学的困惑与对策[J].课程教育研究,2013(17).
[2] 罗泰兰.关于初中英语教学中英语词汇教学的探究[J].读书文摘,2016(14).
[3] 王宁.浅析自主学习角度下初中英语写作教学[J].新课程(中学),2016(6).
[4] 罗辉珍.初中英语教学探讨[J].作文成功之路(中),2016(8).

课堂教学评价在低年级英语教学中的实践案例

——以"U3 In the restaurant"为例

上海立信会计金融学院附属学校　金　昕

一、案例背景

在上一学年中,我校开展了关于促进学习的评价在小学初中英语听说能力培养的实践与研究。作为九年一贯制学校,我们对于这个项目的探索是中小学结合共同展开的。整个英语教研组从研读讨论《理解学校评价》开始,并且聆听学习了郑东辉教授和赵士果博士的讲座,对于促进学习的课堂评价有了基本的认识。在初步实践后,我很荣幸进行了一次评价研讨课,在这一系列课时设计研究、评价实践尝试与课后讨论反思中,我收获了很多。

二、设计思路

我的研讨课在设计初期是结合学生实际的学习情况与基础,以《课程标准》为依据,以书本内容为重点来展开的。由于是关于促进学习的评价在小学初中英语听说能力培养的实践研究,我也在思考如何在课堂中实施这些教学评价。之前我习惯于直接设计教学目标,但此时我需要思考的是学生的学习目标,只有清晰并简单易懂的目标,学生才能理解。而学习的主体是低龄段学生,这些学习目标又必须是生动有趣的,并符合他们的特征。如何呈现学习目标也是我的困惑之处。在研究学习后,我围绕教学重点相关的学习目标进行设计,创建情境,设计评价任务,制定评价量规,引导学生自评和互评。同时,我设计简单的学习任务,提高学生的思维能力,渗透中西方就餐文化。

三、实践过程

首先在 Warming-up 环节中,我需要呈现给学生本节课的学习任务与目标,即 Our task and objects。于是在单词复习环节之后我导入了本课时的教学情境。PPT 呈现了语境内容:"Hello, I'm Daisy. Today is my birthday. I will have a birthday party. Look, they are my friends. They will bring some food."并提出了邀请"Do you want to join us?"带动学生的学习情绪,使他们积极参与学习活动。之后,再进行提问:"What food do you want to bring there?"引导学生回顾已学的食物名词,并带动他们思考哪里可以获得这些食物。从而通过图片初步感知国外食物和中国食物的差别,渗透不同的食物和不同的购买地方,简单进行食物分类。同时,在食物分类的步骤中引出 At Mickey's Snack Bar 的场景,和 "Let's follow Daisy's friend and buy some food"的任务。这时,直接呈现学生的任务与目标就是

"What do we say when we buy food?"考虑到一年级学生的知识储备与年龄特征,这里我直接陈述了问题与任务。同时在课件中展示了本课时的核心对话与结构:"Can I help you? May I have … ,please? Here you are",方便学生清晰感知本课需要的学到的内容,了解自己应该掌握哪些知识与技能。

不同的学习环节配合不同的评价任务。对此,我设计了一张课堂教学评价单,分别涉及自我评价和相互评价。在学生通过前两个场景对话学习与掌握本课时的核心句型学习内容后,学生有了一定的对话基础,可以进行语用输出。这里,我开展了一个根据场景图片提示,进行对话设想的合作活动任务"Make a dialogue with your partner",并在课件中呈现句型结构,引导学生思考。学生可以通过相似的句型和图片中的信息来进行基础的对话构建。这一模块的设计一定程度上锻炼了学生的思维能力。

我在教育教学各环节中都会加入对学生个别表现的评价、对小组集体表现的小组竞争评价、学生发言后带领学生的互动式鼓励性评价等。这一学生思考后的语用输出环节是我评价设计的一个重点。在本环节中,我尝试打破学生固定思维,让学生在引导下先尝试角色扮演,发散思维,并结合学生在与同伴合作完成任务这一学习过程进行同伴间的相互评价,让学生进一步参与到评价活动中来。同时在学生在全班进行表演呈现之前我会先告知学生评价的要求,例如语言的准确与流利,及角色的情感等。在个别小组展示后,我会结合学习单中的评价量规进行评价,之后引导学生结合小组表现和评价学习单进行小组内学生互评,促进学生积极参与活动。

在最后的巩固教学环节中,我以视频的方式呈现了多种多样的食物;之后结合这些食物图片,引导学生尝试不同的对话。在此学习活动后,我会引导学生结合学习目标的达成情况,对本课学习表现进行自我评价。结合课前呈现的课时学习目标与任务,我引导学生从能否独立、流利、准确地表达进行自我收获的评估;并结合本课时自己的上课感受进行基本的情感评估。

四、评析反思

研讨课之后,我们教研组的老师们针对该课进行了讨论评析。本课时的教学过程仍然存在不少问题。由于是推进课堂教学评价实践的设计,因此我更偏重于评价环节的实施,从而学习任务的推进速度比较快,学生彼此互动相对较少。场景的设计也可以设为首尾呼应,教学设计中可以更多涉及开放性的活动,分组买食物、小组的讨论也可以更灵活。课堂中,我的评价可能更直观地表现在口头评价和板书的看听说小组竞争评价。而学生似乎还是没有很理解,而对于评价学习单的评价量规,我还缺少更为直观具体的呈现。同时,学生日常的评价习惯还未养成,缺少了自我评价和反思的过程,而这将是我日后课堂的实践方向。

在第二学期多次研讨课的开展与讨论后,结合寒假中《促进学习的课堂评价——做得对用得好》一书的阅读与思考,我也对于"促进学习评价在课堂中的实践"有了更深刻的感受与理解。优质课堂评价的关键要素有五个,书中也可总结为五个模块:明确的目的、清晰的目标、合理的设计、有效的交流和学生的参与。结合目前的课堂教学与评价,我更为关注的是前三个内容。我明白教师要给学生提供清晰的学习目标,要通俗易懂。学生在学习的过程中除了我们教师了解他们的学习情况,他们自己也需要知道自己的学习进度,掌握了什么,没掌握什么,如何改进学习方法等。只有学生对自己的学习有了明确的目标,才能更好地投入学习状态。有了清晰的学习目标后,要进行合理的设计,而不同的学习目标需要匹配不同的评价方法。此外,表现性评价应该成为我们英语课堂教学中比较重要的一种评价方法。我了解了许多评价量规的选择、修改与开发,制定与运用,知道了好的量规的使用是如何促进学生学习的。但对于学生自我评价如何实现和实施?可能还需要我在日常教学中通过具体的操作来调整和研究。

小学低年级英语课堂中游戏活动的思考与探究

上海立信会计金融学院附属学校 金 昕

目前，在我国的教育体系中，英语依旧被视作主要科目，英语学科教学一直以来都受到学校、家长和学生的关注与重视。同时，英语教育也呈现低龄化趋势。在上海，学生从小学一年级就开始正式学习英语，甚至幼儿园期间学生在课外就会接受口语或者儿歌等相关英语内容的学习。虽然大家都在学习英语，但是不可否认，作为一门语言习得课程，英语是非母语课程，有其自身的要求与特点。语言环境的缺少加之英语又是一门需要背诵的语言学科，使得绝大多数低年级学生学习起来较为困难。新课改明确提出要鼓励教师创新教学方法，充分运用游戏教学等新形式激发学生的学习兴趣，提高英语教学质量。对此，我进行了一定的学习、思考与尝试。

一、小学低年级英语课堂中游戏活动产生的影响

游戏教学，即在遵循教育规律的前提下，通过科学的设计将游戏与教学活动结合起来，从而实现教学目标。游戏教学的最终落脚点是"教学"，游戏仅仅是教学的一种方式。小学低年级阶段的学生学习能力还未形成，对知识还没有系统的认识，但是天性使得这一阶段的学生对游戏等活动尤为热爱，所以通过游戏形式展开教学将会事半功倍。具体来讲，在低年级的英语课堂中采用游戏活动会产生以下几方面的影响。

（一）激发学生产生学习英语的兴趣

英语作为一门语言类课程，相对比较枯燥，其与我们的母语还存在较大差异。此外，低年级学生在学习时缺少了语言环境，学起来会比较吃力，久而久之就会产生畏难情绪，进而失去学习的兴趣。激发学生学习兴趣对于我们教师而言至关重要，可在教学中通过游戏的形式让英语学习变得更加有趣。将英语学习融入游戏活动，不仅可以为学生提供更加宽松有趣的学习氛围，还可以激发学生的好奇心，促使他们主动参与学习。当然，游戏的设计与开展需要教师充分考虑到低年级学生的发展特点，不能一味追求游戏的吸引力而忽略游戏中渗透的知识点，否则将会适得其反。

（二）培养学生英语学习的自信心

很多低年级阶段的学生在说英语方面缺乏自信心，学不好、不会学、看不懂、说不出成了他们的困扰。"双减"政策出台前，很多小学生会提前通过培训机构初步涉猎英语，这客观上导致了学生们在进入学校学习英语时会出现水平参差不齐的局面。基础相对较差的学生可能会在学习英语过程中失去信心，最终影响学习效果。在教学设计中，游戏的活动教学可以为学生提供更加放松、有趣的学习环境，将学生拉回同一条起跑线，减轻他们的压力。在游戏教学方案设计时，可针对不同层次的学生设计不同的活动，并逐步推进。教师在游戏中可通过科学的评价给予学生适时的肯定，激发学生学习的信心。

(三)有利于增加师生之间的互动

与传统教学方式不同,游戏教学的互动性更强。在设计游戏时,教师虽然要确保学生的主体地位,但是教师的引导作用同样不可忽视。教师要作为游戏的协作者,在游戏中穿针引线。往往学生在游戏中会短暂忽视教师的身份,将其视为游戏角色,所以游戏能够拉近师生的距离,为师生互动创造良好的氛围。在教学设计中,教师可以将学习的问题巧妙融入。以往很多学生懒得回答或不愿尝试回答,通过游戏环节的刺激,可能他们的积极性会大大提高。而教师的及时反馈、小组竞争机制等会进一步促进学生的表达。英语学习需要良好的环境氛围,而环境氛围的创造需要师生的共同努力。如果师生缺乏互动,就会陷入灌输式的教学模式,这对英语的学习十分不利。总而言之,游戏活动的方式可以为学生与教师之间搭建一座沟通的桥梁,让教师与学生成为并肩前行的伙伴,让学生在轻松愉悦的环境中掌握知识。

二、小学低年级英语课堂中游戏活动存在的问题

(一)游戏与教学本末倒置

游戏教学的核心与重点是教学,而游戏仅仅是手段,二者不能本末倒置。但是有时我们教师会在设计方案时过于突出游戏,忽略了教学功能。以 U3 My friends 一课为例,教学目标和活动设计如表1所示。对于学生学情,教师一开始就预估错误,在设计中涉及了学生并没有掌握的"You're"句型,因此学生在进行活动时会存在表达不清的情况。

表1 U3 My friends 教学目标与游戏设计

	内容
教学目标	(1) 在图片和情境中初步学习 tall、short、fat、thin 等单词,感受其音、义、形。 (2) 在图片和情境中初步使用"Hi! I'm ... (name)""I'm ... (how)"等句型来描述自己。 (3) 在情境中学会观察,了解各人的不同外形特征,并初步尝试表达。
游戏设计	使用"I'm tall""You're short"等句型,与自己的同学比一比,说一说。

(二)游戏活动设计过于枯燥乏味

与普通游戏不同,游戏教学中的游戏具有很强的指向性,所以其设计的内容与规则要遵循教育规律。同时,游戏活动要具有一定的趣味性,如果缺乏趣味,就失去了吸引力。很多教师在设计游戏活动时会采用过于单一的活动设计,为了游戏而游戏。其使用最多的游戏形式就是表演或者演唱儿歌,学生最初虽能积极参与,但是随着使用次数的增多,学生的兴趣也会逐渐减弱。

另外,游戏设计需要与时俱进。很多教师对当下学生们的兴趣了解相对较少,有些游戏甚至沿用教案中已经存在了十几年的方案,缺乏创新性,从而使得游戏也缺失吸引力。比如在 U1 On the farm 一课中,为了使学生能够认识动物的词汇,同时学会运用"I'm a ..."句型,有的教师会采用模拟动物叫声的游戏,如表2所示。但是在教学过程中,学生的注意力较为分散,有些学生的模仿还会引来其他同学们的"嘲笑",影响了课堂教学秩序与学习效果。

表 2　U1 On the farm 活动设计

Steps	Contents	Methods
1	Game	学生以纵列为单位,第一个学生模仿一种动物的叫声,第二个学生用"I'm a ..."说出动物的名称。然后第二个学生在第一个学生的基础上再模仿一个动物的叫声,第三个学生要说出这两种动物的名称,以此叠加。
2	Game	教师请一两列的最后一名学生反馈自己所听到的动物的名称。

(三)游戏活动实施效果较差

虽然在游戏设计之初会设定一些规则,但是在具体实施过程中需要教师灵活掌握,要以游戏为载体,将知识传授给学生。值得关注的是,一些低年级学生较容易将注意力集中在游戏本身甚至是游戏的输赢上,严重者会扰乱课堂秩序,反而影响教学效果。此外,这一阶段的学生好奇心较强,并且十分好动,存在交头接耳的现象。如果教师不能有效控制,则很难达到游戏教学的目的。

三、小学低年级英语课堂中游戏教学策略

(一)突出教学功能,合理选取游戏

游戏教学首先要确保游戏能够围绕教学目标展开,其次突出教学功能,否则游戏再好也没有任何意义。所以,教师在选取游戏时要慎之又慎,既不能脱离低年级学生的认知规律,更不能脱离教学内容。另外,英语教学不同于其他学科,在游戏过程中要尽可能地为学生创造良好的语言氛围,鼓励学生尽可能地用英语交流。虽然学生开始会有些不适应,但是随着游戏的开展,学生会逐步适应。由于低年级学生的认知能力还相对较弱,所以选取游戏时要与生活相结合,帮助学生更快地进入游戏场景。比如,在 U2 In the zoo 一课中,学生需要掌握 bear、tiger、monkey、panda 四个动物词汇,并且能初步运用"It's ..."来介绍动物,如表 3 所示。

表 3　U2 In the zoo 游戏设计

	内容
教学目标	1. 初步掌握 bear、tiger、monkey、panda 四个动物词汇的音、形、义。 2. 能初步运用"It's ..."对动物进行简单的介绍与特征描述。
游戏设计	"游览动物园"游戏:首先在课前准备了简单的动物园分布地图,学生对于动物园十分熟悉,地图的呈现又十分生动直观,且前一节课学生也掌握了一些动物的英语单词。游戏中,学生用图片标示的地图快速引出单词,而且均以单数形式出现,有助于学生识记基本单词的音、形、义。引导学生用"It's ..."进行表述。

(二)创新游戏设计,增强学生兴趣

随着我国教育改革力度的不断加大,素质教育的理念越来越深入人心。诸如游戏教学这样的新形式、新方法在课堂中的应用越来越频繁。但是游戏教学不能流于形式,需要教师发挥创新力。尤其是在游戏设计环节,要在确保教学目标的前提下结合小学生身心发展的规律,尽可能地提高游戏的吸引力,从而激发学生参与的热情。游戏中还要注重培养学生的团队合作精神,提高学生的学习能力、探究能力和思维能力。

小学英语虽然难度不高,但是作为一门语言课程,也需要学生不断积累,游戏设计可以为不同层次的学生分配不同的角色:对于学习相对较好的学生可以分配难度较高的角色,而对学习相对较弱的学生则可以分配相对简单的角色。

(三)科学组织游戏,提高教学效率

游戏教学过程中,学生是主体,教师是引导者、辅助者;保证游戏教学的质量需要教师科学组织活动。在游戏开始之前,教师要用清晰易懂的语言向学生介绍游戏的规则。游戏过程中,教师要做到合理地穿针引线,既保证每个参与者都能够热情投入其中,也要保证游戏不能偏离教学的初衷。教师自身也要参与到游戏中,积极参与互动,引导学生锻炼英语语言能力。只有学生与教师共同努力,才能提高教学的效率,保证游戏教学的效果。为了确保学生能够遵守游戏规则,教师需要及时针对学生的活动效果进行评价与反馈。小组竞争机制的设置往往会激发学生的"斗志"。

(四)重视课后练习,优化作业布置

为了保证游戏教学的效果,教师还要重视课后练习,优化作业设计,通过设置反馈性作业、实操性作业等使游戏教学具有延伸性。比如,在句型学习中,可将英语与美术进行融合。以 U3 In the street 为例,教师需要关注学生的作业,同时也要关注"Don't ..."这一祈使句句型的使用。在设计作业时,老师可以让学生回家后找一找身边的警示标志,选一个画一画,同时配以相应的标语。学生们在第二天会给出很好的反馈。一个学生在画叉的圆圈里画了一个奔跑小人,并配以"Don't run",由此可见,反馈性作业不仅将游戏教学延伸到课后,同时也激发了学生参与的积极性。再比如,在 U1 Insects 这节课后的作业设计时,可让学生完成一张关于昆虫的 Information card,画一画或者贴一贴自己喜爱的昆虫,并记录 name、colour、abilities 等相关信息。第二课时课堂教学时,教师可以让学生进行分享展示。这项作业不仅巩固了课堂中的知识点,也锻炼了学生们的英语表达能力,让学生学会在英语语境中思考、探究。

四、总结

对于教育行业而言,"双减"政策无疑是最大的热点,而"双减"政策的最终目的是为了减轻学生负担,使学生能够脱离课外培训的苦海,营造良好的教育生态。游戏教学以游戏为载体,可以帮助学生在快乐、愉悦的氛围中习得知识,这与双减政策的初衷不谋而合。"双减"对教师充分运用课堂时间,通过创新教学方法、教学模式来提高课堂效率提出了更高的要求。教师要创新游戏设计,在实施过程中要科学组织,在课后要加强练习,优化作业布置,提高课堂教学效果。

提高学习评价在小学英语听说能力培养中的作用

——以"5B Module 3 U1 Signs"为例

上海立信会计金融学院附属学校　何妮蓉

"拥有评价能力可以激发学生的学习动机,让失去信心的学生重燃热情,从而提高而不仅仅是测量学生的学业成就。"

——《促进学习的课堂评价》

一、概述

为进一步落实基于课程标准的评价工作,强化评价促进学习的理念,促进学生的持续发展,实现教学评价与课程目标、内容与要求的统一,我参加了学校的区级课题《提高学习评价在小学初中英语听说能力培养中的作用》研究。我在教学中从单元目标的制定入手,合理设计评价内容、评价方式和评价量规,围绕学生语言能力的提升、学习习惯的形成、学习兴趣的激发和思维品质的培养,让评价适时融入课堂教学,从而促进学生的学习。

二、案例呈现

本案例以牛津英语 5B Module 3 U1 Signs Period 2 为例,探索在单元整体教学设计中适时融入评价,根据课标对小学中高年级学生在语言运用方面的要求和对听、说、读的学习要求,制定相应的学习目标、评价内容、方式以及评价量规,具体如下:

（一）单元目标制定及评价蓝本分析

学习目标的有关信息如表1所示。

表1　学习目标的有关信息

学习目标	目标类型	评价方法
1. 正确朗读、拼写公共场所标识类单词和句子如:telephone、toilet、restaurant、exit、entrance 以及 "No smoking!" "Don't litter!"等,做到音、形、义统一,要求语音正确	知识性	选择性反应评价、个别交流式评价
2. 能在情境中运用 can/can't/ must/mustn't/should/shouldn't 以及"No … !" "Don't … !"等表达禁令与允许信息,合理解读标识,要求结构较为完整,具有一定的逻辑性	推理性	个别交流式评价、选择性反应评价

(续表)

学习目标	目标类型	评价方法
3. 能在情境中运用所学内容表达故事发生、发展与结束的全过程,要求结构完整,具有逻辑性,能表情达意	成果性	表现性评价
4. 能在朗读与演绎故事中培养阅读技巧、发展思维能力;要求朗读流畅、有情感;演绎真实、有合作	技能性	表现性评价
5. 能借助图片、音视频知晓字母 l-/l/和 r-/r/在单词中的发音,要求发音正确,掌握一定的读音规则	知识性、技能性	选择性反应评价

(二)本课时学习目标、成功标准、评价任务及评价量规

学习目标、成功标准、评价任务及评价量规如表 2 所示。

表 2 学习目标、成功标准、评价任务及评价量规

学习目标	1. 能听懂对话内容,并就听到的内容提炼关于标志的关键信息 2. 能准确清晰地运用句型"What does this sign say/mean?""It says /means …"询问并回答公园中的相关标识 3. 能准确清晰地用句型"What does this sign say/mean?""It says /means …"询问并回答不同场所中的标识,感知根据标识遵守规则
成功标准	1. 在听对话的过程中,能正确补全对话,并正确回答与对话相关的问题 2. 在角色扮演活动中,能作出正确反应,发音清楚准确,语调达意 3. 在不同的语境中,正确运用"You mustn't/can't …""Don't …"等句式及本课重点句型"What does this sign say/mean?""It says /means …"创编对话,询问标识的相关信息并进行正确应答
评价任务	1. Listen and fill.(听对话,补全对话内容); 2. Role play in groups.(角色扮演本课对话2); 3. Listen and answer.(听对话,回答问题); 4. Role play in groups.(角色扮演本课对话3); 5. Role play in groups.(运用本课重点句型"What does this sign say/mean?""It says/means …"创编对话。)

(三)评价示例

五年级学生已经适应了小学的英语学习生活,大多数学生对英语学习保持着一定的兴趣,学习习惯良好。他们有着较强的求知欲,喜欢唱儿歌、听故事、善于模仿,具备了基本的听说能力,能进行材料的朗读与简短的对话交流,能较客观地进行自我评价和互相评价。为了达成教学目标,在本课的教学中,我设计了 5 个教学活动,在每个教学活动完成后,学生通过自评、互评等形式及时进行反馈评价。

Task1:Listen and fill.(听对话,补全对话内容)。

内容	标准	主体	方式
评价任务 听对话,补全 对话内容	能听懂对话,挖空练习完整准确。★★★	学生 自评	文明小 卫士勋章
	能听懂对话,挖空练习有1—2处小错误。★★		

将关键信息挖空,通过听力练习,让学生在对话情景中捕捉关键信息,完成填空。评价如表3至表7所示。

Task 2:Role play in groups.(角色扮演本课对话)。

内容	标准	主体	方式
评价任务 角色扮演 表演对话	语音准确,语调优美,表达流利。★★★	学生 互评	文明小 卫士勋章
	语音语调比较准确,1—2处小错误;表达比较流利,有1—2处停顿。★★		
	语音语调基本准确,有3处以上错误;表达基本流利,有超过3处停顿。★		

Task 3:Listen and answer.(听对话,回答问题)。

内容	标准	主体	方式
评价任务 听对话 回答问题	能听懂对话,准确回答问题。用词正确,表达流利。★★★	学生 互评	文明小 卫士勋章
	能听懂对话,比较准确回答问题。用词1—2处小错误,表达停顿1—2次。★★		

Task 4:Role play in groups.(角色扮演本课对话)。

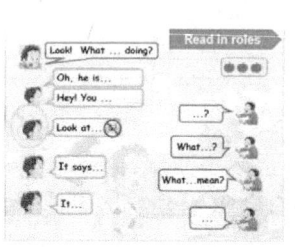

内容	标准	主体	方式
评价任务 角色扮演 表演对话	语音准确,语调优美,表达流利;★★★	学生 互评	文明小 卫士勋章
	语音语调比较准确,1—2处小错误;表达比较流利,有1—2处停顿。★★		
	语音语调基本准确,有3处以上错误;表达基本流利,有超过3处停顿。★		

Task 5:Role play in groups.(任意选择一个场所,运用本课重点句型"What does this sign say/mean?""It says /means……"创编对话。)

内容	标准	主体	方式
评价任务 角色扮演 创编对话	任意选择一个场所,能流利地模仿课文对话范文,在语境中选择2个标识进行创编对话。✿✿✿	学生互评	文明小卫士勋章
	任意选择一个场所,能较流利地模仿课文对话范文,在语境中选择2个标识进行创编对话。✿✿		
	任意选择一个场所,能较流利地模仿课文对话范文,在语境中选择1个标识进行创编对话。✿		

围绕本课的学习目标,学生完成了自评、互评、小组互评以及老师的课堂评价后,设计了一张汇总表,让学生总结本课的收获和不足,确定自己的改进方向,对学习进行自我监控和自我反思。同时,教师收集信息后,对学生的某些知识薄弱点有了更清楚的了解,从而有针对性地改进教学策略。自我评价表如表8所示。

表8 自我评价表

我的收获		
我获得_____文明卫士勋章	我学会了:_____	我需要改进的方面:_____

三、教学反思

通过参与课题组的学习,我对评价促进学习的内涵、特征、方法等有了进一步的了解。评价以促进学习为灵魂,优质课堂评价的五个核心要素为:明确的目的、清晰的目标、合理的设计、有效的交流、学生的参与为骨架和血肉。评价不再仅被看作教师对学生做的事情,相反,学生可以不断地评价他们自己的学业成就,并利用得出的结论明确在学习过程中应承担哪些责任,从而促进学习。

(一)重视学生的参与

促进学习的评价突出了学生在评价中的重要性,强调学生不仅是评价的对象,更是评价的主体。学生只有主动参与评价,积极主动地运用评价信息管理自己的学习,才有可能实现以评价促进学习的终极目的。在本课的教学中,我采用了学生自评、互评、小组互评的方式。学生自我评价的方式可帮助学生正确认识自我,并在不断实践中体验英语学习的进步与成功,建立和保持英语学习的兴趣和信心。同伴互评的方式可使学生知晓评价标准,自主发现和分析学习中的具体问题。在合作学习中,学生相互帮助、共同提高,主动反思和改进学习策略,明确努力的方向。

(二)评价要适时适切,不流于形式

在评价过程中,教师要避免为评价而评价,适时适切地将评价融入课堂教学环节,避免

评价流于形式。在开展评价任务之前,学生应明确评价的内容和标准,从而有助于有效调控学习过程,及时改进学习策略和行为。而教师在这个过程中不仅要关注预定学习目标的达成情况,更要关注学习的过程,根据教学目标和评价目标,采取有效的信息收集和反馈方式,及时观察和了解学生的学习进程和学习困难,进一步调整教学目标,改进教学方式,从而提高教学效率。

  课堂评价使用得当将使课堂充满生机,对于调动学生的求知欲和上进心有着重要的意义。巧用课堂评价可让学生在学习过程中不断体验成功与进步,树立自信,认识自我,进而促进学习。

课堂中的评价运用案例

——以牛津英语"7B About the seasons (2nd period)"一课为例

上海立信会计金融学院附属学校 王佳卉

一、课例背景

课堂评价是英语教学过程中不可缺少的一部分。《初中英语课程标准》指出优化评价方式,着重评价学生的综合语言运用能力。英语课程评价体系要有利于提高学生的综合语言运用能力。在教学过程中,强调评价学生在学习过程中的表现和进步,构建了"以评促学,以评促教"的教学模式。

本课是笔者参与的区级项目下的实践课,也是上海版牛津英语7B课本中第六单元中的重要一课。

本节课中,笔者使用选择性反应评价和表现性评价。作为最传统的评价方法,选择性反应评价就是指传统的客观测试,比如,选择题、判断题、匹配题、填空题等。有经验的使用者能够按照学习目标制定有效的测验,并能让这些测验成为促进学习强有力的评价工具。他们知道如何有效地利用测试来考查学生的学业成绩,也知道如何控制在测试中可能出现的偏向。笔者通过听力填空来考察学生的听力技能,利用选择性反应评价来展示学生的现阶段水平,通过新单词和新句型的教学,让学生明确任务内容及目标并以此开展活动。表现性评价就是让学生参与一些活动,要求他们实际表现出某种特定的技能,或者创造出符合某种规定的成果或作品。笔者通过小组活动考察学生对本课句型的掌握程度,通过口语展示进行表现性评价。

二、教材分析

1. 教学内容分析

本单元围绕"季节"这个话题展开,内容贴近学生生活。本单元的所有语言输入与输出都围绕着季节不同的特点、人类和动物在不同季节进行的活动而展开,有 Reading、Listening and Speaking 和 Writing 几个板块的教学内容,划分为 5 个自然课时。每个话题均围绕"季节",情境设计都以此为基调,保证了学习内容的连贯与核心句型的复现。

本课时为《英语》(牛津上海版)7B Module 2 Unit 6 Hard work for a better life 的第二课时"Listening & speaking:About the seasons"。在第一课时中,通过诗歌的学习,了解四个季节到来时不同的景色,为本课时的听说作铺垫。本课时紧跟前一课时内容,以思维导图的形式引导学生进行听力内容速记,通过思维导图来学习"What does spring make you think of？"以及使用"It's+$adj.$+to do …"来回答感受。本课时教师可以基于课文,进行适当的课外拓展,引导学生说出更多的不同想法,激发学生的思维能力。

2. 学生分析

教授对象是七年级平行班学生,学生基础相对较差。该班学生表达能力一般,需要激发他们的积极性。本课时要求学生能够使用思维导图并且运用所学句型正确表达对于四季的感受。

3. 教学目标

根据本班学生的学习情况制定教学目标。需要让学生明确在本节课上,他们需要做些什么,学会些什么。根据本课时的三个学习目标,设计了对应的三个听说评价任务。

第一个任务要求学生听对话梳理信息,完成课文关键词填空。学生若能通过对话提取关键信息,正确填空课文场景关键词,则学生完成本课时的学习目标一。第二个任务要求学生用句型"It's $+adj.+to\ do\ ...$"或"_____ makes me think of ..."来完成图片所示对话。若学生能完成对话,则完成本课时的学习目标二。第三个任务要求学生正确使用新授句型表达想法与感受。若学生能完成,则成功达成本课时的学习目标三。

三、评价任务活动设计思路

(1) 通过听对话,提取对话大致内容以及重要信息。此为技能性目标,可通过听力填空测试来检测效果,因此教师使用了选择性反应评价。课堂中,教师将听力文本进行挖空,学生通过完成听力练习汲取文本信息。核对答案后,根据已给的评价标准进行自我评分。

听课文,融合新学的单词和句型,为之后开展活动进行铺垫。学生通过打分的方式进行自评,可以让学生更直观地发现自己是否有欠缺,从而更好地完成听力练习。在使用了选择性反应评价之后,学生可以根据课堂听力得分以及老师的评价,明确接下来的努力方向。

(2) 用新的句型结构,即"It's $+adj.+to\ do\ ...$"或"_____ makes me think of ..."来表达想法。此为知识性目标,能够在指定的情境中评价特定内容的知识要素,因此我选择了表现性评价。课堂中,学生根据几幅图片以及一些关键词来练习新学的句型。

在课堂上,笔者提供不同季节的几幅图片以及一些关键词,让学生利用新学的句型进行两两对话。

让学生练习新学句型,充分熟悉知识点,为接下来运用新句型作好准备。运用了表现性评价之后,课堂气氛更加活跃,教师可以更直观地观察学生的上课效果。

(3) 正确使用新学的句型来表达自己对四季的想法。此为成果性目标,可以直接评价作品本身,符合表现性评价方式。课堂中,教师通过建设情景,鼓励学生进行小组活动,进一步练习新单词和新学句型结构。

在课堂上,学生分为几个小组,任意挑选一个季节,使用新学句型造句。教师可督促学生开拓思维,尽可能想到更多的活动,并使用合适的词来表达情绪。

让学生自主挑选一个季节进行讨论。讨论活动结束后,对其他学生进行提问,确保其他学生的听课效率。此环节采用表现性评价,根据小组成员是否正确使用新学句型以及是否使用合适的形容词进行评分。学生之间的互评可以直观显示本节课的听课效率,督促学生开动脑筋,积极进行对话。

五、教后反思

我备课时,预计听力环节只需要听两遍:第一遍听写,第二遍核查。但在正式上课的过程中,我发现有不少同学在第二遍时依旧有空白没有填写。所以我在课上调整了节奏,根据班级的整体水平,让学生又多听了一遍。

在听力的评价环节中,教师的课堂评价有些仓促,只是让学生进行了自评。对此,教师应该及时告知学生各个分数段的位置,从而让学生更加重视下一个听力环节,以免掉以轻心。在两次小组活动结束之后,我们应该挑选几组学生展示,并进行评价。

最后一个环节要求学生自选一个季节,用新学的句型造句。这个要求本身有一定难度,所以在之前的环节进行时要有足够的输入,提供给学生足够的新单词。在本节课上,我教单词有些仓促,导致有些同学不知道该说什么,因此,我及时暂停了他们的活动,带领学生朗读了补充的新单词和新学的句型,从而有效提升了课堂学习效率。

小学道德与法治学科高年级段有效性教学研究

上海立信会计金融学院附属学校　杨晓敏

"双减"改革落地后,在校学生的学业负担明显减轻,家长更加重视学生在校学业及能力表现。学校教育作为立国之本,担负着为中华民族谋复兴的伟大使命,关系着国家经济发展与社会稳定。双减政策的出台恰逢其时,也是教育供给侧改革的重要一步,是将教育回归本心的重要举措。道德与法治(以下简称:道法)学科的重要性也日益凸显!

一、"双减"政策背景下的道法学科教学概述

(一) 关于"双减"政策

2021年5月,中央审议通过了《关于进一步减轻义务教育阶段学生作业负担和校外培训负担的意见》(以下简称"双减"),双减政策的出台对我国教育改革具有里程碑意义。其旨在净化教育环境,为学生创造良好的教育生态,使学生"减负"真正落地,发挥教育规律的"指挥棒"作用,使教育重新回归课堂。

(二) 关于"双减"政策与"道德与法治"学科

道德与法治学科旨在遵循教育规律的基础上,培养有爱心、责任心、具有良好行为习惯和个性品质的学生,促进小学生以品德为核心的基本文明素质的全面发展。[1]"双减"政策的实施目的与道法学科的教学目标有着共通之处,教师要抓住"双减"政策这一机遇,充分发挥主观能动性,在创新上狠下功夫,为培养德智体美劳全面发展的社会主义建设者和接班人作出自己的贡献。

二、小学"道德与法治"学科高年级段教学有效性现状调查

为了深入调查小学"道德与法治"学科高年级段有效性教学现状,笔者向所在学校及周边学校教师发放调查问卷,共发放200份,回收198份,其中有效问卷195份。

(一) 教学目标模糊,课堂教学随意

长期以来,道法学科一直游离于小学学科的边缘,家长、学校甚至是教师对道法学科的重视程度不够,教学目标十分模糊,教师的课堂教学也较为随意。调查数据显示,教师对新编教材的教学目标表示十分熟悉的仅占5.13%,表示熟悉的占30.26%,表示一般的占比最高(57.44%),表示不熟悉和一点都不熟悉的占比分别为4.10%和3.08%。可以看出,绝大多数教师对"道德与法治"新编教材教学目标认识不够。在被问及"您对新编教材的核心理念是否熟悉"时,表示一般的同样占比最高,约为54.87%,表示熟悉的占比约为28.21%,表示十分熟悉的占比仅为8.21%。调查表的详细数据如表1所示。

表 1 关于教学目标熟悉的现状调查表

调查内容	选项	频率	有效百分比
对新编教材的教学目标的认知程度	十分熟悉	10	5.13%
	熟悉	59	30.26%
	一般	112	57.44%
	不熟悉	8	4.10%
	一点都不熟悉	6	3.08%
新编教材的核心理念的认知程度	十分熟悉	16	8.21%
	熟悉	55	28.21%
	一般	107	54.87%
	不熟悉	14	7.18%
	一点都不熟悉	3	1.54%

教学目标不够明确使教师在实际教学过程中缺乏逻辑性,所以表现出随意的特点。在被问及"您的课堂教学内容主线是否清晰、是否具有逻辑性强?"时,表示"一般"的教师占比超过47.69%,表示"想到哪、讲到哪"的占比约为46.15%,仅有6.15%的教师表示"清晰、逻辑性强"。调查表的详细数据如表2所示。

表 2 关于课堂教学逻辑性调查

调查内容	选项	频率	有效百分比
课堂教学内容主线的清晰度与逻辑性	清晰、逻辑性很强	12	6.15%
	一般	93	47.69%
	想到哪、讲到哪	90	46.15%

(二) 教学方式单一,课堂氛围沉闷

通过调查发现,绝大多数教师授课的主要方式是讲授式教学。这种方式很容易演变成灌输式。与其他学科相比,道法学科比较枯燥。如果教师单纯依赖"灌输",不仅无法激发学生的学习兴趣,还会影响最终的教学效果。调查的具体数据如表3所示。

表 3 常用的教学方式调查

选项	频率	有效百分比
讲授式	167	85.64%
探究式	13	6.67%
合作互动交流式	15	7.69%

很多学生表示道法课堂氛围相对沉闷,无法引起其主动学习的欲望,加之这门学科对成绩的要求不高,所以学生的学习变成了应付。新课改要求教师不断探索创新教学方式,培养学生自主学习的探究能力。教师要结合道法学科的特点,发挥创造力,使学生能够主动参与

到学习中,在快乐的氛围中学到知识。

(三)课后延续不足,缺乏反馈评价

调查发现,86.15%的教师表示不会结合活动册布置活动作业,仅有13.85%的教师表示会结合活动册布置活动作业。通过访谈了解到,绝大多数教师在布置活动作业时仅是机械地将教材课后作业布置下去,很少了解学生的完成情况。有些教师反映,道法学科并非"主科",即便布置下去,作业学生也不会重视,更不会去花时间完成。课后作业布置情况如表4所示。

表4 课后作业布置情况

选项	频率	有效百分比
会布置活动作业	27	13.85%
不会布置活动作业	168	86.15%

作业作为课堂教学的延续,如果不能保证完成,将会直接影响课堂教学的有效性。教师无法根据学生的作业情况来了解其对知识的掌握程度,自然就无法对教学进行优化。另外,教师在布置活动作业时缺乏创新性也是导致学生不愿完成的一个重要影响因素。道法学科与现实生活紧密相连,如果仅仅将活动作业停留在照本宣科层面,则很难达到布置活动作业的目的。

三、"双减"政策背景下小学高年级"道德与法治"学科有效性教学策略

"双减"政策的落地使多年来一直呼吁的"减负"变成现实,随着学科改革的不断推进,道德与法治学科的重要性越来越凸显。教师要遵循新课改的要求勇于创新,不断提升道法学科的教学质量。

(一)巧用课前导学单,激发学生兴趣

1. 设计兴趣导学单,营造课堂良好氛围

小学道法学科高年级阶段的教学内容与现实生活紧密相连,教师在开展教学活动前可以通过课前兴趣问卷的方式了解学生的学情,激发学生的学习兴趣。以四年级第二学期《11. 合理消费》为例,小学生尚未建立正确的消费观,对一些消费问题、技巧以及维权知识知之甚少。在长辈的宠溺下,大多数学生都有了一定的零花钱,所以教会他们如何正确地使用这笔钱也是这节课的重要目标。因此,教师在课前可以向学生发放简单问卷,对学生的消费习惯、消费爱好进行了解,学生在问卷作答的过程中也会对"如何做一名聪明的消费者"进行思考。这样不仅激发了学生的兴趣,同时也可以引导学生开展自主探究。"兴趣单"也是学生对自己的一次总结,很多学生在课后纷纷表示"花钱是一门科学,既不能浪费,也要发挥其最大作用"。

2. 设计单元导学单,把握教学整体效果

教师在开展教学活动前,还可以通过设计单元课前导学单来激发学生的学习兴趣。以四年级第一学期第六单元《面对成长中的新问题》为例,该单元旨在培养学生面对问题、解决问题的能力,了解吸烟、饮酒、吸毒的危害,养成健康、安全的生活习惯。在课前,通过发放单元导学单,教师从以下几点了解学生日常生活与个人思想观点,由此开展教学活动。单元导

学单如表4所示。

表4　单元课堂导学单

单元分析	☐单元目标 ☐单元内容
具体内容	导学类型
☐在日常生活中如何面对困难 ☐生活中有什么样的习惯 ☐一般会选择如何交往 ☐一般会选择什么样的课余生活	☑调查 ☐辨析 ☐认知
☐辨析行为合法性的 ☐辨析行为是好与不好	☐调查 ☑辨析 ☐认知
☐相关政策了解 ☐了解相关法律法规	☐调查 ☐辨析 ☑认知

兴趣是最好的老师，双减政策出台前，学生疲于应付课外培训无暇顾及道法等学科，自然也就逐渐失去了学习的兴趣。双减政策出台后，学生有了更多自主的时间，教师要通过创新方法激发学生的学习兴趣，使其不仅能够真正喜欢这门课，还要能够从中学到知识，提升道德水平与法治素养。

（二）融合多种教学方式，突出体验过程

1. 巧用读本，丰富课堂

道法学科具有很强的社会实践性，基于这一特征，教师可以发挥创造力，融入沉浸式、体验式、探究式等不同方法，使学生在体验过程中能够有所收获，从而提升自身素养。以四年级第二学期《16. 我们神圣的国土》为例，这节课旨在引导学生感受国土的辽阔，了解不同美景所包含的文化遗产和自然遗产，理解不同地区的风土人情的差异。"我们神圣的国土"教学片段如表5所示。

表5　"我们神圣的国土"教学片段

教学片段	教学目的
多媒体利用：播放视频、图片等形式	了解我们神圣的国土，对祖国山川河流有深刻的印象
经验分享：讲述自己曾经到过的某个地方	进一步体会祖国山川河流的壮丽景观
选取《习近平新时代中国特色社会主义思想学生读本》内容：低年级段第1课"我爱你中国"板块—"美丽中国是我家"	在阅读中深入体会到中国的美丽之处

《习近平新时代中国特色社会主义思想学生读本》低年级段为三年级使用，高年级段为五年级使用。读本自身包含了丰富的道法素材，以社会主义核心价值观为价值引领。教师在教学时可不局限于读本的使用年级，充分将二者结合起来。[2]

2. 体验教学，深入课堂

在课堂中，教师应恰当地运用体验式教学，真实再现生活场景，让学生从生活实践中领悟道理。以五年级第一学期《5.古代科技 耀我中华》为例，本课旨在从学生已有的学习经验出发，了解我国古代科技的辉煌成就及影响，培养学生热爱中国传统文化的情感。如果仅仅简单讲述，学生很难理解我国古人的伟大，很难理解为什么中华文明能够绵延五千年。教师可以充分利用多媒体技术，营造沉浸式课堂氛围。以我国著名数学家、天文学家祖冲之为例，教师可设计活动"假如我是祖冲之"，让学生体验古代人们的生活，感悟祖冲之的思想，了解其主张与成就。另外，教师还可以带领学生到科技馆、博物馆开展研学活动，在场馆中感受我国古人的智慧。沉浸式教学更有利于激发学生的爱国情感及其身为一名中国人的自豪感，让学生从内心深处树立为中华民族复兴而读书的志向。[3]

体验式教学以学生为主体，让师生始终保持平等交流。学生成为知识的主动接受者，乐于接受老师的教导，师生互动融洽，课堂气氛活跃，从而可以有效提升学生的学习兴趣。

（三）优化活动作业，实现课堂延伸

道法学科的活动作业是课堂教学的延伸，教师要优化课后作业布置，通过多元化、创新性的方式提升作业的质量与效果。

1. 设计探究性作业，从梳理中学

道法学科具有较强的实践性，教师可以设计多元化的作业，让学生主动完成。五年级第三单元"百年追梦 复兴中华"，包含的历史事件相对较多。在布置作业时，笔者将这一单元的活动册练习改为由学生制作时间轴梳理历史事件，并且在课堂中展示了他们的成果。很多同学表现出了极大的兴趣，参与度极高。

2. 设计创新性作业，从体验中学

教师要尽可能地去设计创新型作业。由于学生的层次存在很大差异，所以教师在布置作业时，要考虑到不同层次学生的需求。教师应尽可能创造条件，让学生参与体验式的作业。比如，在五年级第二学期第8课"国家机构有哪些"中，为了达到"了解我国国家机关的职权，培养国家意识"这一教学目标，教师可在了解知识的基础上，让学生切身感受国家机关的产生方式，通过实践引导他们树立正确的道德观。

3. 设计综合型作业，从协作中学

设计活动性的道德与法治作业。培养学生的团队协作能力和探究能力同样是"道德与法治"学科的重要目标，教师可以在课后设计一些活动性任务，以小组团队协作完成的方式激发学生主动参与。比如在一些节日中，教师可以举行黑板报设计比赛，由设计最佳的小组负责本班的黑板报。设计要紧紧围绕"道德与法治"的学科内容，每个小组成员都可以充分发挥自己的想象力，对素材搜集整理的过程也是学习的过程。另外，教师还可以在课后通过举办辩论赛的形式延伸课堂内容。笔者在所教班级举办过几次辩论赛，都取得了很好的效果。

四、结语

小学"道德和法治"学科是思政课体系的一部分。习总书记曾经说过："人生的扣子从一开始就要扣好"。[4]对于学生而言，小学是他们接受教育的开始，因此也是他们的第一粒"扣子"，其重要性不言而喻。道德和法治学科担负着启蒙小学生人生观、世界观、价值观的重

任。作为道德与法治学科教师,要发挥积极性、主动性、创造性,在学生的心里埋下真善美的种子,扣好人生第一粒扣子。"双减"政策的出台大大改善了我国的教育生态环境,学生们有了更多的时间学习道德与法治学科。对此,教师要及时转变观念,创新教学方法与教学模式,不断提高道德与法治的教学质量。

参考文献

[1] 詹迎.深耕课堂教学,追寻育人价值[J].科学咨询,2020,25(25):96-97.

[2] 吴玉军.《习近平新时代中国特色社会主义思想学生读本》(小学低年级)编写设计及教学建议[J].课程·教材·教法,2021,41(9):70-76.

[3] 马杏英.让体验式教学成为道德与法治课堂的教学常态[J].考试周刊,2018(32):144-145.

[4] 徐京跃,霍小光.习近平在北京大学考察时强调:青年要自觉践行社会主义核心价值观与祖国和人民同行努力创造精彩人生[N].人民日报,2014-5-5.

初中道德与法治教学中提高学生分析与综合能力的实践探究

上海立信会计金融学院附属学校 肖　洁

一、背景及意义

思维是高级认知过程,是人脑对客观事物的间接或概括的反应。思维过程主要包括分析和综合、抽象和概括、比较和分类、具体化及系统化。其中,分析和综合极其重要,应引起重视。

1. 分析能力

（1）什么是分析？分析,就是人们在思维活动中,把一个复杂的事物分解为简单的部分或要素,并对它的各个部分或各种要素分别进行研究,揭示它们的属性和本质,从未知追溯到已知的思维方法和研究方法。毛泽东曾这样指出过:"分析的方法就是辩证的方法。所谓分析,就是分析事物的矛盾"。

（2）分析思维。分析思维过程主要分为四个环节:第一环节是分解,即根据思维实践的需要把所要分析对象内部的各个层次、各个因素分解开来;第二环节是辨析,即考察分解出各个部分、方面、要素的性质、状态;第三个环节是比较,联系整体,确定被分解出的各个部分、各个要素在整体中的地位和作用;第四环节是撇开和抽象,暂时撇开被分解出的、各个要素的、特殊的、个别现象及导致现象发生原因的次要或偶然因素,抽象出必然的、主要的、本质的因素。这四个环节就形成了一个层次上的分析过程,当对这些环节进行综合、形成新的层次后,新层次上的分析过程重新开始。

（3）分析方法。分析是人类自觉能动的表现,分析方法是把客观事物的整体分解为各个部分、方面、要素,并分别加以研究以达到认识事物整体本质的思维方法。客观事物本身是复杂多样的统一体,单靠直观的认识并不能认识事物的本质规律。深入把握,就必须深入事物的内部,运用分析的方法,研究事物的各个部分和要素,认识事物的本质。

（4）分析能力。初中道德与法治课中,学生的分析能力主要体现在考察研究案例或素材中各个组成部分在整体事件中各自的地位和所起的作用,以及它们之间相互联系、相互制约的关系,进而找出整体事件中的主要矛盾及次要矛盾,认识事件的本质和发展规律。

2. 综合能力

（1）什么是综合？综合就是指把分析过的对象或现象的各个部分、各个属性联合成一个统一的整体。毛泽东指出,分析就是分析矛盾,综合就是指明矛盾的性质。由此可见,综合是基于分析而形成的。

（2）综合思维。综合的思维过程有三个环节:第一环节是以分析和抽象出的普遍本质为起点,在由分析得到的抽象普遍性和本质的基础上,不断取得普遍性与特殊性的统一、本质与现象的统一;第二个环节是寻找将特殊性和普遍性统一起来的桥梁,这个桥梁我们就称为"中介"。第三环节是通过中介,从本质中推演出更多复杂的表现形态。

(3) 综合方法。综合以分析为基础,是分析的进一步发展,是从整体和动态上把握研究对象的性质。简单来说,综合是把对象的各个部分、各个方面和各种因素结合起来,形成对研究对象统一整体认识的思维方法。但是,综合并不是把分析的结果简单相加,而是从整体角度,从动态过程,结合事物各个部分、要素之间的本质的、有机的联系来说明事物的本质和运动规律,在新的整体上认识事物。由此可见,没有分析就没有综合。

(4) 综合能力。初中道德与法治课中,学生的综合能力主要体现在通过对事件各个组成部分的分析,结合各部分之间的关系,对事件进行整体考察,全面认识社会现象及发展规律,合理预测社会发展趋势。

3. 分析-综合能力

马克思主义辩证逻辑认为,作为辩证的分析和综合,是对立统一的,是统一认识的两个侧面。但这两个侧面绝不是孤立的、割裂的,从整个认识过程来看,它们是统一的。恩格斯在《反杜林论》中曾指出:"思维不仅在于把相互联系的元素综合成为统一体,而且也以同样程度来把认识对象分解成各个元素。没有分析就没有综合。"

分析和综合的辩证统一首先表现在分析和综合的相互依存、互为前提。综合必须以分析为前提。没有分析,认识就不能深入;对总体的认识只能是抽象的、空洞的。分析使人们的认识不断深入事物内部,有利于认识其内在本质。分析又必须以综合为前提。分析只有在其出发点是某种未加分解的东西,即某种综合体的条件下才能进行。

分析和综合的统一还表现在它们的相互转化上。既然分析和综合各以自己的对方为前提,那么分析由于发现了事物的基础,揭示了事物各方面的属性,就为综合建立了基础。而综合由于在这个统一体的基础上概括现象,就为进一步的分析活动开辟了新的可能性。

因此,在教学研究中把分析—综合作为一种整体进行研究更具有合理性。分析—综合可以充分地把要解决的问题与已有的背景知识相联系,利用分析找到背景中有用的成分,利用综合联系解决方案与有用背景,论证产生社会现象的原因,找到解决问题的思路,推测发展趋势。

《上海市初中道德与法治课程终结性评价指南》中明确指出,评价的主要目标之一就是理解与阐释能力。而这种能力具体体现为:综合运用所学内容辨认、说明社会现象;综合运用所学内容,从图文资料中推断结论,说明获得结论的依据;综合运用所学内容,解释并论证产生社会现象的原因,或预测社会发展趋势并说明理由;综合运用所学内容揭示社会现象所反映的实质;综合运用所学内容评析社会现象,作出正确价值判断;综合运用所学内容,针对具体社会现象,发现问题,提出解决问题的措施,设计相应方案并实施。

不难看出,这些目标其实就是分析与综合能力在初中阶段的具象化。也就是说,初中阶段道德与法治课对学生分析与综合能力的培养,就是要引导学生学会理论联系实际,通过对社会现象、图表数据、具体案例等的分析,结合所学内容,综合各方因素,认识事物的内在联系并对社会发展趋势作出合理预测,寻求问题的解决办法。

二、现状及问题

在日常教学中,我们常常会发现,初中生对道德与法治课上的许多内容有自己的困惑,却不能很好地表达;对生活中的很多现象有自己的想法,但大多比较片面,不能准确地找出这种现象背后的原因。也就是说,他们的分析能力还仅仅停留在分解和辨析层面,没能达到比较、撇开和抽象层面。而综合以分析为基础,是分析的进一步发展。因此,大部分学生无法通过对事件各个组成部分的分析,结合各部分之间的关系,对事件进行整体考察,全面认识社会现象及发展规律,合理预测社会发展趋势。最典型的现象就是他们许多看似犀利或别出心裁的看法根本禁不起推敲。总体而言,初中生对复杂情景和实际问题情境的处理能力急需提高。

孔子曾说"不愤不启,不悱不发",学生的有效学习需要老师的有效指导。学生能力的欠缺其实从某种程度上也反映了老师在教学中的短板。近年来,随着教育理念的不断更新,作为与社会生活联系最为紧密的课程之一,道德与法治课早已不再局限于教材知识点的讲解。许多一线老师会通过信息化手段寻找相关资料来为教学服务。为了激发学生的自主能动性,老师们开始有意识地在课堂中设置讨论、角色扮演、小组合作等互动环节,这使得今天的道德与法治课呈现出与以往不同的风貌。但同时老师们在选择、运用资料,引导学生综合相关内容分析资料、归纳结论等方面也存在着不少典型问题。

(1) 资源多而不精,素材选择考虑不周全。教学资源的选择直接影响着教学效果。好的资源可以激发学生兴趣,引发学生思考,引发思维碰撞,提高分析—综合能力。为避免枯燥地说教,在教学设计时,许多老师都会寻找各种资源、案例来充实课堂。可是部分教师只是为了运用资源而运用资源,在一节课当中强行运用很多素材,但对每一个素材的讲解都只是蜻蜓点水、浮于表面。庞杂的信息和内容让学生应接不暇,更加不可能全面深入地进行分析、思考。

教学资源的选择不仅应该考虑当下讲授的教学内容、学生的认知水平和知识储备,还应合理规划课堂时间,选择合适的呈现方式。在初中道德与法治课教学中,讲故事比讲道理效果要好,时政案例比寓言故事更能激发学生兴趣,贴近学生生活的案例最能引发学生共鸣和思考。实际教学中,部分教师在选材时更多的是考虑能否迅速抓住学生眼球,而忽视了其他方面,学生的关注点往往会被吸引到与教学内容无关的细节部分,不能进行深入思考、分析。

(2) 资源挖掘不够,分析角度缺乏多样性。目前初中道德与法治教师对教学资源的挖掘尚浅。最明显的一个表现就是,教师对案例的讲解与分析浅尝辄止,并未深入研究案例背后的原因、时代背景以及它们和其他社会现象的关联等。部分老师片面地追求案例的新鲜和独特,教学资源都只用一次。但事实上,有些案例、数据、图表等可以不同的方式呈现,从而提升学生的分析—综合能力。

(3) 设问不够科学,忽视思维能力的培养。设问的不科学体现在两个方面:一是问有明确答案的问题,即单凭生活常识即可回答的问题。这种设问对于提高学生的思维能力并无意义。同理,针对这样的问题展开的讨论、分析等活动其实也没能起到应有的作用。最终学生都只是在简单重复已有的生活经验,说的都是"正确的废话"。比如,在讲八年级"遵守规则"一课的时候,有位老师创设了这么一个情景:明明和父母去餐厅吃饭,因为没有预约,所以需要排队。他趁人不注意插队,被人发现,引发了纠纷。老师问:"明明这样做对吗?我们应该怎么做?"学生们很快就答出来了:"不对。我们要遵守规则,自觉排队。"这样的教学过程看起来非常民主,师生有问有答,课堂气氛也很活跃。但事实上,即使不上道德与法治课,学生根据日常的生活经验也知道我们不可以插队,应该自觉遵守规则。这样的设问对提高学生的分析-综合能力几乎毫无用处。

设问的不科学还体现在问题太笼统、指向性不明确。课堂设问除了应推进教学进程，完成知识传授的目标，更重要的是应有益于学生思维能力的培养。比如，在讲八年级"党的主张和人民意志的统一"一课时，为了说明"党的领导地位是在历史和人民的选择中形成的"这一知识点，老师带领学生回顾了中国近百年的奋斗史，然后提问："中国能取得今天这些成就的原因是什么？"学生们仔细思考后回答：民族团结、不屈不挠、不怕苦不怕累不怕死……但他们就是答不出老师想要的答案。事实上，学生们的回答没错，这些的确是中国取得伟大成就的原因。教师应该把这个问题切分一下：中国近百年的奋斗取得了哪些成果？为什么从康有为、梁启超到"国父"孙中山，这么多人的努力都没能实现民族独立和人民解放？中国什么时候真正完成了新民主主义革命？此时和之前相比，有哪些不一样？其中，最重要的一个因素是什么？这样一步步地分析、提炼、总结，学生完全可以得出"党的领导地位是在历史和人民的选择中形成的"这一结论。而这样的提问体现了思考过程，也是对分析—综合方法的一个指导。

三、改进策略

出现上述情况的原因，一方面是因为教师对学情了解不够，另一方面是因为教师自身对培养学生学习能力的意识不够强。这就要求老师们要更加关注日常积累，倾听学生心声，及时反思教学，在此基础上精选资源、精确设问、多角度分析。下面就以七年级道德与法治"单音与和声"一课为例，说说具体的做法。

1. 开发调查工具，了解学情

"单音与和声"是七年级第三单元"在集体中成长"的第二课"共奏和谐乐意"的第一课时。第三单元包括三课：第六课"我和我们"旨在通过引导学生回顾成长过程中，集体对自己的影响，使学生理解集体对个人的作用；第七课"共奏和谐乐章"通过分析个人意愿与集体规则、个人利益与集体利益、小团体与集体之间的矛盾冲突，使学生知道应该如何正确处理个人与集体的关系，理解集体主义；第八课"美好集体有我在"通过对美好集体的憧憬、建设，使学生理解个人对集体发展的作用。而"单音与和声"一课则主要解决个人意愿与集体规则、个人利益与集体利益的关系。

根据日常生活经验，我认为学生对于个人和集体的关系了解得都比较清楚，只是具体做的时候难免会有人对"因集体利益而牺牲了个人利益"感到不情愿。这种冲突常常会体现出来，为什么呢？我从七年级各班随机挑选了十来名同学询问他们日常生活中，对于二者冲突印象最深刻的案例，最后选定了一个同学提到的关于穿校服的问题。学校规定必须穿校服，但有同学觉得校服不好看，而且保暖度不够，所以不穿。但他不穿校服会影响班级德育考察的分数，使得集体评优受影响，这就导致了个人和集体利益的冲突。我觉得学生通过对这个案例的讨论，应该能够对集体和个人关系等有更深入的思考。但一节课下来，孩子们虽然讨论得非常热烈，但事实上他们对个人和集体关系的认识并没有更深一步。同学们一边倒地认为当然该穿校服，遵守校规。因此，讨论的重点也因此转移到了该怎么说服这位不愿意穿校服的同学转变观念，自觉穿校服，这完全背离了我设计的初衷。我反思了一下教学过程，觉得关键还是案例没有选好。那要怎么才能找到那个刚刚好的案例呢？我想，首先我得知道孩子们对集体和个人关系的理解到了什么程度。

对学情的分析是提升教学针对性和亲和力、提高教学实效性、增强学生获得感的重要保证。教师要善用问卷、对话、作业反馈等方式,对学生的学习基础、能力、意愿、需求、状态、行为习惯等因素进行了解,在教学时做到"对症下药"。鉴于之前的课堂反馈,我设计了一个名为"中学生对个人与集体关系的调查"的问卷,发动全年级的同学参与填写。在问卷中,我针对日常集体生活中常见问题及学生的一些普遍困惑进行了了解,并对原因进行了追问。综合问卷结果,可看出中学生对集体与个人关系的认识存在以下一些特点。

(1) 中学生普遍认同集体对个人的作用。有近60%的学生认为集体与个人关系密切,近25%的人认为有所关联,只有4.69%的人认为没什么关系。

(2) 中学生们的自我意识非常强烈,绝大部分同学都不认可以集体的名由强行占用个人利益的行为,并且大部分同学都喜欢在某些方面和别人不一样(但不认可太特立独行)。与此同时,当集体利益和个人利益发生冲突时,近52%的中学生表示可以视情况放弃个人利益,甚至有近45%的同学表示可以无条件放弃个人利益。这说明中学生们普遍认可"以集体利益为重",但集体在牺牲个人利益时,需要给出合理的原因及注意方式方法。

(3) 中学生有较强的主见,他们普遍认同集体应充分尊重每个个体的意见,集体的发展方向应由所有人讨论得出,决定由大家不记名投票得出。在服从集体的原因中,绝大多数同学都选了"为了集体荣誉"和"集体实实在在地在为每个个体争取利益"。

(4) 个人对集体的归属感、认可感存在客观差异,但和是否担任班干部没有太大的关系。

(5) 尽管大多数同学都不认可"如果团队拖了我的后腿,最好甩开它单干",但在"独立工作比在团体中更能让人发挥出色"这一题中,有17.5%的同学选择了"符合",更有高达40.16%的同学认为有时候是的。也就是说,中学生大多有集体意识,也认可集体的力量,但在如何发挥集体力量方面却缺乏认同感,而这种缺乏也导致了他们对集体的认可度不够高。与之相对应的,尽管有77.81%的同学表示在意集体荣誉,但仍有91.88%的同学认为有必要对中学生加强集体感的培养。这也从侧面证明,中学生们认为所在集体的同伴仍存在缺乏集体感的现象。

(6) 在个人与集体关系的认识上,各个年级并没有特别显著的差异。但是,在集体的认可度上,中学生们因年级的不同表现出了明显的差异。对于"你觉得你所在的班级符合你对美好集体的期盼吗"一问中,六年级至九年级的同学选择"符合"的比例分别为51.19%、52.78%、68.14%、74.07%。足见在集体待的时间越长,学生们对班级的认可度越高。

从统计结果可以看出,初中生有较强的自我意识和个性化需求,他们渴望成长和自我实现,需要集体为他们提供广阔的平台。初中生希望在集体生活中与他人合作,在建设理想集体的过程中完成自我成长。在调查中我们发现,在现实集体生活中,一方面,初中生渴望集体的力量和温暖;另一方面,当面对集体与个人冲突的情况时,他们又无法找到两者之间的平衡点,无法合理处理二者的关系。大部分同学能通过磨合与集体成员和睦相处,自动参与集体建设,从而感受集体温暖,产生归属感;而小部分学生与他人缺乏互动,不主动参与集体活动,甚至有个别同学青春期的逆反心理比较突出,以自我为中心,缺乏责任感,对集体的认可度、归属感都比较低。

2. 制定分析与综合学习行为的目标、学习情境

经过小学阶段的学习,初中生具备了起码的是非观,可以对简单的材料进行分析思考。

因此,我们在选择教学资源的时候要尽量避免答案单一、毫无争议的案例。道德与法治课中许多基本的价值判断、行为选择学生都懂,难就难在当生活遇到价值冲突时该如何选择。在选材时,我们应尽量选择有冲突的、两难的案例。在对这些复杂情境进行分析和辨别的过程中,学生的分析—综合能力可以得到很好的锻炼。

根据调查问卷的结果,我认为有必要对学生加强集体意识的教育,帮助学生学会与他人相处,正确处理个人与集体的关系,增强责任意识、大局意识。这有利于帮助学生更加主动地融入集体,实现个人的全面发展。于是,结合调查问卷中孩子们提供的案例和生活经验,我创设了这么一个情境:小明从小体育就不好,但为人热情开朗,每次运动会都是啦啦队长,积极为大家服务。这一年,运动会那天刚好是他的生日,他找体育委员商量,想要代表班级去参赛,感受一次在运动场上飞奔、大家为他摇旗呐喊的过程,把这当作是送自己的12岁生日礼物。如果你是小明的同学,你认为应不应该让小明参加运动会?为什么?

这个案例看似简单,其实包含了几个层面的问题:集体成绩和个人感受哪个更重要?如何确定?由此可以引申出集体利益应该怎么确定?由谁来定?集体利益和个人利益应该怎么处理?好的集体应该是什么样的?我们可以为创设良好集体做些什么?等等。

事实证明,来自学生的案例更能吸引学生的参与,复杂情境(尤其是没有绝对正确答案的案例)可以拓展学生思维。对于要不要小明参加,有同学认为"应该让他参加。美好的集体是我们共同学习和生活的精神家园,引领我们成长。在美好集体中,每个人都能在其中获得丰富的精神养料,感受集体的关爱和吸引,凝聚拼搏向上的力量,坚定自己的生活信念。小明有这个意愿,并且也合理,那就应该给他机会让他去尝试、去拼搏。"也有同学并不这么认为,他们觉得运动会应该派最好的运动员上场,为集体争得荣誉,而不是首先考虑个人的需求。

3. 追问分析与综合学习情境中的问题设置

在课堂教学环节中,提问是最常见的一种教学手段。教师利用提问来带动课堂进度,引导学生主动思考,形成积极互动的教学氛围。精确有效的设问能够通过问题将理论与实践相结合,引导学生去主动思考,从而实现培养学生思维能力的目标。教师应时刻关注学生的学习状况,适当地拆分问题,帮助学生学会分解案例、找准重点,使学生的分析既不脱离主题,又能层层深入,为之后的综合作好铺垫。

在之前的课堂中,最开始时学生们可以紧紧围绕问题进行讨论,但几个来回之后,孩子们就偏题了。课后我反思了一下,觉得之所以会出现偏题的现象,其实是因为学生的分析能力不够,不能正确地拆分问题、找准重点。于是,我将问题拆分了一下,改为:请大家结合刚才的案例讨论。

(1) 班集体利益怎么判定,是最终的比赛成绩更重要,还是尊重个体独特的要求更重要?为什么?

(2) 我们为什么需要集体?集体存在的意义或价值是什么?

这一次的讨论明显有效得多,几乎没有人偏离主题。有同学表示:"应该让他来参加。因为比赛重在参与,尊重个体独特的要求更重要。"马上就有同学反驳:"那如果把一个更好的同学挤掉了呢?"另一个同学补充说:"每个人的意见都应该得到尊重啊。"又有同学表示:"集体生活就应该少数服从多数,怎么可能每个人的意见都尊重到?几十个人,怎么可能全部意见统一呢?"马上就有同学提议说:"可以让班级进行投票,来决定他参不参加。"这时我提醒说："你们现在已经把情境分析得很透彻了。现在的问题是：怎么确定集体利益？是运动会成绩重要，还是满足小明的心愿重要？"同学们一致这个认为应该全班投票决定。我再追问："那如果投票的结果是不让小明参加，小明不是很伤心、很失望吗？"孩子们又给出了很多安慰办法、解决方案等。最终，我们一起归纳了集体主义的内涵，即强调集体利益高于个人利益的同时，又承认个人利益的合理性，保证个人利益与集体利益的结合与协调。同时，孩子们还通过讨论得出这样的结论：只有真正尽最大努力尊重个人需求、能帮助个人实现自由发展的集体，才是好的集体；我们将来的班集体建设也应该朝着这个方向努力。

课上，学生讨论的广度和深度远超我的想象。他们的讨论除了对集体主义的深刻理解之外，还涉及了区分真假集体的基本依据。这样的分析—综合的学习过程，有助于他们深入理解学过的内容，同时为后面创建良好集体制定了标准，为后续的学习打下了基础。

要提高学生的分析—综合能力，教师们在日常教学中还应注重从多角度进行分析，深挖资源的价值。良好的教学资源可以丰富教学内涵，拓展教材视野，启迪学生思维，提升教学效果。

比如，在学习七年级第一课"悄悄变化的我"这一内容时，我作了一个课前调查，统计了过去一年七年级所有学生身高体重变化的具体数据。上课时，通过对比同学们在六年级和七年级时的平均身高和体重，学生们直观地感受到了自己和同伴的变化。后面在讲七年级第二课"男生女生"这一内容时，为了体现男女生的差异，我将先前的数据重新按性别统计了一下，归纳出了七年级学生在六年级和七年级时身高体重的平均数。上课时通过数据的对比，学生们直观地感受到了男女生在外形及成长速度上的不同。由此可见，同一组数据可以有多种统计方法来为不同的教学内容服务。

再比如近来的"网络红人"丁真，我们也可以从不同的角度对他的事迹进行挖掘。丁真从突然走红到被人"全网黑"，可以结合八年级合理利用网络的内容进行分析；丁真及身边的小伙伴的日常生活和接受教育的情况，可以结合九年级共同富裕、民族区域自治制度的内容进行分析；丁真的生活环境、语言饮食等特点，可以结合九年级中华文化的相关内容进行分析……同一则案例，只要换个角度就可以挖掘出不同的价值。

2011版思想品德课程标准明确指出：思想品德课可有机整合道德、心理健康、法律和国情等多方面的学习内容，将情感态度价值观的培养、知识的学习、能力的提高与思想方法、思维方式的掌握融为一体。根据最新的《上海市初中道德与法治课程终结性评价指南》可以看出，"新中考"道德与法治课重视对学生思维能力的考察。这就要求道德与法治课老师认真研究学情，精心设计教学各环节内容，精选资源、科学设问、深挖素材，有意识地引导学生强化分析—综合能力，提升综合素养。

参考文献

[1] 汪馥郁,姜成林.辩证的分析与综合——现代科学思维的重要方法[J].社会科学辑刊,1983(6):46-51.

小学道德与法治学科实施分层教学实践与研究

上海立信会计金融学院附属学校 瞿一燕

小学阶段是激发潜能和培养素质的关键时期。学生在小学阶段,以道德与法治课程(以下均简称为"道法")的学习为思想基础,树立正确的世界观、人生观和价值观。[1]伴随新时期双减政策教育教学战略的实施和调整,小学道德与法治学科的教学应以多元化、多样化方式进行分层教学,实现学生不同个体及教学内容不同层面的"提质增效",真正落实知行合一的道法学习,提高教师整体教育教学质量和教学效果。

一、道法学科分层教学的概述

(一) 关于分层教学法

分层教学法是教师基于学生的学习情况、家庭教育、个人性格发展、学生德育素养等综合因素,针对各阶梯状水平的学生采取的合理且有效的教学方式。其在我国最早起源于孔子所提倡的"因材施教"教育教学理论。国外众多教育学家也提出过与现今分层教学法相似的教育教学理论,如布鲁姆的"掌握学习理论"、巴班斯基的"教学最优化"理论等。

(二) 道法学科分层教学

1. 具体内容

道法学科的分层教学,主要指教师在掌握学生的认知能力、学习水平、性格特征、行为习惯等情况的基础上,依据学生的道德水准、法治意识和社交能力,分层次进行差异化授课。对于教师而言,有效开展分层教学法可以让各阶梯状水平的学生进行相互合作学习与交流,实现互帮互助、差异互补,促进共同进步。对于学生而言,可以提升他们的道德素养和法治意识,促进他们建立科学的世界观、人生观、价值观;此外还有助于改进以往的教学评价,增强他们的自信心,有效提升他们的课堂参与度。

2. 教学特点

(1) 注重因材施教。因处于身心发展不成熟的阶段,受家庭教育、个人性格、学习情况、思想观念等多种因素的影响,小学生形成了参差不齐的道德与法治学习领悟能力。在道法课堂中应施行分层教学,坚持因材施教,帮助学生有效学习,不断进步。

(2) 注重教学合理性。分层教学法的合理性主要体现在,依据道法教学内容以及学情进行合理分层。教学内容分层的合理性,旨在强调教师要从学生的思维方式及接受程度出发,先进行基础性学习,后再进入深度学习,从而达到掌握道德知识、培养道德情感、提高法治素养的目标。依据学情进行分层教学的合理性,旨在强调教师要以师生相处经验和学生综合素养作为考量,做到以全方位、多角度的视野观察学生,提高学生学习道法课程的主动性、积极性。

(3) 注重教学互助性。分层教学的互助性体现在生生之间。通过分层教学,教师基于学生个体间的差异,推进学生之间互相帮助、互相学习。互助性也体现在师生之间。教师作为学习的指导者,在学生之间架起桥梁,帮助他们树立正确的思想观念,促进他们相互协作、共同成长。

二、分层教学法在道法课程中的现状分析

为了切实把握分层教学方式在教师、学生、家长层面的理解程度,笔者以上海市某小学作为调研基地,从中总结出了一些问题,调查结果如表1所示。

表1 调查结果表

调查时间	2021年5月	
调查方式	采访、问卷、微信	
具体调查结果		
调查对象	观点	备注
同行教师 (25位)	有60%的教师认为分层教学就是分小组教学	
	有40%的教师认为分层教学操作繁琐	
家长 (135位)	有80%的家长认为分层教学就是根据学生成绩进行分班后的教学	
	仅有30%认同分层教育教学	这其中大部分家庭的孩子在班级中成绩优异
学生 (135位)	有70%的学生不理解什么是分层教学	
	有10%的学生认为在分层教学下身心会受到差别对待	
	仅10%的学生认为分层教学是教师进行教学的合理方式	这其中大部分学生在知识技能水平方面占优势

分层教学的开展离不开家校及师生的相互协作、相互配合。本次调查的主要目的包括:第一,掌握教师的授课形式;第二,了解家长对分层教学的看法;第三,了解现阶段分层教学对学生的影响。结合上述调查分析可得出如下观点。

(一)教师应改变传统教学方式

传统教学方式是教师在落实分层教学方式过程中的一大掣肘。一些道法教师认为分层教学就是分组教学,由此忽视了学生的个性化发展与个人需求。改变传统教学思想和革新教学方式是当下道法学科课程教学的主要着力点。

(二)认知偏差削弱学习动力

学生的认知偏差会削弱分层教学方法的科学性与合理性。大部分同学根本不理解什么是分层教学,而小部分学生简单地认为成绩的高低就是分层学习的唯一标准。这会使得一些学生怀疑自己的能力,失去学习的动力,影响学习成果。

(三)刻板印象阻碍家校共育

此外,教师和家长对"分层教学法"的内在意蕴的理解存在差异。对于教师而言,分层教学法旨在以科学化教育教学方式促进学生整体的进步。而一些家长则理解为分层教学是依据学生的成绩进行分类。这样的刻板印象造成实际教育教学过程中分层教育教学难以落

实。对此,教师和家长应统一认知,有效化解矛盾。

三、小学道法学科分层教学策略

(一) 基于学情的分层教学方式

教学内容分层教学,是教师基于学生的不同水平,对教学内容由浅入深地进行教授的教育方式。如在二年级第一学期第四单元"我们在公共场所"中的第12课"我们小点儿声"中,笔者将教材中"引导学生寻找哪里需要小点声"这一活动进行分层教学,设计课前调查活动,以分层的形式出现,具体如表2所示。

表2 《我们小点儿声》活动片段

活动标题	我是小小观察员
具体活动内容	一、说一说或写一写,生活中哪些地方需要小点儿声?
	二、画一画或贴一贴,生活中你看到需要小点声的标志
	三、想一想或议一议,然后说一说或写一写,为什么会出现这些标志?
评价标准	利用一种方法完成一个小任务可以得到一颗星

在"我是小小观察员——发现生活中的声音标志"的任务活动,要求学生将各自在课前收集到的有关声音的标识信息进行梳理汇总,并进一步分析思考为什么这些地方出现相关的静音标识。二年级的学生已经具备一定的观察能力和初步的分析能力,但对于信息的梳理能力还有待培养,所以在活动内容的要求设置上,设计学生可以依据自身学情选择不同方式来完成学习的活动。另外,在评价方面,考虑到二年级学生学情,评价标准以鼓励为主,以提高学生的积极性。

(二) 组合差异式的小组合作学习方式

1. 激发学习潜能,在协作中共同发展

(1) 组合差异,突破教学重难点。组合差异下的分层学习旨在帮助能力相对较弱的同学挖掘自身的内在潜能,从而增强自信心,实现自我学习和突破。以一年级第一学期第2课《拉拉手,交朋友》为例:笔者设计了小组合作的"网鱼"游戏,将自我介绍的学习活动巧妙地嵌在小组合作的游戏中。在分组上,有意让性格外向和性格内向的学生组合进行游戏。性格内向的学生能在外向学生的带动下参与游戏,克服胆怯心理,获得愉快的交往体验,突破了本节课"学习人际交往的基本技能,消除与人交往的陌生感和羞怯感"的重难点。[2]

(2) 组合差异,拓宽学生视野。有效开展组合差异下的分层学习的关键在于,能力弱的同学能够拓宽视野,实现自我成长和突破。以四年级第一学期第17课《主动拒绝烟酒与毒品》为例:本课旨在让学生认识到吸烟危害自身和家人健康,青少年应坚决拒绝吸烟。在课堂教学中,笔者将班级学生分层分组,采用小组辩论会的形式就"在公共场合不能吸烟,那么在家里可以吸烟吗?"这个问题展开教学。在小组辩论中,能力强的同学考虑得更全面,如提出"在家吸烟会导致家人吸到二手烟,影响家人健康""即使没有别人,吸烟也会危害自己的身体健康""青少年更不能吸烟"等观点。以强带弱的小组合作学习方式,可以让学生在道法课堂中认识得更深刻,思考得更全面。

2. 培养互相学习的风气,增加学习动力

良性友好的学习方式(如小组合作竞争和竞赛等)可激发学生积极主动地学习。以二年级第一学期第 7 课《我是班级值日生》为例:为了实现"激发学生乐于值日、乐于服务的集体责任感"这一教学目标,笔者设计了"点赞小组中优秀的值日生"小组合作阶段性活动。学生需要在小组中寻找、点赞优秀值日生。活动持续 2 个月,每周小组活动一次。在学习榜样的过程中,学生不但明确了班级值日生的职责,而且部分学生的观念发生了改变,产生了做好班级值日生工作的意愿,进而激发了学生的服务意识,增强了集体责任感。

(三)注重针对性的精准评价方式

根据学生不同层次的学习情况结合教学标准制订评价标准与评价指标,将学生分为"潜力组""奋进组"以及"跃升组"进行评价,既提高评价的针对性,也激发了学生学习动力(表3)。

表3 分层评价表

分层评价	学习目标	评价侧重	具体内容
潜力组:品德水平不高、法治意识不强的学生。	形成基本的品德和行为习惯	侧重学习态度和学习过程的变化	多表扬、鼓励,肯定其进步,建立其学习自信,提高学生的学习兴趣
奋进组:品德水平一般、法治意识一般的学生。	进一步规范品德和行为习惯	侧重阶段目标是否达成,及学生表现性反馈	促进该层次学生拼搏进取,培养顽强的学习意志
跃升组:品德水平较好、法治意识较高的学生。	提升自身素养,带动周围同学	坚持高标准、严要求	强化组内竞争,提高该层次学生强烈的荣誉感,培养其领头羊的责任担当意识

在具体评价时,综合学生平时表现,让竞争成为提高整体实力的重要手段。另外,教师可在单元活动中根据学生的表现进行总结,对同层次进步大的学生给予物质和精神鼓励,对于在层次上有特别变化的学生重新分层分组。

(四)基于单元的分层练习方式

为了落实双减政策,提高作业质量,笔者将三、四、五年级道法教材与活动册作业进行结合,基于单元设计分层活动练习,以三年级第一学期第二单元《我们的学校》第 4 课《说说我们的学校》为例(表4)。

表4 《说说我们的学校》:基于单元的分层活动练习

单元名称	我们的学校		课时总计		6
单元目标	1. 了解学校的空间环境和组织机构,增进对学校的归属感 2. 了解老师工作的辛苦,体会老师对学生的爱 3. 体会学校对自身成长的重要性,认识到自己是学校公共生活的一员,提高积极参与学校公共生活的意识				
教学内容	4. 说说我们的学校		课时总计		2
作业目标	1. 深入了解学校的历史和发展变化,增加对学校的亲切感、荣誉感和归属感 2. 了解学校的组织机构及各个部门的基本职能,知道在学校里遇到事情可以去哪里处理 3. 能够绘制学校及周边区域简单的平面图				
作业类型	作业内容	作业布置	学习水平	预判时间	完成情况

单元名称	我们的学校		课时总计		6
基础活动	活动册 P13—14	☑必做 ☐选做	☑记忆 ☑理解 ☑应用 ☐综合	20分钟	☑校内 ☐校外
提高活动	教材内容 P25	☐必做 ☑选做	☑记忆 ☑理解 ☐应用 ☐综合	2分钟	☑校内 ☐校外
拓展实践	教材内容 P26—27	☐必做 ☑选做	☐记忆 ☑理解 ☑应用 ☑综合	20分钟	☐校内 ☑校外
作业说明	(1) 根据本校作业公示制度,小学一二年级不布置家庭书面作业,三四五年级家庭书面作业总量不超过一个小时的要求,必做作业在校内完成,选做作业在校内或校外利用5—10分钟完成 (2) 选做作业可依据学生和作业特点作选择				

(五) 整合"空中课堂"资源,助力个性化学习

为有效应对疫情,满足全市中小学生"停课不停学"的实际需求,在上海市教委的统一领导和部署下,市教委教研室组织本市中小学所有学段学科的优秀骨干教师团队一起建设了上海市"空中课堂"视频课资源。教师可以将自主学习道法课程意愿较低的学生分为一组,对于他们只要求达到课时目标;而愿意积极参与道法学习的学生,教师可以设计课前导学单,引导学生自主参与课前导学活动,以此作为道德与法治课堂的补充,提高学生兴趣。

(六) 健全分层教学法的评价机制,优化教学

双减政策下,道法课程应健全分层教学法的评价机制,优化教学,达到促进学生发展的目的。该评价机制应从教师、学生和家长三个方面进行,实现动态评价。通过健全的分层教学评价机制,教师在集体备课中优化教学,实现"让教师不断提高自身水平,让不同层次的学生都有所发展"的目标(图1)。

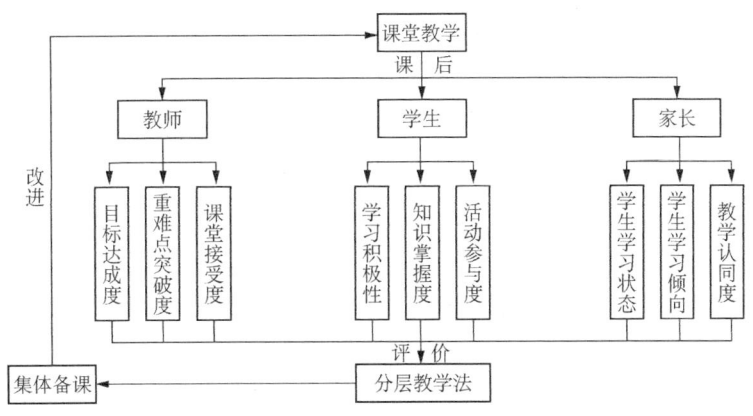

图1 分层教学法的评价机制

四、成效与不足

通过不断基于自身教育教学经验的创新与研究,教师打破了在分层教学中的固化思想,发挥自身优势,实现了教育教学方式的良好转型。通过分层教学,每位学生在学习过程中都感受到被重视、被关注,学习动力显著高涨,学习效果明显提高。

当然,分层教学还存在一些不足之处,比如在组合差异式的小组合作中,有些学生出现了不愿意与其他人合作的问题。此外,部分家长对道法学科的个人认知问题间接地导致一些学生学习成果欠佳。这些都是值得深入思考的问题。

五、结语

小学道德与法治学科课程分层教学法是"双减"政策对于教育教学"提质、增效、减负"要求的落实。在实际教育教学中,教师应发挥自身优势,改变传统教学思想,优化教学内容,整合线上资源,健全评价机制,促进学生积极、主动学习道德与法治,提升综合素质,快速成长成才。

参考文献

[1] 陈琳瑛.《思想道德修养与法律基础》课程开展价值观专题教学的实践及反思[J].高教论坛期刊,2018(9):73-77.

[2] 周开林.有效活动 高效精彩——品德与生活(社会)活动教学初探[J].新课程研究:教师教育期刊,2012(2):113-115.

聚焦单元问题链,探寻有效教学路径

——以初中投掷单元教学为例

上海立信会计金融学院附属学校　张　芸

近年来,单元教学设计也成为体育教学的一种新模式。但由于教师的认知水平存在一定的差异,因而出现同一项目相邻课时关联度不高,课堂教学各要素之间缺乏有机联系等现象。本文通过对初中投掷单元教学的系统研究、投掷单元的问题导向、每课时的关键问题以及环节问题导向的梳理,探寻实现体育学科有效教学的新路径。

一、研究目的

21世纪是教育决定未来的时代,当前我国学校教育正处于从"量"的发展时代转向"质"的发展时代,学科核心素养的培育已经迫在眉睫,进而对体育教学提出了新的要求。如何有效开展基于学科核心素养的体育与健康单元设计,成为体育教师关心的话题。目前碰到的主要问题是:单元目标太宽泛,可测性不强;单元内问题链的关联度不高。本文通过梳理投掷单元基本问题以及每课时的关键问题和环节问题导向,探寻实现体育学科的有效教学路径。

二、研究方法

本课时的研究方法为行动研究法、经验总结法。

三、研究结果与分析

(1)影响投掷远度的因素。通过对初中投掷单元的梳理:七年级是侧向推实心球,八年级是后掷实心球,九年级是双手头上前掷实心球。根据对课程标准的研读以及对各年级教材的剖析,决定投掷远度的因素主要有三个:器械出手的初速度、器械出手的角度、器械出手的高度。

(2)梳理投掷问题链,便于课时教学问题的聚焦。问题化的体育教学即将一系列精心设计的问题贯穿于教学过程,引导学生参与复杂情境下的学习活动或比赛,培养学生分析问题和解决问题的能力,促进学生核心素养的发展,培养学生的创新精神、综合能力和优良品格。其具体做法就是将学生"在掌握、提高和运用"投掷运动技能过程中可能存在的问题梳理成问题链,引导学生展开实践活动和探究活动,借助自主学习、合作学习、探究学习的方式分析遇到这些问题的原因,并尝试用结构化的知识技能解决问题。

一是七年级侧向推实心球的问题链。七年级投掷单元的基本问题为:如何协调用力,使实心球推得更远?

第一课时中有一个关键问题:如何做到蹬地后将球推出?首先要保证球是推出的,不是投出的;其次是学会面对出球方向,两腿蹬地后将球推出。在教授过程中设置为什么要抬肘持球和推球的问题,从而引出正确的持球方法和推球方法。

在第二课时中有两个关键问题:如何做到身体各部分协调用力?怎样的准备姿势有助于协调用力?从这两个基本问题的设置引出侧向推实心球最后用力的基本姿势,这是关键。在教授过程中设置怎样做到依次用力的问题,从而引出最后用力基本姿势的动作要领。完整的侧向推实心球应该包括:蹬(地)、转(体)、起(身)、挺(胸)、推(球)、拨(球)、顶(异侧肩要顶住,保证出手高度)。

在第三课时中有两个关键问题:一是如何超越器械,掌握关键技术?二是怎样蹬地转体才能不断提高投掷远度?在练习时,着重注意蹬地和转体的衔接,不断提高蹬地转体的幅度和速度,并设置为什么要做到身体拧紧姿势的环节问题。

在第四课时中有两个关键问题:一是如何控制好身体,提高投掷能力?二是怎样的出手角度能保证投掷远度?设置怎样提高出手速度和保持出手角度,以及如何推出合理的出手角度的环节问题。

二是八年级后抛实心球的问题链。八年级原地后抛实心球由三部分组成(预备姿势、蹬地送髋、挺身抛球),实心球出手的初速度、角度、高度决定后抛实心球远度,根据教材内容,本单元设计3课时。

单元的基本问题为:如何协调用力,使实心球抛得更远?

第一课时的关键问题为:如何做到蹬地后将球抛出?首先要保证球是抛出的;其次学会面对出球方向,两腿蹬地后将球抛出。设置背对出球方向、两腿蹬地后将球抛出这一环节问题,引出正确的持球方法和抛球方向。教学重点是蹬地,教学难点为抛球。

第二课时的关键问题为:怎样的准备姿势有助于协调用力?最后用力的基本姿势是后抛实心球的基础。设置怎样做到依次用力的环节问题,引出最后用力基本姿势的动作要领,完整的后抛实心球应该包括:蹬(地)、送(髋)、挺(胸)、拨(球)、抛(球)。教学重点是蹬地、送髋、挺胸、拨球;教学难点是自下而上的发力顺序。

第三课时的关键问题为:如何超越器械,掌握关键技术?怎样蹬地送髋才能不断提高投掷远度?要求学生着重练习蹬地和送髋的衔接,不断提高蹬地送髋的幅度和速度。设置为什么要做到身体成反弓姿势的环节问题,教学重点是蹬地、送髋、挺胸、拨球的连贯性。

三是九年级前掷实心球的问题链。双手头上前掷实心球,由握持器械预备姿势、送髋挺胸、蹬地快速挥臂三部分组成。每个环节动作衔接、出手角度和速度、发力顺序都对成绩有决定性的作用。根据教材,本单元设计3课时。

九年级单元基本问题为:如何协调用力,使实心球投得更远?

第一课时的关键问题:如何做到蹬地后将球掷出?要保证球是掷出的需学会面对出球方向,两腿蹬地后将球掷出。环节问题是:面对出球方向两腿蹬地后将球掷出?从而引出正确的持球方法和掷球方向。教学重点是蹬地;教学难点是掷球。

第二课时的关键问题为:怎样的准备姿势有助于协调用力?从而引出最后用力的基本姿势。环节问题有:怎样做到依次用力?引出最后用力基本姿势的动作要领,完整的掷实心球应该包括:送(髋)、挺(胸)、蹬(地)、挥(臂)。教学重点是送髋、挺胸、蹬地、挥臂;教学难点是自下而上的发力顺序。

第三课时的关键问题为:如何超越器械,掌握关键技术?怎样蹬地送髋才能不断提高投掷远度?着重练习蹬地和送髋的衔接,不断提高蹬地送髋的幅度和速度。设置环节问题:为什么要做到身体成反弓姿势?教学重点是送髋、挺胸、蹬地、挥臂的连贯性。

（3）明确单元问题链,强化解决问题能力培养。进行问题化教学设计时,教师要善于分析或分解模块和单元基本问题,将大问题分解成若干小问题,形成问题链。如上七年级原地侧向推实心球单元基本问题定为如何协调用力,使实心球推得更远。单元基本问题分解成4个课时的关键问题,在明确单元基本问题的基础上,还要对课时问题进行分解,便于课时教学问题的聚焦。这样层层推进,能通过课时问题引申出课的重难点,便于教师运用结构化的知识和技能解决问题。

单元问题链旨在解决课次之间缺乏有效衔接与系统性、单元内同一教学内容碎片化等问题。因此需要体育教师提高对单元教学设计意义的认识,理解单元教学设计的要素与规格。聚焦"单元教学问题—研究问题并提出解决方法—课堂教学实践—反思单元教学有效性"模式,既能提高教师单元教学设计的能力,也有助于教研组团队的建设,更能提高课堂教学有效性。

参考文献

[1] 上海市中小学课程改革委员会.体育与健身教学参考资料.六至九年级:试用本[M].上海教育出版社,2020(6):23-24.

[2] 杨国平.体育教育的探索与创新——原地双手正面头上向前掷实心球教法浅析[J].文体用品与科技,2018(9):138-139.

[3] 程志勇.双手头上掷实心球教学浅析[J].新课程.中旬,2017(12):108-109.

[4] 朱利荣,周斌.《体育单元教学设计指南》对我有用吗？——兼谈区级教研活动的有效性[J].体育教学,2019(4):39-253.

[5] 董翠香.基于学科核心素养的体育教学设计新探索[J].体育教学,2020(4):40-265.

兴趣是最大的动力

——八年级武术:少年连环拳(1)教学案例

上海立信会计金融学院附属学校　潘晔芸

一、案例背景

武术是中华民族的传统体育项目,具有几千年的历史,内容丰富、形式多样,且具有良好的强身健体功能。通过习武,中学生可以强身健体、健全人格,培养坚定的信念、坚强的毅力以及自强不息的品质。随着体育新中考改革的实施,武术成为新增项目。对于身体素质较弱的同学来说,这一项目的增加无疑是"雪中送炭"。在先前的武术教学过程中,笔者发现学生对武术动作有抵触情绪,常规的教学方法没法激发起他们的积极性。消极的学习态度和不扎实的基本功,是导致武术学习效果一直不够理想的主要原因。如何提升中学生对武术项目的兴趣,提高他们的成绩,值得体育老师去研究和实践。

二、案例过程

这次教学的内容为"武术:少年连环拳(1)"第二组动作的教学内容。本节课要复习第一组的动作并学习第二组的动作内容。学生在听到本节课上课要学习武术时,集体叹了口气,情绪掉至谷底。开始上课时,在基本功复习中,学生一个个都显得有气无力,一副睡眼惺忪的样子。我引导他们冲拳发声,只有个别同学发出弱弱的声音。学习新动作时,学生更是心不在焉:男生一直看向篮球场上的其他同学,女生则一直低着头。看着学生这种表现,我又着急又生气,最后集合总结时我询问了学生今天武术课这么消极和敷衍的原因。A学生说:"老师,武术太无聊了,练弓马步腿很酸。操场上人家都在打球,我们在这里练武术,而且动作又有点奇怪,好另类啊。"此时,B同学也说:"老师,动作奇怪也就算了,你还要我们发声,我叫不出口。"就这样,在学生的你一言我一语中,大家不愉快地结束了整堂课。

下课之后我还沉浸在学生的话语中:武术课真的有这么无聊吗?后来同组老师的一句话点醒了我:"你是不是忽略了青春期学生强烈的自尊心。"在很多学生的认知里,他们只能在公众面前展示擅长的一面,不能做出任何有损形象的行为。此外,现在的学生都很有自己的想法,已经不安于传统的教学模式和内容了。

时间一晃又到了第二次课,这次我让体育委员把学生带到了体育馆进行武术教学。虽然学生还是有点儿抵触,但是没有了被围观的压力,他们的心情也放松了一些。上课之前,我跟学生进行了简单的思想沟通。我向他们说明,在听取了他们的意见后,我会对这节课的内容进行调整,希望他们能在这节课后对武术有一个新的体验和认识。

课一开始,我就通过音伴分组进行自由地形跑,并跟学生击掌互动,在欢乐的氛围中让学生逐渐进入上课状态,随后进行基本功练习。我利用泡沫垫子和镜子,让学生两人一组练习基本功,让他们能边做边看,随时纠正动作。看着学生渐入状态,我将少年连环拳第二组的动作由单个动作练习到组合动作练习安排下去。我陪着学生一起练、一起发声。之后我安排小组长带领进行男女同组分组练习,在大屏幕上播放动作示范,并播放《男儿当自强》的音乐。我巡视指导,不断鼓励、肯定学生的动作,有做得不到位的便随时指导他们。渐渐地,体育馆里便充满着学生的欢声笑语和整齐的发声。在展示环节,每个小组自信满满地展示动作,同学也能从不同角度来评价队友的表现。最后总结时,学生一个个都踊跃发表这节课的收获。C同学说:"老师老师,这节课可比上节课开心多了,一点都不枯燥,练完武术,整个人都精神了。"D同学说:"今天觉得自己练武术的时候有点帅气,我听着音乐练起来好带劲。"E同学说:"老师,武术拯救了我,我终于有可以练好的中考项目了。"有了这节课的成效,我在其他班级的武术教学中也根据情况进行了对应的修改。

三、案例评析

1. 关注学生身心的发展特点,将心理德育渗透课堂

"体育与健身"课程坚持以"健康第一"为指导思想,强调以学生发展为本,贯彻"健身育人"的理念。根据任教这些年的工作经验及班主任经验,我观察到一些初中生较为自私,缺乏互助与合作的精神。由此,教师在教学过程中应秉持精讲多练、提问互动、学生分组学练的原则,提高学生自主学习、主动学习和合作学习的能力。

2. 激发学练兴趣,将多样化教学方法渗透课堂

长期以来,传统的体育教学模式主要以教师为中心,教师不断讲解示范,学生以模仿为主要学习方法。时间一长,学生疲于听讲解、看示范,没有时间去感受和体验健身运动的乐趣。本堂课尝试将多样化教学方法与武术教学相结合,不仅增加了武术课堂的趣味性,还提高了实效性。

四、关注个体差异,将不同教学目标渗透课堂

在教学过程中,学生的身体素质和学习能力是不一样的。对于相同的教学内容,教师可以根据学生的实际情况来设定不同的目标。对于一些身体协调能力和学习能力较好的同学来说,本课的教学设计内容略不饱满。对此,教师可以多增加一些拓展内容,以此作为下节课教学内容的铺垫。学习能力薄弱一点的同学可以反复练习所学动作,形成肌肉记忆。除了小组展示或集体展示等检验学习效果的方法外,教师可以设计创想环节,让学生结合所学武术套路动作进行小组对抗赛,真正做到学以致用。

通过这堂课,我深刻地感受到无论是小学阶段还是初中阶段,兴趣才是最大的动力。在教学中,教师要采用多样化的教学方法,既让学生掌握体育基本技能,又使他们真正体验到体育运动的快乐。教师要坚持"教会""勤练""常赛"的教学设计原则,不仅教学,还要育人,从而促进学生全面发展。

《我秀静物》黑白木刻版画单元教学设计

上海立信会计金融学院附属学校　黄宇丹

一、单元主题概述

版画在绘画中是一个很重要的门类。其中,黑白木刻版画具有独特的语言魅力,促使很多艺术创作者不断对其进行研究和探索。木刻版画是在木板上刻出反向图像,再拓印在宣纸或其它纸张上的一种版画艺术。其独特的刀味与木味使它在中国文化艺术史上具有独立的艺术价值。

在木刻版画的学习过程中,我们会遇到过各种各样的问题,其中造型能力不足表现得较为明显。创作版画要追求构图布局与黑白灰处理的合理性,要注重阴刻阳刻的协调性和整体效果的视觉冲击力,还要注意印制过程中的技巧。这些版画创作的要求与学生造型能力的高低有着密切的关联。如果没有好的造型能力基础,学生就无法更好地将黑白灰、阴刻阳刻等版画元素融入自己的作品。因此,抛弃造型来进行版画创作是不可能有好作品出现的。对于预备年级的学生来说,达到这些要求具有一定的难度。

当前,基于核心素养的教育改革逐渐引起全球关注。美术学科提出了五大核心素养:图像识读、美术表现、审美判断、创意实践、文化理解。鉴于此,我们以大师的经典作品为创作对象,让学生的创作能站在大师的肩膀上,向大师"挑战"。我们让学生学习和体验像艺术家一样创作,将艺术家的思维和创作过程转化为教与学的方式。此外,我们让学生研究大师的生平、风格与创作观;欣赏并借鉴大师经典作品,学习大师的表现技法;通过构思起稿,让学生用木刻版画的语言对大师作品进行二度创作;鼓励学生不断克服困难,解决问题,修改完善,最终完成作品。像艺术家一样的创作过程,可全面发展学生的美术核心素养。

"我秀静物"单元选自学校版画校本教材"印痕心路"第七单元的学习内容。学生主要学习黑白木刻版画的基本制作方法、步骤以及表现技巧,并结合大师塞尚的静物作品来深化教学活动,将木刻版画与大师经典的艺术表现有机结合,尝试用木刻版画的语言对大师经典作品进行二度创作。本单元共分为三课时:第一课时"向塞尚学构图",通过大师塞尚静物画的赏析,学习并体验三角形构图的特点;第二课时"快乐木刻"用黑白木刻的版画语言尝试临摹或重构塞尚的静物作品;第三课时"印我心中大师的作品",对版面进行修改、调整与完善,利用手工印制版画,完成版画作品。三个课时既相互独立、又相互衔接。通过本单元的学习,我们让学生在掌握木刻版画基础知识与基本技能的同时,走进大师经典,从而进一步加深学生对大师作品的感悟与理解,让学生的创意思维、创造力得到更大的释放。

二、单元教学教法分析

第一课时"向塞尚学构图",我们让学生采用大师塞尚静物画的赏析,学习体验三角形构图特点。这节课主要介绍静物的构图知识,让学生了解三角形构图法则及构图的种类与分析,为学生们临摹大师作品作铺垫。本课的重点是学习借鉴塞尚的静物画,尝试构图方式的运用,使画面有个稳定的结构;难点是通过对静物的重新组合,改变原有画面的部分内容、形体的大小,形成新的画面构图。因此,教师会用大量不同的构图画作引导学生优化画面构图。预备年级的学生具有较强的模仿能力,而且敢于表达,但是对大师的作品进行解构、重组、改变,这是一个很大的挑战。

第二课时"快乐木刻"尝试用黑白木刻的形式模仿、再现塞尚的静物作品,让学生在版画制作过程中学会运用不同的刀法来组织丰富画面。如何用有个性的刀法创意表达大师作品是本节课的难点。教师运用大量的讲解与亲手示范,引导学生初步掌握木刻的刀法运用。在教学过程中,力求激发学生的创新意识,胆大心细地进行刻制画面,最终产生较为完整的木刻画面。

最后一课时"印我心中大师的作品"对版面进行修改完善,手工印制版画,最终完成版画作品;结合对画家王劼英作品的分析与解读,通过欣赏、讨论、分析等方法尝试修版。学生体验手工印画,感受将大师的作品由油画转画成黑白木刻版画的乐趣与成就感。

三、单元教学目标

知识与技能:了解木刻版画的特点,掌握木刻版画的制作方法与步骤,学习借鉴大师塞尚静物作品的构图方法,学会用木刻版画的表现语言对大师作品进行二度创作。

过程与方法:通过欣赏比较、讨论评析,感受和理解大师塞尚的静物作品。学习大师的构图方法,尝试用木刻版画的语言再现大师经典作品,通过与大师作品的对话完成对大师作品的再创作,在反思评价中完成对自己作品的解读。

情感、态度与价值观:体验木刻版画中独特的刀痕美和印痕美,培养学生耐心细致、持之以恒、乐于实践的学习习惯;走进大师经典,感受大师的艺术风格,感悟大师的艺术人生。

四、单元学习内容与要求

《我秀静物》单元以"向塞尚学构图""快乐木刻""印我心中大师的作品"三个课时为内容,通过欣赏、起稿、刻制、拓印,较完整地将大师的油画作品再度创作成为黑白木刻版画。让学生尝试用木刻的方式临摹再创大师的作品,通过木刻版画作品的创作,感悟木刻版画独特的刀痕美。

五、单元教学资源整合

单元教学资源包括硬件资源、软件资源、网络资源等。
硬件资源:计算机、实物投影仪等设备。
软件资源:教学PPT、视频资料等。
网络资源:课前学生利用网络资源收集塞尚的作品资料、黑白木刻版画的作品欣赏等,运用数字化信息技术来改变学生的学习方式,让学生自主学习。
教具:木板、木刻刀。
第一课时学具:铅笔、橡皮、蓝印纸、记号笔、木刻板。

第二课时学具:转印好黑白稿的木刻板、木刻刀。
第三课时学具:刻好的木版、木刻刀、预裱宣纸、油墨、滚筒、磨拓等。
具体整合方式如表1至表3所示。

表1 《我秀静物》单元计划之"向塞尚学构图"

子课题	教学目标	主要教学活动	
		教师	学生
第一课时"向塞尚学构图"	知识与技能:了解塞尚静物作品的构图特点,掌握静物构图的基本原理 过程与方法:欣赏塞尚大师的静物作品,尝试将大师的构图方法运用到自己的绘画创作中 情感态度与价值观:领略构图的形式美感,从中体会均衡、和谐、秩序、统一、变化等各种美感;走进大师经典,感受大师的艺术风格,感悟大师的艺术人生	一、课堂导入 今天走近大师的单元,我们要认识哪位大师?(塞尚) 塞尚是哪个国家的画家?(法国) 塞尚是什么派别的代表画家?(后期印象派画家)"现代美术之父" 今天我们主要学习大师的静物画,感受大师的静物画构图方式	1. 认识塞尚,熟悉大师的绘画作品 2. 明确学习任务
		二、讨论与发现 1. 静物构图 把对象的形体、明暗、色彩等造型因素,按一定的形式法则合理地排列在画面上,从而构成一个具有美感的整体,给人们各种不同的视觉感受 2. 塞尚的构图特点是什么? 三角形构图 3. 讨论:观察三幅构图作品,哪幅构图最好?为什么?	3. 知道静物构图的概念,了解静物常用构图 4. 讨论分析不同构图的优缺点
		三、演示与感受 1. 找一幅塞尚作品,移动一些静物位置,变成新构图 2. 看图,找找构图上的问题 3. 出示塞尚作品《苹果篮子》,谈一谈你对这幅画的构图认识	5. 观察静物位置,思考问题,讨论交流 6. 观察、思考、回答
		四、创作与实践 作业 1. 以《苹果篮子》为临摹对象,借鉴其画面构图,完成铅笔稿。可改变画面的内容、形体大小等 2. 在定稿的基础上,转印到木板上并完成黑白灰色块的处理 五、展示与欣赏 请同学谈谈对名画从油画转化成版画进行再创作的感想	7. 明确作业要求 8. 学生归纳对再创造的认识与体验

《我秀静物》黑白木刻版画单元教学设计

表2 《我秀静物》单元计划之"快乐木刻"

子课题	教学目标	主要教学活动	
		教师	学生
第二课时"快乐木刻"	知识与技能：认识木刻版画，了解木刻版画表现语言的特点，掌握木刻版画的制作方法与步骤 过程与方法：学习和掌握木刻版画刻制的不同刀法，借鉴塞尚大师的作品创意地设计并制作黑白木刻作品 情感态度与价值观：感悟木版画的独特艺术美；培养学生耐心细致、持之以恒的学习态度和不断探索的精神	一、复习导入 1. 回顾上节课黑白稿作品，简单评析 2. 请学生说一下黑白木刻的制作程序，出示PPT。这节课将以木刻作品中的刀法表现为重点 出示本节课课题"快乐木刻"	1. 温故知新，明确学习任务
		二、感受新知 1. 木刻刀功能介绍 圆口刀：刀口呈U字型，也是常用的一种刻刀，多用于各种灰面的处理，可刻出圆润饱满的线条或者点 三角刀：刀口呈V字型，是用途较广的一种刻刀，用于各种线刻，能刻出流畅、锐利的线条或者三角点 平口刀：刀口呈扁平状，多用于晕刻和铲出大的块面 三角刀：刀口呈斜状，划细线，辅助其他刀具使用，如"断刀"或修版时使用 讲解各种刀法刻制而产生的变化 2. 欣赏木刻版画作品 关注作品中的刀法运用，说一说它给大家的感受是什么样的？出示PPT 3. 教师示范握刀方法 讲解怎样刻直线、曲线、点，认识不同刀具所产生的不同艺术效果和魅力；如何运用黑白的表现形式，有意识地进行木刻画面的黑白处理，并学习一些简单的表现技法	2. 在教师的讲解下，熟悉木刻刀的各种功能 3. 欣赏并思考，思考如何将丰富的刀法运用到自己的画面中，使自己的画面富有层次感与可看性 4. 观察教师的示范动作，掌握握刀方法，注意安全
		三、学生练习 作业：将已经转印到木板上的黑白画面用木刻刀进行刻制，注意刀法的运用 1. 刻制要点 （1）从物体的边缘开始刻 （2）从面积大的地方开始刻 （3）从次要的地方开始刻 2. 提示学生：注意刻制安全，用刀时左手勿置于刀前 3. 教师课堂巡视，并进行个别辅导，发现好的作品及时展示、表扬	5. 明确作业要求 6. 学生刻制作品

247

(续表)

子课题	教学目标	主要教学活动	
		教师	学生
		四、展示与讲评 1. 自评:学生对自己的作品进行评价,谈谈自己的创作思路、构图处理,以及刻制过程中使用的刀法、黑白灰的处理等技巧和经验 2. 互评:同学们互相评价,谈谈体会。评一评自己最喜欢的版画作品	7. 欣赏同伴作品,取长补短
		五、课堂总结 充分肯定学生的创作热情和能力,鼓励学生大胆实践	

表3 《我秀静物》单元计划之"印我心中大师的作品"

子课题	教学目标	主要教学活动	
		教师	学生
第三课时"印我心中大师的作品"	知识与技能:了解木刻版画的手工拓印技法,理解构图、木刻刀法等艺术表现语言,并通过临摹学习,尝试对作品进行再创作 过程与方法:欣赏、讨论、分析、解读大师作品;对版面进行修改与完善,拓印完成对作品的再创作。在自评中完成对自己作品的解读 情感态度与价值观:体验手工印画,感受将大师的作品由油画转化成黑白木刻版画的乐趣与成就感。培养学生敢于动手、乐于实践、耐心细致的学习习惯	一、导入新课 1. 欣赏、回顾前几课的内容 2. 欣赏塞尚静物作品《苹果篮子》 二、教课新授 1. 在版画的创作过程中,还有修版、拓印、签名等三个步骤,今天我们就要来学习一下这个过程(微视频播放) 2. (名家名作欣赏)在版画过程中,何为修版?我们为何需要修版?学生在教师的提问和引导下感受大师王劼英的木刻版画作品《林中小屋》 3. 修版技法,化朽为奇 (1)如何修版:突出主次、丰富层次(教师示范修版) (2)学生拿出自己的木刻版作品,进行修版 (3)请一名同学谈谈感想:你的修改在哪里? 4. 手工拓印的流程 (1)手工拓印的过程是什么?请学生将PPT中的图片排序 手工印画,将皮纸覆于木版之上,用磨拓在皮纸上有序摩擦,翻开部分画面,检查上墨情况	1. 赏画、回顾 2. 观看视频,了解本节课所要掌握的知识点 3. 在教师的提问下,思考并感受王劼英作品的刀法与形式之美 4. 观察教师示范,体会修版的要求:突出主次、丰富层次 5. 谈一谈对修版的感受 6. 辨图,分清手工拓印的流程

(续表)

子课题	教学目标	主要教学活动	
		教师	学生
		(2)（观看微视频）手工拓印要注意什么？请学生仔细观察、分析 5. 写标签，完成作品 三、实践操作、巡视指导 1. 作业：利用现有的手工拓印工具，根据自己已修好的木刻版，进行手工拓印，并签名成画 2. 要求： (1) 突出主次，丰富层次 (2) 油墨均匀，墨色饱满 (3) 纸张整洁，画心工整 3. 教师巡视，对个别画作进行辅导，并及时展示与表演	7. 观察、分析、总结手工拓印的要点 8. 画面收尾，写标签 9. 明确作业要求 10. 学生操作
		四、作品展示、评价 请学生将自己的作品展示于黑板上，进行自评与互评，教师点评	11. 展示作品，对自己和同学的作品进行自评与互评
		五、总结与提升 我们尝试用自己的木刻工具来重构大师的作品，其实就是站在大师的肩膀上，利用大师的成就来"为我所用"，装饰和点缀我们美好的生活，用艺术丰富我们的学习经历	

两分钟预备铃热身,助力美术高效课堂

上海师范大学第三附属实验学校　时　怡
上海立信会计金融学院附属学校　俞剑秋

作为美术课堂学习的第一个环节,两分钟预备铃应当充分发挥其"预热"的作用。教师要充分利用这一时间,为后面的教学作好充足的准备。系统的两分钟预备铃活动设计可以帮助学生快速进入美术课堂的学习状态,为后继的教学奠定基础。

一、分析背景,优化活动内容

两分钟预备铃热身活动的内容要与教案中的导入环节有所区分,不能将活动的内容演变成导入的前置,取代导入环节。

因此,在设计时,首先要思考热身活动开展的目的,并进行背景分析。教师可以从"学生学情"与"内容选择"两方面展开,以适合学情、贴合教学内容的素材作为活动的设计方向。

"学生学情"主要可以参考教案中的"学情分析",并结合学生过往的知识储备或上节课的教学内容,简述学生现有的美术知识水平。"内容选择"是根据活动的设计目的,结合学生的学情,选择活动内容与素材。

分析背景可以起到优化活动内容的作用,其让教师或学生在选择两分钟预备铃热身素材的时候更具有针对性,从而与课堂教学内容更贴近。

《具象与抽象》这一单元属于美术常识课程,是学习关于抽象美术知识和欣赏方法,这一单元分为四个课时。美术学科两分钟预备铃热身活动设计方案如表1所示。

表1　美术学科两分钟预备铃热身活动设计方案

美术学科两分钟预备铃热身活动设计方案(七年级上)	
单元课题	《具象与抽象》
课　题	背景分析
第一课时《树的形到哪里去了》	背景分析(学情):本节课是单元的第一课时,学生没有艺术作品分为抽象与具象的概念 背景分析(内容):委拉斯凯兹《宫娥》与毕加索《宫娥》这两幅作品取材于同一个内容。毕加索的作品是通过抽象的形式再现委拉斯凯兹《宫娥》 设计目的:通过观察委拉斯凯兹《宫娥》与毕加索《宫娥》这两幅作品,主观感受两幅作品不同的艺术手法,为抽象与具象作品的对比作铺垫

(续表)

美术学科两分钟预备铃热身活动设计方案(七年级上)	
单元课题	《具象与抽象》
课　题	背景分析
第二课时 《抽象艺术大师》	背景分析(学情):本节课是单元的第二课时,学生通过第一课时的学习已经了解了抽象的基本概念 背景分析(内容):康定斯基是热抽象艺术的代表人物,创作抽象艺术初期,康定斯基第一次在莫斯科大剧院听到了理查德·瓦格纳的歌剧,它唤起了康定斯基通过线条、色彩表现音乐的想法,这正是康定斯基艺术道路的转折点 设计目的:选择理查德·瓦格纳《纽伦堡的名歌手》序曲作为两分钟预备铃的欣赏曲目,是与康定斯基的生平经历有关,为后续介绍康定斯基,并引出"康定斯基:抽象绘画可谓是一种视觉音乐"这段文字作铺垫
第三课时 《我们的抽象1》	背景分析(学情):多数学生不知晓抽象艺术与地图相融合的作品形式 背景分析(内容):《抽象:设计的艺术——薛·波兰》。这部纪录片中介绍了纽约艺术家薛·波兰将城市地图与抽象艺术相结合的创作形式 设计目的:从视频的讲述中,让学生感受地图的实用性同时,通过艺术家的创作感受地图抽象作品中的秩序美。本节课的作业设计以"地图"为主题,让学生从视频中受到启发
第四课时 《我们的抽象2》	背景分析(学情):通过之前的学习,大部分学生可以主观表达冷、热抽象作品所带来的视觉感受 背景分析(内容):地图的周边产品看似与本单元的具象、抽象无关,但其实是一种艺术生活化的衍生形式;小组的介绍可以拓展学生的艺术认知 设计目的:本节课两分钟预备铃中,可通过小组展示的形式,向大家介绍一些与地图有关的周边艺术产品,为本节课学生的作业设计增添一些趣味

分析背景可起到优化活动内容的作用,教师可以更具有针对性地设计两分钟预备铃的内容。

二、形式多样,激发学生兴趣

"兴趣是最好的老师"。只有激发学生的兴趣,美术学科两分钟预备铃热身活动才能收获良好的效果。

美术两分钟预备铃热身活动的形式应该多样化,并与其他学科有所区别,从而培养学生的综合艺术素养。教师可以将活动形式分为三个类型:欣赏式热身、游戏式热身与演讲式热身。通过体验不同形式的活动,学生们可以感受两分钟预备铃的趣味性。

1. 欣赏式热身

美术欣赏是一项审美活动,它需要学生通过思维活动如观察、判断和想象来感悟。在两分钟预备铃热身中设计欣赏环节,可以让学生有充足的时间观察和感悟。欣赏式热身可以包含图片欣赏、视频欣赏、音乐欣赏等。在素材内容的选择上,可以按照两分钟的时长安排适量的内容,既起到美术课前热身的效果,又不占用正式上课的时间。比如,"树的形到哪里去了"一课,教师可以出示委拉斯凯兹的《宫娥》与毕加索的《宫娥》这两幅作品,让学生找一找它们之间的联系。学生可以通过图片欣赏与比较,发现这两幅作品画的都是同一内容,由此可以感受到具象与抽象作品在绘画形式上的区别。

2. 游戏式热身

对于学生而言,游戏具有独特的吸引力,学生的思维在游戏活动中处于最活跃的状态。教师可以利用学生的这一特征,设计游戏式热身活动。例如,在七年级的"抽象艺术大师"一课中,教师可以让学生聆听瓦格纳《纽伦堡的名歌手》序曲,从音乐中感受抽象艺术大师康定斯基的创作过程,并通过聆听音乐画线条的游戏,让学生感悟音乐与抽象艺术的关系。

3. 演讲式热身

演讲式热身是由学生主导的一项热身活动,可为学生提供更多展示自我的平台。学生通过小组合作的形式,提前从书本内容中选择一项感兴趣的素材进行材料收集,并以演讲的方式在两分钟预备铃时开展演讲。例如,三年级《秋叶红了》一课,学生利用周末时间收集不同形状的落叶,通过小组演讲的形式向大家展示秋日里美丽的落叶,为后续作业设计提供参考素材。

美术学科旨在培养学生的艺术素养,通过课堂教学活动,让学生锻炼如何判断、表达、描绘、欣赏生活中的事物。美术两分钟预备铃热身活动的系列性开展可以调节学生的心理环境,让他们从课间快速进入学习状态;有助于学生提高学习兴趣,拓宽视野,陶冶情操,提高综合能力。两分钟虽很短,但通过日复一日的积累与操练,学生们一定会养成良好的课前学习习惯,积累一定的知识储备,形成有美术学科特色的学习氛围!

感音画之交融　悟荧屏之形象

——电影教育育人价值研究

上海立信会计金融学院附属学校　高　静

《影音传奇①》是上海教育出版社九年义务教育课本《艺术》第六单元《艺术刻画的荧屏形象》的第一课时。本课主要通过欣赏电影《上甘岭》，了解音画的三种关系以及音画关系所呈现出的荧屏形象。

本单元以"艺术刻画的荧屏形象"为主题，从"艺术形式""艺术内容"的角度，以《影音传奇》《声画传情》为主要教学内容，从电影与音乐、电影与技术、电影与美术、电影与文学等视角，探究电影如何运用艺术语言表现社会生活。本单元让学生初探电影艺术形式，挖掘电影中的人物特点、故事情节以及电影的表现手法，提升艺术素养，培养审美情趣。

本课通过视觉、听觉、动觉等多感官参与艺术创意活动。在故事片的鉴赏中，教师引导学生聚焦电影作品的艺术特点，初步了解影视作品中的音画关系，理解影片中音乐运用的手法，领悟电影作品中蕴含的爱国主义情感。以下就本节课教学过程中的经验和体会作分享。

一、认知理解由易到难，逐层深入

音乐与电影画面的结合学习，在初中的音乐课程中也早有涉及，上海教育出版社九年义务教育课本《音乐》第五单元《银海乐波》就是典型案例之一。在本节课的教学安排中，教师先从学生最易理解的音画同步入手，通过感受音乐与画面情绪一致、节奏相同的关系来体会音乐对电影剧情所起到的推波助澜的作用。接着通过对比来学习音画对位，即视频画面与音乐情绪截然不同，来感受音画强烈的对比所带来的巨大震撼效应。最后，再引导学生体会与前两种都有所不同的音画平行、情绪相近，但速度节奏并不同步。音乐表达的内容与画面所演绎的内容具有各自的独立性，应使学生从多角度和多层次感受影视作品的思想内涵和人物的内心世界。教学课堂展示图如图1所示。

从音画同步（辅助作用）到音画对比（强烈反差），再到音画平行（相互补充），引导学生层层深入、对比分析，更准确地区分三种关系的不同特点，理解音画合作所呈现出的电影意境和人物形象，感受电影传达出的人文精神。

二、情绪、情感、精神、信念逐步升华

电影育人具有生动、形象、感染力强等显著特点，蕴含着丰富的思想、艺术和文化价值。在帮助学生了解电影艺术的表现手法、感受荧屏形象的过程中，教师应潜移默化地引导学生提升欣赏能力及辨别能力，最终实现美育与德育相辅相成、相互促进。

在这一课的设计当中，通过三段视频的欣赏，让学生从音画同步中对比代表美军与志愿

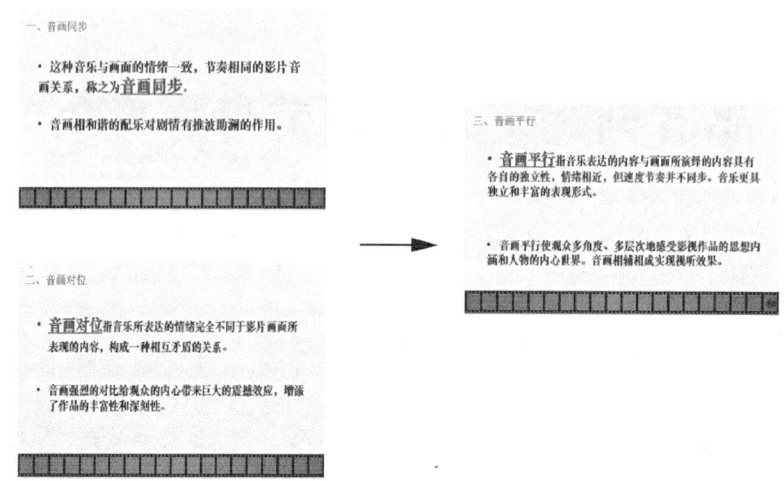

图 1　教学课堂展示图

军形象的不同音乐,身临其境地感受志愿军战士失去阵地时的失落情绪。从格桑与侵略者同归于尽的视频当中,学生可感受音画对位的强烈反差,体会音乐所呈现出的中国人民的单纯友善以及他们面对侵略者杀戮时顽强抵抗的民族精神。从音画同步中学生们可感受战争的残酷,对比优美歌声中战士们对祖国的思念、对和平的向往,学生们由此感受到志愿军对祖国的热爱之情及为了祖国的富强与和平英勇献身的理想信念,从而一步步激发学生的爱国热情。课堂教学展示图如图 2 所示。

图 2　课堂教学展示图

三、引导学生思考讨论、实践创新

在电影鉴赏课上,学生们充分发挥了主观能动性,感知能力、鉴赏能力和审美能力得到进一步提升。课堂教学展示如图 3 和图 4 所示。

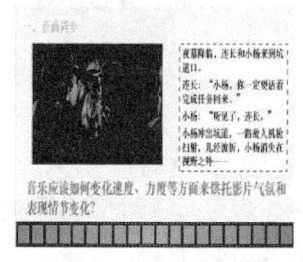

图 3　课堂教学展示图

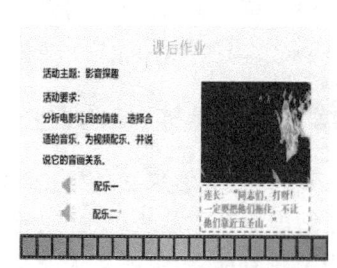

图 4　课堂教学展示图

案例一：为电影片段设计简单的配乐

活动要求为：(1)观看电影片段，思考电影配乐应该如何变化节奏、力度等，以烘托影片气氛，表现情节的变化。(2)根据电影片段，通过变化节奏和力度来表现对电影片段的理解。活动评价标准如表1所示。

表1 活动评价标准（一）

活动	优良	合格	不合格
电影片段配乐	能够用很好地用节奏的速度变化、音量变化等，来表现影片气氛与情节的变化，并能够阐述自己的观点	能够用较为合适的节奏，来表现影片的情节变化	不能完成活动要求

案例二：课后实践活动——影音探趣

活动要求为：感受电影片段中的气氛，思考用怎样的音画关系来表现电影的画面，选择合适的音乐为片段配乐。主题为影音探趣，内容为为影片配乐，形式为辩论或演讲。流程如下：(1)与同学合作，分析影片内容和情绪氛围；(2)分析两种配乐的不同情绪表现；(3)选择合适的音乐为影片进行配乐。活动评价标准如表2所示。

表2 活动评价标准（二）

等级	标准描述
优良	能够选择合适的音乐为电影片段配乐；能够准确地分析影片的情绪和音乐的情绪；能够准确地选择合适的音画关系进行配乐
合格	能够选择合适的音乐为电影片段配乐；基本能分析出影片的情绪和音乐的情绪
不合格	未完成作业，或不能够选择合适的音乐为电影片段配乐

这样的课堂活动和课后实践设计，可以让学生在情境中探索，在角色中体验，在合作中创造。在教师的引导和与同伴的讨论中，学生主动体悟、创造，自己探索问题，理解荧屏刻画的艺术形象，从而树立正确的价值判断。

预备年级口风琴"考点"式小组合作教学实践研究

上海立信会计金融学院附属学校 高 静

一、问题的提出

《音乐课程标准》对初中生有着明确的乐器演奏要求:学生学习口风琴等课堂乐器的演奏方法,能够运用适当的演奏方法表现乐曲。同时,学习口风琴对培养学生的音乐审美力、注意力、辨别力、理解力、记忆力、表现力都有着重要的作用。

在课堂口风琴教学中,笔者遇到了一些问题。其中,最为重要的是如何解决音乐课教学任务繁多和学生口风琴练习时间较少的矛盾。初中的音乐课程分为作品欣赏、歌曲演唱、乐器演奏三大块,穿插着音乐基础知识、创造性活动以及知识拓展等内容,在一学期十几节课的教学时间中很难全部完成,尤其是乐器的教学和测评需要大量的时间。另外,口风琴学习需要较长时间来练习和巩固,课堂中的时间远远不够,这都需要教师运用较好的教学方式来激励学生提高学习效率。

二、学生口风琴学习的现状调查

(一) 基本情况

参与本次口风琴现状调查的两个预备班级,基本情况为:9班44人,10班43人,共87人。其中,由于是外地户籍,积分不够、不能参加上海中考的学生有35人(9班27人,10班8人),占两个班总人数的40%。两个班级的学生在小学阶段几乎都没有接触过口风琴的教学课程。因此,学生学习口风琴的基础较为薄弱。

(二) 口风琴练习时间少

绝大多数学生口风琴练习的时间很少,在选择"目前,你练习口风琴遇到的最大问题是什么?"一题中,选择"手指反应不及时"的占24%,选择"没有时间练习"的占31%,两者占到了一半以上。其中,"手指反应慢"是没有勤加练习导致的一种表象。在选择"你每周课后练习口风琴的时间是多长?"一题中,选择从不练习的占15%,选择偶尔弹奏一两遍的占67%,选择这两项的占全体人数的82%。

由此可见,教师急需运用一些策略和方法来激励学生主动练习口风琴。

(三) 小组合作教学的学生意向

在"学习口风琴中是否需要其他同学帮助"这一问题中,10%的学生选择"在课堂中需要帮助",21%的学生选择"在课外需要帮助",有7%的学生选择"非常需要其他同学的帮助指导","需要帮助的学生"共占到38%。可以看出,有相当一部分学生需要课内或课外的帮助和辅导,同时86%的学生表示愿意给予其他同学学习上的帮助,这也为小组合作的实施营造了好的氛围。

针对以上三点,笔者在两个班实施"考点"式小组合作的教学实践活动,希望通过小组合作的方式激发学生的自主能动性,以互帮互助的形式提高学习效率。

三、"考点"式小组合作教学的实施

此次"考点"式小组合作教学的实施分为两个阶段:第一学期主要为课外"考点"式测评活动的实施,试图解决音乐课堂时间少、口风琴演奏测评占用大量时间的问题;第二学期在此基础上进行了改进,并将课外小组活动与课内小组活动结合起来。

(一)课外"考点"式小组测评

1. 第一学期的实施

(1)实施经过。在第一学期,笔者在口风琴测评中将演奏优秀的学生作为"考点"小老师,设置6—8个"考点",鼓励其他未测评的学生课后自由选择时间,由"考点"小老师进行口风琴演奏测评。"考点"小老师及时记录测评成绩,并在两次课后反馈给老师。这一方式缩短了课堂上教师测评的时间。原来一首乐曲班级全员测评要两个课时,实施课外"考点"式测评后,课堂上节省了一半的时间,教师也可以针对学生测评中出现的典型问题进行详细的解说。

(2)实施中存在的问题。在两周后的课堂反馈中发现,部分"考点"的小老师不够认真负责,偶尔会出现成绩漏记和错记的现象。此外,由于教师没有作好充分的引导,"考点"小老师反馈的成绩和理由不够详实,在测评后也未对被测评学生进行指点和纠正。在基础较差的9班,有将近10位学生没有在课后找"考点"小老师进行口风琴测评,说明学生的积极性尚待提高。

针对以上问题,通过反思改进,笔者又进行了第二轮的实践。

2. 第二学期的改进

(1)"考点"式小组结构。首先,对结构进行改进。由教师指派改为由师生共同推荐的方式,选出6位组长和副组长,其他学生自主选择组长进行组队,一组7到8人,这样组内学生之间的关系更为融洽和亲密。

(2)"考点"式小组测评的改进方案。"考点"小老师由每组的组长和副组长担任,由组长测评组员。组长在课堂中示范演奏,起到引领和带头的作用。经过一周测评后,第二周由组长当堂反馈组员成绩及存在的问题。在这一周的练习和测评中,组长和组员自主进行课内和课外的互帮互助活动。最后,教师当堂对小组测评的完成情况和组长的反馈情况进行打分,分数算入小组总分,通过竞争机制和奖励机制来激励学生互相督促,积极完成口风琴的反馈任务。

(3)改进后的实施情况。相较于第一学期,第二学期课外测评的覆盖率大大提升,10班全部完成,9班也只有一位学生因为个人原因未参加测评。一部分学生在课堂中已经接受了测评,因为成绩不够理想,课后又主动进行了二次测评,且测评成绩基本都提高了一个等级。组长的反馈情况也明显比第一学期的要更加详细。有一半的组长在反馈中写明了每一位组员的演奏情况以及错误的纠正情况,组长的测评能力也在不断增强。笔者在对组员的课后调查中,也了解到有些组长非常认真负责。比如,刘同学说到他们的组长对组员很严格,下课会主动找组员测评;由于组长吹奏得很好,又乐于帮助他人,所以组员很服气,也愿

意接受测评和指导。

(二)课内小组合作活动

受到课外考点测评活动的启发,笔者在第二学期将原来音乐课堂中简单的小组讨论、小组创编改为固定的口风琴教学课小组合作活动。这一活动主要从小组练习、演奏展示和活动奖励三个方面来实施。

(1)小组练习环节。将课堂原来的个人练习环节改为以小组为单位,进行多种形式的练习。根据学生个人需求和小组特点,练习分为小组齐练、对练等形式。齐练以组长为中心,统一节奏,齐唱齐弹;对练两两结队或三人结队,进行互相帮助式练习,你弹我看,互相讨论难点,并根据学生个人需求磨合形成固定的结队模式。齐练的方式侧重于集中学生的注意力,督促在课堂中思想较为松懈的学生跟上小组学习的步伐。对练的方式侧重于更好地使学生针对各自的问题互相咨询,更好地提高学习效率,也弥补课堂中教师顾及不到的问题。

为什么形式需要多样化呢?根据课堂观察,每一组学生的演奏情况和性格特点各不相同:有的喜欢两两合作;有的组员非常依赖组长,故更适合进行小组合作。9班的第一组采取了典型的齐练方式,他们的组长是个很热心、开朗又负责的小姑娘,整组组员的演奏能力不强。有部分组员拿到新曲子还不太能够独立视谱演奏,每次进行自由练习,都是组长在中间领唱,其他队员跟着边听边默弹。特别要提到组里的小王同学。在没分组进行小组合作之前,她每节课都在聊天,屡教不改,让人非常头疼。但分到第一组后,她的听课情况明显改善:每次小组练习中她都很专注,并积极表现,进步很大。10班第六组的情况完全不同。组里演奏较好的学生较多,有几位学生在两分钟的课堂练习中已基本能够流畅地演奏整首乐曲。多出的时间他们会互相观察了解,帮助需要帮助的组员,有的甚至会去跨组关注一下其他的组员。该组黄同学就在学习反馈中说到自己在看不清老师弹口风琴的指法时,会请教旁边的小尤同学,并在对方的耐心示范下,很快掌握了乐曲其中两句较难处理的指法。还有包同学也提到,在课堂练习中,他会帮助万同学解决乐曲中的附点节奏。

(2)口风琴演奏展示环节。口风琴演奏分为个人展示、竞赛展示和小组展示三个环节。

个人展示。每首口风琴乐曲在教授过后,鼓励学生主动展示,并给予适当加分和奖励,以提高学生表现的主动性和积极性。

竞赛展示。两组PK,由两组组员挑选对方组的一名学生进行一对一的PK。被选中的两位学生或齐奏,或两声部合奏,根据演奏的效果评出0—3分,算入小组总分。这种形式主要便于教师了解每组基础较为薄弱的学生的演奏情况,同时通过这种方式对学生进行鼓励、督促,促进他们多加练习,有利于调动学生的竞争意识,并激励他们互帮互助,共同进步。

小组展示。小组展示分为小组接龙展示和小组综合展示两种形式。其中,小组接龙以小组为单位,每个小组演奏乐曲中的两句,循环反复。小组接龙是为了增加学生演奏时的趣味性,避免枯燥反复,同时也有利于提高学生的注意力。教师在小组接龙的环节,能够较为快速地寻找出能力较为薄弱的小组,进行有针对性的练习。小组综合展示即学生自由创编,通过演唱、演奏、舞蹈律动、小乐器伴奏等形式进行综合性的表演。

演奏展示形式的多样化也是为了激发学生测评的兴趣,减少枯燥感。比如,在个人展示环节可以拿一些小零食作为奖励,这样学生在测评中也会更加开心和积极。小组PK环节往往气氛会比较紧张,却也最能激发小组间的荣誉感和合作精神:打气的、拿谱子的、打拍子的、帮忙哼唱的,小组的成绩牵动着每位组员的心。

（3）活动奖励。针对小组合作的形式,教师设置了不同形式的奖励包括有小组奖和个人奖两类。其中,小组奖分为三个等级:优胜小组（2组）、优秀小组（2）和潜力小组（其他组）,其根据一学期小组的总分高低来评定,可形成小组之间的竞争意识,同时也兼顾每一位学生,做到人人有奖。其中,个人奖分为:最佳组长（3名）,由教师根据课外测评情况、课堂小组表现情况,以及组员得到的帮助情况来评选;积极分子（8名）,由课代表记录的课堂上主动展示和回答问题的情况来评选;进步奖（每组1名）,由组员和组长推荐小组内进步最快的学生来评选。

(三) 课内与课外小组合作的结合

课内小组合作与课外小组合作是一个完整的统一体,不可分割、互为辅助,最终形成一个口风琴学习、练习、测评、展示的固定流程:教师教授乐曲→小组课堂练习（解决个别问题）→小组展示（接龙）→个人展示（积极练习的学生）→竞赛展示（抽测部分学生）→课外测评（余下的学生）→小组展示（综合表演）。这个过程为两个课时,加一到二周的课外时间,个别环节可替换、反复,在两周的时间内,学生掌握乐曲的演奏,教师也得到全面反馈,以更好地对教学作进一步调整。

四、研究成效与思考

(一) 研究成效

1. 小组合作提高了教与学的效率

通过"考点"式小组合作的方式,教师对学生情况的了解更加深入、全面,更容易抓住学生学习中遇到的普遍问题;同时,这种方式也节省了课堂中的测评时间和个别教学时间。以每学期三首乐曲为例,考点测评节省了三节课堂教学测评的时间,大大提高了口风琴教学的效率。同时,学生之间的互帮互助,也弥补了教师顾及不到的问题。从最后的学生口风琴测评的情况以及调查问卷情况可以发现,进步最大的是中等程度的学生。这一学期的两个班的测评优秀率提高了8%,基础较好的班级10班除了一人须努力外,成绩基本在良以上。基础较差的9班合格和须努力的情况也有所改善:从原来成绩为合格及合格以下的学生占三分之一,到现在不到四分之一。在"经过一学期口风琴小组合作,你觉得对自己口风琴学习是否有帮助?"一题中,39%的同学选择非常有帮助,39%的同学选择有一些帮助,13%的同学选择一般般,4.5%的同学选择没有帮助,还有4.5%的同学选择不知道。由此可见,学生比较认同口风琴小组合作学习的方式,并从中获得了或多或少的帮助。

2. 小组合作提升了学生的学习兴趣

在第二次问卷调查后的测试中,对于"你是否喜欢口风琴小组合作活动?"这一问题,有4%的同学选择不喜欢,13%的同学选择一般,83%的同学选择喜欢。由此可以看出,口风琴小组合作中大多数学生都曾参与互学互教的活动,并对小组合作活动的认可度较高。

通过小组合作学习的激励,学生的个人展示情况也明显比之前要活跃和自信得多。课堂从原来的个别人展示,到现在每次至少有三分之一的学生在第二节课主动举手要求在班上展示,学习参与度有了很大的提高。有些学生在课堂中的练习比原先好了很多,特别是注意力较为分散的学生,在乐曲练习环节由于需要小组齐练和对练,故无暇开小差或聊天,其练习的劲头也大大提高。

3. 小组合作增强了学生交流及团队协作的能力

开展小组合作学习之前,班级的学生只限于表演时的简单合作,互动和讨论很少。一学期的小组合作实践后,班级的学习氛围有所改善,课堂中的学生自发互帮互助。在第二次问卷调查后的测试中,对于"你是否在课内课外口风琴小组合作学习中帮助过其他同学""你是否在课内外口风琴小组合作学习中得到过其他同学的帮助"这两个问题,有53%的同学表示在课内外活动中帮助过其他同学学习口风琴,有68%的同学表示在课内外口风琴学习中得到过其他同学的帮助。可见,学生之间的合作学习氛围逐渐形成。

(二)研究反思

1. 实施过程中存在的问题

经过两学期"考点"式小组合作实践研究,我在观察、实践、改进、再实践的过程中有了一些心得,但也发现一些新的问题。比如,从最后学生口风琴测评的情况以及两次调查问卷的情况对比中,我发现进步最大的是中等程度的学生。这一学期的测评优秀率提高了8%,合格和须努力的情况也有所改善,但不够明显。学生每周练习超过1小时的占比从原来的4%提升到17%,但是仍有大量的学生课后不练口风琴,两极分化也日趋明显。可见对于程度较差的这部分学生,教师需要给予更多的重视和帮助。

另外,有一些孩子不愿意参与到小组合作中去,表现为有的不愿向别人提供帮助,有的有问题也不好意思和其他同学讨论,等等。这都需要教师对组长进行进一步的培养,从而行成组内团结合作互助的氛围。个别学生自身不愿意练习口风琴,即使教师不断提醒,并有组长的监督,但仍进步不大。这需要教师进一步深入了解学生的自身情况,不断改进教学方法,激发学生的学习兴趣。

2. 实施过程中的心得

这个实践过程只进行了两个学期,成效并不是非常显著。然而从已有的成效可以看出,这一实践有着进一步实施的价值。在今后的实践中,笔者会尝试把这种模式推广到其他年段中,并进行不断改进。另外,在实践的过程中,笔者也会不断加入新的教学手段。比如为激发学生的学习兴趣,笔者尝试在课前预留五分钟,由小组介绍流行乐曲或喜爱的乐曲,并配以PPT和讲解等形式,以培养学生学习口风琴演奏的兴趣。

参考文献

[1] 马兰,盛群力.究竟是什么促成了合作——合作学习基本要素之比较[J].教育发展研究,2008(18):29-34.

[2] 盛立群.合作学习的创新特色[J].全球教育战展望,2004(5):52-55.

[3] 王坦.合作学习简论[J].中国教育学刊,2002(1):32-35.

[4] 王坦.论合作学习的基本理念[J].教育研究,2002(2):68-72.

[5] 蒋波,谭顶良.合作学习:种种误识与基本要素[J].全球教育展望,2006(12):27-31.

[6] 蒋波,谭顶良.论有效合作学习的内在机制[J].中国教育学刊,2011(6):33-36.

[7] 李雪迪.潜江市曹禺中学口风琴兴趣小组初探[D].华中师范大学,2016.

[8] 洪翠.小组合作学习教学方式促进器乐教学质量提升[J].课程与教学,2017(7):64-65.

[9] 徐晓红.高中生物课堂"小老师"教学模式的探索研究[D].苏州大学,2014.

旗袍纸版画大单元

上海立信会计金融学院附属学校　贾柯荟

一、单元课程方案教法分析

本课程共分为四单元：欣赏·评述、造型·表现、设计·应用、拓展·探索。

（一）第一单元：欣赏·评述

其中，第一课时"海派剪纸与旗袍情"通过欣赏李守白等海派剪纸大师的作品，了解具有上海本土特色的海派剪纸，并认识旗袍在海派剪纸以及海派文化中的重要性，体会旗袍蕴含的优雅气韵，培养学生对上海本土文化的热爱和自豪之情。第二课时"旗袍风韵"从旗袍的历史入手，了解旗袍的设计、旗袍的发展以及旗袍在传统文化中的重要地位。学生通过影视、实物、照片等欣赏旗袍，总结讨论旗袍的结构特征及其魅力所在。

（二）第二单元：造型·表现

其中，第一课时"旗袍情——临摹"用笔描绘旗袍的纹饰、款式，让学生体会旗袍的美感。第二课时"旗袍情——展示"让学生讨论旗袍的结构特征，将旗袍的花纹款式归类，说说对旗袍的见解。

（三）第三单元：设计·应用

其中，第一课时"纸版画旗袍——初步设计"通过教师展示讲解，了解旗袍上常用的纹饰、盘扣的设计和款式，同时让学生了解图画转剪纸的注意要点和方法，设计属于自己的旗袍剪纸。第二课时"纸版画旗袍——剪裁雕刻"让学生掌握刻刀用法，了解刻纸的技法和常用纹饰的雕刻方法，将旗袍雕刻出来。第三课时"纸版画旗袍——文创展示"扫描学生作品，结合学生自己的创意，将旗袍的剪纸图案印到纸袋、文件夹、布包等文创产品上进行宣传展示。同时，对学生原作进行塑封展示，以小型展览的形式在校园内宣传纸版画和海派旗袍文化。

（四）第四单元：拓展·探索

其中，第一课时"月份牌年画与旗袍时尚"通过欣赏月份牌年画，让学生了解月份牌年画与旗袍之间的关系，以及这两者在上海本土海派文化中的地位；体会月份牌年画的艺术价值、历史价值和实用价值，激发学生对传统文化的喜爱之情。第二课时"我的月份牌年画"让学生将月份牌年画中的人物卡通化、标志化，并制成剪纸图案。

二、教法分析

海派剪纸与海派旗袍都是独具特色的上海传统文化，旗袍优雅的曲线美和装饰性花纹能很好地和剪纸结合起来。第一单元先从旗袍的美入手，让学生在欣赏的过程中对旗袍的样式、花纹产生兴趣，进而激励学生对海派文化进行深入探究；第二单元让学生尝试绘制旗袍，将课上学到的内容应用到实践中，从而使他们进一步体会旗袍的魅力。初二年级的学生虽然先前做过简单的剪贴画和剪纸作品，但尚未接触设计纸版画雕刻。因此，第三单元详细教授将图画转化为纸版画雕刻模板的方法，以及雕刻时握刀、用刀的技巧，阴刻阳刻的不同，细节花纹的雕刻方法等。在本单元最后一课的展示交流中,使用流行新颖的文创产品设计,将学生的作品印到日常用品上,使原本远离生活的艺术作品成为学生的生活用品,将艺术融入学生生活,从而更好地激发学生对本课学习内容的兴趣。第四单元"月份牌年画与旗袍时尚"的拓展学习中,学生进一步了解海派旗袍及当时的社会文化、社会时尚,感受海派旗袍在中国服装发展史中举足轻重的地位。同时学生了解月份牌年画擦笔水彩的艺术方式,学习海报设计、标志设计的方法,尝试用学过的技术自行设计月份牌年画的纸版画作品。

三、单元课程方案教学目标

单元课程方案的教学目标如下:一是了解海派剪纸与海派旗袍的概念和特点,掌握旗袍纸版画的设计和雕刻方法。二是欣赏海派剪纸和旗袍,了解旗袍的历史和文化;在教师的示范指导下学习纸版画设计雕刻方法,完成旗袍纸版画作品,并用文创产品的方式展现出来。三是体会海派剪纸和旗袍文化的魅力,激发学生对上海本土文化探索的热情,引导学生传承并发扬优秀的传统文化;引导学生体会传统文化与现代时尚融合的魅力,激发学生的创新意识。

四、单元课程方案学习内容与要求

本单元旨在引发学生对海派旗袍文化的关注,并对纸版画技巧进行探索。由欣赏认识旗袍,到了解掌握纸版画技术,到自行设计旗袍纸版画,再到用文创的方式展示作品,学生们充分感受到了旗袍与纸版画的魅力。

课程要求学生感受上海传统艺术的魅力,了解上海传统文化,在教师的带领下进行旗袍创作;掌握纸版画雕刻的基本技能并创作出纸版画作品;具备将纸版画作品制成文创产品的创新意识。

五、单元课程方案教学资源整合

本课程需要的硬件资源为计算机、实物投影仪等设备,软件资源为教学 PPT、音视频资料等,网络资源为旗袍影视作品片段、图库资源等。学生可在网上查找关于旗袍的资料以及与文创产品相关的创意资源。

六、项目实施框架

项目实施框架如下图1所示。

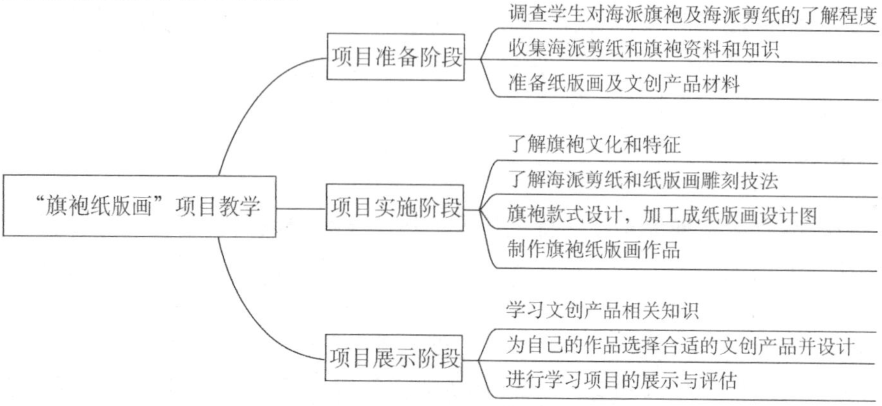

"旗袍纸版画"项目教学
- 项目准备阶段
  - 调查学生对海派旗袍及海派剪纸的了解程度
  - 收集海派剪纸和旗袍资料和知识
  - 准备纸版画及文创产品材料
- 项目实施阶段
  - 了解旗袍文化和特征
  - 了解海派剪纸和纸版画雕刻技法
  - 旗袍款式设计,加工成纸版画设计图
  - 制作旗袍纸版画作品
- 项目展示阶段
  - 学习文创产品相关知识
  - 为自己的作品选择合适的文创产品并设计
  - 进行学习项目的展示与评估

图1 "旗袍纸版画"项目教学实施框架

七、项目意义

1. 培养学生的综合素质

学生在本单元的学习中,可感受海派文化。学生实地考察自己生活的城市,将其历史文化和人文情怀记录下来。学生深入了解海纳百川、大气谦和的海派文化,也深入了解海派剪纸和纸版画等艺术形式。同时,学生制作艺术作品,加深了对海派文化的感知。此外,学生在将现代创新意识加入传统海派文化的过程,创作出了与时俱进的作品。

2. 培养学生的创造力

海纳百川是海派文化的重要内涵。本单元鼓励学生将创新思维运用到传统的旗袍中;同时,将文创产品设计这一较为新颖的创作模式引入课堂,让学生自己设计生活用品,可增加课程的趣味度,提升学生的艺术素养。

3. 培养学生的民族传承意识

旗袍和海派剪纸代表了中国的传统文化,也代表了海派文化。学生可在欣赏学习的过程中培养对旗袍和剪纸文化的兴趣,产生传承中华传统文化的意识。

八、单元反思

"旗袍纸版画"是一个内容比较丰富的单元,从认知旗袍、绘制旗袍,到运用剪纸制作纸版画,最后到自己设计完成纸版画旗袍作品,学生学习了中国优秀的传统文化,汲取了其中优秀的文化精神,并将其运用到自己的作品和生活中。教师的任务在于循序渐进地引领学生正确掌握知识,并形成正确的价值观。

生态课堂构架下之合唱教学在基础音乐学科教学中的实践与探讨

上海立信会计金融学院附属学校　徐　静

生态课堂以学生为主体,强调每一位学生的需求和意识,兼顾学生的个性发展,通过现代课堂教学手段,实现教师与学生真正统一发展。与传统教学模式不同,生态课堂强调让学生健康成长,努力适应学生的个性发展,为学生的全面发展奠定基础。在本学科的教学中,我也在不断探索研究如何将合唱教学与基础学科有机结合。合唱艺术是一门集体艺术,不仅专业性很强,同时也具有极强的教育功能。在基础音乐教学中,合唱技能的普及和推广有着非常重要的意义。它能提升学生相互配合的能力,培养学生的集体荣誉感,对于陶冶学生情操、丰富学生课余生活、激发学生对艺术的探究热情都起着极大的推动作用。

一、合唱在音乐学科基础教学中的重要性

1. 合唱教学有利于培养学生的美感

苏联教育家卢那卡尔斯基指出:进行美育教育不是只简单地教会儿童一种艺术技能,而是系统地发展其感受能力及创造能力,使孩子们热爱世界上一切真、善、美的东西,并且能动手美化这个世界。一首好的合唱作品能以情动人、以美感人。欣赏一些高水平的合唱歌曲能使学生心情愉快。例如,教材中的《宇宙的种子》《太阳、地球、你和我》《十六岁的花季》等歌曲都是非常适合六、七年级学生欣赏的合唱曲目,而《半个月亮爬上来》《八骏赞》《中国,我可爱的母亲》等歌曲适合八、九年级学生欣赏。不同年级可选择不同类别、难度、题材的合唱作品来欣赏。

2. 合唱教学能影响和培养学生之间相互配合的能力

在声乐艺术中,独唱讲究个性,合唱讲究共性。合唱教学融合了音色、音准、节奏、情绪、表演等多个方面。不同学生因为学习、接受能力存在较大差异,因而对这些艺术因素的认知和表现能力不同,各有优势和不足;不过这种不足在合唱教学中通常不会显现出来。合唱教学与一般音乐教学的最大区别在于其削弱了学生之间的个体差异,而将着力点放在了学生之间的互相协作上,对提升学生团队意识和集体精神具有关键影响。合唱就好比一张网,每一位合唱队员就像是网上的一根丝线。合唱不仅需要唱好自己的部分,还要顾及其他声部和其他人,这有利于培养学生们相互配合的习惯。例如,《保卫黄河》在进行轮唱时,就要求两声部之间配合协作,演唱过程中除了要唱准自身声部外,还要听第二声部。再比如,《邮递马车》演唱中第二声部以长音为主,在声部配合演唱中要数准拍子,用弱音演唱作好声部衬垫,以表达歌曲的情感。

3. 合唱教学能培养学生的协作精神和集体主义感

现代素质教育多将培养学生的团队合作精神作为重要内容。合唱教学已经打破传统的音乐教学,不再只是单纯的技术训练,更强调整体性,需要训练合唱声部中的每一位成员达

到协调一致(包括音准、气息、节奏、唤起、发生技巧和位置等的一致)。只有全体演唱人员形成协同一致的合唱状态,才能充分展现合唱的艺术效果。如电影《放牛班的春天》讲述了一位才华横溢的音乐家创作合唱歌曲来教授一群问题儿童,打开他们封闭心灵的故事。教师应以教学内容让学生懂得合唱的共性和统一性,让学生明确在集体歌唱时只能听到整体的声音。合唱将学生融合为一个统一的整体。在合唱中,学生更关注团队合作,集体荣誉感被有效激发出来。例如,在每学期举办的"班班有歌声"的比赛活动中,学生就将团队合作精神体现得很好。学生各司其职、群策群力,班与班之间的互相"竞争"更好地激发了各班集体荣誉感。合唱教学已经成为艺术与思想教育的一种有效手段,除了教给学生音乐表达技巧之外,更重要的是要求学生具备团队合作意识,发挥团队协作的精神。

二、合唱教学培养学生感受音乐的和谐之美

1. 培养学生鉴赏美

音乐鉴赏教学对于提高合唱教学的有效性具有重要作用,学生对于音乐美的理解是合唱成功的关键。教师可在教学中多让学生欣赏一些经典合唱曲目,扩展学生的音乐视野,并锻炼学生对合唱的感受力及鉴赏力。学生欣赏音乐作品时,应注重从作品创作的背景和蕴含的情感出发,让学生产生更深刻的理解和共鸣。例如,合唱《沁园春·雪》《在灿烂阳光下》时,教师应向学生介绍这首歌曲的创作背景和歌曲内容,激发学生的情感。有了情感,学生才能做到饱含深情地演唱,从而保证合唱的有效性。合唱是声音的艺术,良好的歌唱习惯是合唱的基础。要唱好班级合唱,声部之间的配合是最为重要的,只有懂得如何配合,才能准确表达歌曲的内容。为了让学生梳理良好的合唱声音概念,教师应在教学中努力追求音色和声部间的平衡,让学生感受合唱声部间的音色、音准、发声、呼吸等,培养学生的审美能力。《送别》《雪绒花》《深深的海洋》《飞来的花瓣》等都是抒情歌曲,在演唱这类歌曲时,教师可以根据歌曲的节奏、旋律、力度、表达的意境,帮助学生入境生情,以情带声地进行声音训练。

2. 培养学生表现美

要想在歌唱教学中引导学生发出"美"的声音,应当培养学生表现美。表现美是在感受美的基础上形成的。音乐是听觉艺术,它的情感体验和表现都建立在聆听音乐的基础上。合唱教学也必须遵循以"听"为中心的原则,将全部教学活动牢固地建立在聆听的基础上。学生只有先聆听范唱,才能更快、更准确地学会歌曲。演唱、视谱等均离不开听觉的主导作用,音准、节奏感、声音表现力等诸因素都需要由听觉来鉴定和调整。例如,在学习合唱曲《沃尔塔瓦河》的时候,可先请学生聆听原唱,解析歌词中的情感,再进行旋律分解和演唱的进阶学习。教师可让学生朗读分析歌词并初步体会:"在我的祖国波希米亚群山中,有两条美丽的清泉奔流长,一条温和一条清凉汇成河,沃尔塔瓦河浪花四溅哗哗响。映照着蓝天白云红霞闪光芒,月影下水仙女涟漪嬉游欢畅。河水穿过森林,它飞泻落万丈。流过金色的丰收田野绕村庄,把乡间婚礼的欢乐尽情分享。"然后学生欣赏歌曲《沃尔塔瓦河》,听出歌曲的内容、演唱形式(合唱)和情绪。接下来学生再次聆听歌曲《沃尔塔瓦河》,听出歌曲的声部和拍子,身体左右晃动,感受音乐的情绪和拍子。在分声部学唱歌时,教师可请学生聆听原唱,轻轻跟唱,并找出一字多音的地方。通过有效地聆听,学生对歌曲的两个声部有了感觉,分声部学唱就容易很多了。演唱不同风格、题材、形式的合唱作品,可以增强学生对合唱这门艺术的直观感受,也为表现不同的合唱作品的美提供情感"营养"。音乐是情感的表达,当学

生对音乐产生强烈情绪时,音乐也能培养他们的艺术情操,提升他们的思想境界。音乐教材中,歌唱曲目有雄壮的歌曲,如《红旗飘飘》《歌唱祖国》等;也有抒情的歌曲,如《鼓浪屿之歌》《今天是你的生日,中国》等;还有悲伤的歌曲,如《故乡的亲人》《念故乡》等。在音乐教学中,教师要充分发挥教材的优势,让学生多听、多唱,多引导学生用心去感受音乐美。

3. 结合器乐吹奏提升合唱表现美

教学应注意培养学生的演唱、演奏能力以及综合性艺术表演能力。乐器的伴奏会给合唱表演增添不少色彩。同时,通过乐器演奏,学生可以感受音乐的节奏和律动,分辨不同音乐作品的特色。器乐进课堂是艺术教育的内涵之一,对于提高音乐教学效果有着诸多好处:它不仅能帮助学生更好地理解音乐的内涵,掌握表达音乐的技能与技巧;还能提高学生的学习兴趣与审美情趣,使学生的综合素质得到提升。在日常教学中,我以口风琴作为课堂的教学用具。它是简易键盘乐器,既可用长吹管吹奏,也可以用短吹管吹奏,表演性很强。教材中的《土风舞》《青春的舞步》《幸福在哪里》等都是可以吹唱的作品。在学习时教师可让学生先进行吹奏练习,熟悉旋律和节奏,对学习方式稍加改变,以增强学习兴趣。

三、合唱教学中引导学生发出"美"的声音

教师在教学中应抓住重点,通过一系列方法进行集体训练,以达到合唱教学的歌唱效果,并让学生学会科学的演唱方法。

1. 歌唱呼吸的训练

呼吸在歌唱中是非常重要的,针对中学生普遍存在的气息浅、吸气抬肩、不会气息保持等问题,我采用了启发式的方法进行教授。比如,像"闻"花一样的胸腹联合呼吸运用胸腔、腹腔、膈肌的张缩来控制气息,使气息在体内有足够的空间。我还教他们用半打哈欠的感觉打开喉咙、放松下巴。我的教学效果非常明显,学生的完成度非常高。在课堂中,我指导学生掌握好缓吸缓呼、缓吸快呼、快吸缓呼、快吸快呼等基本歌唱呼吸练习法。为了激发学生们的学习兴趣,我采用了短小歌曲演唱练习、肢体律动练习等方法,对学生们进行反复纠正,引导他们掌握强、弱、快、慢、休止符等各种气息的运用,使他们养成良好的呼吸方法;对于音区,我选用了他们最容易驾驭的G—G2,效果很好。

2. 歌唱中音准与节奏的训练

音准是音乐表现的基础。在平日教学中,教师可多引导学生进行听力训练,比如音高、音区、变化音等。在初学阶段,老师可以向学生介绍柯达伊手势训练方法来辅助演唱音阶;接着可以向学生们介绍全音、半音,让学生形成音阶的阶梯图。在学生能较好地唱准音高后,再进行卡农式的音阶练习。一半学生可看老师的指挥先唱音阶,另一半学生在一声部唱完第二个音后,开始演唱音阶;师生们可以一起试试。在教学中,我发现刚开始学生在唱fa、la时就容易跑调,由此,可以让学生听钢琴的和声音响效果,让他们逐渐掌握。这样的练习到了高段,还可以让学生进行三声部的卡农音阶练习,第三声部在第一声部演唱SOI时进来,逐步训练后就可以听到和声的音响效果。

3. 歌唱中演唱技巧的训练

语言是人类交流思想、表达情感的重要手段;歌唱则是一种特殊的语言表达方式。歌唱可通过音调,将语言的含义表达出来。歌词是歌唱的重要组成部分,因此,吐字应尽量清晰准确且饱含感情。著名声乐家金铁霖先生把歌唱归为七个字,即"声、情、字、味、表、象、养"。

歌唱要求字正腔圆、声情并茂，正确的咬字和吐字是歌唱技巧中的一个重要基本功。熟练的咬字，可以将歌唱的声音准确、清晰地传达给听众，生动形象地表达歌曲的思想。在排练中多进行词语朗读，特别是歌词朗读，可以帮助学生了解作品所要表达的内容。歌唱中的咬字分字头、字腹、字尾三部分，三者应紧密结合：字头鲜明有力，字腹响亮明确，字尾归韵干净利落。不仅咬字的位置要统一，动作也要统一，这样演唱的歌声才富有生命力、感染力。在具体作品的排练中，咬字吐字的纠正需要花费大量的时间。教师需要使用不同的方法去引导学生，学生也要反复练习和体验。中国的汉字很复杂，有前鼻音、后鼻音、平舌音、翘舌音等。在不同的演奏中，同一个字在咬字吐字的要求上还非常不一样，仅仅通过几个作品远远无法全面掌握，而要在不断的练习中持续提升。

4. 歌唱中声部的训练

合唱的声部训练是合唱教学中最重要的组成部分，对于声部的均衡、和谐音色的统一可以起到重要作用。教师可以采取由简入繁的教学手段和循序渐进的原则，逐步提高学生的能力。在教学实践中，教师可先对学生进行简单的声部训练，然后对所学合唱歌曲进行对比教学，既培养学生的听觉能力，又培养他们的配合能力。教师选择合唱作品时，应该紧密结合学生的年龄特点、音乐素养及兴趣爱好。低年级的学生可选择《男孩、女孩》《美丽的村庄》《少年，中国梦》等歌曲进行训练，高年级的学生在掌握了一定发声方法和演唱技巧后，可选择如《铃兰》《美梦缤纷来》《沃尔塔瓦河》等作品进行训练。

综上所述，在基于生态课堂的架构下开展合唱教学，对提升学生的音乐素养、促进学生的全面发展有着重要意义。合唱教学和基础音乐学科教学相结合是一项值得探索和研究的工作，需要音乐教师不断结合教学实际和学生实际情况进行研究，寻找更加有效的合唱教学方法，使学生更好地感受音乐之美及合唱的魅力。

传承经典国粹 积淀民族文化内涵

——生态教育理念下的音乐教学案例

上海立信会计金融学院附属学校 陈 越

一、案例背景

本案例教学内容选自上海音乐出版社《音乐》课本四年级第一学期第一单元中的"唱京戏"一课。这是根据京剧唱腔中的西皮流水腔改编的一首京歌,节奏明快紧凑,情绪欢快愉悦,旋律流畅,富有京剧韵味。其结构短小精炼,却融合了京剧的行当、脸谱艺术、表演形式以及乐队伴奏形式等传统艺术知识,学生可在浓郁的京剧韵味中传递京剧艺术文化,在欢快的情绪中唱出对京剧艺术的由衷赞美和喜爱之情。

本案例指向培养学生的民族音乐文化素养,围绕音乐学科德育的核心要求,让学生通过学唱歌曲,体验京剧唱腔的特点,增强学生的民族文化意识,弘扬爱国主义精神。

二、案例描述

(一)教学片段一:感受歌曲情绪,理解歌曲内容

1. 初听歌曲,为歌曲打板

教师可进行如下设问:(1)歌曲的情绪是怎样的?(2)歌曲中的哪些内容与京剧有关?

2. 逐句分析歌词,了解歌曲内容

教师可为学生逐句分析歌词,了解歌曲内容:

"生旦净丑角色全"唱出了京剧四大行当;"唱念做打不简单"唱出了京剧四大功夫;"五色的油彩脸上画"唱出了京剧脸谱;"锣鼓一响就开演"唱出了京剧的伴奏乐器。

3. 模仿京剧表演形式的"做",体验旦角、生角的"步伐"与"亮相"身段动作

本教学环节意在构建和谐生态的师生互动方式。通过问答与体验的形式,该环节不仅让学生熟悉歌曲内容,了解京剧的艺术表现形式;更让他们初步感受歌曲的欢快和热烈,体验京剧的艺术魅力。

(二)教学片段二:学唱旋律,体验京剧韵味

在该教学环节,老师范唱乐谱,学生跟唱;让学生模仿戏曲演员"开嗓""吊嗓",用 yi 哼唱歌曲旋律;学生填入歌词演唱,词谱对应;让学生完整演唱歌曲。

在该教学环节,老师还可以设置如下三个情景:一是找出四个唱句的起始排列位置,说说它的特点;二是介绍京剧声腔板式"西皮流水",流水版过板开唱有板无眼的特点;三是欣赏传统戏"西皮流水"代表作唱段《苏三起解》,感受京腔京韵;四是加入前倚音、方言和京剧特有的顿挫点,唱出京剧韵味。

通过体验性音乐活动,老师可让学生在学唱、欣赏与模仿京剧唱腔等多种形式中感受民族传统音乐的独特韵味。在直观地欣赏传统戏曲的过程中,学生可感受京腔京韵,思考如何能唱出这样的京剧韵味。

三、案例分析

本案例侧重落实 3 至 5 年级音乐学科德育核心要求中"喜爱我国民族、民间音乐文化,增强民族文化意识"这一要点。本课采用音乐体验与表现的学习方式,采用模仿京剧"唱、念、作"三种表演形式来拉近京剧与学生的距离。本节课在组织教学中充分体现以生为本,融合生态教学理念,构建和谐的师生互动教学,让学生在音乐学习中感受我国传统艺术的魅力,感悟民族文化的内涵。

初中地理课堂教学加强生态文明教育的策略

上海立信会计金融学院附属学校　尹小雪

党的十八大报告指出：建设生态文明关系着人类的幸福生活，关乎着民族的长远发展。党的十八大明确了新时代的发展要求，也为初中地理教学提出了新要求。教师应深入挖掘教材的生态文明因素，积极探寻契合点，对学生开展生态文明教育，培养学生的生态文明意识。

一、初中地理开展生态文明教育的必要性

1. 优化当下的生态环境问题

绝大部分生态环境问题的出现来源于人类意识的薄弱。要想解决生态环境问题，应先从意识上改变。公民生态意识的形成有赖于教育。对初中生开展生态文明教育，不仅可以培养他们的正确生态观，形成尊重自然、尊重他人、善于合作的良好品质，而且青少年学生的行为还能带动周围的亲人、邻居共同形成正确的生态观，从而优化当下的生态环境问题[1]。

2. 促进学生正确价值观的形成

党的十八大报告明确了立德树人的根本任务。"立德树人"就是要将社会主义核心价值观纳入教育体系行列，以促进学生形成正确的三观。将生态文明教育根植于地理教学中，有助于学生形成节约和环保意识，树立科学的人地协调观，形成可持续发展的责任意识，建立正确的价值观。

3. 推动可持续发展教育

《国家中长期教育改革和发展规划纲要（2010—2020年）》提出了可持续发展教育。党的十八届五中全会也明确了以创新、绿色、开放推动经济发展的要求。可持续发展教育与生态文明教育有着一致的要求和发展目标。而将生态文明教育渗透于地理教学中，有助于可持续发展教育的开展[2]。

二、初中地理课堂教学加强生态文明教育的策略

随着生态环境问题的不断加剧，人们对公民的生态教育也越来越重视。在初中教学中，生态教育也越来越受到重视，各学科开始不断加强生态文明在教学中的渗透。地理学科是一门研究人与自然和谐发展的学科，与生态文明建设有着直接的关系；在地理学科中渗透生态文明教育不仅是本学科的重要内容，更是落实国家发展战略的要求。基于此，本文从如下几个方面讨论了加强生态文明教育的基本策略。

（一）深入新课标和地理教材，积极挖掘生态文明内容

《初中地理课程标准》指出：学生要关心家乡环境，形成爱护环境的意识，做到节约减排、低碳生活。文章通过对初中地理教材的分析，总结了教材中的生态文明教育资源，例如，沪教版七年级上册第四章"河流与湖泊"中关于黄河和长江环境问题的治理、自然灾害的成因、

土地资源等,都是开展生态文明教育的绝佳素材。教师要深入理解教材,从学生的生活实际出发设计课件,提出课后探讨。例如,可鼓励学生调查研究黄浦江存在的一些生态问题,尝试提出合理的解决方案等,推动生态文明教育在初中地理课堂中的落实。

(二)深入新课标和地理教材,落实生态文明教育

地理课程目标的落实关键在课堂,实施效果关键在教师。在实际教学中,教师要基于新课改的要求,深入挖掘教材内容,将生态文明教育落到实处。具体可以从以下几个方面展开。

1. 保护耕地,培养学生节约粮食的意识

粮食是人民幸福生活、国家安定发展的基础。在初中地理教学中,教师要积极开展保护耕地、节约粮食的生态文明教育。例如,在土地资源教学时,教师可以结合本地发布的《中小学生"节约粮食、反对浪费"实施方案》《关于防止耕地"非粮化"的意见》对学生开展教育:土地是国家发展的根本,虽然耕地是一种可再生资源,但如任意开采、不加保护,耕地也会变为荒地,进而让土地丧失原本的耕种功能,影响国家的粮食安全生产和人们的安定生活。加强对耕地的保护刻不容缓。在认识到保护耕地重要性的基础上,教师可以利用多媒体为学生展示当今生活中人们浪费粮食的情况,并引导学生谈一谈应该如何节约粮食。这些都有助于学生形成"光盘行动"的意识,各种节约粮食的方案和行动也会让学生内化于心并外化于行[3]。

2. 开展垃圾分类,提升资源利用率

从某种程度来看,垃圾也是一种资源,需要人们合理地分类和放置。人们在日常生活中,总会有各种垃圾产生,比如坏的家用电器、用完的电池、纸盒、果皮,等等。这些都需要按照一定规定合理地分类、处理。垃圾分类不仅可以起到保护环境的作用,还能降低垃圾处理成本,有效提升资源的利用率。教师应让学生认识到垃圾分类的好处,学习垃圾分类的方法,让学生自觉付诸行动。为了实现课内外教学的结合,教师要求学生每四人为一个小组,调查生活社区的垃圾投放情况,并将存在的问题及解决建议以报告的形式提交上来。

3. 低碳生活,推动可持续发展

"低碳生活,绿见未来"是当下经济发展的重要战略。《初中地理课程标准》也明确指出要低碳生活。基于此,初中地理教师要深入教材,将低碳生活理念纳入课程教学,引导学生从生活出发,合理消费、绿色出行;从生活的每一个细节出发,做到纸张的绝对利用,不使用一次性筷子,洗完手立即关好水龙头,为推动国家的可持续发展贡献自己的一份力量。

4. 爱护花草树木,实现校内外的健康生活

绿色植物通过光合作用吸收二氧化碳,释放氧气,保障了人们的生命和生活健康。教师要在课堂中有意识地传递这部分知识,并通过为学生展示生活中破坏花草的行为,增强他们的社会责任感。教师可以介绍校内各类植物,了解它们的作用,提倡做好保护。

5. 禁止燃放烟花爆竹,推进生态文明建设

烟花爆竹燃放会产生有毒气体和物质,同时还会产生强光、噪声等污染,并进一步加剧环卫工人的工作量。基于此,教师要倡导禁止燃放烟花爆竹,加强家校合作,推进生态文明建设。[4]

三、结束语

综上所述,在初中地理教学中开展生态文明教育,不仅可以优化当下的生态环境问题,

还有利于学生树立正确三观,对推动我国的可持续发展具有重要意义。初中教师要结合地理教材,对学生开展不同形式的生态文明教育,促使学生自觉践行生态文明理念,选择健康、低碳的生活方式。

参考文献

[1] 韩晗.初中地理课堂教学中开展生态文明观教育的范式研究[J].爱情婚姻家庭,2021(5).

[2] 陆泽银.初中地理教学中生态文明素养教育探究[J].软件(教育现代化),2019(5):51.

[3] 杜必文.中学地理教学中生态文明教育的渗透研究[J].林区教学,2014(11):84-85,86.

[4] 梁颖娴.生态教育在初中地理教学中的渗透策略[J].人文之友,2020(001):231.

浅谈初中历史教学中问题意识的培养

上海立信会计金融学院附属学校　李　莉

对于初中历史教学来说，学生问题意识的培养非常重要。问题意识反映了学生对历史问题思考的主动性，可以让学生在问题驱动下开展知识探究。[1]在教学中，教师应以学生历史学科核心素养的培养为导向，在呈现历史知识的同时，发展学生的创新思维，激活学生强烈的"问题意识"，提升学生的学习主动性，营造良好的师生交互环境。

一、创设历史情境，助学生产生问题意识

教学中，历史情境的创设，可将学生置于特定的历史背景，让学生感受当时人们面临的实际问题。历史现象与既有认知的矛盾设疑，能有效调动学生的探究兴趣，使他们产生问题意识。

例如，在讲授"战国时期的社会变化"一课时，关于社会变革的原因和背景，学生仅仅通过老师的讲解并不能产生直观清晰的认知。因此，在授课过程中，笔者通过漫画故事"一个奴隶主的烦恼"创设历史情境，使学生代入特定历史角色，以奴隶主面临的烦恼为线索，产生相关问题意识，思考解决方法。

（创设情境）"我"是一个奴隶主，受封300亩。役使奴隶500个，纳贡上千斗。剩余不够我挥霍，日子长悠悠。铁器牛耕初推广，正是好时候。大家帮我想一想，如何更享受？

烦恼一：原来500人耕种的土地现在只需300人就够了，剩下的200人我该让他们做什么呢？我可不想让他们白吃饭不干活！——叫他们去开垦新的土地。

烦恼二：几年后，我有了两种土地，一部分是受封300亩土地（公田），另一部分是新开垦行的土地（私田）。公田要交贡赋，而私田的收成全是我的，但我还是觉得收成太少，我该怎么办？——叫更多的奴隶去开垦更多的土地。

烦恼三：我现在是越来越富有了，私田面积越来越大，奴隶们劳动强度更大了。他们怠工，逃跑，破坏工具。这可大大影响了我的收成，我该怎么办呢？——给奴隶们一些人身自由，把土地租给他们，定期收取地租，剩下的收成就当是给奴隶的报酬。

这下我可省心了！奴隶们很高兴，他们一家一户卖力地干了起来，平均每亩地要多收个三五斗呢！除去留给他们的，我的嘛……保密！——生产积极性、生产效率得到提高。

我虽然已成为大地主，但是我的所有土地都是非法的。我是吃不好睡不好，时刻担心土地变没了。我急切盼望着私田的合法化！——推动国家改革！

由此，从社会的细微变化到奴隶主产生的变法需求，最终推动了社会的大变革。学生可

由点及面地理解战国时期社会变革的原因和背景。通过历史情境创设,学生逐渐形成在特定时空中对事物进行观察和分析的意识和思维方式。漫画故事既生动形象又兼具趣味性,配合简洁、易懂的语言讲解,使抽象的历史知识变得易于接受,更能激起学生的学习热情,增强他们的记忆效果。笔者也注意到大部分学生到初二学习世界史中的西欧经济变化时,仍能回忆起本故事内容,将中西经济变化背景进行对比,说明学生形成了一定的知识迁移。

二、采用问题引领,助学生分析问题

孔子云:"疑是思之始,学之端"。在历史课堂上,教师要使学生有所"疑",进而有所"思",引领其去发现问题、分析问题,从而进一步培养学生的问题意识。

首先,教学设计中要呈现历史知识中的"矛盾点"。以"罗斯福新政"一课为例,为了让学生更深入地理解资本主义经济危机爆发的根源。教师可先介绍20世纪20年代,美国新兴产业迅猛发展,收音机、电冰箱、吸尘器等新产品开始进入大众家庭。然而,呈现一片繁荣景象的美国,却在1929年爆发了资本主义世界有史以来最严重、时间最长的经济危机。教师可以将危机前后的"繁荣"与"萧条"作对比,呈现历史知识中的"矛盾点",引领学生去发现问题、思考问题,激发探究兴趣。

其次,多采用问题引领方式来揭示历史问题和事件,而非直截了当地进行讲解。基于初中生的心理特征和认知特点,教学可采用"层层递进"的问题引领方式,明确学生探究学习的具体步骤。例如,在"罗斯福新政"讲授中,经济危机的酝酿、爆发所涉及的经济理论较为抽象、复杂,学生缺乏经济理论基础,理解起来有一定的困难。但教师可根据前面"繁荣"与"危机"矛盾点的呈现,针对学生提出的问题适当补充相关材料,围绕"疑点"设计问题:"当时的美国社会存在什么问题?""在生产能力和消费能力不平衡的情况下,美国民众购买产品的钱从哪里来?""借来的钱民众要怎么还?""大家都买股票,股票价格会有什么变化?""股价飙升,给企业提供了更多资金,会有什么结果?""企业盲目地扩大生产,民众购买力不足,会使什么问题进一步加深?"教师采用层层递进的问题引领,突破难点,向学生呈现企业、民众、市场、股市、银行之间的经济联系,化抽象为形象,化复杂为简单,帮助学生理解信贷消费加剧了生产与消费之间的矛盾,股市崩盘的连锁反应造成了经济的全面危机。在教师的引导下,学生通过逻辑推理,回答一个个小问题,分析得出重要结论,进一步增强对历史本质的把握与审视能力。

三、开展史料研习,助学生解决问题

在历史教学中,学生真正解决历史问题的途径是对有价值的史料进行分析,用实证的方式对问题的要点进行逐一探讨。例如,在讲到"八股取士"时,同学们只能浅显地了解八股文必须出自"四书""五经",是内容空疏、形式呆板,又脱离实际的应试文,但对其如何禁锢思想、摧残人才并不能很好理解。基于此,笔者在授课过程中,采用了基于史料研习设计的"读一读八股文"探究活动,特摘选了一篇清代八股文范文,原文如下:

〔题目〕子谓颜渊曰:用之则行,舍之则藏,惟我与尔有是夫。《论语·述而》
〔破题〕圣人行藏之宜,俟能者而始微示之也。
〔承题〕盖圣人之行藏,正不易规,自颜子几之,而始可与之言矣。

[起讲]故特谓之曰:毕生阅历,祇一、二途以听人分取焉,而求可以不穷于其际者,往往而鲜也。迫于有可以自信之矣,而或独得而无与共,独处而无与言。此意其托之寤歌自适也,而吾今幸有以语尔也。

　　[入题]人有积一心之静观,初无所试,而不知他人已识之者,神相告也。故学问诚深,有一候焉,不容终秘矣。

　　[起股]汲于行者蹶,需于行者滞。有如不必于行,而用之则行者乎? 此其人非复功名中人也。一于藏者缓,果于藏者殆,有如不必于藏,而舍之则藏者乎,此其人非复泉石中人也。

　　[中股]则又尝身为试之,今者辙环之际有微擅焉,乃曰周旋而忽之,然与人同学之谓何? 而此意竟寂寂人间,亦用自叹矣。而独是晤对忘言之顷,曾不与我质行藏之疑,而渊然此中之相发者,此际亦足共慰耳。

　　[后股]而吾因念夫我也,念夫我之与尔也。

　　[束股]惟我与尔参神明之变,而顺应之无方,故虽积乎道德之厚,而总不争乎气数之先。此时我不执其为我,尔亦不执为尔也,行藏又何事焉? 我两人长留此不可知者予造物已矣。有是夫,惟我与尔也夫。而斯时之回,亦怡然得、默然解也。[2]

　　通过下发打印好的八股文范文,教师可引导学生诵读八股文,了解八股文的写作格式、内容,直观地感受为何说八股文是内容空疏、形式呆板,又脱离实际的应试文,不利于选拔真才实学之人。学生通过研习史料,可感知八股取士对思想的禁锢和对人才的摧残,实现了问题的解决。

　　同样,在"罗斯福新政"一课中,关于罗斯福新政的评价是本课的难点。学生虽能初步地从积极和消极两个方面进行评价,但往往流于表面,容易形成思维定式。因此,一个基于史料研习设计的探究活动就显得非常有必要了。通过分析罗斯福新政后美国史料、其他资本主义国家史料、后世史料等不同角度的材料,教师可引导学生跳出时间和空间的限制,认识罗斯福新政具有缓解经济危机、增强美国政府宏观调控能力等作用;了解罗斯福新政对其他资本主义国家的借鉴意义;理解罗斯福新政的实质是美国政府在维护资本主义制度的前提下提出的政策调整,无法解决美国的根本矛盾。由此,学生阅读材料、分析材料、运用材料解决问题的能力得以提升,学生史料实证意识及时空意识得以强化。进一步研读史料可将教材中概念化的语言转化为可感知的历史体验,从而有利于培养学生的史料实证观,让学生从多角度感知历史。

　　总而言之,教师在开展初中历史教学时,应以历史核心素养培养为导向,从历史情境的创设,到提问方式的创新,再到教学内涵的深度拓宽,不断优化教学的手段、形式、策略、途径,激活学生的自主意识,实现对学生问题意识的深度培养。

参考文献

[1] 王培培.以问题意识的培养为引领的初中历史教学实施路径探析[J].中学课程辅导(教师教育),2021(17):34.

[2] 周有光.百岁新稿[M].北京:生活·读书·新知三联书店,2005.

心理课如何谈学习

——用教育戏剧把教室还给孩子

上海立信会计金融学院附属学校　陈　旭

一、案例背景

预备年级是从小学步入初中的一个承上启下的阶段，也是个体从学龄期步入青春期的过渡阶段。学生能否在这一阶段成功应对环境转变与调整的挑战（包括学习、情绪、自我接纳、学校环境、行为习惯、人际关系等方面），往往决定了学生接下来三年初中生活的质量及人格的发展。在预备年级心理课"通向罗马之路"（上海市优质心理课，上海市崇明中学吴冬辰老师设计）中，我邀请学生将自己在学校生活中的实际困难以便利贴的形式匿名表达，其中我发现预备学生提出的困难集中在学业方面。

为了避免学生在学习上长期体验到挫折感和失败感，甚至出现习得性无助的消极心态，本节课围绕"如何面对学习无力感"这一主题，以危机干预模型为理论依据，以教育戏剧的教学方式，引导学生以合作探究的方式化解学习困境。

二、案例过程

1. 团体热身阶段：情绪猜猜猜

教育戏剧中，心情雕塑这一演绎形式常被用来重演简单的生活情境。首先，我简单总结上节课中大家提出的共性困难，并引出本堂课的主题。我邀请三位同学上台表演三种与学习状态有关的情绪情境，即"考试来临前的紧张兮兮""进考场时的胸有成竹""发放成绩时的忐忑不安"。接到任务后，三位同学需要先用一个肢体动作表达出相应的情绪，被我依次拍肩膀后，即兴说出一句自发的台词。

在这里，我会提醒三位演员：演员的演绎一定是要代入规定情境的。他们需要用最专业的动作、最合乎情境的台词，让其他同学尽快猜到他们演绎的内容。

将戏剧带进课堂，可以引发学生们的积极性，达成团体热身的目标。

2. 团体转换阶段：我的心情雕塑

团体转换阶段需要学生向内思考，觉察自己的情绪，把关注点重新拉回到实际问题中。"刚刚的三个情境，大家都经历过吗？老师想作一个小调查，请曾在学习方面感受过成就感的同学把手举起来。"有的班级一开始举手的同学较少，我就会提醒，"只要是曾经有一个时刻感受过成就感的，都可以把手举起来"。紧接着，我邀请同学们对学习中感到无力、挫败的时刻进行表达分享，并邀请两位同学演绎出他们的内心独白。当我们的故事被说出口、被听到，通过肢体的表达被看到时，团体中的联结就发生了。

有一位预备女生曾咨询过"不敢问老师题目"这一问题。根据危机干预模型,获得援助的可能性低也是导致危机发生的必要因素,因此,我会在这里询问同学们"多大程度上会选择求助"。

我观察到一些男生把手举得高高的以示求助,而有些女生把手放在了肩膀以下(低于5分)。我没有让同学们分享他们不敢求助的具体原因,而是直接顺势进入接下来的团体工作阶段。

3. 团体工作阶段:小A的故事

第一个故事与面对困难不敢求助的情形有关。我扮演小A,采用流动塑像(流动的心情雕塑)的方式,即用几个肢体动作来演绎小A内心遇到困难的无力感和不敢求助的纠结。表演完毕,作为小A的我询问大家,"刚刚我的内心里有很多的担心,大家知道我在担心什么吗?"同学会回答:"担心自己求助被拒绝""担心自己被认为是个能力不够的人""担心被嘲笑"。我继续问:"大家看的到我这么多担心背后,内心想要的是什么吗?"收集完学生的回答之后,我会重新用流动塑像扮演小A,并同时说出"我"内心的期待:"我想要解决这个困难,希望你能够帮助我。"

"作为小A同班同学的你们,听到了小A内心的期待。作为被求助者,你会选择帮助小A吗?"我跳出小A的角色提问。这里大部分的同学回答"会",有个别孩子回答"不会""不一定",这是我意料之中且期待的答案。我让这些同学也说出自己拒绝提供帮助背后的担心,引导大家去理解求助者和被求助者双方的不易,真正打开互助共赢的双向通道。

如果求助通道打开,危机干预模型(挫败感高+困境感高+获得援助可能性低=心理危机风险高)中"获得援助的可能性低"就会被干预成功。接下来继续走进小A的故事,我们通过积极归因来降低挫败感。

这次我会邀请两位同学扮演小A,分别演绎小A在英语考得不错时和数学失利时的内心想法,引导学生总结小A的消极归因(把成功归为运气,把失败归为能力差)。我邀请台下的学生续写接下来小A的行为。同学们的答案是一致的:小A的数学最终会越来越差,甚至直接放弃。

"把事件的结果归因为不可控的运气,似乎会让我们下一步的行动有夭折的风险,那有没有什么归因可以通过我们的控制,影响事件结果?"

"努力",有的班级会直接说出答案,"努力不够所以考试失利。应继续努力,而不是沉溺于自我怀疑中。"

在课堂上,我会邀请学生针对困难科目提供一些学习经验。我会尽可能地将同学们提出的经验具体化,更具可操作性。比如,有学生表示学习英语需要多积累,我便会继续进一步询问该同学平时积累英语的方式(时间、地点、工具)。我会鼓励"学霸"们主动帮助同学、分享经验,我也会引导同学们提出质疑,毕竟同一方法并不适用于所有同学。

同学们讨论过程中,也会有同学质疑一些"小A"不按时完成作业、上课睡觉等行为,我也会在这里微笑提醒,"是的,我们今天对于小A的所有帮助,其实都建立在小A具有认真学习态度的基础之上。不管之前如何,希望同学们在这节课上可以作出承诺:我愿意尽可能努力学习,以提升我的学习成绩。"

4. 团体结束阶段:心手相连

最后,我邀请大家通过一个活动,将互帮互助的学习风气延续下去。我对每位同学发放了2种不同颜色的手环纸,让他们在手环上分别写出以下内容。

  蓝色纸:如果未来我在_____上有困难,我会寻找你的支持!
  红色纸:我觉得我在_____方面还不错,我愿意给到你支持!

  同学们互相寻找,在能给予帮助的同学的手环纸上签名,也邀请能给予自己帮助的同学在手环纸上签名。

  我总结道:无力感可能是危机,让我们陷入自我怀疑;也可能是转机,提醒我们提升自己。我们今天感受了它、理解了它,之后会慢慢学会如何面对它、转化它。

三、案例反思

  教育戏剧让学生在表演中达到学习目标,从感受中领略意蕴,从交流中发现可能性、创造新意义。它是一种培养学生全面素质的教学方法,值得重点关注,并不断予以改进。

深度开发图书馆功能　尽情营造书香校园

——浅谈图书馆在书香校园建设中的作用

上海立信会计金融学院附属学校　黄美莲

《教育部校外读物进校园管理办法》的十一条这样写道：中小学要大力倡导学生爱读书、读好书、善读书，可设立读书节、读书角等，优化校园阅读环境，推动书香校园建设。应注重开展形式多样的阅读活动，提高学生的阅读兴趣，培养学生良好的阅读习惯。毋庸置疑，阅读既可以开拓学生的视野，培养学生独立思考的能力，还可以陶冶学生的情操，培养学生的气质。

2021年7月，"双减"政策落地。"双减"的根本目的是减轻学生和家长的负担，让教育回归本质，让学生有更多富余的时间进行充分阅读。新形势下，我们应该抓住机遇，把图书馆建设成为师生阅读活动的最佳场所，为学生营造一个良好的阅读氛围。

下面浅谈图书馆在书香校园建设中的作用，及图书馆对书香校园建设的途径与措施。

一、图书馆是开展书香校园建设的主要阵地

书香校园的建设，离不开图书的身影。图书馆历来被誉为学生的"第二课堂"，是校园内书刊最为齐全、信息最为丰富的地方，是教育教学必不可少的条件，也是学生成长必不可少的组成部分。

课堂教学是培育学生全面发展的基本途径。学校图书馆是课堂教学的延伸与补充，是学生成才的重要场所。

随着教改的推进，课程内容与实施方式都发生了翻天覆地的变化。尤其是语文学科与道法学科提出培养学生爱读书、勤读书的习惯；提倡学生读整本书，读名著；鼓励学生自主选择阅读材料，扩大阅读面，增加阅读量。

这些都要求学生具备包括阅读理解与表达交流在内的多方面的基本能力，提升运用现代技术搜集和处理信息的能力。而图书馆在其中可以发挥很大的作用。

中小学图书馆是学校的文献资源中心，是学校文化建设和课程资源建设的重要载体，是学校开展教育教学活动，促进学生健康、自主和持续发展的重要场地，也是社会公共文化服务体系的重要组成部分。

与其他教育形式相比，学生的阅读活动更是一种由内而外的情操熏陶过程，深入影响着学生德智体美劳的全面发展。

"双减"政策下，培养学生的健康心理、正确价值观以及各种行为规范，尤为重要。学校建立适应时代发展和学生成长的图书馆，可以满足师生需求，净化校园文化环境，为学生提供健康的书香环境。

国际学校图书馆学会主席詹姆期斯·亨利曾说道:"学校在图书馆里,而不仅仅是图书馆在学校里。"图书馆在学校的日常教育工作中具有非常重要的地位与作用。学生不仅要学习知识,更重要的是掌握打开学习大门的钥匙,利用图书馆资源获取海量知识,养成终生学习的良好习惯。蔡元培先生认为要发展教育事业,培育天下之英才,办好图书馆是重中之重。古今中外名人学者的观点,皆表明学校图书馆是书香校园建设中不可或缺的重要阵地。

二、图书馆对书香校园建设的途径与措施

1. 优化图书馆环境,打造书香校园雅致氛围

环境对人的精神影响是不言而喻的,也是潜移默化的。图书馆营造优美的环境形成良好的阅读氛围,这是校园文化建设的重要内容之一。应注重图书馆建设,使图书馆富有文化气息。

图书馆的整体布置要整齐大方、干净明亮,使人心情舒畅;同时应设立休闲区域,并加以绿化美化。图书馆应让读者在轻松愉快的氛围中感受美好,也学习更多的知识。

馆内应设有教育橱窗、学习专栏、艺术长廊等,营造幽雅宁静的艺术氛围,让青少年自然沉浸其中,深受文化艺术熏陶,从而产生积极向上的动力。

教育家陶行知先生说:一种生机勃勃、稳定和谐、健康向上的环境,本身就具有广泛的教育功能。走进图书馆,就是走进快乐的天堂,在浓郁的学习氛围中,学生们受到感染,自然就慢慢体会到学习和阅读的乐趣。

2. 读书活动引领,引导学生自主阅读

图书馆是学校的第二课堂,是学校打造书香校园的重要场所。图书馆收藏着大量文献资料,能够满足大部分学生的需求。

如何把学生吸引到图书馆中来,笔者认为除了提供多种形式的服务方式,营造舒适、自由、宽松的阅读环境(如开架借阅、专题查询以满足学生需求)之外,还要联合学校各部门举办各种读书活动,使学生乐于阅读、享于阅读,从而在阅读过程中让学生产生愉悦感和满足感,达到自我发展的目标。

可在高年级开展主题演讲活动,让学生通过查找资料,丰富演讲内容,增强演讲效果;教师可让学生定期推荐好书,以小报的形式图文并茂地表现自己最喜欢的书籍,并阐明阅读理由;可组织读书交流会,让学生以各种形式交流阅读体会;此外,教师还可以组织征文活动并进行评比。

冰心曾说过:"多读书吧,读好书,好读书,读书好!"古人云:"一日不读书,便觉言语无味;三日不读书,便觉面目可憎!"当"爱上读书,便爱上了整个世界"的理念深入学生骨髓时,教育的目标也就自然而然达成了。

3. 开展图书馆教育活动

如何在多如牛毛的众多图书中寻找属于自己的那块绿洲?对此,新学期伊始,我们开展了新生入馆教育,向学生介绍图书馆概况、图书基本知识和目录检索知识;以讲座形式讲解《中图法》的使用方法,让学生快速准确地了解、比较、选择和使用图书馆的藏书;在馆内设置活动白板,定期向学生推荐新书目;定期分类推荐图书,如名著佳作类、乡土文化类、美德诚信类、自然科技类,等等。

除纸质图书信息外,网络图书信息也非常丰富。为便于学生扩展知识面,在中小学的中

高年级中也可以开展讲座,介绍相关网站(如知网、百度文库等)及查询信息的方法。

此外,馆员还可以开设相关课程或活动,指导学生在阅读过程中做笔记、做摘抄、写心得,在阅读中接受知识。同时,还可以配合德育处开展思想政治工作,推动学校的社会主义精神文明建设,把中小学图书馆办成素质教育的摇篮。

印度图书馆学家阮冈纳赞说:图书馆成败的关键在于图书馆工作者。因此,我们必须建立一支高素质的馆员队伍。馆员要有一定的政治觉悟,学习读物进校园的相关政策,不踩红线、守住底线,确保读物健康;具有一定的图书专业知识,成为学生阅读的陪伴者与引领者;懂得一定的心理学知识,了解学生、懂得学生,走进学生内心。

总而言之,我们应重视图书馆建设,深度开发图书馆功能,尽情营造书香校园,让学生爱上阅读。阅读是世界上最公平公正的一件事,它不仅可以由内而外地打造一个人的气质,还可以改变人的命运。正如浦东新区教发院院长李百艳老师的呼吁:"阅读吧,书籍犹如一艘船,把我们渡向一个又一个彼岸!"阅读,让我们变得更美好!

做一名有"仁爱"之心的智慧型教师

上海立信会计金融学院附属学校　胡莉萍

近年来,师生冲突的新闻屡见不鲜:教师打学生耳光、教师被学生用铁锤敲头、学生被教师批评后因想不开而一跃跳楼、教师因被家长举报而下岗……一个比一个触目惊心。有不少教师感叹:现在真不知道该如何做老师了;当学生犯错时,不管或少管,是对学生的不负责任;管多了,一方面学生觉得你很啰嗦,另一方面又怕他走极端。在总结自己多年教育教学实践的过程中,我认为当前形势下,要努力成为一名有"仁爱"之心的智慧型教师。

"仁"是一种宽容的精神,强调人应该有一颗爱心,并以爱心待人处世,达到人与人之间彼此真诚地互动感通和互济体恤;"仁者,爱人":既自爱,又爱人;既自尊,又尊人;"仁爱"是以对人生命的尊重和肯定为基础,落实于个体自我的完善。如何成为一名有"仁爱"之心的智慧型教师呢?

一、严格遵守教育法规,不断规范行为

有"仁爱"之心的智慧型教师首先应该是一位有良好师德的教师。一方面,教师的素质直接影响着学生的学风和学校的校风,教师的形象直接关系着学生素质的培养。"学高为师,身正为范",教师应该用自身的榜样作用和人格魅力去感染学生,合格的教师才能塑造出合格的学生。"百年大计,教育为本;教育大计,教师为本;教师大计,师德为本。"作为人民教师,首先要做到为人师表,树立良好的形象。古今中外无数事例证明,育人单凭热情和干劲是不够的,还需要以德立身、以身立教。另一方面,在教育教学过程中,智慧型教师一定要非常注意方式方法,严格遵守教育法规,决不触碰教育"红线"。比如,教师有时会遇到学生交上来一个字没写的作业本,这时千万不能冲动,一定要冷静下来,慢慢想其他办法。有"仁爱"之心的智慧型教师一定会把教育法规常放心中,不断规范自己的行为。

二、尊重学生、宽容学生,也教会学生尊重别人、宽容别人

有"仁爱"之心的智慧型教师也一定是一位尊重学生、宽容学生的教师。一方面,"教育不能没有爱,没有爱就没有教育",尊重学生是爱的前提。在尊重学生、师生平等的基础上去爱学生,才能正确地对待学生的过失,才能赢得学生的爱戴。设身处地地考虑学生的行为动机,将心比心。应以热情换取信任,以坦诚换取信任,以信任换取信任。只有这样,师生关系才能融洽。但值得注意的是,教师也不能对学生无原则地宽容、退让,否则只会让学生肆无忌惮、目无尊长。

比如,我们经常会遇到个别同学不交作业的情况。如果不管他,是对他的不负责任。长此以往,他可能就会养成不做作业、不交作业的坏习惯。如在课堂上质问他为什么不交作业,然后狠狠地批评他一顿,他可能会非常反感,"这个老师真讨厌,当众批评我,让我一点面子也没有,我就不做,你能拿我怎么样?"遇到这样的问题,我绝不会不管,更不会当众批评,

而是下课把他单独叫到办公室。首先我会询问他不交作业的原因,他可能会说"忘带"或"忘做"。我告诉他上课时我之所以没有当众批评他,是对他的尊重,如果他能主动来找我说明情况也体现了他对我的尊重,和对自己作业的重视。我还请他思考一个问题:如果家长生病了或有事不能去上班,是提前主动请假,还是等领导发现人没来,打电话去问原因?他好像有所触动。最后我再跟他约定忘带的作业何时带来,或者忘做的作业何时补好,并提醒他犯了错,我可以给他改正错误的机会,但同样的错误不能一犯再犯。这样不但避免了师生矛盾,而且也让学生学会了尊重他人。

三、掌握新时期学生特点,重塑教师形象

有"仁爱"之心的智慧型教师也一定是一位掌握新时期学生特点、因材施教的教师。随着互联网的高速发展和各种信息手段的使用,学生能够更全面地了解各方面的信息。现在的学生独立性更强,思维更活跃,对新鲜事物充满了好奇。同时他们也比较自我,忍耐力较差。有专家表示,"吓一吓、哄一哄、诈一诈"的老三字经对现在的学生已经不管用了,不停地啰嗦的老师会被学生评价为"唐僧"。面对"新新人类",教师要重新思考教育对策,重塑教师形象。

比如,现在的学生对教师一本正经的长篇大论,已经练就了"左耳进,右耳出"甚至"充耳不闻"的本领;此外,他们更喜欢幽默风趣的教师。所以,当有的学生计算出现错误、把减法当成加法时,我对他说:"你一定是个理财小能手,看你们家的钱越用越多呀!"有的学生计算时丢了一个0,我对他说:"你一定要当心啊,不然以后你做了会计,一不留神就成了贪污犯呀!"上课时举手的同学太多,我不知该请谁好,有学生还抱怨:"老师,我一直在举手,怎么一次也不请我呀?"对此,我把学生的学号写在小纸条上,放在小盒子里抽签。不久后一个学生竟然做了一个电脑抽号系统,学生们都期待着能抽到自己,也担心万一抽到自己答不上来怎么办,久而久之,上课走神的学生越来越少了。家长会上,我大大表扬了研发出抽号系统的这个学生,家长也觉得很自豪。前几年学校装了电子白板,刚开始用时,我还有些不太熟练,没想到有几个学生竟然可以给我指导。在他们的帮助下,我能运用自如了,还得到了学生们的鼓励:"老师你真聪明,学得很快!"我笑呵呵地说:"谢谢夸奖,我是聪明的老师,你们是聪明的学生,看来我们是完美搭档啊!"我们的师生关系越来越融洽、和谐,"亲其师,信其道",进而"乐其道"。

四、激发学生学习兴趣,鼓励学生探索求异,培养学生学科情感

有"仁爱"之心的智慧型教师更是教学能手。上课时,他们能精心设计情境,激发学生的好奇心,吸引学生的注意力;精心设计问题,让学生积极动脑思考,大胆发言;平时关注学生的点滴进步,及时肯定、表扬;深入了解每个学生的学习基础和学习能力,提出不同的学习要求,让每个学生都能体验到成功的快乐;鼓励学生不懂就问、大胆质疑,敢于发表不同意见和想法。

我曾接手过一个基础较差的班级,经过我两年的不懈努力,学生的精神面貌发生了翻天覆地的变化:交作业时他们很有礼貌,上课时聚精会神,思维活跃;下课时他们主动来问课后作业。课代表在班级的心愿墙上这样写道:我希望永远做数学课代表。虽然我觉得当老师有时非常辛苦,但看到学生们饱含学习热情的眼神,和他们一点一滴的进步,一切都是值得的。

"知之者不如好之者,好之者不如乐之者。"有"仁爱"之心的智慧型教师能更好地调动学生的主动性与积极性,引导学生走上一条快乐学习的道路。我要努力成为这样的教师。

感悟生态课堂

——让学生成为科学课堂的主人

上海立信会计金融学院附属学校　张韵霄

新课程呼唤以仁爱为核心思想的生态课堂。在以仁爱为核心思想的生态课堂上，教师与学生之间不再是"征服与被征服"的关系，而是信任和平等的关系。师生彼此敞开心扉，共享知识、共享智慧、共享人生的意义与价值，共同创设自由对话的课堂。生态课程始终贯彻"让课堂充满活力、让学生成为学习的主人"这一思想，在教学过程注重师生互动，以学生为主体。教学设计应当引导学生获得自主、探究、合作的学习方式为目标，"为学习设计教学"：学生是学习的主人，应设计宽泛的问题，给学生提示学习和探究的线索；激发学生的求知欲，提高问题的含金量；下放学习的权利，给学生充分的时间和空间来进行探究，激发学生的潜能。

在这个过程中，教师要改变以往只关注灌输和讲解的惯例，学会倾听。学生应敢于诉说。正如陶行知先生所说：我们必须变成小孩，才配做小孩的先生。在课堂中，老师应做学生的知心朋友，以真诚的微笑融入孩子的世界，用心灵去倾听；老师应成为学生成长路上的朋友，能根据课前的预设和课堂的生成组织教学，用宽容、理解、欣赏的目光去发现；老师应是学生的学习伙伴，引导学生与文本、作者对话，进行思维和心灵的碰撞，感受生活的多姿多彩。作为课堂生态系统中的主体因素，教师与学生处于自由开放的状态，以全身心的投入为基本特征，构建出一种和谐自然的对话氛围。

经过这几年的观摩、学习和反思教学，我感悟到了生态课堂教学重在引导学生展示、反馈。只有这样，才能有效实现学生主体地位的提升和教师角色的转变，学生才能成为课堂上真正的主人。于是，科学课堂出现了令人耳目一新的情景：学生成为学习的主人，在自主、探究、合作中，主动获取知识；学生们敢于发表自己对文本的个人理解，敢于标新立异、独树一帜，敢于质疑。学生们不断闪烁的思维火花令老师叹为观止，师生之间平等地进行感情的沟通、智慧的交流。班级里充满和谐友好的氛围，这一切的变化，离不开教师角色的转化，离不开教师自身的亲和力。建立起互动、和谐的师生关系，是生态课堂的首要任务。从实践中，我认识到从以下几方面着手，可以树立教师的亲和形象，融洽师生关系，让课堂充满活力，让学生成为学习的主人。

首先，教师上课时应语调亲切，表达干净利落，从而唤起学生的好感。教师的课堂用语应贴近学生的心理和年龄，把自己当成学生的朋友，例如总是说，"让我们一起来……"；时时站在学生的角度，重复他的观点，例如说，"你的意思是说……"；使学生感到被理解和重视，习惯于用"请你……""你们认为……""请坐"等礼貌用语，以礼相待，使学生充分感受到尊重。

其次，不可忽视肢体语言的作用。教师不应表现出拒人于千里之外的姿态，要从讲台上走下来,走在学生座位之间,用真诚的微笑面对学生,用眼神传达对学生的真诚、情感、希望,善于用眼神同学生交流。当对学生进行评价时,老师甚至可以适时地摸摸他的头,轻抚学生;在学生进行合作学习时,来回巡视,引导和组织他们更好地学习。

另外,在课堂外,教师也应该注意与学生沟通,和学生一起活动。利用课余时间,同学生聊天、谈心、嬉戏玩乐,走进学生的心灵;采用写批语、给学生写一封短信等书面形式,与学生进行互动交流。语言是沟通的媒介,教师借助语言走近了学生,使自己生活在学生当中,从而使师生之间有了平等互动的可能。

善于倾听学生的发言。学生是学习的主人,老师要把学习的权利下放给学生,使他们在自主合作和探究中主动地获取知识。教师在课堂上往往会设计许多宽泛的问题,如"这次活动你有什么收获?谈谈你的想法并说明理由。""对这个问题你还有什么看法?你还有什么疑问?"……这些问题让学生自主地探究知识,给学生的自主探究提供了广阔空间,引导他们自主探究、主动亲近科学,给不同层次学生提供了表现的机会。教师往往是学生忠实的听众,应以真诚的态度接纳并倾听学生发言,使学生表达出想要表达的东西;应珍视学生独特的体验和理解。教师应允许学生有独特的感受和理解,允许学生从不同角度去理解,从而得出不同结论;应让学生畅所欲言,在参与中获得知识,在争论中擦出火花。

作为引导者,教师应适当地做一个倾听者。应关照学生,与学生同在,让学生充分展示他们的学习能力,适时对学生的发言进行鼓励评价,用真诚的态度接纳、理解、包容学生,使他们愿意对话、渴望对话,且能够对话;应使课堂充满民主、和谐的气氛,充满智慧和创造。在老师无声的欣赏中,学生敞开心扉,张扬个性,解放了创造力。我也听出了学生回答中所体现出来的创造力,如有的学生认为,学习科学可以增长见识。教师应鼓励学生学会思考问题,了解自然的奥妙,鼓励他们主动探究自己感兴趣的问题。下课后,学生团团将教师围住问问题,也会拉近学生与教师的距离。

教师在课外注重与学生的沟通,有助于融洽师生关系。通过改善师生人际关系不仅可以促进教学,还可以了解关于学生学习体验的信息,为课堂贴近学生储备素材。教师要多同学生聊天、谈心、嬉戏玩乐,与之共同进行探究实践活动,通过多种渠道走进学生心灵,把师生的积极互动延伸到尽可能宽泛的领域。

学生自己通过努力,借助尝试、探究、调查、实验、合作等方式,不断探求问题的答案。在解决问题的过程中,学生的问题意识被激起,并生成更多、更深刻的问题。教学需体现人文关怀,以学生为主体、融入激情,使教学充满生命力和活力。这样教学才会富有吸引力,才能体现知识的无穷魅力。教师应创设丰富的教学情景,注重学生的体验。教学应面向全体学生、关注学困生。应分组合作,兼顾好、中、差。教师应尊重学生的个别差异,因材施教。当学生缺乏信心时,教师要给予启迪,唤起学生的力量。

在以仁爱为核心思想的生态课堂中,学生获得了正面的个性发展。面对学生,我们需要施展正能量,让学生成为课堂的主人。构建以仁爱为核心思想的科学生态课堂一定是美好的,且值得我们教师为此不断努力。

过程性评价,提高学生探究的习惯和有效性

上海立信会计金融学院附属学校　王云燕

一、案例背景

一年级的小朋友刚刚入学,爱说爱动,自控能力较差,注意力容易分散。为了使这些孩子尽快适应小学生活,我根据教材内容和小朋友的年龄特点,着重培养学生的学习习惯,让他们尽快适应小学生活、学会学习。习惯是一种稳固的动力定型,是长期逐渐形成的、一时不易改变的行为或倾向,是后天获得的。一定的学习行为重复多次就会形成一定的学习习惯。小学阶段是培养良好学习习惯的最佳时期,因此我就从一年级开始在学习习惯养成方面对学生进行培养和训练,使学生在学习数学的过程中及早养成良好的学习习惯。在培养学生学习习惯时,适当评价可以激发学生的学习积极性,提高学习的有效性。下面就以"物体的形状"为例谈谈我的做法。

一年级"物体的形状"是学生第一次接触到数学中的几何知识。根据心理学的研究,学生对几何的学习应该遵循"立体—平面—立体"的过程。本课时的教学目的在于让学生识别日常生活中经常遇到的立体图形。在教学中,教师可让学生积累对几何知识的经验。通过观察、触摸、验证等数学活动,学生可识别并区分长方体、正方体、圆柱体和球。教学中通过师生评价,可充分激发学生的积极性,让学生参与学习的全过程,使学生在活动中探究知识,掌握学习方法,提高学习能力。

二、教学实录

1. 认识物体的形状

学生四人一组,分别摸一摸长方体、正方体、圆柱体和球,说说自己的感受。要求:
(1) 小组成员轮流摸老师提供的立体模型;
(2) 在组长的带领下有序交流;
(3) 汇报并评价组员活动情况。
　　生1:我发现长方体、正方体的每个表面都是平平的。
　　生2:我发现球的表面都是曲的,没有平面。
　　生3:我发现圆柱体的两头是平的,中间是曲的。
　　评价:我觉得生1讲的声音响亮,我要向他学习。
　　我觉得第二小组活动时非常规范,送他们一颗规范星。
　　……

大部分学生都认识长方体、正方体、圆柱体和球,但容易和长方形、正方形、圆形等平面图形混淆,而且要说出它们各自的特点和不同有一定的困难。可以在教学中让学生来摸一

摸,切身感受一下,并说说它们有什么不同。通过触摸建立表象,教师可帮助学生区分各物体的形状,初步感知长方体、正方体的六个面:长方体六个面长长方方的,正方体六个面的大小都一样;圆柱体两头是平的,中间是曲的;球的表面都是曲的。在平时的课堂教学中,教师应充分培养学生合作学习的能力和习惯。在独立思考、解决问题的基础上,教师应让学生进行小组交流,使每个学生都能发表自己的观点、倾听同伴的解法,感受解决问题策略的多样化与灵活性。老师在小组活动中,可以对个别学生进行辅导和评价,同时鼓励组长和组员之间相互评价,如某某同学的操作很专心,某某同学的交流很清晰,某某同学能够独立发言、进步很大,等等。这有利于培养学生小组讨论的规范性,使之更有组织、更有秩序,有利于使不同的学生得到不同的发展,掌握更多、更好的方法,从而增加学生学习的积极性。

2. 认识物体的滚动性

学生活动:倒出学具操作活动。

生1:长方体和正方体不能滚动。

生2:球和圆柱体能滚动。

生3:球可以朝任何方向滚动。

生4:圆柱体只能朝一个方向来回滚动。

教师可让学生把学具倒出来,引导其很快发现圆柱体和球在滚动,而长方体和正方体不能滚动。在此基础上让学生再次试验,得出以下结论:球能朝四面八方滚动;圆柱体只能朝一个方向来回滚动;长方体和正方体不能滚动。在活动的过程中,有些小组把球滚到了地上,有些小组始终有组织、有秩序地活动。这时,老师应给予及时的评价,表扬活动有序的小组,让其他组向他们学习,这样再次活动时其他组也能安静有序了。课堂上及时的评价,有助于一年级小朋友学会如何操作、如何交流,提高他们学习的有效性。

3. 搭一搭

学生可搭一搭积木块或学具。学生在小组内用所提供的学具,玩搭积木的游戏。这既激发了学生的学习兴趣,又进一步提升了学生的认知水平,让他们感受到了几何图形的美。在玩积木的过程中,学生之间进行互评,评出哪个小组搭的图形最美,哪一组的纪律最好,从而帮助学生提升审美观,提高语言表达能力。

三、课后反思

新的课程理念告诉我们,数学教学是数学活动的教学。小学生学习数学是自我探索、体验、建构的过程。为此,教师应从丰富学生的数学学习体验、促进学生主动建构的高度出发,设计教学活动,并将课堂评价贯穿始终。

(1) 活动感知,活动强化,形成自我评价能力。课堂上让学生自己动手摸图形,引导其对此进行观察,并用数学语言表述图形的特征,引导学生掌握并区分图形。在此基础上,教师引导学生继续操作图形,进行滚动试验,在操作中得出长方体、正方体不能滚动的结论,圆柱体能朝一个方向滚动的结论,及球能朝四面八方滚动的结论,让他们学会用数学语言进行小结。随后可让学生再用这些图形搭一搭,进一步内化立体图形的特征,加深学生的印象,并让他们感受几何图形的美。在操作的过程中应始终贯穿老师和学生的点评,如"操作时要安静有序!""你们小组的汇报真完整!""你的作品真漂亮!我们要像你们学习"……有了相互间的评价,小朋友便会在活动时更规范,在操作时更有序,在评价时更自信。

（2）培养学生评价的习惯。在教学过程中，教师应鼓励每个学生都动手，亲身感受，以便积累感性认识。老师准备了学生喜欢的学具，让学生自带了实物模型、积木等，从而激发学生参与的积极性。在动手操作的过程中，应引导学生尽量保持一定的秩序。例如，在组长的带领下，有秩序地进行小组操作；在老师的指挥引导下，让学生按要求独立操作。完成后，教师应尽量引导学生用数学语言进行概括和描述，从而达到主动获取知识的目的。因此，教师可在操作前提出相应要求，让学生按要求完成任务，这样才能做到有序、有效。每次活动结束，都会有孩子对自己的活动结果或作品进行评价，对班级同学的活动或作品进行评价。经过几个月的学习生活，部分孩子养成了良好的评价习惯。良好的开端是成功的一半，在以后的学习中还需要老师及时提醒和纠正。同时，教师要不断优化课堂教学过程，激发学生的学习兴趣和主动参与意识，对学生多表扬、多肯定。教师应让学生感受成功与喜悦，激发他们学习数学的兴趣与积极性，发展学生的数学素养和能力，从而提高教学效果。

叩开心灵的门

上海立信会计金融学院附属学校　葛圣妮

在《去情绪化管理》一书中,作者西格尔提到了"培养第七感",即帮助孩子培养洞察自己内心的能力,觉知他人感受的能力。"第七感"即同理心,同理心是高情商的一种表现。教师的短期教学目标可以是纠正孩子不良行为,传道授业解惑;长期目标则可以为塑造孩子的高情商。反思自身,作为一名教书育人的教师,我是否拥有了这样的同理心呢?又是否走出了"我以为"的死胡同,真正从学生的角度思考和解决问题了呢?

当我们的学生有不良情绪的时候,往往会出现你让他往东他偏往西的情况,不少家长、包括教师经常会认为,这孩子就是故意气我的,想要对着干。他们往往忽略了孩子所处的年龄段,以及他自身的特点。是他故意不想做,还是真做不到?理性深入地区分学生的"不能"和"不想"很重要。教师自身的主观情绪和态度,也势必会对我们的教学内容、教学方式等产生影响。比如,我有这样一个学生,他给我上了印象深刻的一课。

随着学生们身心发展的逐渐成熟,又有了前三年的学习习惯的训练铺垫,在初三这个阶段,绝大部分学生进入了备战状态,然而仍有个别学生不为所动。其中,学生 A 就是最令我头疼的一个。

这个孩子平时一副玩世不恭的模样,任课老师对他的评价几乎都是聪明,但太懒惰,上课就睡觉,作业打折扣,始终游离在周围同学紧张而忙碌的氛围之外,并且毫无不安的感觉。在与他父母联系的过程中,我隐隐感觉到他们的态度从起初的担忧紧张,转变为些许的漫不经心。于是,我请班级中另一男生替我转达想和 A 聊聊的意向,在 A 情绪良好的时候让他到我办公室单独沟通。

在交谈的过程中我了解到,对他期望值非常高的父母简单粗暴地没收了他所有的电子设备,父亲日常花两三个小时与他谈心,希望能达到循循善诱的目的。但 A 一颗反叛的心正在蠢蠢欲动,我能从言语中感受到这个孩子强烈的抵触情绪。此外,母亲不久前怀上二胎的消息更是让他确信,自己是因为太糟糕所以被父母放弃。渐渐地,我找到了他近期态度反常、行为愈发放肆的原因。同时我也意识到,对这个孩子的教学教育不能搞"一刀切",而应在不给他过大压力的情况下尽可能地调动他的学习积极性。

比如,好多同学都羡慕他的好记性,许多语文的背诵内容他看一遍就能记在脑子里,但也因为这个优势,他更觉得初三的文言文复习课无趣。下课我问他昏昏欲睡的原因,他耸耸肩,回答我说:"都讲过那么多遍了还要讲;烦不烦;我知道了就懒得写⋯⋯"我听完后第一反应是有些无奈,因为文言文的中考复习必然是个反复的过程,无法避免。但同时,他的反馈也给了我思考,如何对一节已经上过的课文进行更有效率的复习,这是一个螺旋上升的认知过程,而不是让原本就掌握得不错的孩子觉得老师是个复读机。

对此我也作了尝试和改变,比如在上《岳阳楼记》文本理解复习时,我先让学生梳理文章的写作脉络,明确了范仲淹并不是为了写景而写景,最终目的是抒发自己的政治抱负。由此我让学生再回头看文章,具体研读每段的写作内容,建立段与段之间的关联。如此一来,学生不单能对文章主旨有更扎实的把握,在背诵文章时他们也感觉到,有了框架之后原本没有剧情的写景散文更好背了。我想这或许是一个带着学生内化文本的过程,一个把书从薄读厚、再从厚读薄的过程。而在翻译文章句子时,我首次采取小组竞争模式,每个小组承包一段,每个人都要轮到一句,并由其他小组成员进行评价。在这样的模式下,学生们的积极性被调动起来:为了找出同学翻译有问题的地方,他们更认真地倾听,也会更仔细地读书下的注释。我尤其关注了那个学生 A 的反应,他竟少有地在课上坐直了身体,眼神里也开始有了期待。

奥苏伯尔说过:"影响学习最重要的原因是学生已经知道了什么,我们应当根据学生原有的知识状况去进行教学。"这就要求我们在开展教学设计时,了解学生的情况,从实际出发,而不是从教材或从老师假想的问题出发。首先,要营造愉快和谐的课堂气氛,使学生乐于表现。其次,教师应调整好情绪和状态,保持充沛的教学激情。最后,要激发学生的学习兴趣,培养他们的好奇心。

卢梭曾言:"世上最没用的三种教育方法,就是讲道理、发脾气、刻意感动。"教师在教学中绝不仅仅是苦口婆心,或一板一眼,而是真正理解学生,从学生的角度思考和解决问题。正如著名教育改革家魏书生说过:"心灵的大门不容易叩开,可是一旦叩开了,走入学生的内心世界,就会发现一个广阔而迷人的新天地,许多令人百思不得其解的教育难题都会在那里找到答案。"

保持一颗发现美的慧心

上海立信会计金融学院附属学校　文振华

我从教二十余年,担任班主任也有十几个年头。繁重琐碎的班主任工作的确让人疲惫不堪,甚至沮丧、抱怨,但细细一想,还是有欣慰和喜悦在心头悄然滋长的。这份欣喜来自何方?是A同学有学习积极性了;B同学能跟同学和睦相处了……

教师的工作不仅是传道、授业、解惑,还要塑造人的灵魂,去除心灵的杂草。班主任应与学生朝夕相处,用发现美的眼光去欣赏学生、激励学生,让他们体验到被关怀的感觉。他们慢慢改变、进步,跟你的关系也融洽了,这就是班主任的成就。

我还记得曾经的王同学,他懒惰、思想幼稚、缺乏自我控制能力。课堂上,他总在做小动作,玩自己的笔或小玩具;又特别爱插嘴,想到什么就说什么,经常打断老师的思路;请他回答问题,他又不肯回答。一次数学老师请他上讲台做题目,竟然请不动他,数学老师非常生气。

找他谈话,跟他讲道理,他听老师说道理时应承得很好,事后又一套套"歪理"脱口而出。我感觉自己是对牛弹琴。

惩罚他!让他将课堂插嘴的经过写成思想汇报。半个学期后,他已快写完一个本子了。他憋着自己不插嘴,但依旧不听课,治标不治本。我找家长说明情况,家长也无能为力。他惹是生非、心胸狭隘,人际关系紧张,家长只能干着急。

怎么办?任由他放任下去,课堂效果势必大打折扣;下课他与同学打打闹闹,更是弄得班级鸡犬不宁。此外,同学们讨厌他、孤立他,这样对他也不利,而且他的脾气会更暴躁。

怎么办呢?那就只能顺应他的个性,观察他、发现他的优点,表扬他、欣赏他,再慢慢引导他。

通过观察,我发现他很诚实,无论是拖欠作业,还是捉弄别人,他从不推卸责任,总是勇于承认自己的所作所为。对于这一优点,我总是找机会在班级中非常郑重其事地表扬他。当时的王同学羞涩地抿嘴一笑。他脾气不好,我也希望同学们多宽容他,尽量不跟他计较。经过这次表扬,王同学开始在语文课上认真听课、回答问题了,有时还举手起来要求朗读课文。同学们也渐渐接受了他,接纳了他的个性。尽管他还是因为脾气臭而与同学有矛盾,但他在班级中再没有被孤立过,心情也好了不少。有矛盾时被我发现,他也能听从我的劝告,于是很多矛盾也被及时制止了。

一次语文课上,我提到一些外国文学常识,他听得津津有味。我提到大仲马这一名字,他马上说出《三个火枪手》这本作品。我当场赞美他课外知识丰富,希望其他同学向他学习,课外多阅读文学名著。后来,我经常找他聊天,了解他课外阅读的情况。我得知他已把《基督山伯爵》《三个火枪手》这样的长篇小说阅读了很多遍,阅读理解能力很强。尽管他不分场合插嘴,引人发笑,但他的确用词幽默,甚至蕴含了一些哲学思想,有时还会引发我们更深入地思考课堂内容。

经过反复地鼓励、表扬,他积极融入课堂、融入班级。美术老师也反映他上课开始听课了,也会紧跟要求完成美术作业了。下课后,他有时会主动找数学老师订正作业。初一年级举行羽毛球比赛,他破天荒主动要求报名参加比赛,并积极备战、全力以赴,为班级争得了荣誉。本学期校运会中,身材健壮的他又积极报名参加了铅球比赛。

尽管他还是懒惰,懒得背英语、懒得做作业,上课还爱插嘴,下课也会与同学有小矛盾,但在老师和同学眼中,他不再面目可憎,而是纯真可爱;有点玩世不恭,却又幽默风趣。由于爱阅读,他语文、英语学科的阅读题每次都完成得出色,成绩也不算差。重要的是他不再被孤立,而是融入了班级,脾气也好了不少!

升入初中一年,曾经焦虑不已又无能为力的父母觉得他进步很大,对他又充满希望了。

表扬是每个人都需要的,而学生在学习和成长过程中更需要被表扬。詹姆士曾说过:"人类本质中最殷切的要求是渴望、被肯定。"美国一位著名的教育家说过,赞美犹如阳光,获得别人的肯定和赞美是人们共同的心理需要,一旦这一心理得到满足,人们便会更加积极向上。

王同学的逐渐转变,让我体会到教育的快乐与满足。教育就是要练就一双慧眼,时时发现学生的美,探寻生命个体的美丽。

教育工作者只有时时保持一颗慧心,才能享受教育工作带来的快乐与幸福。

后疫情时代 依托互联网＋教育 教育转型之思考

上海立信会计金融学院附属学校 赵德芬

一、以"停课不停学"为背景,思考混合式教学

2020年是不平凡的一年,一场疫情改变了人们的生活规律,也改变了教育方式。为了有效应对疫情,教育部提出了"停课不停学"的举措,一线教师积极响应,认真参与线上培训,积极探讨线上教学的信息技术问题,互相分享线上教学的有效方法,确保了网课平稳有序地进行。目前,疫情已得到有效控制,各地已根据实地情况有序复课。再次站上三尺讲台的刹那间,我有些熟悉又有些不习惯,熟悉的是传统教学的模式,不习惯的是突然改变的教学方式。线上与线下两种教学方式各自的优势与不足,不禁让人思考:我们是否可以将两种方式的优势结合,利用混合式教学方式进行教学。所谓混合式教学,就是将在线教学和传统教学的优势结合起来的一种"线上＋线下"的教学方式。两种教学组织形式的有机结合,可以把学习者逐步引向深度学习。

二、网课为实施混合式教学提供了宝贵经验

网课期间,上海利用"空中课堂"给广大师生呈现了一堂堂精品课程。每节课都由优秀的专家团队、教师团队精心打磨,由优秀的教师讲解,可谓是最优质的课程资源。当然,再完美的课也有瑕疵:线上课程缺少了师生互动,使数学教学略显枯燥乏味;线上课程面向的是全市学生,其上课的节奏、上课的深度不一定适合我们自己的学生。但瑕不掩瑜,它既可以为我们老师备课提供参考资料,也可以为学生提供预习资料、复习资料或拓展资料……例如,我在准备一节课时,先以课本和教参为基础,然后形成自己的教学思路,接着再去空中课堂看相应的课程,对思考不严谨的地方进行修正,对考虑不全面的地方加以补充,从而使课堂教学变得更准确、更严谨、更充实。有时,我也会就某一问题或某一专题,截取空中课堂中的某一片段在教学时进行播放,让线上课程与线下课程有机结合。这既提高了我的教学效率,又提高了我的专业素养。对于学有余力的同学,我还建议他们去观看空中课堂相应的拓展课程,从而拓展了学生的思路,激发了他们学习数学的兴趣。线上资源是混合式教学的前提,只要运用得当,这些课程将成为混合式教学的有力保障。线上教学的优质资源与线下教学的师生互动、讨论、小组协助等课堂活动有机结合,必将对学生的学习起到良好的促进作用。

"空中课堂"后的师生互动环节,可谓是"只闻其声不见其人",缺少了面对面的交流。学生的学习得不到有效监督,尤其是自觉性较差的学生的学习效率更低。教师在问题讲解过

程中得不到有效回应,难以控制讲解的节奏与重点,即使通过连麦提问,但受到网络速度、硬件设备性能等条件限制,课堂的时效性降低。特别是对于数学中数形结合的题目或几何题目,学生很难只通过文字语言讲明白。即便如此,教师的一些习题讲解,却通过平台回放功能或录屏的形式保留了下来,为学生的课后学习提供了方便。线下教学的时间是有限的,课堂上未解决的问题,我们仍然可以通过录制短视频的形式来共享资源。例如,在假期作业中,我会挑选几道数学习题,让同学们认领感兴趣的题目,在家中录成视频,分享给大家。这不仅锻炼了学生的逻辑思维能力、语言表达能力,还提升了学生运用信息技术的能力及学习数学的信心。现在,虽然疫情已得到有效控制,但偶尔会有学生因特殊原因不能进入学校学习,为了解除他们怕跟不上学校进度的担忧,我在课堂上采用钉钉共享屏幕的方式进行教学,让居家的学生与进入学校的学生一起上课,线上教学与线下教学同时进行,使教学的空间得到延展。为了及时解决居家学习的学生的课后疑问,我利用平板电脑的屏幕录制功能,采用边讲解边书写的形式,将分析过程和书写过程一一录制下来,并将所录制的短视频及时发送给他们,达到面对面讲解的效果,从而确保每一位学生不掉队。这些都得益于网课的宝贵经验。

线上测验可以说是一场诚信测验,线上批改也给教师带来了不小的困难,我们在严重怀疑线上测验的实际意义时,也在其中发现了一些值得探索的地方。例如上海微校平台开辟了组卷功能,使教师编制试卷更方便。虽然资源有限,但随着资源及功能的进一步完善,它将会发挥更大的价值;对于选择题的测评,平台不仅能即时批改,而且还能从试题难度系数、考点分析、重难点等角度给出详实分析。测评数据便捷、准确、详实,这是线下测评很难达到的。数学是考查学生逻辑性思维的学科,由于解题方法不同、书写顺序不同,目前的信息技术很难辨识,所以线下批改也是必不可少的。线下测验是在教师的面对面监督下进行的,其结果的真实性比线上测验更高,更能反映学生的真实水平。可见,将线上测评与线下测评有效结合,能使教学反馈更精准。

三、混合式教学对教师专业发展的要求

网课伊始,广大教师都是摸着石头过河,数学教学中的公式、符号、非整数数字、图像、图形等的录入困难是首当其冲的难题。为了给学生呈现数学问题从提出到解决的动态过程,数学教师们集思广益,共同分享各种信息技术问题,把大量时间花在了几何画板动画制作、PPT动画制作或录制微视频上。为了在有限的时间内呈现良好的教学效果,从每个动画的呈现顺序,到每一句话的运用,我都在上课前进行了多次预演,每次观看回放后的反思又成为下一堂课提升质量的阶梯。所以,要上好一节网课,设计教学流程、制作课件、学习相关的信息技术只是完成了一半工程。讲课时的每一句话都要字斟句酌,语言要言简意赅,表达要尽可能准确、凝练。混合式教学将成为未来教育发展的趋势,线下教学与线上教学的结合,对教师的专业发展提出了新的挑战。作为教师,我们不仅要有扎实的专业知识,还要有检索前沿知识的能力。我们不仅要有熟练应用各种教学软件、视频制作软件的能力,还要有超强的语言表达能力。新时代的教师一定要掌握多种能力,不断提升个人的综合素养,以顺应未来教育发展的趋势。

四、混合式教学今后需要解决的问题

混合式教学不是线上教学和线下教学的简单相加,应思考如下问题:线上与线下的教学内容如何结合,才能保证既不重复又衔接得当?线上与线下的教学时间如何分配,才能保证学生学习的高效性?线上平台如何发展,才能使我们呈现动态的教学过程更方便?随着广大教师的不断探索、信息技术的不断发展及科学技术的不断进步,线上教学与线下教学必将能有机结合,实现优势互补。

静 待 花 开

——综合素质评价所带来的进步

上海立信会计金融学院附属学校　张娅梨

教育的本意是促进人的发展,教人求真、向善。传统教育评价的主要依据是学生获得的课本知识,或以单一的认知评价为主。这样对学生作出的性质评定并非是一种简单的成绩评定,往往会影响学生的一生。学生的潜能和个性被忽视,创新精神被压制,特别是其深化的影响可能导致学生心理和人格上的畸形。然而,促进每一位学生的自由、全面、持续发展和人格完善,培育创新人才是现代教育的最终目的。可喜的是,我校的学生综合素质评价体系就是在这一教育目的的指导下,引导学生综合素质实现全面发展。体育学科的学生综合素质评价不仅是实现教育目的、实施素质教育的手段和环节,同时也是素质教育理念的体现。

一、案例

从接手这个班开始,我就发现班上一个姓金的男生是这个班男生中最为调皮、最令人头痛的学生。他虽然头脑灵活,但自控能力差,上课随便讲话,和同学打闹,影响上课纪律,还有说谎的坏习惯。在练习过程中,只要老师视线一离开他,他就离开自己的队伍。在与同学相处的过程中,他不愿意和同学交流,喜欢一个人待着,与同学之间只要有一点争执就大打出手,是典型的自我主义者。平时同学问他借一点东西,他也不愿意。在体育课堂上,对于一些较难或者需要毅力的运动项目,他总是能偷懒就偷懒、能不做就不做。且在综合活动与同学共同完成一项游戏时,他总是显得格格不入,不能很好地与同学相互配合来完成。通过与班主任的沟通,我发现这个孩子是家中独生子,得到家里人尤其是家里老人的百般宠爱,从而养成了他肆无忌惮、为所欲为的性格。

二、对策

在课堂上我发现这个孩子不止一次地插嘴讲话,课堂上老师的批评对他没有任何约束作用。于是,在一次下课后,我将他留了下来,与他作了深入的沟通。我告诉他如何才能成为一名合格的小学生,如何让他人喜欢,如何做一个有礼貌、有气质的男孩。我用我的真诚和耐心打动了他:他逐渐改掉了急躁的脾气和不文明的举止,取得了一些进步,在课堂上也不会经常插嘴了。经过我的观察,这个孩子不愿意在课上练习,只要老师的注意力一不在他身上,他就偷懒。通过与他的沟通,我发现这个学生在身体上并没有任何的不适,而造成他不愿意运动的原因是他比较懒散、不守纪律。我还发现他喜欢体育游戏,每次综合活动做游戏时他总会热情高涨。小学生最乐意干自己感兴趣的事情,凡是主观上不愿意做的事情就很难做好。所以,我意识到要培养他体育锻炼的习惯,应当从培养兴趣入手。好玩好动是小学生的天性,因此我注重保护和发展他的体育兴趣。我开始有意识地对他讲一些名人锻炼身体的事例,和他一起运动。在上课指导他进行锻炼时,我注意将体育锻炼和游戏娱乐结合在一起。我将枯燥的学习内容融于游戏,比如将短跑变为追逐游戏,这样的锻炼使他感受到快乐。在课余时间,我会经常和他沟通,让他了解到体育锻炼是百利而无一害的,让他了解到体育的重要性,帮助他形成良好的规范。在同学面前,只要他有一点进步我就及时地给予表扬,并且让全班同学给予他鼓励。因为这个学生经常与同学打架,导致同学不喜欢和他一起玩耍。因此,在课堂上,我经常组织集体性的游戏,比如接力。接力需要团队协作,这样他在游戏过程中,可了解到如何更好地与同学相处。我经常选择他喜欢的运动项目,让他在集体运动中取得良好成绩。在他取得一定进步的时候,我及时给予正面积极的反馈。

三、成效

从这个学期开始,我发现这个男生有了明显的进步,课堂行为规范有了改进,对待体育学习的态度也有了明显的改变。现在课堂上,同学向我"告状"的次数减少了。在综合活动期间,我见到了他与同学们一起愉快玩耍,一起商量如何更好地活动。在接力期间,我看到了他与团队的配合,而不是像以往一样只会一味地责怪同伴而看不到自己的错误。通过与他的沟通,我发现,因为之前对他进行正面积极的鼓励,他现在可以认识到体育运动对他自身是有好处的,因此也乐于去运动。长此以往,我相信,他会有更大的进步。而现在,我也依然在他有所进步的时候给予表扬,同学们也乐于看到他的进步,也愿意帮助他。

四、反思

在一开始面对这个学生的时候,我并没有给予他足够的关心,只是一味地批评。但是一味地批评对他并没有任何帮助。后来我认识到不能只是我一个人做这个孩子的思想工作。于是我与班主任进行沟通,在他的帮助下,我认识到了这个孩子内在的闪光点。没有一个孩子是天生不好的,需要家长和老师的共同帮助、共同教育。学校教育很重要,家庭教育也很重要。表扬可以让学生看到希望,看到自己被认同。每个孩子都是独立的个体,我们应对不同学生采取不同的方法,做到因材施教,尽力发掘每个学生的潜能,而不仅仅是以成绩来决定好坏。我们要给予后进生更多的关爱,去了解他们成绩落后的原因,而不是简单地批评。教师应相信每个学生都有自己的闪光点,要充分挖掘他们的闪光点。

立足岗位实际,育人方法初探索

上海立信会计金融学院附属学校　谢嘉阳

一、问题缘起

2021年9月,我正式踏上三尺讲台,成为一名光荣的人民教师。在教学工作上,我是初三年级3班、4班的化学老师。在德育工作上,我是预备年级4班的班主任。

经过两个多月的实践和感受,我深感自己岗位的特殊性:横跨初中学段的起始年级与最高年级。作为最高年级的任课老师,我与学生一起面对毕业升学的挑战。作为起始年级的班主任,如何帮助学生从小学生角色转换为中学生角色,引领他们在学习上和行为规范上作出改变,是我的首要任务。

我面临着德育重心与教学重心分离的问题,班级中也出现了因我侧重于毕业班的教学工作,缺乏对学生的引导和教育,而导致的学生学习习惯和行为规范养成较慢、班级管理较为松散的现象。我必须结合自己的岗位实际,制定和实施一些方法和对策,以达到对学生进行教育和引导的效果。

二、思考与分析

预备4班的学生是第一次做中学生。对于如何成为一名合格的中学生,他们有很多的困扰。作为班主任,我应该为他们提供一些建议。

经过分析,我认识到初三年级和预备年级在成长上是存在联系的,即学生只有经历预备年级,才会成长为初三年级。相较于预备年级,初三年级不论在学习习惯上还是行为规范上,表现总体上比预备年级更好,基本具备了预备年级效仿和学习的条件。

教师要做学生的"大先生",同时也要发挥"小先生"的榜样作用。初三年级的学生比作为老师的我更有亲和力;在接受难易度上,预备年级的学生更容易接受初三年级学生的想法。我决定将初三年级作为学习的榜样和开展教育的载体。

三、组织与实践

(一)选定教育主题

班级中出现的问题主要体现在三个方面:第一,学生学习习惯不佳,上课不懂得记笔记;第二,学生上课行为不规范,任课老师需花一部分精力去维持课堂秩序;第三,作业质量不高,作业强化学习成果的作用没有得到充分发挥。应帮助学生建立有关上课的学习习惯,即知道和了解上课应该做什么、怎么做。应使学生在上课时有事可做、有事能做。给学生的注意力提供一个引导方向,即让他们上课认真听,认真做好笔记记录,纪律问题和作业问题自然会有改善。因此,我选定的教育主题是:中学生应该具备的学习习惯。

（二）开展教育

在 11 月中旬，我利用班队会的时间开展了"中学生应具备的学习习惯"主题教育。我采取的方式主要是展示法和讲授法。我展示了初三班级的课堂笔记，使预备年级的学生直观地感受初三学生笔记的端正性和美观性。学生反应非常不错，均表示想拥有这种学习笔记。借此机会，我要求预备年级的每位同学都准备好相应科目的笔记本。

此外，我还展示了部分初三学生的高质量作业。高质量的化学作业使学生感受到，作业质量好是一件非常美好的事情，也能进一步激起部分同学的上进心和努力意识。我指出，只有作业质量高，才会有优秀的学业表现。

（三）反馈与表现

主题教育结束之后，我做了一项无记名调查。全班 46 位学生中，有近 85% 的学生能认识到上课认真听讲、认真做好课堂笔记是保证课堂高效的重要方法。有近 65% 的学生表示应该向初三的学长学姐学习，在课上认真听讲，认真做笔记。

此外，我也对学生后续的表现进行了持续跟进。通过向任课老师了解上课表现、课堂纪律和作业质量，我发现经过这次主题教育之后，预备年级的课堂表现和纪律有了较大的改善，作业质量也有了明显的进步。但是，随着时间的推移，主题教育的效果在慢慢减弱，如何巩固好教育成果还需要我进一步思考。

四、反思与总结

在主题教育中，我采取的还是最传统的讲授说教的方法，对学生直观感受的获取途径不够丰富和充分。这可能限制了学生的认识，进而导致教育的效果没有得到充分体现。

在教育成果的巩固上，我必须认清一个事实：学习习惯的养成是一个从他律到自律的过程。预备年级学生的自我管理意识尚未萌发，自我管理能力有待加强，所以需要老师和家长帮助其形成良好习惯。班主任应该设计一些班级活动，使用一些方法对现有的学习成果进行巩固和强化，切实推动教育往深里走、往实里去。

初当班主任的杂谈

上海立信会计金融学院附属学校 徐晨斐

2021年,我光荣地担任了预备9班的班主任一职,这是我第一年当班主任,我有些忐忑,也有些期待。"兵荒马乱"的一年中,我有了些许心得。

一、学习成长

我自知作为一名"菜鸟"班主任,我与真正成熟的班主任还相差甚远,甚至许多班级管理工作都还尚需摸索,所以我总是带着许多疑问向其他老师请教,他们也总是耐心地为我答疑解惑。我们年级有好几位和我一样是新班主任,我们这些"菜鸟"总是聚在一起互相讨论、交流心得,也常常互相提醒待办事项,共同进步。另外,为了快速成长为一名成熟的班主任,我还报名参加了浦东新区2021年中学新上岗班主任培训,张丽工作室的老师们邀请了多位优秀成熟班主任为我们这些新上岗班主任进行专题讲座,帮助我们成长。感谢各位老师对我日常"骚扰"的不厌其烦,也感谢学校给予我学习的机会。

二、有爱互动

班主任只有了解了学生的心理,才能做好学生的管理者。在同办公室新班主任谢嘉阳老师的推荐下,我尝试每周以周记的形式和学生分享心事。一开始交到我面前的周记本只有寥寥几本,篇幅较短,内容也平淡,但我还是认认真真地给每一位学生回复、评论,有时还会画上可爱的表情包,贴上漂亮的贴纸。学生们拿到笔记本后觉得有趣,甚至会向别人炫耀:"你看,徐老师画的表情包好可爱呀!"现在每周一我都能收到厚厚一沓周记本,学生们在周记本里分享当周的趣事或心事,将我当成知己一般。通过周记,我和学生建立起了更密切的联系。

三、"严""爱"并行

作为一名"菜鸟"班主任,我颇受学生欢迎,和学生是很好的朋友。课间时,学生总爱来我办公室,向我诉说见闻或困惑,我也乐于充当倾听者或解忧者。久而久之,我发现学生和老师之间没有了界限。一次,几个素日与我亲近的女生犯了错误,竟嬉皮笑脸地歪在我的椅背上向我撒娇,企图"萌"混过关,这可不行!于是我板起脸来,让她们立正站好,严肃地进行批评教育。她们也终于收敛了笑容,一个个认了错,并道了歉。这样的经历让学生明白了"心中有规距,行事知进退"的重要性,也让我意识到了如何更好地"严""爱"并行。

四、班风建设

我注重培养孩子们的主人翁精神,把班级集当作共同的家,人人参与建设,人人乐于奉献。我还和学生共同制定了一系列班级制度,并鼓励每个学生都参与到班级管理工作中来,增强他们的责任感、归属感及集体荣誉感。我作为"大家长",以身作则,处处为学生着想,为班级出力。开学时,我精心挑选了笔记本、便签贴等文具,及卡通口罩、多肉植物等各种开学小礼物,学生乐得直呼:"开学万岁!"由于疫情期间,学生不能外出秋游,中秋节前夕,我利用午休时间组织开办了"中秋游园会",学生穿汉服、做月饼、猜灯谜。学生玩得尽兴,我也忙得开心。如此,我在活动中引领学生去感受、去体验、人人参与活动,人人收获成长。

五、家校互助

我在微信和钉钉上都建了一个家长群,家长群不仅可以实现方便快捷地完成一些通知和统计的功能,还可以是家长与老师之间进行沟通的必要桥梁。由于疫情影响,家长没有太多机会参观学校,参与学生的校园生活。而我刚好喜好摄影,所以每次班级活动时我总会给每位学生拍摄照片、视频并分享到家长群中,也会请美术老师、劳技老师等将学生埋首创作的样子拍下来转发给家长。家长们热心地将我分享的照片、视频等制成短视频分享出来,还开通百度云,将学生校园生活的点滴记录在云端,以作纪念。我在钉钉班级圈内发起不同的话题,让学生和家长在话题下分享内容。每当有通知或任务要转发给家长时,我会将通知内容提炼,并划出重点提醒家长,家长们也总是积极响应。由于我班家长群的氛围太过融洽,我已将原来"9班家长群"的群名改成了"9班家长夸夸群"。

我这个"小菜鸟"初当班主任,说不累不苦那肯定是骗人的,但我也收获了满满的喜悦与甜蜜。我小小年纪就拥有了46个"自家娃儿",早早地开始了"又当姐、又当妈"的酸甜日常。我和学生们共度了一个学期,也将开开心心地继续走完剩下的7个学期。对此,我成就感十足,也对未来充满了希冀。

见习教师职业生活随笔

——育人初体验

上海立信会计金融学院附属学校 杨嘉俊

苏霍姆林斯基说：我们教育工作者的任务就在于让每一个儿童看到人的心灵美，珍惜爱护这种美，并用自己的行动使这种美达到应有的高度。古人云：师者，所以传道授业解惑也。"传道"当指育人，"授业"当指教书，"解惑"当兼而有之，教师在教好学生的同时，还应该关注学生的身心健康和品德修养。初中是学生三观形成的重要时期，此时教师更加应该多关注学生的心理变化，帮助他们养成良好的习惯，并以此激发学生们的自主管理能力。

作为第一年正式踏入教师岗位的新人，除了担任英语教师之外，我还担任一个班级的班主任，这无疑是一个不小的挑战。班主任不仅要在学科知识上给予学生专业的指导，还要时刻关注每位学生的心理变化。班主任在学生的成长道路上是一个重要的角色，有着非常重要的使命，可以说是学生人生的奠基人、思想的领航员。在暑假进行一对一的家访后，我对学生的性格和学习习惯都有了一个大致的了解。我发现班级里大多数孩子的学习状态不错，仅有少数同学学习不太自觉，学习兴趣也不太浓厚。开学观察了几天之后，我专门找到这些学生开了一次座谈会，与他们进行了深入交流。我希望他们在上课时能认真听讲并及时做好笔记；并帮助他们与其他同学配对成了互助小组，每天一起进行学习活动。我还表示会随时关注他们的学习状态和心理状况。渐渐地，我惊喜地发现，他们能够默写出部分英语单词了。慢慢地，他们重新点燃了学习热情，上课听讲的质量也大幅提升。由此可见，爱的教育能激活学生的思维，彰显学生的个性，启迪学生的心灵，唤醒学生的潜能，让学生体验到学习的快乐和成长的快乐。在学生的学习生活中，班主任往往很难单一地从表面去观察发现孩子的生活或者心理方面的问题。班主任在做好班级管理的同时，更加应该多花时间在与孩子的沟通上，从沟通中了解学生的学习、生活和心理状态。更好地为学生指点迷津，让孩子看到自己的闪光点的同时，也能明白自己的不足，改正缺点。学生良好习惯的养成，永远不会是一蹴而就的，它的过程是循序渐进的。教师在作好教育引导的同时，适当地严慈相济也是必要的。

接班时除了一些学习习惯较差的孩子，还有一个小男孩浩浩，给我的印象非常深刻。他非常喜欢画画，而且也得过许多市级甚至国家级的绘画奖项。但他自控力极其不足，情绪容易激动，甚至出现过与其他同学有肢体冲突的情况。针对小男孩的问题，家访时，我与家长进行了深入沟通。我认为，首先，孩子自己喜欢画画，可以在不耽误学业的情况下让孩子继续绘画；其次，孩子的情绪出现问题，肯定是孩子想表达些什么，但没找到合适的方法。我对这个孩子采取了持续激励的方式：每天只要他完成了相应的任务或者是为班级做了贡献，我就会在全班面前表扬他。渐渐地，他见到老师会主动问好，与同学的关系变得融洽了许多，还交到了几个非常要好的朋友。

除了浩浩之外，还有一些调皮的孩子也令我十分头疼。一节体育课下课，同学们都拿着跳绳的绳子回教室的途中，两位同学发生了肢体冲突。这次是豪豪拿着手里的绳子，抽打在了帅帅的背上。班级里层出不穷的肢体冲突让我很是头大，我必须做什么来制止这一情况。在搜集了多方资料及请教了有经验的老班后，我决定开展一堂以"法制教育—关注校园暴力"为主题的主题教育课，在课上，同学们畅所欲言，我也从一问一答中了解到，他们并不是想去伤害别人，而只是一时冲动才会做出如此过激的行为。通过主题教育课上一个个鲜活的案例和"忍、和、恕、理"的四字方针，同学们对此类情况的应对方法也有了初步的了解。此外，我启动了"小小稽查员计划"，每个小组有一位小组长，专门负责协调组内同学的矛盾。我还设立了"大力水手"岗位，身材高大的同学专门负责将有肢体冲突的同学拉开来。在思想教育及班级制度的推进下，我们班再没发生过肢体冲突。相反，同学们互帮互助的行为开始变多。我也惊喜地发现浩浩在和他的朋友讨论着数学题目，有时还能在办公室里看到他询问数学老师问题的身影。在与浩浩妈妈的交流中，我也明显感到她对儿子充满了信心。这次的期中考试中，浩浩的数学还得到了"良好"。我相信通过不断努力，他在其他学科的学习中一定也能有所收获。

教师如果想事半功倍地完成对学生的教育和管理，就要想方设法激发学生的自我教育，把每一次对个别学生的教育都当成引导全班学生进步的的契机，让全体学生都能得到一次德育的机会；这同时也能更好地推动班级管理。在与同学们相处和磨合的过程中，我发现随着他们的改变，我也悄悄地在改变着：从最开始一味地用"野蛮"的态度去压制孩子们；到与孩子们平等交流，用正确的方式去引导。在教育孩子的过程中，爱的教育是必不可少的要素。对于像浩浩一样的孩子，我们更加应该用仁爱之心去教育他们。当孩子的心理或者行为出现问题的时候，往往是因为他们缺少关爱。他们最需要的不是父母给与他们多少物质上的激励，而是希望父母能够倾听和理解他们。

在处理学生的问题时，班主任应该采取贴近学生的方式去思考，倾听学生的心声。孩子们在平时的校园生活中时常会犯一些错误，作为教师，我们应适时指出错误，并督促孩子们加以改正。在指正孩子行为的过程中，我们不能因为他们不懂事就不尊重他们，更不能以粗暴的方式对待他们，加重他们的逆反心理。在教授孩子知识的同时，教师更应该关注孩子行为背后的原因，并用教育智慧与爱逐步引导学生改正不好的习惯。同时，作为班主任，我也应该终生学习，不断提高自己的道德文化修养。教师是文明的传播者，是学生们的榜样，其一言一行都是学生学习的表率。班主任在进行班级日常管理时，要与时俱进，不断提高个人修养。在未来的教育生涯中，我将不忘初心，用爱去对待每一位学生；根据不同学生的不同兴趣和需求，在宽与严之中更好地寻求教育智慧，在春风化雨中做到智慧育人。

抓住闪光的瞬间

上海立信会计金融学院附属学校　孙悦青

新教师在课堂中往往会按照自己精心准备的教案一步步地实施教学,生怕遗漏某个教学环节。这样虽然能够保证课堂教学的顺利开展,但是过于关注教学过程,反而会忽略学生的课堂反应。课堂教学是教师和学生互动的过程,教师应灵活地根据学生的课堂反应,随时调整教学内容和进度。从教以来,我一直要求自己在课堂教学中关注学生,也经常引导学生畅所欲言,努力捕捉到学生课堂闪光的瞬间。

一、案例背景

《记承天寺夜游》是苏轼的一篇小品文,写于元丰二年,苏轼因乌台诗案被贬黄州。此文营造了一个清幽宁静的艺术境界,传达出作者微妙复杂的心境。正是这样一种微妙复杂的情感使我犯了难。全文仅有八十余字,多为记叙和描写,少有表现作者内心情感变化的语句。如何在有限的文字中引导学生体悟苏轼复杂多变的内心情感呢？我想到的方法是通过有感情地朗读课文,在反复朗读中体会人物微妙的情感变化。但在实际教学过程中,学生的表现却南辕北辙,也给了我意外的惊喜。

二、案例描述

上课铃响后,我按照教案引导学生结合课下注释理解文章大意,并有感情地朗读文章。但是学生的朗读并没有投入自己的情感,更不要说体会其中微妙的感情变化了。这使我原本的计划落空了,而我也没能找出更好的弥补办法,只得按照教案的设计继续上课。

我问学生："到底是什么样的景色让苏东坡和张怀民夜游承天寺？你是从哪一句话找到的？"学生们不约而同地回答道："庭下如积水空明,水中藻、荇交横,盖竹柏影也。"答案虽然找对了,但学生本次朗读同样没有投入情感,并没有真正开动脑筋寻找答案。

为了进一步调动大家的学习积极性,我临时调整了教学思路,开始引导学生发挥想象力,描绘此时的美景。学生们开始三三两两地讨论起来。一位学生说道："月光照在庭院中,一片银白,周围非常寂静,仿佛能够听到虫子窸窸窣窣的叫声和风吹动树叶的沙沙响声。月色中除了水藻,还有蛙鸣。此时,苏轼和张怀民坐在台阶上,两个人神态悠闲,仿佛正在交谈着什么。"听到他的回答,我再一次改变教学思路,立刻追问道："大家想想苏轼和张怀民此时正在做什么？"一位学生迫不及待地回答道："交谈过程中,苏轼时而用手指着庭院中的水池,时而轻轻抚摸着张怀民的后背,两人时而高谈阔论,表情严肃,眉头微皱,时而抚掌大笑。"我继续追问："刚才在同学们的描绘中我听到了有池塘、水藻、蛙鸣等,这些东西是真实存在的吗？从哪里可以看出来？"学生们迫不及待地回答道："不存在！从'盖'字可以看出来！"我回答道："很好！从这个字中,我们能够读出当时苏轼与张怀民的神情是什么样的？""他们也是突然意识到真相,两人恍然大悟,如梦初醒。"一位学生抢答道。伴随着他的回答,班上其他学生开始不由自主地表现出恍然大悟的神情。

于是,我又一次趁机追问道:"惊奇是一瞬间的,只有几秒钟,惊奇以后呢?他们两人会是什么反应?"有学生抢答道:"他们会哈哈大笑,有可能还会相互调侃。"一边说着,他一边表现出惊奇的神情,甚至还拍了拍同桌的肩膀来表示调侃。

看到学生们充满想象力的表演,我顺势邀请了两位学生扮演苏轼和张怀民,将文章中所描述的片段表演出来。在表演过程中,"小苏轼"为了能够凸显"盖"字的恍然大悟之感,在"解衣欲睡"部分表现得百无聊赖,在"月色入户,欣然起行"部分面带欣喜,在表演"念无与为乐者"时又面露难色,很是失落……台上的"小苏轼"和"小怀民"尽情地表演着;台下的小观众们时而哄堂大笑,时而各抒己见,指导两位小演员的表情和动作。

三、案例反思

教师需要细心、耐心地发现课堂中的每一个"闪光点"。在这节课中,学生的"闪光点"主要有以下几点:一是学生能够在感受文章景物时联想到美景背后的人。有人的存在,自然而然就有人的情感,可将景物与情感融为一体。二是在品析"盖"字所蕴含的情感时,学生能够主动用表情和肢体语言表达情感,非常难能可贵。

如何利用好"闪光点",需要老师的随机应变。例如,学生在描绘美景时,如果老师继续只是在美景上深入讨论,那么后续的教学将难以推进。又如,如果老师没有关注到学生的表情变化,那么就不会有角色扮演这样生动有趣的环节出现,课堂也将会失去趣味和活力。

北大钱理群教授曾说过:"语文课应是一种精神的漫游,应该是好玩的、有趣的。"如果学生在课堂中有所思考、有所感悟,教师应该感到欣慰。这样的感悟是学生思维的闪光瞬间,是独一无二的,值得教师加以开发和利用。相信在实际教学中还有更多的"闪光点"值得挖掘和打磨,我们的语文课堂也将会更加丰富多彩。

心 想 事 成

——记"请党放心,强国有我"主题中队会是怎样炼成的

上海立信会计金融学院附属学校　张　霞

作为校级班主任和骨干教师,每学年我都要上一节主题中队会展示课,同时供基地学校的见习教师观摩学习。

记得2020年12月的某一天早晨,我在视频号上刷到了一张照片,照片的标题是"中国人民志愿军没有人后退"。照片上有几个外国人正站着聊天,而他们身边却是荷枪实弹、时刻等待冲锋陷阵的中国人民志愿军战士。在那一天的英语早自修上,我没有急于让学生晨读,而是用手机把这个视频号投在大屏幕上。我泣不成声、语不成句地把介绍的文字读给初一(3)创新中队的队员们听:这是真实的抗美援朝时期长津湖战役场景。在那一刻,孩子们愣住了,小小的他们想不通老师为什么会那么伤心。

2021年4月15日,我的"国旗下讲话"《致敬最可爱的人》从这张照片引入,讲述了129名等待伏击的中国人民志愿军牢牢地坚守在阵地上,被冻成了冰雕,没有一人退缩。他们诠释了什么是忠诚!我们现在拥有的幸福生活就是这些革命烈士先辈们用生命和鲜血换来的!冰雕连的精神,是抗美援朝精神,是中华民族的精神气概,它必将激励我中华民族实现伟大复兴!看到这一场景,人人泪流满面。这就是中国军人!没有这些英雄的付出,哪来我们今天的盛世中华?爱国家,敬英雄!致敬最可爱的人!山河已无恙!这盛世如你们所愿!同时,学校还把我的"国旗下讲话"音频发布在学校微信公众号上,让更多人知道冰雕连的感人事迹!

2021年是中国共产党建党100周年。2021年东京奥运会上,中国奥运健儿为国争光、奋勇拼搏,尤其是中国女排在郎指导的带领下明知有时不会赢,也竭尽全力;一路虽走得摇摇晃晃,但她们站起来抖抖身上尘土,依然眼神坚定、所向披靡。

这一系列的事件让我想组织一堂歌颂我们党、歌颂我们国家的主题中队会,把这种忠于党、忠于国家的情感像火种一样地传下去。2021年第一学期伊始,大队辅导员徐老师传达了全面贯彻落实习近平总书记"七一"讲话精神的相关工作方案,于是我开始酝酿"请党放心,强国有我"主题中队会。首先,我确定开课时间为10月25日,因为这一天是中国人民志愿军纪念日,很有纪念意义。其次,我在校课余时间组织学生学习。在请教了道德与法治的吴老师之后,我决定主要学习"站起来""强起来"两个阶段。我梳理了6个精神:红船精神、长征精神、伟大的抗战精神、抗美援朝精神、女排精神、载人航天精神。初二的历史书第9页至第11页中有抗美援朝的内容,我组织学生通读了几遍,并结合我自己的理解讲给学生听,之后又请历史顾老师给学生"温故而知新"。我还在B站上找视频放给学生看,让他们体会英雄先烈大无畏的革命英雄主义精神。

十月国庆节,电影《长津湖》热映。我在影院观影时,用手机拍摄了一个个感人的瞬间。十月长假过后,依照我的教案,全班开始排练主题中队会的节目。有几位同学表示想表演一个小品"英雄"。他们每天排练、磨合,还买了军服、手枪、步枪、冲锋枪、血包等道具。我给他们分角色、写台词、安排排练,根据排练的实际效果,我一遍遍地修改剧本,通宵达旦地工作。终于,原创剧本"英雄"横空出世,《英雄》成为这节课的亮点。主题中队会取得了不错的效果。

之后的校班会时间,初二3创新中队的"请党放心,强国有我"主题中队会正式举行,我赋诗一首:精忠报国,人恒念之。请党放心,强国有我。来听课的都是外校到我校接受培训的见习教师。我当时的中队辅导员讲话就是有感而发,主题是"心想事成"。

"英雄"这个剧本的创作也让我看到:即使学生再喜欢做这件事,也仅仅停留在口头上,而不能踏踏实实地落实在文字上,对此,教师应多鼓励和引导他们。我们教师就是要做学生的"引路人",引导他们走上正确的轨道,在他们需要帮助的时候,推他们一把,这关键的"一推",就能产生意想不到的效果!

所以,"心想事成"的个中要义是我们在日常教学中要做一个"有心人",不放过任何一个有教育意义的线索。心心念念地教书育人,必将"心想事成"!

立信少年，诚信为先

上海立信会计金融学院附属学校　张　霞

我是初一(3)创新中队的中队辅导员张老师，本节校会课我来讲一讲："立信少年、诚信为先"。

第一，诚信的含义是什么？诚实和守信有什么关系？

"人无信不立，国无信不兴。"诚信是中华民族的传统美德。为什么把诚与信联系在一起？在古代汉语中，"诚"和"信"二者可以互相解释、意义相通。《说文解字》说："诚，信也；信，诚也"。在现代汉语中，我们也把"诚信"二字连用，表示处事真诚、老实、讲信用。

实际上，诚和信的语义侧重有所不同。诚侧重内心层面，指内心情感的真实无伪、自然流露。"君子养心莫善于诚"，也就是说：君子陶冶思想性情，提高道德修养，没有什么比诚更重要的了。"信"则侧重于人际交往层面，指言而有信、遵守信用。大教育家孔子曾经说过："人而无信，不知其可也"，即一个人如果不讲信用，就不知道该如何处事。也就说明：人不讲信用是不行的。诚于中，信于外，内诚于心，方能外信于人。"内诚于心"是指内在的一种品质、信念；"外信于人"是指在与他人或社会交往时表现出来的具体行为及其价值指向。孔子一生都在倡导仁义礼智信，诚信是一个人在社会上安身立命的根本。

第二，诚信表现在哪些事情上？

追溯我们中华民族五千年的文明史，我们会发现，将诚实守信作为做人根本的故事比比皆是。

第一个小故事说的是北宋大儒司马光，他一生"以至诚为主，以不欺为本"。无论是为官、治学还是处事，他始终秉持诚信之道，这得益于良好家风的熏陶。《邵氏闻见后录》中记载了这样一则故事：司马光五六岁时，想吃青核桃却不会剥，司马光的姐姐想帮他把壳剥掉，却也没能成功，就先离开了。此时恰巧路过一位婢女，她用热水将核桃烫了一下，轻轻一剥壳就下来了。姐姐回来问是谁剥了核桃，司马光回答说："是我自己剥掉的。"这句话刚好被司马光父亲听到，他立即严厉训斥道："小孩子怎能说谎骗人呢？"这件事让司马光刻骨铭心。

第二个故事还与司马光有关。他要卖一匹马，这匹马毛色纯正漂亮，高大有力，性情温顺，只可惜有肺病。司马光对管家说："这匹马有肺病，这一定要告诉给买家听。"管家笑了笑说："哪有像你这样的人呀？我们卖马，怎能把人家看不出的毛病说出来呢！"司马光说："一匹马多少钱事小，对人不讲真话，坏了做人的名声事大。我们做人必须得讲诚信，要是我们失去了诚信，损失将会更大。"管家听后惭愧极了。

第三个小故事讲的是吴起。吴起外出遇到了老朋友，于是邀老朋友吃饭。老朋友说："好啊，等我回来就(到你家)吃饭。"吴起说："我(在家里)等待您一起进餐。"老朋友到了傍晚还没有来，于是吴起就不吃饭等候他。第二天早晨，(吴起)又派人去找老朋友一起进餐。吴起不吃饭而是等候老朋友的原因是怕自己说了话不算数。他坚守信用到如此程度,这也是军队信服他的原因吧!要想使军队信服,(作为将领)不守信用是不行的。

第三,诚信重要吗?

诚实的基础则在于心诚,是一种"诚其意,勿自欺"的行为。这是一种发自内心的慎独,不需要人们夸夸其谈。正所谓"信言不美,美言不信",诚信一定是行大于言。只有养成说老实话、办老实事、做老实人的行为品质,以诚信对待他人,才能更好地适应社会生活,实现自己的人生价值。

第四,怎样做一个诚实、守信的人?

作为立信附属学校的少年,我们怎样做一个诚实、守信的人?

"中国会计之父"立信会计金融学院创始人潘序伦先生一生看重"真诚"和"信用"。他曾说:"立信,乃会计之本。没有信用,也就没有会计。"立信附属学校今年的试卷抬头上都印有潘序伦先生总结的立信精神:"信以立志,信以守身,信以处事,信以待人,勿忘立信,当必有成。"

作为立信少年,我们要以"信"来树立崇高的理想,努力实现心中的目标。

从前有两个好朋友,一个叫"聪明",一个叫"诚信"。某一天两人结伴乘船出游,不巧在海上遇到大风暴,两人乘坐的船沉没了。救生艇上仅仅有一个位置,那个叫"聪明"的年轻人为了争夺救生艇上的位置,就把"诚信"推进海里,自己逃生去了。"诚信"大难不死,被海浪推到了一个小岛上,坐在沙滩上等待救援的船只。不久,他发现一艘小船向小岛驶来。他看见小船上有面小旗子,上面写着"快乐"两个字,原来是"快乐"的小船。"诚信"急忙喊道:"'快乐''快乐',我是'诚信',你能救我吗?""快乐"一听,笑着对"诚信"说:"不行不行,我要是有了'诚信',就不快乐了。"说完,"快乐"走了。又过了一会儿,"地位"的小船来了,"诚信"忙喊道:"'地位''地位',我是'诚信',你能带我回家吗?""地位"一听,忙把船划离小岛,回头冲着"诚信"说:"不行不行,你不能搭我的船,我的地位来之不易,要是有了诚信,我的地位就保不住了。"过了不久,又来了一艘船,"诚信"一看是"竞争"的船,"诚信"又喊道:"'竞争''竞争',我是'诚信',你能不能让我搭你的船回家?""竞争"忙说道:"你不要给我添麻烦了,如今世界竞争这么激烈,我如果还要诚信的话,我就竞争不过人家了。"说完,他也扬长而去。突然,海上开始电闪雷鸣,狂风卷起滔天巨浪。正当"诚信"快要绝望的时候,突然听到一个亲切慈祥的声音喊道:"孩子,上船吧。""诚信"一看,原来是时间老人。"你为什么要救我呢?""诚信"问道。时间老人微笑着说:"只有时间才可以证明'诚信'是多么重要啊!"

在回程的路上,"时间老人"指着因巨浪翻船而落水的"聪明""快乐""地位""竞争",意味深长地说道:"没有了'诚信','聪明'反而害苦了自己,'快乐'不会长久,'地位'是虚假的,而'竞争'也是失败的。"

综上所述,诚信是个人的立身之本,是民族的存亡之根。作为立信少年,我们要身体力行,从我做起,从点滴做起,把诚写在脸上,把信装在心里。

让孩子感觉"被需要"

上海立信会计金融学院附属学校　张　霞

由于此次新冠肺炎疫情,从 2020 年 1 月 21 日起,我们班主任就充当起稳定家长和学生情绪的心理咨询师,安抚学生和家长,忙得不亦乐乎。在网上的第一次月考中,我觉察到了一名学生的异样。考卷已经通过电脑发下去了,我却迟迟收不到她的考卷。好不容易她的试卷在网上提交了,我一批改,发现仅得了 5 分!通过与她的妈妈交流,我了解到她学会了用"微信摇一摇"来认识陌生人,但并不知晓"摇一摇"意味着什么。我从学生的只言片语中感觉到她的心理疾病的严重程度(失眠整夜不睡、厌世、有躯体症状,而且用刀片划自己的手腕),于是我约家长到学校面谈,给学生家长建议,引导家长关注她的内心想法。

以我们英语生态作业中一篇比较"老"的阅读文章为例,我经常在很有限的课堂时间里跟学生仔细讲解分析文章字面背后透露出的情感。它讲的是一个小姑娘不能忍受她父母亲的家规和对她严格的管束,于是小姑娘离家出走。她在外漂泊了很久,无以为继,遂以乞讨为生。即便是如此,小姑娘也不愿意回家。她的父母亲一直过着不断寻找孩子的生活,之后她的父亲带着没有找到女儿的遗憾离世,她的母亲也老了,但她的母亲依然没有放弃寻找女儿的行动。终于有一天,小姑娘在大街上看到了父母贴的寻人启事,此时此刻,她终于有了想要回家的念头。小姑娘走回了她曾经的家,当小姑娘到家的时候,恰巧是清晨,小姑娘推开了虚掩着的家门,叫醒了还在睡梦中的母亲,母女久别重逢、相拥而泣。小姑娘问母亲:为什么不锁门睡觉呢?衰老了很多的母亲说:"自从你离家以来,我们就没有锁过家门。"文章到此戛然而止,而大家的泪水奔涌而出。是啊,父母的心门永远为孩子打开,我们应该珍惜这种亲情。

为此,2020 年 9 月开学,我决定本学期的主题中队会展示课就讲亲情——"有一种感情与生俱来"。于是我找这个小姑娘谈心,看看她能否在这次主题中队会上表演节目。小姑娘喜欢唱歌,我就让她自己选要唱的歌曲。2020 年 11 月 23 日,初一 3 创新中队亲情主题中队会展示课如期举行。课上,小姑娘不仅歌曲演绎完美,而且在全班的口风琴合奏"外婆的澎湖湾"中,她的表现也是可圈可点的。在接下来的"周周演"活动中,小姑娘也表演了独唱。小姑娘不仅自己化好妆,还帮另外几个表演的女同学把妆化好。我认为她会化表演妆,这也是她的特长。

通过好几次活动,小姑娘感受到了我对她的关注,有什么事也都会第一时间来找我。有一次冬季长跑,小姑娘说跑不动,我详细一问,才知道小姑娘从来不吃早饭。我跟她的爸爸妈妈沟通了吃早饭的重要性,从此以后,她不吃早饭就来上学的事情再也没有发生过了。

小姑娘的状态现在是越来越好。"被需要是一种幸福",她虽然不是宣传委员,但每次出黑板报,都能看见她忙忙碌碌、剪剪贴贴,忙前忙后。从她的身上,我就特别能感受到老师的了不起、学校的伟大、班集体的凝聚力。小姑娘终于在我的特别关注下慢慢步入正轨。本学期我又让她做物理课代表,她很乐意做:她搬起一大沓物理生态作业,一点都没有嫌苦嫌累的样子。学校紧张有序的生活、同伴效应加上我适度的关注,小姑娘正在学会和父母和解,正在慢慢长大!由此可见,让孩子感觉"被需要"是非常重要的。老师对孩子的每一句激励的话语,都将引领他们调整方向,扬帆远航,实现自己的梦想。还有一年多的时间,希望小姑娘能带给我更大的惊喜!

爱是克服困难的法宝

上海立信会计金融学院附属学校　鲁　敏

转眼间我已经工作十年了,从一名职初教师到有了一定经验的成熟教师,我的教育生涯中留下了许多令人难忘的回忆。

入职第二年的一次期末考试前夕,我接到了班中一个男生爸爸的电话。电话接通后,这位爸爸问我的第一句话是:鲁老师,学校可以办理休学手续吗?

我脑海中一下子浮现出了一学期以来这个男生的种种表现。

记得暑假我去家访,孩子正在母亲家里(父母离异)。当时是他的父亲接待我的。这位父亲表示:孩子小学时一直是一个问题学生——作业经常拖欠,上课多动,下课与同学打闹,甚至还因此损失掉了半颗门牙。为了关注孩子的学习,单身带孩子的父亲甚至连工作都换了好几份,但依然于事无补。尽管心头一惊,但才工作不久且一腔热情的我依然信心满满,期待这个所谓的"问题"学生能在我的"妙手回春"下成长为一个出色的孩子。我与孩子父亲作好了约定:希望我们以后家校之间建立良好的沟通,共同努力去改变孩子不良的行为习惯。

随后不久,我们年级开始了为期四天的暑期军训,因为之前家访留下的深刻印象,我特别关注这个孩子的表现。果然被父亲言中了,他的小动作很快就出现了:简单的军姿不能耐着性子做好;休息时他总要和熟悉的同学打闹在一起;老师和军官的批评总是只能发挥几分钟效果。我竟然有这样一个"宝藏"学生,我有点懵了。

正式上课了。他在课堂上永远都在忙着自己的事:用废纸叠成飞机、用尺子叠成冲锋枪、用塑料袋做降落伞……书桌里这类小玩具数不胜数。

我想让孩子将重心放在学习上,而不是这些看起来没用的小游戏上。我努力尝试着去改变他。开学不到一个月,他成了我们办公室的常客。我一次次找他谈心聊天、希望他能够转变自己的学习态度,每次他都默默点头,但很快就我行我素。日子久了,看着这个"小不点",想着自己因为他耗费了许多心力,我开始内心焦躁、行为崩溃,只要他出现一些小问题,我便对他暴跳如雷、指责批评。

后来我的管理依然无法奏效,我也逐渐失去耐心,于是直接打电话请家长来学校谈话。父亲来了后第一时间走到班级门口在班级走廊上对他腿脚相加。得知消息后,我急忙冲向班级。看着他泪流满面的样子,我很难受。事后我坐在办公室想了很久。痛定思痛,通过向老教师寻求帮助、阅读大量书籍,我决定走近孩子的内心,去努力寻找孩子身上的闪光点。

换种思路思考之后,我开始发现了他身上的诸多闪光点:课堂上,只要他感兴趣的问题他总是时刻围绕老师的思路在转;他参加了学校航模班,还外出参加全国比赛频频拿奖;一些废物在他的巧手制作下焕然一新……他身上有很多很多的优点,只要感兴趣、只要用心,他都可以做得很好。后来,我开始会因为他的精彩回答让全班鼓掌;看到他在做小模型时悄悄告诉他下课再玩。他真的在一点点改变:坐在前排积极回答问题,甚至踊跃去校广播台做红领巾广播……

一切都在向越来越好的方向发展……

但父亲电话中的提问让我大吃一惊！我寻根问源：原来是快考试了，他进房间想看看儿子是否在复习功课，却发现他书桌上放了一本玩具书。

孩子已经在进步了，但是因为之前的小习惯不可能一下子及时纠正，过程难免反复。因此，我并没有附和父亲的抱怨，而是约好第二天在学校见面。

我先耐心听完父亲的抱怨，然后开始讲起孩子这学期的诸多变化，而这些变化父亲从没关注过。父亲依然认为所有问题一顿打骂就可以解决，但这样真的有效果吗？看着男孩一脸的愤怒，我知道如果再不去努力做好这个中间人，父子俩可能真的要反目成仇了。在我的耐心沟通下，我注意到家长由开始的苦闷发牢骚变为虚心倾听，再到不时发出一阵笑声。后来家长说了一句让我至今都难忘的话："鲁老师，我终于知道孩子为什么一直那么喜欢你了，因为我觉得你这做班主任的比我这做父亲的都要有耐心。"

这位男孩如今已是美国一所著名大学的学生了。这么多年过去了，每逢教师节，无论多晚，他和家人都会记得对我道一声：老师，节日快乐！

如今的我不再是一名新教师，但是当初的那份执着却从未改变，我也一直从未停止思考：孩子是需要鼓励和沟通的，不是用来指责的。鼓励永远是不苦口的良药，加油永远是最温暖的力量。爱永远是克服千难万险的法宝。

加强中考试题研究,提高初三化学复习效果

——以"四通八达的氧化铜"为例

上海立信会计金融学院附属学校 谢嘉阳

一、背景与意义

2021年7月24日,中共中央办公厅、国务院办公厅印发《关于进一步减轻义务教育阶段学生作业负担和校外培训负担的意见》(以下简称"双减"),要求强化学校教育主阵地作用,让教学回归学校、回归课堂,大力提升教育教学质量。

历年中考试题都是严格按照课程标准和学科教学基本要求,由上海市名师经过反复推敲而确定的。它是考试的"风向标",具有很高的试题研究价值。结合"双减"政策落地生根的实际情况,"教、练、考一致"成为了教学活动中必须遵循的重要原则。因此,加强对中考试题的研究,有利于把握教学重难点。教师应通过以研究标准权威优质的"考",来指导和规范日常的"教"与"练"。

笔者是一个2021年刚参加工作的见习教师,教学经验匮乏,对学科教学基本要求的理解不深入,把握不到位。笔者认为,加强对中考试题的研究可以提高课堂的教学质量。2022年3月中旬,由于疫情反复,全市中小学开启了线上教学。在学校区级骨干教师于文金老师的指导下,笔者将"四通八达的氧化铜"录制成微课视频,在区内交流研讨。

二、中考试题、课程标准与教学基本要求梳理

笔者对2011—2021年连续11年的上海市中考化学试题中与氧化铜有关试题、考察题型与考察知识进行了梳理,具体如表1所示。

表1 2011—2021年上海市化学中考的氧化铜

年份	试题序号	考察题型	考察知识
2021	34	除杂	一氧化碳、氢气的还原性
2020	51	流程图、实验设计	稀硫酸的化学性质
2019	50	流程题、实验设计、计算	氢气的还原性、稀硫酸的化学性质
2018	49	实验设计	稀硫酸的化学性质
2017	51	流程图、实验设计	稀硫酸的化学性质、质量分数的计算
2016	51	实验探究	氢气的还原性、稀硫酸的化学性质 金属的化学性质

(续表)

年份	试题序号	考察题型	考察知识
2015	52	实验探究	一氧化碳的还原性、质量守恒定律质量分数的计算
2014	47、52	填空、实验探究	氢气、碳的还原性
2013	21	填空	碳的还原性、质量守恒定律
2012	45、49、52	实验探究、实验设计	一氧化碳的还原性、质量守恒定律、催化剂
2011	52	流程图	稀硫酸的化学性质、金属的化学性质

基于表1的梳理与分析，笔者对2011—2021年上海市中考试题中氧化铜涉及的课程标准与教学基本要求的主题和学习水平进行整理，具体如表2所示。

表2 氧化铜涉及的课程标准与教学基本要求

一级主题	二级主题	三级主题	具体要求	学习水平
碳及其氧化物	碳	碳的化学性质	描述碳跟氧化铜反应的现象，书写化学方程式	B
	一氧化碳	一氧化碳的化学性质	描述一氧化碳跟氧化铜反应的现象，书写化学方程式	B
构成物质的微粒	构成物质的微粒	相对原子质量与式量	根据化学式计算化合物中各元素的质量比，各元素的质量分数	B
物质的变化及其分类	化学基本反应类型	置换反应	判断置换反应	B
物质变化的规律	质量守恒定律	质量守恒定律的应用	运用质量守恒定律解释一些简单的问题和现象	C
化学与能源利用	氢能	氢气的化学性质	氢气的还原性，要求掌握氧化铜跟氢气反应的实验现象及化学方程式	B
化学实验探究	制订计划	对探究过程的主要环节进行设计，提出探究活动的具体方案。	围绕假设联系所学的化学知识制定方案。选择实验所需的试剂、仪器、设备等。设计简单实验的主要操作步骤，选择合理的实验方法，设计合理的观察和记录方法。	B

通过对表1的分析，我们不难发现氧化铜作为初中化学中十分重要的金属氧化物和碱性氧化物，在上海市中考中，常在流程图、实验探究、实验设计、定量计算题型中出现。同时，氧化铜串联起了九年级化学第一学期教材中的质量分数计算、质量守恒定律、双氧水催化分解实验、碳和一氧化碳的化学性质及实验，与九年级第二学期教材中稀硫酸的化学性质、氢气的化学性质等初中化学的主干知识，在知识结构中起到了承上启下的作用。

通过对表2的分析,我们发现氧化铜所覆盖到的一级主题共有6个,占一级主题总数的50%,涵盖主题和内容广泛。从学习水平上看,其涉及的知识都是B或C,其中大部分是中考年年都考查的知识,如三种还原性物质(碳、一氧化碳、氢气)、酸的化学性质等。从内容上看,既有描述实验现象与写出化学方程式等基础内容,也有化学实验设计、实验探究、质量守恒定律的应用等提高内容,普适性与综合性较强。

三、教学过程概述与分析

教学通过设问"同学们还记得氧化铜吗?"与回答"氧化铜是一种黑色且难溶于水的粉末"引入。这既能唤醒学生记忆中已有的经验和对氧化铜的第一印象,以便学生能快速进入课堂状态;又能利用首因效应,使学生复习氧化铜的外观。

通过讲解,笔者强调了氧化铜在中考化学中的重要性,指出其又可与碳及其化合物、酸等重难点内容结合,从而激发了学生的学习兴趣。

碳、一氧化碳、氢气之所以能做燃料,是因为它们能与氧气(游离态氧元素)反应;复习这三种物质还能与氧化铜等氧化物中游离态的氧元素反应,体现出还原性。笔者让学生复习三个化学方程式,并指出利用氧化铜可与三种气体反应,以用于某些混合气体的除杂。以2021年上海中考第34题作为例题(见图1),笔者对每个选项逐一讲解,并通过选项B延伸复习氢气还原性实验中"晚归"的理由,亦即氧化铜的来源。

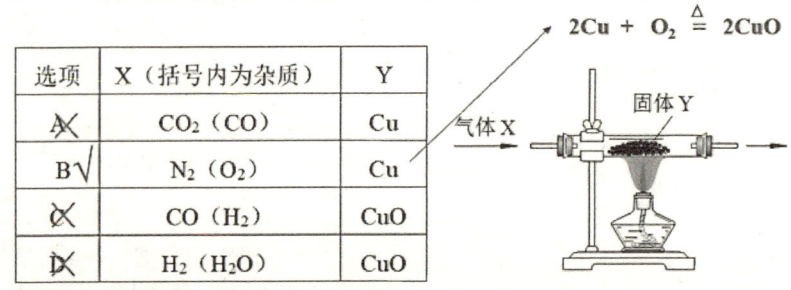

图1　2021年上海中考34题

氧化铜不仅会出现在除杂题中,还会出现在流程图中。笔者以2020年上海中考50题作为例题(见图2),讲解了碳还原氧化铜的化学方程式、铜的颜色实验现象。利用化学方程式的意义(读出反应物是碳与氧化铜)以及题干中所给信息(固体A中可能含有氧化铜、铜、木炭),笔者猜测A中氧化铜有剩余的原因是作为反应物的氧化铜过量。笔者指出为贯彻绿色化学理念,应对剩余固体进行回收制备胆矾。该实验的目的是"将铜元素全部转化为硫酸铜",但在固体A中铜元素的存在形态有铜单质和氧化铜。氧化铜作为碱性氧化物,可利用其与稀硫酸的反应完成转化,但是铜的活泼性位于氢之后,不与酸反应。笔者在此引导学生回顾上一道例题中的收获,可以利用铜与氧气反应生成氧化铜;因此可以将固体在空气中充分灼烧,将铜元素全部转化为氧化铜,再与足量稀硫酸反应转化为硫酸铜,以达到实验目的。

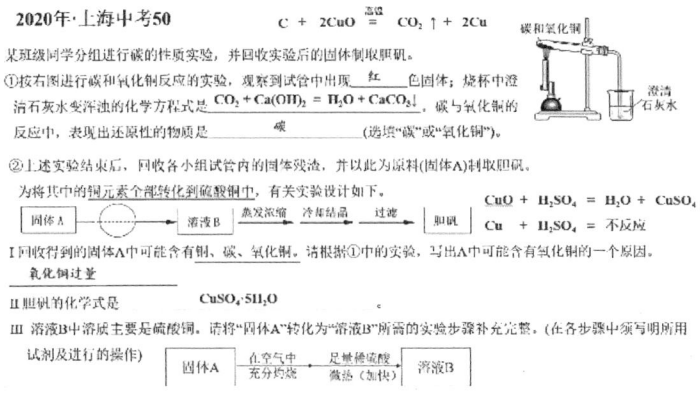

图 2　2020 年上海中考第 50 题

笔者指出,氧化铜出现的地方有很多,实验探究与设计中也能找到其身影。笔者以 2017 年上海中考 51 题作为例题(见图 3),重点讲解了如何设计实验验证固体中氧化铜是否存在。通过上一道例题的学习与巩固,学生已经知道氧化铜可以与稀酸反应,生成盐和水,如与稀硫酸生成水和硫酸铜,硫酸铜溶液则是蓝色的。可利用物质的性质进行实验设计,即从定性的角度设计实验。笔者引导学生关注题干中"4.0g 氧化铜",启发学生计算 4.0g 氧化铜完全转化铜单质的质量,即从定量的角度设计实验。笔者指出,可以使用常规的化学方程式列式计算得到,还可以利用计算氧化铜中铜元素的质量分数来快速计算。

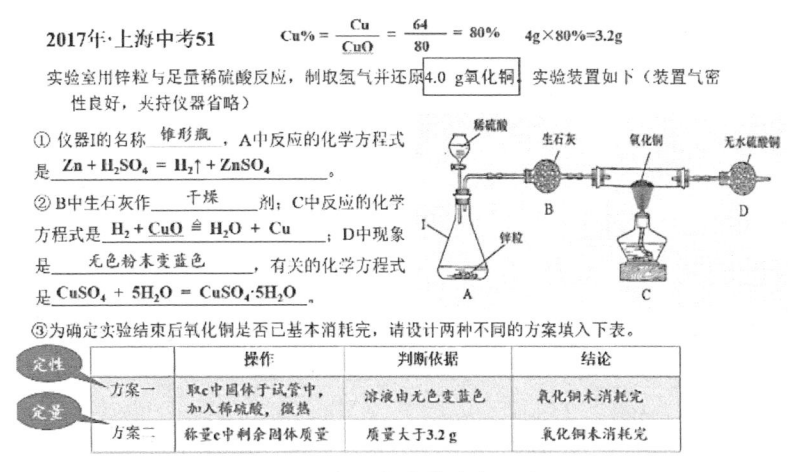

图 3　2017 年上海中考 51 题

笔者总结得出,"氧化铜是一种难溶于水的黑色粉末,可以与酸反应生成蓝色的铜盐溶液,还可以与碳、一氧化碳、氢气的还原性物质产生反应。通过该性质,在工业上我们可以利用氧化铜冶炼有色金属铜。铜凭借着良好的导电性与较强的抗腐蚀性能,在工业领域大放光彩。最后,我们还利用氧化铜中铜元素的质量分数帮助我们快速地开展定量实验研究。氧化铜真是神通广大呢!"通过这段总结,笔者力求干练地总结本节课的要点,也努力将所学知识与实际生产生活相结合。

四、反馈与评价

结合初三化学的教学实际情况,笔者精心选择了考察内容与上课内容高度一致的两道高质量试题(见图4),严格遵循"教、练、考"一致的教学原则。

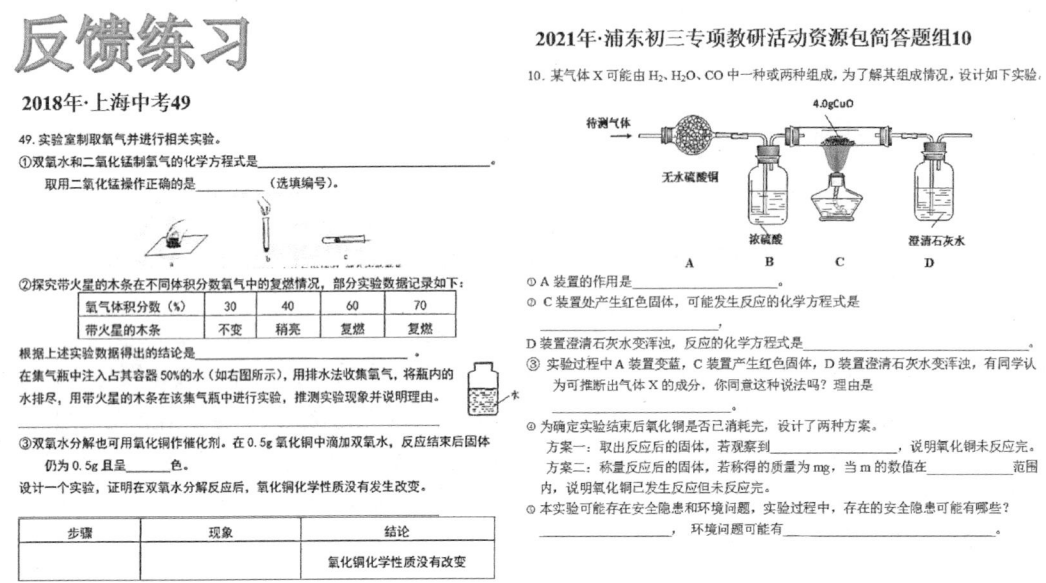

图4　反馈练习题

此外,笔者还按教学基本要求编写了学习评价表,力求实现多维度、精细化、精准化、个性化的评价,为集体辅导与个别辅导提供评级依据,具体如表3所示。

表3　学习评价表

"四通八达的氧化铜"学习评价表			
班级		姓名		学号	
评价点		是否达成	存在的问题
基本实验操作			
化学方程式:双氧水制取氧气			
化学方程式:实验室检验二氧化碳			
化学方程式:一氧化碳还原氧化铜			
氧化铜的颜色			
催化剂的特性			
氧化铜与稀酸反应的实验现象			
氧化铜中铜元素的质量分数计算			
水蒸气、一氧化碳、氢气的检验			
使用定量的思想方法进行说理和判断			

五、总结与鸣谢

"四通八达的氧化铜"是一节以氧化铜为知识线索的初三化学中考复习专题课。其将初中化学中质量分数计算、质量守恒定律、催化剂、三种还原性物质及实验、酸的化学性质等重要内容串联起来，同时整合了定性和定量的方法。

相较于物质的检验与除杂、气体制取与收集等成熟的专题，本课的组织形式和设计角度更新颖，涵盖内容更广；既有最基础的内容，又有助力冲刺满分的提高内容，难度循序渐进。所有层次的学生都能通过本节课的学习有所收获。在教学工作中，教师应当有意识地利用好中考试题这个宝贵资源，开发更多立足于中考的专题复习课。

在本文的最后，我要感谢我校区级骨干教师于文金老师对我在设计思路上的启发、在设计过程中的建议，及在本文撰写过程中的指导。